Investmentanalyse

Von

Univ.-Prof. Dr. Udo Hielscher

unter Mitwirkung von
RA Dietrich K. Eckart, Dr. Oliver Everling
und Dr. Wilfried Hauck

2., überarbeitete und erweiterte Auflage

R. Oldenbourg Verlag München Wien

Die Deutsche Bibliothek - CIP-Einheitsaufnahme

Investmentanalyse / von Udo Hielscher. Unter Mitw. von
Dietrich K. Eckart ... - 2., überarb. und erw. Aufl. - München
; Wien : Oldenbourg, 1996

ISBN 3-486-23713-6
NE: Hielscher, Udo

Gesamtherstellung: R. Oldenbourg Graphische Betriebe GmbH, München

ISBN 3-486-23713-6

Inhaltsübersicht

Inhaltsverzeichnis

2. Teil

Märkte und Instrumente der Investmentanalyse

3. Teil

Juristische und steuerliche Aspekte der Vermögensplanung

Vorwort

In den 1970/80er Jahren entwickelten sich die Finanzmärkte und gleichermaßen auch die Investmentanalyse weltweit äußerst dynamisch. Laufend wurden neue finanzielle Instrumente geschaffen, von denen einige bald wieder verschwanden, während andere zu festen Bestandteilen des modernen Finanzmanagements wurden. In unmittelbarer Wechselwirkung mit dem Wachstum der Finanzmärkte und des Kapitalverkehrs vollzogen sich eng miteinander verflochtene Änderungen, die sich durch die Stichworte Deregulierung (Liberalisierung), Globalisierung (Internationalisierung), Securitization und Innovationen kennzeichnen lassen.

Die in diesem Umfeld entstandenen Basisinnovationen, wie Swaps, Optionen, Financial Futures oder Forward Rate Agreements, waren zunächst vornehmlich auf die Anforderungen des Bank-Treasurers und daher auf Bankaktivitäten zugeschnitten. Seit Ende der 1980er Jahre wurde jedoch durch Variationsinnovationen, sozusagen Instrumente der zweiten und dritten Generation, zunehmend den Bedürfnissen von Nicht-Banken Rechnung getragen, so daß auch Corporate-Treasurer von Industrieunternehmungen die neuen Instrumente verstärkt nutzen können. Nach wie vor stellen allerdings die teilweise kompliziert aufgebauten Geschäfte und die oft komplexen Zusammenhänge moderner Finanzmanagementtechniken sowie deren erforderliche Koordination mit den etablierten "klassischen" Finanzinstrumenten hohe Anforderungen an Anwender und Analysten. Dies führen nachdrücklich einige bekannt gewordene Beispiele vor Augen, etwa das Desaster der deutschen Metall-Gesellschaft AG, die 1993/94 ca. vier Milliarden DM Verluste mit Ölkontrakten einfuhr oder der Zusammenbruch der traditionsreichen englischen Baring-Bank, die sich 1994/95 mit Optionen und Futures auf den japanischen Nikkei-225-Aktienindex um rund zwei Milliarden DM verspekulierte.

Die erste Auflage des vorliegenden Buches war ursprünglich als Vorbereitungs- und begleitendes Arbeitsbuch zur "Post Graduate" Aus- und Weiterbildung der deutschen Investmentanalysten aus Bank- und Versicherungskreisen gedacht. Diese Ausbildung wurde 1987 bis 1994 in Form von Wochenendseminaren unter meiner Gesamtleitung an der Technischen Hochschule Darmstadt in Kooperation mit der Deutschen Vereinigung für Finanzanalyse und Anlageberatung e.V., dem Berufsverband der professionellen deutschen Investmentanalysten, mit insgesamt ca. 250 erfolgreichen Absolventen aus allen führenden deutschen Kreditinstituten durchgeführt. Die effiziente Vermittlung von vertieften Kenntnissen und Fertigkeiten in Wochenendseminaren setzte voraus, daß die Teilnehmer bereits zu Seminarbeginn, neben allgemeinen wirtschaftswissenschaftlichen Kenntnissen, Grundzusammenhänge und -mechanismen sowie Fachtermini der Investmentanalyse kannten. Einen solchen **praxisrelevanten Wissenshintergrund** zu schaffen war das Anliegen der 1990 erschienenen ersten Auflage mit ihrer schwerpunktmäßigen Themenauswahl. Aufgrund von Erfahrungen des Verfassers an der Technischen Hochschule Darmstadt und seit 1993 an der Universität Leipzig eignet sich das Buch gleichermaßen hervorragend als Unterlage für den universitären Lehrbetrieb in den Bereichen Finanzierung, Investmentbanking und Finanzanalyse.

Seit dem Erscheinen der 1. Auflage im Jahre 1990 hat nicht nur die Investmentanalyse als solche, sondern auch die Ausbildung zum Investmentanalysten im Rahmen der europäischen Harmonisierung beträchtliche Fortschritte gemacht. So wurde 1992 erstmals ein Anforderungskatalog mit Standards einer vereinheitlichten europäischen Investmentausbildung der Öffentlichkeit übergeben.[1] Auch der in der Einleitung zur ersten Auflage nachdrücklich geforderte Verhaltenskodex für Investmentanalysten in Deutschland fand im Gefolge des zweiten Finanzmarktförderungsgesetzes vom 26. 6. 1994 endlich eine erste Fassung.[2] Im Unterschied zur ersten Auflage wurde die vorliegende, eingehend überarbeitete zweite Auflage, in drei Hauptteile untergliedert. Im 1. Teil werden zentrale theoretische Konzepte zusammengefaßt, während im 2. Teil Märkte und praktische Instrumente der Investmentanalyse im Vordergrund stehen. Der neu gebildete 3. Teil befaßt sich mit ausgewählten juristischen und steuerlichen Aspekten der Vermögensplanung. Erweitert wurden u.a. die Ausführungen zum Dividend Discount Model (Abschnitt 1131) und zur Performancemessung (Abschnitte 117 und 126), neu eingefügt die Abschnitte über Asset Allocation (129), technische Aktienanalyse (22), Rating (24) und steuerliche Aspekte der privaten Vermögensplanung (32). Hervorgehoben sei, daß das **Schwergewicht der Ausführungen auf börsenbezogenen Aspekten der Investmentanalyse** liegt.

---

1 A. Bender / U. Hielscher / T. Johnsen / J. Mourtisen / L. C. Nunes / M. Theobald / A. van den Berg: EFFAS Accreditation Guide (1992).

2 Vgl. dazu auch die nachfolgende ergänzte Einführung zur 1. Auflage.

Mein Dank gilt Herrn RA Dietrich K. Eckart, Herrn Dr. Oliver Everling und Herrn Dr. Wilfried Hauck für ihre Beiträge zu diesem Buch. Meinem früheren Assistent, Herrn Dr. Manfred Eberts, verbinden mich die in seiner 1986 veröffentlichten Dissertation gelegten Grundlagen der deutschen Analystenausbildung. Meinen ehemaligen Mitarbeitern, Herrn Dr. Wilfried Hauck und Herrn Dr. Hanns-Peter Ohl sowie den Herren Dipl.-Wirtsch.-Ing. Sven Beyer, Uwe Giegold und Frank Wolfert danke ich für ihren großen Einsatz bei der organisatorischen Durchführung der erwähnten Post Graduate Seminare, die den Anlaß zu diesem Buch gaben. Ein besonderes Bedürfnis ist es, mich an dieser Stelle nochmals abschließend bei meinen zahlreichen Gastreferenten der Post Graduate Seminare von 1987-1994 für ihren engagierten persönlichen Einsatz sowie ihre fachlich und didaktisch besonders qualifizierten Beiträge zu bedanken.

Udo Hielscher

Einführung zur 1. Auflage: Zu Ausbildung und Beruf des Investmentanalysten*

Der Beruf des Investmentanalysten ist in der Bundesrepublik Deutschland immer noch wenig bekannt, obwohl Investmentanalysten in den meisten größeren Kreditinstituten, Versicherungen und Kapitalanlagegesellschaften beschäftigt sind. Wesentliche Gründe hierfür waren die mangelnde Abgrenzung von Inhalt und Umfang der entsprechenden analytischen Tätigkeiten, die ungenügende Präzisierung der Berufsbezeichnung und die fehlende Aus- und Weiterbildung.

Angesichts der Bedeutung der Investmentanalyse war dieser Zustand natürlich äußerst unbefriedigend. Daher wurde an der Technischen Hochschule Darmstadt, in Kooperation mit dem Berufsverband der Investmentanalysten, der Deutschen Vereinigung für Finanzanalyse und Anlageberatung e.V. (DVFA), eine Untersuchung über den Beruf des Investmentanalysten in der Bundesrepublik Deutschland durchgeführt.[1] Basis der Untersuchung bildeten schriftliche und mündliche Befragungen bei den Mitgliedern der DVFA. Um die Berufssituation, insbesondere den Stand der Aus- und Weiterbildung der Investmentanalysten außerhalb Deutschlands zu erfassen, wurde darüber hinaus eine weitere schriftliche Befragung bei den jeweiligen ausländischen "Nationalen Vereinigungen" durchgeführt. Da sich der Beruf in den einzelnen Ländern unterschiedlich entwickelt hat, erwies sich - u.a. im Hinblick auf eine internationale Harmonisierung - der Stand und die Entwicklung dieses Berufes in anderen Ländern als eine wertvolle Hilfe bei der Gestaltung eines Berufsbildes in Deutschland.

Die auf den empirischen Untersuchungen aufbauende Ausarbeitung dokumentiert die wesentlichen Elemente des Berufs des Investmentanalysten

---

* Überarbeitete Fassung des Beitrages von U. Hielscher / M. Eberts: Die Ausbildung zum Investmentanalysten (1987), zugleich gekürzte Version der Einführung zur 1. Auflage des vorliegenden Buches "Investmentanalyse" von 1990. Die verbliebenen zwei letzten Absätze der Einführung zur ersten Auflage wurden jeweils um einen aktualisierenden Schlußsatz ergänzt.

1 M. Eberts: Das Berufsbild des Finanzanalysten (1986).

in der Bundesrepublik Deutschland. Ein Vergleich der Untersuchungsergebnisse mit Vorstellungen und Kriterien, die nach den Ergebnissen soziologischer Untersuchungen eine Profession bestimmen, zeigte, daß das investmentanalytische Berufsfeld noch ungenügend verfestigt ist. Aufbauend auf diesen Erkenntnissen wurden daher Gestaltungsempfehlungen erarbeitet, die richtungsweisend für den weiteren Professionalisierungsprozeß des Berufs sein sollen.

Primäre und sekundäre Aufgabengebiete der Investmentanalysten	
Primäres Aufgabengebiet (Kerngebiet)	Sekundäre (z.T. ergänzende) Aufgabengebiete
Kapitalmarktanalyse (Wertpapieranalyse, insbes. Aktien und Renten) Börsenbezogene Analyse ❑ des Gesamtmarktes ❑ der Branchen und ❑ der Einzelwerte zum Zweck der Portefeuillezusammenstellung bzw. Portefeuilleoptimierung	Analyse der nationalen und internationalen Finanzmärkte Volkswirtschaftliche Konjunkturanalysen Analyse des Devisenmarktes Mitwirkung im Rahmen des nationalen und internationalen Emmissionsgeschäftes Unternehmens- und Beteiligungsbewertung Anlageberatung, zum Teil Vermögensverwaltung

Was die **Aufgaben und Tätigkeiten** der Investmentanalysten angeht, so ist zu konstatieren, daß Investmentanalysen heute für eine Reihe von sehr unterschiedlichen Zwecken durchgeführt werden. Die empirischen Untersuchungen zeigten, daß unter Investmentanalysten diejenigen verstanden werden, deren primäres Aufgabengebiet die Kapitalmarktanalyse ist, insbesondere die Beurteilung von Aktien und festverzinslichen Wertpapieren (Wertpapieranalyse), einschließlich der Zusammenstellung entsprechender Portefeuilles. Neben dem primären Aufgabengebiet der Kapitalmarktanalyse stellen sich dem Investmentanalysten eine Reihe sekundärer, z.T. ergänzender Aufgabengebiete, die zur Urteilsfindung notwendig sind (vgl.

die vorstehende Übersicht). Ferner sind Investmentanalysten häufig auch in der Anlageberatung und Vermögensverwaltung tätig. Darüber hinaus zeichnet sich mit der Bewertung von Beteiligungen sowie in der Mitarbeit im Rahmen des Emissionsgeschäftes eine Aufgabenerweiterung der bisher eindeutig auf der Wertpapieranalyse liegenden Tätigkeit ab. Insoweit besteht für die Berufsangehörigen ein klar definiertes und gegenüber anderen Berufen abgrenzbares Tätigkeitsfeld. Ein verschiedentlich gefordertes breiteres Tätigkeitsfeld erscheint nicht unproblematisch. In der jetzigen Phase der Berufsentwicklung ist es insbesondere im Hinblick auf ein Aus- und Weiterbildungsprogramm zunächst notwendig, von klar definierten Aufgabenbereichen auszugehen. Sobald sich jedoch das Bild des Investmentanalysten in der Öffentlichkeit verfestigt, kann es demgegenüber durchaus sinnvoll sein, verwandte Bereiche mit einzubeziehen. Im wesentlichen befaßt sich ein Investmentanalyst heute also mit der Interpretation und Anwendung (wirtschafts)wissenschaftlicher Erkenntnisse mit dem Ziel

- der Erstellung von Prognosen über Kapitalmärkte,
- der Entwicklung von (neuen) Finanzierungs- und Anlageinstrumenten bzw. Strategien sowie insbesondere
- der Analyse und Empfehlung von Portefeuillezusammenstellungen und Anlagestrategien sowie von (einzelnen) Anlagevorschlägen.

Eine einheitliche **Berufsbenennung** hat sich in der Bundesrepublik Deutschland immer noch nicht endgültig durchgesetzt. Von einer Berufsbezeichnung wird in der Regel eine Information über die Berufstätigkeit erwartet. Im Sprachgebrauch und in der Praxis wird z.T. immer noch unterstellt, daß diejenigen, die finanzorientierte Analysen - zu welchem "finanziellen" Zweck im weitesten Sinne auch immer - erstellen, Finanzanalysten sind. Allerdings weist die Berufsbenennung Finanzanalyst keinen hinreichend konkreten Bezug zum eigentlichen Tätigkeitsfeld der Kapitalmarktanalyse auf. Darüber hinaus existieren für die gleiche Tätigkeit in der Bundesrepublik viele synonyme Bezeichnungen, wie z.B. Wertpapieranalyst, Aktienanalyst, Analyst oder Investmentanalyst. Daher scheint es geboten, die bisher in der Bundesrepublik nicht eindeutig definierten und zudem sehr wechselvoll gebrauchten Berufsbenennungen zu vereinheitlichen.

Statt des sehr allgemein gefaßten Begriffes "Finanzanalyst" ist es empfehlenswert, die Bezeichnung "Investmentanalyst" vorzusehen. Diese Berufsbenennung hat den Vorteil, daß sie direkt auf die Berufstätigkeit hinweist, gewisse vorherzusehende Aufgabenerweiterungen bereits erfaßt und schließlich der Öffentlichkeit eine ausreichende konkrete Vorstellung von diesem Beruf vermittelt. So wird unter Finanzierung in der Regel die Finanzmittel-, d.h. die Geld- bzw. Kapitalbeschaffung verstanden, während der Begriff Investition die Geldverwendung kennzeichnet. Die Kapitalmarktanalyse befaßt sich primär mit der Geld- bzw. Kapitalanlage, also mit der Verwendungsseite. Die Berufsbezeichnung Investmentanalyst erscheint daher auch vom Sprachgebrauch her treffender. Sie tritt damit zugleich neben bereits etablierte Begriffe wie Investmentfonds und Investmentbanking.

Die **Grundsätze der Berufsausübung** von Investmentanalysten sind vor dem Hintergrund zu sehen, daß in Deutschland Vermögensanlagen (Aktien, Renten, Anlagen von Lebensversicherungen und Pensionsfonds, Investmentanteile u.ä.) in Höhe von hunderten von Milliarden Mark von wenigen hundert Investmentanalysten disponiert werden. Ihre genaue Anzahl ist nicht bekannt. Im Hinblick auf die Bundesrepublik Deutschland kann man jedoch davon ausgehen, daß der größte Teil dieses Berufsstandes in der im Jahre 1960 gegründeten "Deutschen Vereinigung für Finanzanalyse und Anlageberatung e.V." (DVFA) zusammengeschlossen ist, die Ende 1989 rund 400 und Mitte 1995 ca. 700 Mitglieder zählte. Der "Europäischen Union der Vereinigungen für Finanzanalyse" (European Federation of Financial Analysts Societies - EFFAS), dem europäischen Dachverband mit Sitz in Paris, gehörten 1987 bereits 13 nationale Vereinigungen mit insgesamt über 5.000 Personen an. Außerhalb Europas hat in den USA die Investmentanalyse die größte Bedeutung erlangt. Mehr als 14.500 Investmentanalysten sind Mitglieder der "Financial Analysts Federation" (FAF), die von 51 lokalen Gesellschaften gebildet wird. Im asiatischen Raum ist die "Security Analysts Association of Japan" (SAAJ) mit rund 1.200 Mitgliedern führend.

Gerade weil die Zahl der deutschen Investmentanalysten relativ gering ist, folgt aus der gewaltigen, von ihnen betreuten Finanzmasse, daß an ihre Fachkompetenz und Verläßlichkeit hohe Maßstäbe anzulegen sind. Aufgrund der großen Verantwortung der Investmentanalysten gegenüber der Öffentlichkeit muß gewährleistet sein, daß nur persönlich und fachlich geeignete Personen in diesem Beruf tätig werden, die auf die Einhaltung gewisser Grundsätze verpflichtet sind. Die Erfüllung der vielfältigen Aufgaben verlangt vom Investmentanalysten zugleich ein umfangreiches Wissen. Wie die empirischen Untersuchungen der berufsnotwendigen Kenntnisse ergaben, werden neben fundierten Kenntnissen der Wertpapieranalyse insbesondere Kenntnisse in der allgemeinen und speziellen Betriebswirtschaftslehre und der Volkswirtschaftslehre verlangt. Aufgrund der wachsenden

Anforderungen und der zunehmenden Bedeutung des Berufs empfahl sich daher eine einheitliche Ausbildung.

Während insbesondere in den USA, aber auch in Japan und in Großbritannien, seitens der Berufsvereinigungen bereits ein teilweise umfassendes **Aus- und Weiterbildungsprogramm** für den Investmentanalysten entstand, fehlte in der Bundesrepublik Deutschland bis 1987 hingegen noch eine spezielle Ausbildung. Von der berufsständischen Vereinigung (DVFA) wurde die Aus- und Weiterbildung nur punktuell, bezogen auf gerade aktuelle Themen, angeboten. Nur an wenigen Hochschulen zählte die Investmentanalyse (Zielrichtung Kapitalmarktanalyse) als Studienfach zum Lehrangebot bzw. war sie Gegenstand betriebswirtschaftlicher Forschung. Dabei handelte es sich allerdings meist um Ergänzungsveranstaltungen im Rahmen anderer Hauptfächer. Vorwiegend waren es die Unternehmungen selbst, die im Rahmen eines "training on the job" die Ausbildung ihrer Mitarbeiter im Analysebereich durchführten.

Am 21. August 1987 wurde an der Technischen Hochschule Darmstadt als Pilotseminar mit begrenzter Teilnehmerzahl die inzwischen erprobte Konzeption eines Post Graduate-Seminars "Grundlagenwissen der Investmentanalyse" gestartet. In Abwägung der in der Bundesrepublik Deutschland bestehenden Situation bot sich insbesondere eine Post Graduate-Ausbildung mit Wochenend-Intensivseminaren an. Im Gegensatz etwa zu Großbritannien, wo die Ausbildung auf dem Universitäts-Eingangsniveau (vergleichbar dem deutschen Abitur) beginnt, bildete für das Seminar "Grundlagenwissen der Investmentanalyse" die Zulassungsvoraussetzung ein abgeschlossenes Studium der Wirtschaftswissenschaften, des Wirtschaftsingenieur- bzw. Wirtschaftsinformatikerwesens und eine mindestens 12-monatige einschlägige praktische Tätigkeit in der Kreditwirtschaft oder - in begründeten Ausnahmefällen - eine abgeschlossene einschlägige Berufsausbildung (vornehmlich bei Kreditinstituten oder Versicherungen) und eine mindestens dreijährige einschlägige Berufspraxis. Mit dieser Konzeption sollten insbesondere den im internationalen Vergleich langen deutschen Ausbildungszeiten bis zum Universitätsabschluß Rechnung getragen und die dabei vermittelten Kenntnisse der Betriebswirtschaftslehre und Volkswirtschaftslehre genutzt werden. Andererseits sollte, bis weitere Erfahrungen vorliegen, in besonders begründeten Ausnahmefällen die Ausbildung zumindest prinzipiell auch für diejenigen offenstehen, die sich äquivalente Kenntnisse auf andere Weise angeeignet haben und dies nachweisen.

Im Hinblick auf eine **internationale Koordinierung der Ausbildung** zum Investmentanalysten im Rahmen der europäischen Harmonisierungsbestrebungen wurde vereinbart, den einzelnen Ländern soviel Gestaltungsfreiheit zu lassen, daß nach wie vor bestehende nationale Besonderheiten berücksichtigt werden können, die sich z.B. durch die unterschiedliche Rechnungslegung sowie die verschiedenen Bankensysteme und Usancen an den Kapitalmärkten ergeben. In diese Richtung zielte auch eine Empfehlung der "Commission on Training and Qualification of Analysts" (CTQ) innerhalb des europäischen Dachverbandes der Investmentanalysten (EFFAS) an die zuständigen Institutionen der Europäischen Gemeinschaft, der am 5. März 1987 anläßlich einer Tagung in Brüssel auch der Verfasser als deutscher Vertreter zustimmte. Unter Wahrung der nationalen Besonderheiten wurde in den verschiedenen Ländern ein gleichermaßen hohes Ausbildungsniveau angestrebt, mit dem Ziel einer gegenseitigen Anerkennung der Abschlüsse. In ihrem Schreiben vom 6.11.1987 an die Members of the Board der EFFAS legte die CTQ unter der Überschrift "Training and Qualification of Investment Professionals and the EFFAS Schedule of Required Items" ihre Auffassung über die an einen europäischen Investmentanalysten zu stellenden Qualifikationsanforderungen detailliert dar. Diese Überlegungen führten schließlich unter der Mitautorenschaft des Verfassers im August 1992 zur Veröffentlichung des ersten verbindlichen Anforderungs- und Kriterienkatalogs zur Vereinheitlichung und Standardisierung der europäischen Investmentanalystenausbildung.[2]

Eingehend befaßte sich mein Doktorand Puckler bereits Ende der 1980er Jahre mit der Rolle der deutschen Investmentanalysten als Ratgeber der Anleger und einem darauf aufbauenden **Verhaltenskodex** deutscher Investmentanalysten. Auf Basis der erwähnten Untersuchungen von Eberts, in Anlehnung an den seit 1962 bestehenden Ehrenkodex und die daraus abgeleiteten Verhaltensregeln des amerikanischen Investmentanalystenverbandes AIMR[3] sowie aufgrund einer Analyse der Berufsbilder des Wirtschaftsprüfers und des Bankinnenrevisors in Deutschland entwickelte Puckler eine Basis für Berufsrichtlinien und eine grundsätzliche Berufsordnung deutscher Investmentanalysten.[4] Seinen diesbezüglichen Ausführungen kann - im

---

2 A. Bender / U. Hielscher / T. Johnsen / J. Mourtisen / L. C. Nunes / M. Theobald / A. van den Berg: EFFAS Accreditation Guide (1992).

3 Association for Investment Management and Research (AIMR): Code of Ethics and Standards of Professional Conduct (1990/92).

4 G. Puckler: Die Errichtung einer deutschen Terminbörse (1989); G. Puckler: Die Investmentanalysten als Ratgeber der Anleger II und III (1990).

Hinblick auf die erst 1994/95 im Gefolge des 2. Finanzmarktförderungsgesetzes vom 26. 6. 1994 sowie dem in Vorbereitung befindlichen 3. Finanzmarktförderungsgesetz entwickelten und auf der Mitgliederversammlung am 15.5.1995 in Frankfurt/M. verabschiedeten DVFA-Standesrichtlinien - Pioniercharakter zugebilligt werden.

1. Teil
Grundlegende theoretische Konzepte der modernen Investmentanalyse

11 Finanzmathematische Grundlagen der Investmentanalyse*

Mit Hilfe finanzmathematischer Methoden lassen sich unterschiedliche Zahlungsströme bewerten und vergleichen. Einzige Voraussetzung ist, daß der zu bewertende Zahlungsstrom bekannt ist. Unter einem Zahlungsstrom hat man sich dabei die Gesamtheit aller einzelnen Zahlungen vorzustellen, die aus einem bestimmten Investment resultieren. Ein solches Investment kann beispielsweise in einer Geldanlage in einer einzelnen einfachen Anleihe oder in einer einzelnen Aktie bestehen. Der zu bewertende Zahlungsstrom setzt sich dann aus dem Anschaffungspreis (Auszahlung) und dem Verkaufspreis (Einzahlung) zusammen, gegebenenfalls ergänzt um zwischenzeitlich vereinnahmte Zinsen bzw. Dividenden (Einzahlungen).

Ein finanzmathematisch bewertbarer Zahlungsstrom kann aber auch aus komplexeren Investments resultieren, z.B. aus ganzen Portefeuilles oder aus synthetisch kombinierten Anleihen. Eine finanzmathematische Bewertung ist nämlich immer dann möglich, wenn sich aus einem Investment ein als **sicher zu unterstellender Zahlungsstrom** ableiten läßt. Das aus der Ungewißheit künftiger Entwicklungen resultierende Risiko läßt sich demgegenüber finanzmathematisch lediglich in Sonderfällen und selbst dann nur pauschal abschätzen. Die kompliziertere quantitative Erfassung des Risikos kann jedoch mit Hilfe der modernen Portfoliotheorie (vgl. Abschnitt 12) erfolgen.

Aufgrund ihres elementaren Charakters eignen sich speziell finanzmathematische Überlegungen für einen Einstieg in die moderne Investment-

* Überarbeitete Zusammenfassung der Veröffentlichungen des Verfassers: Finanzmathematische Grundkonzepte der modernen Investmentanalyse (1988); Probleme bei der Berechnung historischer (realisierter) Renditen (1989); Performanceauswertung im modernen Effekten-Portfoliomanagement (1994).

analyse. Dazu wiederum bildet das Barwertmodell eine besonders plausible Basis.

111 Das Barwertmodell

Eine plausible Ausgangsüberlegung zu dem grundlegenden Barwertmodell der Investmentanalyse bildet folgende einfache Entscheidungssituation: Auf eine Annonce erhalte der Verkäufer eines Gebrauchtwagens zwei Kaufangebote über je 1.000 DM. Der erste Interessent ist bereit, sofort 1.000 DM zu bezahlen, während der zweite Interessent zwar auch 1.000 DM zahlen möchte, verbunden jedoch mit einem Zahlungsaufschub von sechs Jahren. Ein ökonomisch rational handelnder Verkäufer wird sich zweifellos für das erste Angebot (1.000 DM sofort) entscheiden, da es "besser" ist. Als weniger unmittelbar beantwortbar erweist sich jedoch die weitergehende Frage, "wieviel besser" das Angebot "1.000 DM sofort" ist. Eine Antwort darauf bietet das sog. Barwertkonzept an.

Zur Beantwortung der Frage, um wieviel die sofortige Zahlung von 1.000 DM gegenüber der Zahlung des gleichen Betrages in sechs Jahren besser ist, orientiert sich das Barwertkonzept an dem Opportunitätsprinzip, speziell an der Möglichkeit, zwischenzeitlich Zinsen zu erwirtschaften. Die sofort vereinnahmten 1.000 DM könnten nämlich über sechs Jahre hinweg zinseszinslich angelegt werden und repräsentieren somit nach dem Ablauf von sechs Jahren ein beträchtlich höheres Vermögen als ursprünglich.[1] Geht man z.B. von einem (landes-)üblichen Zinsfuß für sechsjährige Anlagen in Höhe von 7 % p.a. aus sowie von einer Inflationsrate Null, dann steigt der reale Wert von 1.000 DM in sechs Jahren bei nachschüssiger Verzinsung auf rund 1.500 DM. Mit anderen Worten: 1.000 DM mit sieben Prozent p.a. über sechs Jahre "aufgezinst" ergeben 1.500 DM. Das Angebot "1.000 DM sofort" ist also um die Hälfte besser als das Angebot "1.000 DM, aber erst in sechs Jahren".

Allgemein kann man die Aufzinsungsformel folgendermaßen ableiten. Das Kapital zum Zeitpunkt Null, also bei sofortiger Zahlung, sei K_0. Daraus folgt aus der Zinseszinsrechnung:

---

1 Im folgenden wird, sofern nicht ausdrücklich anders gesagt, stets von der heute allgemein üblichen **nachschüssigen** Verzinsung ausgegangen, wobei i.d.R. weiterhin eine jährliche Verzinsung unterstellt ist.

Nach

1 Jahr:	K_1	$= K_0 + K_0 \frac{p}{100}$	$= K_0 + K_0\, i$	$= K_0(1+i)$	$= K_0\, q$
2 Jahren:	K_2	$= K_1 + K_1\, i$	$= K_1(1+i)$	$= K_0(1+i)^2$	$= K_0\, q^2$
3 Jahren:	K_3	$= K_2 + K_2\, i$	$= K_2(1+i)$	$= K_0(1+i)^3$	$= K_0\, q^3$
usw.					
n Jahren:	K_n	$= K_{n-1} + K_{n-1}\, i$	$= K_{n-1}(1+i)$	$= K_0(1+i)^n$	$= K_0\, q^n$

mit: p=**Zinsfuß** (in %); i=**Zinssatz**=p/100; q=**Aufzinsungsfaktor**=1+i.

Die grundlegende finanzmathematische **Aufzinsungsformel** bei jährlich nachschüssiger Zinsgutschrift lautet also

$$\boxed{K_n = K_0 \cdot q^n} \qquad (1)$$

mit:
q^n = Aufzinsungsfaktor
K_0 = Barwert (bzw. Gegenwartswert, present value)
K_n = Endwert (bzw. Zukunftswert, future value).

In dem obigen Gebrauchtwagenbeispiel ist q = 1 + 0,07 = 1,07 bzw. $q^6 = 1{,}07^6 = 1{,}500$ und somit K_n = 1000 · 1500 = 1500 DM. Die Zinsen werden hierbei erst am Ende des Jahres zugeschlagen und vom Wert des Kapitals am Anfang des Jahres berechnet. (Bei vorschüssiger Zinseszinsrechnung ist in Gleichung (1) lediglich K_0 mit K_n zu vertauschen und mit (1 – i) statt mit q = (1 + i) zu rechnen).

Die Ausgangsfrage, nämlich wieviel sind die bar gezahlten 1.000 DM mehr wert, läßt sich auch umkehren in: Wieviel sind die 1.000 DM, die erst in sechs Jahren gezahlt werden, heute wert? Die Antwort lautet: Den Betrag, den man heute mit sieben Prozent anlegen müßte, um in sechs Jahren 1.000 DM zu haben. Man braucht also die vorstehenden Berechnungen lediglich umzukehren, d.h. die Gleichung (1) nach K_0 aufzulösen. Man bezeichnet diesen umgekehrten Vorgang auch mit **abzinsen** bzw. **diskontieren** (K_n wird also diskontiert):

$$\boxed{K_0 = \frac{K_n}{q^n}} \qquad (2)$$

wobei: $1/q^n = q^{-n}$ = **Abzinsungs-** bzw. **Diskontierungsfaktor**.

Auf das Gebrauchtwagenbeispiel angewandt ergibt Gleichung (2):

$$K_0 = K_n \cdot q^{-n} = 1000 \cdot 1{,}07^{-6} = 1000 : 1{,}500 = 666{,}67 \text{ DM.}$$

D.h. 1.000 DM in sechs Jahren sind bei Zugrundelegung von 7 % Zinseszinsen heute 666,67 DM wert. Somit ist das Angebot "1.000 DM sofort" wiederum um 50 % besser (weil 333,33: 666,67 = 0,5 ≙ 50 %).

Will man also unterschiedliche künftige **sichere** Zahlungen zum heutigen Zeitpunkt vergleichen, so ist der heutige Wert durch Abzinsung mit Hilfe des Diskontierungsfaktors q^{-n} zu berechnen. Diesen so ermittelten vergleichbaren Wert K_0 bezeichnet man als **Barwert** einer Zahlung. Bereits aufgrund der vorstehenden elementaren Überlegungen lassen sich beispielsweise Zero-Bonds bewerten.

112 Elementare Bewertungsansätze der Rentenanalyse

1121 Zero-Bonds

Zero-Bonds sind Null-Kupon-Anleihen, d.h. gesamtfällige Anleihen ohne jeden Zinskupon. Auf Zero-Bonds werden also während ihrer Laufzeit keinerlei Zinsen gezahlt. Die Zinsen werden vielmehr erst am Ende der Laufzeit zusammen mit der Tilgung in einem Betrag ausgezahlt. Ziel ist also die Kapitalakkumulation. Einen Zero-Bond kann man deshalb auch als "gestrippte" Kupon-Anleihe (vgl. Abschnitt 1143) betrachten. Zero-Bonds werden zum diskontierten Wert K_0 emittiert und zu K_n eingelöst, so daß sie, über die gesamte Laufzeit gerechnet, eine effektive (sog. interne) Verzinsung von genau $i = q - 1$ bieten.

Ein Beispiel möge das grundlegende Zero-Bond-Konzept veranschaulichen: Ein bonitätsmäßig erstklassiger Emittent habe sich in den Anleihebedingungen verpflichtet, seinen Zero-Bond in 10 Jahren zu 1.000 US-$ einzulösen. Der Euro-Satz für erstklassige Schuldner betrage bei 10 Jahren Laufzeit 7 % p.a. Damit ergibt sich gemäß Gleichung (2) ein **rechnerischer Wert (= theoretischer Kurs)** eines Zero-Bonds mit:

$$K_0 = \frac{K_n}{q^n} = \frac{1000}{1{,}07^{10}} = \frac{1000}{1{,}9672} = 508{,}34 \text{ US-\$}$$

Läge der tatsächliche Marktpreis unter 508,34 \$, so könnte man eine Rendite erzielen, die höher ist als 7 %, bei Marktpreisen über 508,34 \$ dagegen lediglich eine Rendite von weniger als 7 %, da der "Tilgungsgewinn" im ersten Fall höher, im zweiten Fall jedoch niedriger ist als für sieben Prozent erforderlich. Bei einem Preis von exakt 508,34 \$ erzielt man also genau 7 % Rendite. Diese sieben Prozent werden als effektive bzw. **interne Rendite** bezeichnet.

Ein Zero-Bond ist die mathematisch am einfachsten zu behandelnde Anleiheform, denn seine gesamte Zahlungsreihe besteht lediglich aus einer einzigen Auszahlung und einer einzigen Einzahlung. Die allgemeine finanzmathematische Definitionsgleichung zur Bestimmung des **internen Zinssatzes** lautet bekanntlich:

"Barwert der Auszahlungsreihe = Barwert der Einzahlungsreihe"

Für den Erwerber eines Zero-Bond besteht die einmalige Auszahlung in dem Kaufpreis K_0, der sofort zu bezahlen und deshalb auch nicht abzuzinsen ist. Die einmalige Einzahlung besteht in dem Rückzahlungsbetrag K_n nach n Jahren. Damit läßt sich die interne Rendite eines Zero-Bonds analytisch wie folgt berechnen:

$$K_0 = \frac{K_n}{q^n}$$

$$q^n = \frac{K_n}{K_0}$$

$$q = \sqrt[n]{\frac{K_n}{K_0}} = 1 + i$$

$$\boxed{i = \sqrt[n]{\frac{K_n}{K_0}} - 1} \qquad (3)$$

Könnte man beispielsweise den oben skizzierten Zero-Bond am Markt für glatt 500 \$ kaufen, so wäre die interne Verzinsung

$$i = \sqrt[10]{\frac{1000}{500}} - 1 = \sqrt[10]{2} - 1 = 1{,}071774 - 1 = 0{,}07177 \mathrel{\hat{=}} \underline{\underline{7{,}18\ \%}}$$

1122 Ewige Renten

Abgesehen von den Zero-Bonds lassen sich nur noch die klassischen "ewigen Renten", die bereits im 18. und 19. Jahrhundert verbreitet waren (z.B. die berühmten englischen 2 1/2 % "consols"), finanzmathematisch elementar behandeln. Von der Konzeption her wird eine ewige Rente, wie bereits der Name sagt, niemals getilgt. Der Investor erwirbt mit dem Kauf einer ewigen Rente also einen zeitlich unbegrenzten Strom jährlicher Zinszahlungen, aber keinerlei Anspruch auf Tilgung.[2] Dennoch ist der Barwert einer ewigen Rente nicht unendlich, da die weit in der Zukunft liegenden Zahlungen infolge der Abzinsung gegen Null konvergieren ($\lim_{n\to\infty} q^{\,n} = 0$ für $q > 1$). Weit entfernt in der Zukunft liegende Zahlungen tragen deshalb praktisch nichts mehr zum Barwert bei.

Der Barwert B einer ewigen Rente mit jährlichen nachschüssigen Rentenzahlungen r läßt sich unter Verwendung von Gleichung (2) als Summe der Einzelbarwerte wie folgt schreiben:

$$B = \frac{r}{q} + \frac{r}{q^2} + \frac{r}{q^3} + \ldots$$

oder

$$B = r \cdot (q^{-1} + q^{-2} + q^{-3} + \ldots)$$

Setzt man die Rate r gleich **eins** und dividiert man B durch q und subtrahiert man B/q von B, so ergibt sich:

$$\begin{aligned} B &= q^{-1} + q^{-2} + q^{-3} + q^{-4} + \ldots \\ -\frac{B}{q} &= \qquad\;\; -q^{-2} - q^{-3} - q^{-4} - \ldots \\ \hline B - \frac{B}{q} &= q^{-1} \end{aligned}$$

Daraus folgt unmittelbar:

$$B \cdot (1 - \frac{1}{q}) = \frac{1}{q}$$

oder

$$B = \frac{1}{q} : \left(1 - \frac{1}{q}\right) = \frac{1}{q-1} = \frac{1}{1+i-1} = \frac{1}{i}$$

---

2 Diesen zeitlich unbegrenzten Strom jährlicher Zinszahlungen r kann man auch so interpretieren, daß der Anleger mit einer ewigen Rente eine unendliche Anzahl von Zero-Bonds erwirbt, wobei der erste Zero-Bond nach einem Jahr mit dem Betrag r getilgt wird, der zweite Zero-Bond mit ebenfalls r nach zwei Jahren, der dritte nach drei Jahren usw. bis ins Unendliche. Damit hat man eine ewige Rente aus Zero-Bonds "synthetisiert".

Der Barwert einer ewigen Rente mit der nachschüssigen Jahresrate **r** ist also

$$B = \frac{r}{i} \tag{4}$$

Die in dem vorstehenden Beweisansatz verwendete Größe B/q ist nichts anderes als die Rente B, wobei der Zahlungsbeginn jedoch um ein Jahr in die Zukunft verschoben ist, so daß der Barwert von B mit dem Faktor q^{-1} zu diskontieren ist. Der Barwert einer zukünftig beginnenden Rente, deren erste Zahlung hingegen erst in n + 1 Jahren beginnt, ist gleich dem Barwert r/i der nachschüssigen ewigen Rente gemäß Gleichung (4), jedoch gemäß Gleichung (2) zusätzlich diskontiert mit dem Barwertfaktor q^{-n}, da die Zahlungen erst nach dem Ablauf von n + 1 Jahren beginnen und deshalb zu Vergleichszwecken zusätzlich auf "heute" abzuzinsen sind:

$$B = \frac{r}{i} \cdot \frac{1}{q^n} \tag{5}$$

113 Elementare Bewertungsansätze der fundamentalen Aktienanalyse

1131 Dividend Discount Model

Der Grundgedanke der fundamentalen Aktienanalyse[3] ist, daß ein Aktienkäufer juristisch bei einer langfristig selbständig fortbestehenden Gesellschaft, abgesehen vom Stimmrecht auf der Hauptversammlung, lediglich einen Anspruch auf einen Teil des Gewinns erwirbt: Die Dividende - mehr nicht! Der Ansatz der klassischen Fundamentalanalyse läuft dementsprechend auf die Ermittlung des **inneren Wertes** (in Form eines in bestimmter Weise aus den Dividenden abgeleiteten **Ertragswertes**) einer Aktie hinaus, der mit der Börsenbewertung, also dem Kurs der Aktie, verglichen wird (vgl. auch Abschnitt 121). Ein geeigneter Maßstab für den (Ertrags-) Wert einer Aktie ist der Barwert der gesamten künftigen Divi-

---

3 Als Begründer der fundamentalen Aktienanalyse im heutigen Sinne können Benjamin Graham und David Dodd (Ende der 1920er/Anfang 1930er Jahre) angesehen werden, wenngleich zentrale Grundprinzipien, wie die Ertragsbewertung und der Verwässerungseffekt von Aktien, der Leverage Effect u.ä., den großen amerikanischen Finanzmagnaten des 19. Jahrhunderts wie Commodore Cornelius Vanderbilt, John D. Rockefeller, John P. Morgan, Jay Gould und anderen Insidern längst geläufig waren. Zur fundamentalen Aktienanalyse vgl. auch Abschnitt 21.

dendenzahlungsreihe. Dies ist der zentrale Grundgedanke des sog. "dividend discount model".

Unter den vereinfachenden Annahmen, daß eine Gesellschaft ad infinitum besteht und jährlich gleichbleibende Dividendenzahlungen D_0 aus einer Aktie fließen, läßt sich gemäß Gleichung (4) für die ewige Rente der folgende Ausdruck für den Barwert (Kurs) K der Aktie angeben:

$$K = \frac{D_0}{i}$$

Die im Hinblick auf endliche Anlagezeiträume erforderliche Berücksichtigung des zukünftigen Verkaufserlöses, der ebenfalls in diskontierter Form dem Barwert der dann nach n Perioden abbrechenden Dividendenreihe zuzuschlagen wäre, erfolgt in der vorstehenden Gleichung automatisch. Denn zum Kalkulationszeitpunkt ist der zu erwartende Verkaufspreis seinerseits von den nach dem Verkaufszeitpunkt noch verbleibenden Dividendenerträgen abhängig, die jedoch in der Gleichung bereits enthalten sind. Dieses auf seine einfachste Form reduzierte **Constant Dividend Discount Model** erfährt in der praktischen Aktienanalyse durch die Price-Earnings-Ratio (PER) in modifizierter Form allgemeine Anwendung (vgl. Abschnitte 1132 und 121).

In den letzten Jahren wurden erhebliche Anstrengungen unternommen, das auf Williams (1938) zurückgehende Dividend Discount Model zu verfeinern. Einen ersten Schritt bildet die Berücksichtigung von Dividendenänderungen im Zeitablauf in Form von Dividenden**wachstumsraten**. Geht man von einer konstanten Dividendenwachstumsrate w und der letzten historischen Dividende D_0 aus **(Constant Dividend Growth Discount Model)**, dann gilt:

$$K = D_0\left(\frac{1+w}{1+i}+\frac{(1+w)^2}{(1+i)^2}+\frac{(1+w)^3}{(1+i)^3}+\ldots\right)$$

Sofern i > w, erhält man nach einigen wenigen Rechenschritten analog der Ableitung von Gleichung (4):

$$K = D_0\frac{1+w}{i-w}=\frac{D_1}{i-w}$$

Die bisherigen Überlegungen werden in der Praxis in unterschiedlicher Weise kombiniert und damit den Verhältnissen der Analysepraxis angepaßt. So wird der künftig erwartete **Dividendenstrom** häufig in **drei Phasen** unterteilt, wobei die drei Subperioden jeweils eine unterschiedliche Anzahl von Jahren umfassen, z.B.:

1. Die Nahphase umfaßt die nächsten zwei bis drei Jahre, wofür explizite Dividendenvoraussagen (D_1, D_2 und ggf. D_3) in das Modell eingehen.
2. Die Übergangsphase umfaßt, beginnend mit D_3 bzw. D_4, eine unterschiedliche Anzahl von Jahren, während derer sich die individuelle Dividendenwachstumsrate der Gesellschaft, einem nichtlinearen, i.d.R. degressiv an- oder absteigenden Pfad folgend, letztlich der durchschnittlichen Dividendenwachstumsrate aller Gesellschaften entsprechend der nachfolgenden Reifephase anpaßt.
3. Das Reifestadium, das alle auf die Übergangsphase folgenden Jahre ad infinitum umfaßt. Dafür wird das Dividendenwachstum als konstant unterstellt und zwar z.B. orientiert am historischen Wachstum des nominalen Bruttosozialprodukts.

Andere Ansätze ähneln der skizzierten Vorgehensweise, jedoch basieren sie auf abweichenden Phasenabgrenzungen, z.B. Nahphase fünf Jahre, Übergangsphase gleichbleibend fünf bis 30 Jahre, danach Reifestadium, wobei die Ausschüttung (Dividende) aus einer zusätzlichen Aufspaltung in ihre beiden Bestimmungsfaktoren **profit growth** und **pay-out ratio** sowie deren Wachstumsratenveränderungen im Zeitablauf abgeleitet wird. Wieder andere Analysen bevorzugen aus Vereinfachungsgründen in der Übergangsphase lineare Verläufe. Schließlich wurde vorgeschlagen, analog zur Vorgehensweise bei der **Price-Earnings-Ratio** (vgl. Abschnitt 1132 und 121) auch bei dem Dividend Discount Model direkt die **Dividendenzahlungskapazität** (also die Gewinne pro Aktie) und nicht die Dividenden als Modelleingabe zu verwenden, um einer vermuteten tendenziellen Bevorzugung von Aktien mit aktuell hoher Rendite und niedriger Price-Earnings-Ratio (sog. "yield tilt") durch das Modell vorzubeugen.

Die Bewertung des gewonnenen Dividendenstromes kann auf zwei Wegen erfolgen:

a) Diskontierung mit einem vorher festgelegten einheitlichen Kalkulationszinssatz oder mit mehreren an der Zinsstrukturkurve festverzinslicher Wertpapiere (vgl. Abschnitt 1152) orientierten, für einzelne Perioden unterschiedlichen Diskontierungsfaktoren. Die durchaus nicht unproblematische, für riskante Aktieninvestments jedoch erforderliche Abschätzung der anzuwendenden Risikozuschläge zum Kalkulationszinssatz erfolgen dabei u.a. mit Hilfe des CAPM (vgl. Abschnitt 127). Der berechnete Barwert (der sog. "faire" Kurs) wird danach mit dem aktuellen Börsenkurs verglichen. Abweichungen vom fairen Preis lassen sich, unter Berücksichtigung der Tatsache, daß bestimmte Aktien in der Vergangenheit ("own past performance") ständig über oder unter dem fairen Preis notierten, in Schätzungen erwarteter Renditen transformieren und als Inputs für Portefeuilleoptimierungen nach dem Portfolio-Selection-Ansatz von Markowitz (vgl. Abschnitt 123) bzw. dessen Varianten und Weiterentwicklungen (z.B. Abschnitte 124 und 129) verwenden.

b) Der zweite Weg besteht darin, unmittelbar den impliziten Abzinsungsfaktor (interne Rendite) zu bestimmen, d.h. die Größe i so zu berechnen, daß der Barwert des prognostizierten Dividendenstroms mit dem augenblicklichen Börsenkurs übereinstimmt. Die interne Rendite kann dann mit einer Zielrendite verglichen werden.

1132 Price-Earnings-Ratio

Im Rahmen der fundamentalen Aktienbewertung nimmt in der Praxis nach wie vor die Kennzahl Price-Earnings-Ratio (Kurs-Gewinn-Verhältnis, Gewinnmultiplikator), mit

$$PER = (\text{Kurs}) : (\text{Gewinn pro Aktie})$$

eine Vorrangstellung vor allen anderen Kennzahlen ein (vgl. auch Abschnitt 121).

Bei der Abschätzung der zukünftigen Dividendenzahlungen ist nämlich, neben der Ausschüttungspolitik der Verwaltung, insbesondere das Ausmaß des künftigen Dividendenzahlungspotentials zu berücksichtigen. Da dieses seinerseits entscheidend von den einbehaltenen Gewinnanteilen determiniert wird, erscheint es plausibel, unmittelbar auf die künftigen **Gewinne pro Aktie** (G), quasi als "Index" für das Dividendenpotential, abzustellen, wobei theoretisch die langfristig repräsentativen und nachhaltig erzielbaren Gewinne zugrunde zu legen wären (vgl. dazu auch Abschnitt 218). Aus der obigen Definitionsgleichung der PER ergibt sich damit die Bestimmungsgleichung für den "angemessenen" Aktienkurs K als

$$K = PER \cdot G$$

oder:

$$K = \frac{G}{i_G}$$

mit: G = Gewinn pro Aktie

i_G = Gesamtgewinnrendite = Kehrwert des Gewinnmultiplikators = 1/PER.

Der Ausdruck $K = G/i_G$ entspricht formal der Barwertformel für die ewige Rente (Gleichung 4). Er impliziert damit allerdings auch, daß bei der Aktienbewertung mit Hilfe der PER von **konstanten** zukünftigen Pro-Aktien-Gewinnen ausgegangen wird. Da in der Praxis jedoch in der Regel nur die für das nächste Jahr erwarteten Gewinne verwendet werden, muß ein nachhaltiges über- bzw. unterdurchschnittliches Wachstum der Gewinne einzelner Gesellschaften in der Höhe der PER selbst Berücksichtigung finden. Bis heute ist es jedoch nicht gelungen, überzeugende Ansätze dafür zu entwickeln, wie hoch diese Zu- bzw. Abschläge von der PER im speziellen Einzelfall sein sollten (vgl. Abschnitt 121).

In jüngerer Zeit geht man verschiedentlich dazu über, zusätzlich zu der Kennzahl Gewinn pro Aktie (nach Steuern) auch die Größe **"Cash Flow pro Aktie"** in Relation zum Kurs zu setzen. Das gilt insbesondere für längerfristige vergleichende Aktienbewertungen. Der **Cash Flow (Einzahlungsüberschuß oder Netto-Kassenzufluß)** beinhaltete begrifflich-konzeptionell ursprünglich die Summe aller Einzahlungen in ein Unternehmen, denen **kurzfristig** keine Auszahlungen gegenüberstehen. Da diese Zahlungsgrößen extern jedoch nicht zugänglich sind, wird der Cash Flow in der Regel mit Hilfe von Größen aus der Erfolgsrechnung abgeschätzt (indirekte Ermittlungsform):

Cash Flow = Gewinn (Jahresüberschuß)
+ Abschreibungen auf Sach- und Finanzanlagen
+ Nettoerhöhung der langfristigen Rückstellungen.

Obwohl ursprünglich als liquiditätsorientierte Kennzahl konzipiert (z.B. Verschuldungsfaktor = Nettoverschuldung : Cash Flow), eignet sich der wie vorstehend skizziert ermittelte (die **Innenfinanzierungskraft** eines Unternehmens charakterisierende) Cash Flow auch zur Beurteilung der Ertragskraft und damit die Kennzahl "Kurs: Cash Flow (pro Aktie)" zur vergleichenden Aktienbewertung, da

1. Ergebnisschwankungen infolge von Investitionszyklen durch die Einbeziehung von Abschreibungen geglättet werden und
2. die Vergleichbarkeit zwischen Ergebnissen von Unternehmen mit unterschiedlichen Bilanzierungs- und Bewertungsmaßstäben (z.B. bei den Pensionsrückstellungen) verbessert wird. Dies gilt sowohl für nationale als auch für internationale Vergleiche.

Sehr unterschiedliche Vermögensstrukturen (z.B. gemessen an der Anlageintensität = Anlagevermögen : Gesamtvermögen) können allerdings die Vergleichbarkeit zwischen Unternehmen beeinträchtigen. Daher ist zur

Beurteilung der Ertragslage und für Ergebnisprognosen die zusätzliche Beobachtung der Kennzahl "Nettogewinn : Cash Flow" im Zeitablauf aufschlußreich.

114 Bewertung zusammengesetzter Renten

1141 Zeitlich begrenzte reine Renten

Der Barwert einer Rente, deren Rentenzahlungen r nach n Jahren enden, läßt sich leicht wie folgt berechnen: Barwert einer ewigen Rente mit der Rate r minus Barwert einer erst n Jahre später beginnenden ewigen Rente mit der gleichen Rate r. Zieht man nämlich von einer ewigen Rente die gleiche Rente ab, deren Beginn jedoch um n Jahre in die Zukunft verschoben ist, so heben sich alle künftigen Zahlungen r auf, mit Ausnahme der ersten n Raten, deren Barwert zu ermitteln ist. Um den Barwert einer einfachen zeitlich begrenzten Rente zu ermitteln, ist also lediglich Gleichung (5) von Gleichung (4) abzuziehen:

$$B = \frac{r}{i} - \frac{r}{i} \cdot \frac{1}{q^n} = r \cdot \left(\frac{q^n - 1}{i \cdot q^n} \right)$$

$$B = r \frac{q^n - 1}{q^n (q-1)} \tag{6}$$

1142 Gesamtfällige Anleihen

Eine gesamtfällige Anleihe setzt sich zusammen aus einer zeitlich begrenzten Rente mit der n-mal (nachschüssig) gezahlten Rate r zuzüglich einer einmaligen Zahlung (Tilgung T) ganz am Ende der Laufzeit. Damit läßt sich eine gesamtfällige Anleihe darstellen als Summe einer n-mal nachschüssig gezahlten einfachen, zeitlich begrenzten Rente (vgl. Abschnitt 1141) zuzüglich einem Zero-Bond mit n Jahren Laufzeit (vgl. Abschnitt 1121). Der Barwert und damit der rechnerische Kurs einer gesamtfälligen Anleihe ergibt sich also aus einer Addition von Gleichung (6) und (2):

$$B = r \frac{q^n - 1}{q^n (q-1)} + \frac{T}{q^n} \tag{7}$$

1143 Duplizierungsprinzip und komplexe Anleihen

Zur Ermittlung der Gleichungen (5) bis (7) wurde bereits das Duplizierungsprinzip angewandt. Das Duplizierungsprinzip besagt, daß Investments, **völlig unabhängig von ihrer Zusammensetzung**, stets den **gleichen Wert** haben, wenn aus ihnen nur **genau die gleichen Zahlungsströme** resultieren. Zieht man beispielsweise, wie bei Gleichung (5) in Abschnitt 1122, von einer ewigen Rente mit der Rate r, allerdings um n Jahre zeitverschoben, genau die gleiche Rente ab, dann verbleibt eine zeitlich auf n Jahre begrenzte Rente (mit der Jahresrente r). Letztere ist gleichviel wert wie die Differenz der beiden ewigen Renten insgesamt.

Mit Hilfe des Duplizierungsprinzips lassen sich genauso auch komplexe Anleihen auf elementare Anlagen reduzieren und danach **additiv** bewerten. Dieses gedankliche **Bond-Stripping** und seine Umkehrung, die **Synthetisierung** z.T. äußerst komplexer, schwer durchschaubarer Anleihekonstruktionen bis hin zu sog. "Cocktails" hat sich in jüngerer Zeit zu einem lukrativen Gebiet für Spezialisten entwickelt.[4]

Eine gesamtfällige Doppelwährungsanleihe, in DM emittiert und mit DM Kupons versehen, deren Tilgung jedoch in US-$ erfolgt, kann beispielsweise in eine zeitlich begrenzte einfache DM-Rente (Abschnitt 1141) und einen Dollar-Zero-Bond (Abschnitt 1121) zerlegt werden. Der Barwert des Dollar-Zero-Bond ist allerdings nicht unmittelbar in DM bewertbar, da er eine offene, d.h. risikobehaftete Devisenposition beinhaltet. Um einen Vergleich mit sicheren DM-Anlagen zu ermöglichen, müßte z.B. eine Absicherung der Dollarforderung aus dem Zero-Bond durch ein Devisentermingeschäft erfolgen. Danach kann eine Diskontierung des aufgrund des Termingeschäfts nunmehr in 10 Jahren "mit Sicherheit" erwarteten DM-Betrages mit dem heutigen Zinssatz für 10jährige Laufzeiten bonitätsmäßig gleichwertiger DM-Schuldner vorgenommen werden. (Infolge des anzuwendenden Swapsatzes bei dem Termingeschäft ergibt sich übrigens zahlenmäßig das gleiche Ergebnis, wenn der Zero-Bond mit dem zugehörigen 10 Jahres-US-Zinssatz diskontiert wird und anschließend eine Umrechnung mit dem aktuellen Kassakurs in DM erfolgt.)

---

[4] Behält sich der Emittent einer komplex synthetisierten Anleihe etwa ein vorzeitiges Kündigungsrecht vor, so nimmt der Anleihegläubiger, möglicherweise ohne sich dessen bewußt zu sein, u.U. die Position des Stillhalters in Optionen ein, eine Stellung, die mitunter nur schwierig zu bewerten ist.

115 Spezielle Probleme der Rentenbewertung

1151 Zinsänderungsrisiko, Duration und Convexity

Bei einem bestimmten Zinsniveau i gilt für den **Barwert B (= rechnerischer Kurs)** einer Anleihe

$$B = \sum_{t=1}^{n} z_t (1+i)^{-t} \qquad (8),$$

wobei z für alle künftigen Zahlungen aus der Anleihe (Zinsraten r und Tilgung T) steht. Jede Anleihe ist allerdings einem Zinsänderungsrisiko unterworfen, d.h. der für die Wiederanlage freiwerdender Beträge relevante Marktzinssatz kann sich im Zeitablauf ändern. Bezeichnet i das ursprüngliche und i^* das neue Zinsniveau, dann ändert sich der Kurs (Barwert) einer Anleihe um den Betrag ΔB:

$$\Delta B = \sum_{t=1}^{n} z_t [(1+i^*)^{-t} - (1+i)^{-t}].$$

Mit steigenden Marktzinsen, d.h. $i^* > i$, wird ΔB negativ, da der Ausdruck in der eckigen Klammer negativ wird, und zwar um so stärker, je stärker das Zinsniveau steigt. Fallende Zinsen hingegen führen zu einem positiven ΔB, d.h. die Kurse steigen. Erhöht sich beispielsweise bei einer Anleihe mit einer Restlaufzeit von 3 Jahren das Zinsniveau von 7 auf 10 Prozent, dann wird ΔB negativ:

$$\begin{aligned} \Delta B &= 7 \cdot [(1{,}10^{-1} - 1{,}07^{-1}) + (1{,}10^{-2} - 1{,}07^{-2}) + (1{,}10^{-3} - 1{,}07^{-3})] \\ &\quad + 100 \cdot (1{,}10^{-3} - 1{,}07^{-3}) \\ &= 7 \cdot [-0{,}025 - 0{,}047 - 0{,}065] + 100 \cdot (-0{,}0650) \\ &= -0{,}97 - 6{,}50 = \underline{\underline{-7{,}47\ \text{DM}}} \end{aligned}$$

Umgekehrt verhält es sich mit dem Zukunftswert (future value) F der Anleihe, den man durch Aufzinsen aller Zahlungen z_t bis zum Fälligkeitstermin nach n Jahren erhält:

$$F = \sum_{t=1}^{n} z_t (1+i)^{n-t}$$

Ändert sich das Zinsniveau, dann gilt:

$$\Delta F \;= \sum_{t=1}^{n} z_t[(1+i^*)^{n-t} - (1+i)^{n-t}]$$

D.h. ΔF wird positiv, wenn das Zinsniveau steigt ($i^* > i$) und negativ, wenn es sinkt. Auch dies läßt sich durch Einsetzen der gleichen Zahlen wie bei dem obigen Beispiel für ΔB nachprüfen:

$$\begin{aligned}\Delta F \;&= 7\cdot[(1{,}10^2 - 1{,}07^2) + (1{,}10^1 - 1{,}07^1) + (1{,}10^0 - 1{,}07^0)]\\ &\quad +100\cdot(1{,}10^0 - 1{,}07^0)\\ &= 7\cdot[0{,}065 + 0{,}030 + 0] + 100\cdot 0 \;=\; \underline{\underline{+\,0{,}67\ \text{DM}}}\end{aligned}$$

Abb. 1 veranschaulicht diese Zusammenhänge.

Zusammenfassend kann man also festhalten: Steigt das Zinsniveau, dann fällt zwar zunächst der Kurs (Barwert), andererseits steigt der Zukunftswert. Das bedeutet, bis zum Laufzeitende wird der anfängliche Kursverlust durch die verbesserten Wiederanlagemöglichkeiten überkompensiert. Fällt hingegen das Zinsniveau, dann steigt zwar augenblicklich der Kurs, allerdings fällt zugleich der Zukunftswert. D.h. bis zum Laufzeitende wird der augenblickliche Kursgewinn diesmal durch die verschlechterten Wiederanlagemöglichkeiten überkompensiert. Jede Kursveränderung infolge augenblicklicher Verschiebungen des Zinsniveaus wird bis Laufzeitende also nicht nur ausgeglichen, sondern sogar überkompensiert.

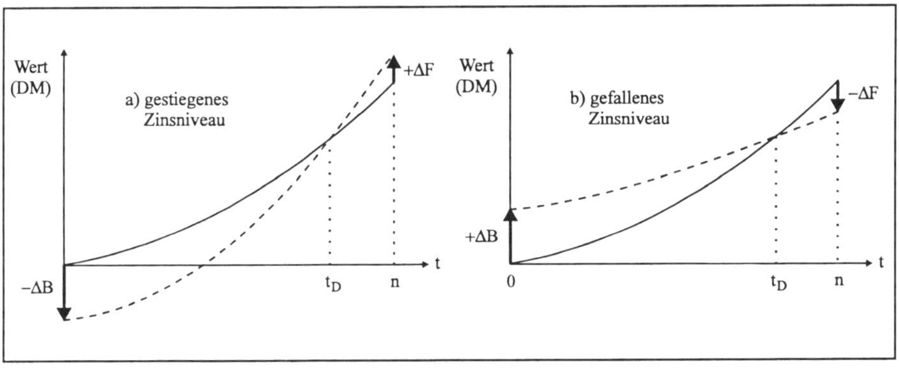

Abb. 1: Wertentwicklung einer Anleihe vor (durchgezogene Linie) und nach (gestrichelte Linie) einer Zinsniveauänderung

Da stets eine Überkompensierung eintritt, muß es eine kritische Laufzeit t_D geben, die zwischen 0 und n liegt, und bei der gerade exakt eine Kompensierung eintritt. Abb. 1a veranschaulicht diesen Zusammenhang für ein im Zeitpunkt 0 gestiegenes Zinsniveau und Abb. 1b für ein gefallenes Zinsniveau, wobei die durchgezogene Linie die Entwicklung des Vermögens vor der Zinsänderung und die gestrichelte Linie die Vermögensentwicklung nach der Zinsänderung repräsentiert. Bis t_D wächst das Vermögen durch die Verzinsung genau gleich stark an, gleichgültig ob eine Zinsniveauveränderung stattgefunden hat oder nicht. Aufgrund dieser Eigenschaft kann man die **kritische Laufzeit**, die in der Literatur allgemein als **Duration D** bezeichnet wird, auch als Grundlage für sog. **Immunisierungsstrategien** gegen das Zinsänderungsrisiko verwenden. Dies basiert darauf, daß verschiedene Zahlungsstromstrukturen auch eine unterschiedliche Duration beinhalten. Daher liegt der Gedanke nahe, die angestrebte Immunisierung durch eine entsprechende Anpassung der Duration des Portefeuilles herzustellen. Bereits mit zwei Anleihen, die eine Duration von D_1 bzw. D_2 aufweisen, läßt sich durch Linearkombination von D_1 und D_2 jede beliebige angestrebte Portefeuilleduration D_p zwischen $t_1 = D_1$ und $t_2 = D_2$ synthetisch darstellen, wobei x der relative Portefeuilleanteil der ersten Anleihe ist:

$$D_p = x \cdot D_1 + (1-x) \cdot D_2$$

Daraus folgt unmittelbar der Anteil x:

$$x = (D_2 - D_p):(D_2 - D_1).$$

Allgemein ergibt sich die Duration D_p eines ganzen Anleiheportefeuilles, indem die jeweilige Duration D_j einer Anleihe j mit ihrem wertmäßigen Anteil x_j am Gesamtwert des Portefeuilles gewichtet wird:

$$D_p = \sum_{j=1}^{m} x_j D_j \tag{9}$$

Mit Hilfe von Elastizitätsüberlegungen, leitet J.R. Hicks (Value and Capital, Oxford 1939) folgenden allgemeinen Ausdruck für die Duration ab:

$$\boxed{D = -\frac{dB(i)}{di} \cdot \frac{1+i}{B}} \tag{10}$$

Aus Gleichung (10) folgt dann nach Einsetzen von Gleichung (8) und Ableitung nach i für die Duration D eines Zahlungsstromes ($z_1, z_2, \ldots, z_t, \ldots, z_n$):

$$D = \frac{\sum_{t=1}^{n} t \cdot z_t (1+i)^{-t}}{\sum_{t=1}^{n} z_t (1+i)^{-t}} = \sum_{t=1}^{n} t \frac{B_t}{B} \tag{11}$$

Die Duration eines Zahlungsstroms $(z_1, z_2, \ldots, z_t, \ldots, z_n)$ ist also die Summe der mit der Zeit gewichteten Einzelbarwerte B_t der Zahlungen dividiert durch den Gesamtbarwert B des Zahlungsstroms. Die Duration stellt also den mit der Zeit gewichteten Mittelwert der relativen Einzelbarwerte dar, d.h. sie ist eine Kennzahl für die durchschnittliche zeitgewogene Bindungsdauer eines finanziellen Engagements.

Durch Einsetzen der Barwertformeln (4) bis (7) in Gleichung (10) erhält man kompakte finanzmathematische Ausdrücke für die Duration der verschiedenen Anleihetypen. Unter Verwendung der Gleichungen (7) und (10) läßt sich beispielsweise in einigen, hier nicht im einzelnen angeführten Rechenschritten die Duration D_G einer gesamtfälligen Anleihe ableiten mit:

$$D_G = \frac{1+i}{i} - \frac{n \cdot r + (q - i \cdot n)T}{r \cdot (q^n - 1) + i \cdot T} \tag{12}$$

Mit Gleichung (12) läßt sich wiederum zeigen, daß die Duration einer Kuponanleihe stets endlich groß ist. Läßt man nämlich die Laufzeit n der Anleihe über alle Grenzen hinaus wachsen ($n \to \infty$), dann strebt der zweite Teil der Gleichung für D_G gegen Null, so daß eine Kuponanleihe höchstens

$$D_\infty = \frac{1+i}{i}$$

erreichen kann. Wenn aber für eine gesamtfällige Kuponanleihe n gegen unendlich geht, bedeutet das, daß die Tilgung erst nach unendlich langer Zeit erfolgt, m.a.W., es liegt eine ewige Rente vor und D_∞ ist zugleich die Duration einer solchen ewigen Rente. Die Duration einer gesamtfälligen Anleihe kann also niemals größer werden als "Zinsfaktor durch Zinssatz" (bei 5 % z. B. 1,05 : 0,05 = 21 Jahre, bei 20 % nur noch 6 Jahre), gleichgültig wie groß ihre Restlaufzeit n auch sei. Setzt man schließlich in Gleichung (12) für D_G die Zinsraten r gleich Null, das ist die Bedingung für einen Zero-Bond, dann ergibt sich D = n. D.h. die Duration eines Zero-Bond ist stets gleich seiner Restlaufzeit und zwar unabhängig vom Zinsniveau.

Durch eine Variation von Gleichung (10) läßt sich die **Zinssensitivität** von beliebigen Anleihen bzw. allgemein von Zahlungsreihen abschätzen. Bei nicht allzu großen Zinsniveauänderungen (bis ca. 1 Prozentpunkt = 100 Basispunkte) in kurzen Zeiträumen (gemessen an der Duration) erhält man eine brauchbare Näherung für die Kursänderung einer Anleihe, wenn der Differentialquotient dB/di durch den Differenzenquotienten $\Delta B/\Delta i$ ersetzt wird:[5]

$$D = -\frac{\Delta B}{\Delta i} \cdot \frac{1+i}{B} = -\frac{\Delta B}{\Delta i} \cdot \frac{q}{B}$$

Die **absolute Kursveränderung** ΔB in Abhängigkeit von einer absoluten Zinsveränderung Δi ist somit näherungsweise:

$$\Delta B = -B \cdot \frac{D}{q} \cdot \Delta i$$

Die **relative Kursveränderung**, d.h. die"Performance" $\Delta B/B$ lautet dann:

$$\boxed{\frac{\Delta B}{B} = -\frac{D}{q} \cdot \Delta i} \qquad (13)$$

Beispiel: Der Kurs einer Anleihe sei 102 %, die Duration 5 Jahre und das Zinsniveau 7 %. Bei einem Zinsniveauanstieg von 0,5 % Prozentpunkten beträgt die absolute Kursveränderung näherungsweise

$$\Delta B = -102 \cdot \frac{5}{1{,}07} \cdot 0{,}005 = -2{,}38 \text{ DM}$$

und die"Performance"

$$\Delta B / B = -\frac{5}{1{,}07} \cdot 0{,}005 = -0{,}02336 \mathrel{\hat{=}} -2{,}34\ \%$$

Die Größe **D** (Dimension z.B. DM) wird auch als **Standard-Duration** oder als Duration **nach Macauly** bezeichnet, im Unterschied zu der Größe **D/q**, die man als **modifizierte Duration** oder als Duration **nach Hicks** nennt.

---

5 Bei Betrachtung kurzer Zeiträume, d.h. wenige Wochen, kann das Abgleiten auf der Zinsstrukturkurve (vgl. Abb. 2, die "normalen" Zinsstrukturkurven z.B. von Juni 1978 bis März 1979 oder Oktober 1982 bis Mai 1987 oder Februar 1988 bis August 1988) infolge der im Zeitablauf automatisch erfolgenden Laufzeitverkürzung der Anleihe (sog. Laufzeitabschmelzungseffekt bzw. "Riding the Yield Curve" RYC) i.d.R. vernachlässigt werden. Bei längeren Zeiträumen ist der Zinsshift Δi (durch Renditeniveauverschiebungen) hingegen zu ergänzen, d.h. statt $-\Delta i$ ist z.B. in Gleichung 13 bei normaler Zinsstrukturkurve $-(\Delta i + RYC)$ zu setzen.

Gemäß Gleichung (10) ist die Duration die erste Ableitung des Barwertes (Kurs) nach dem Zins(niveau). Als Folge der "vereinfachenden" Ersetzung des Differentialquotienten dB/di durch den Differenzenquotienten $\Delta B / \Delta i$ wird ein **linearer** Zusammenhang zwischen Kurs- und Zinsänderung unterstellt. Da der Kurs-Rendite-Zusammenhang jedoch in Wirklichkeit **nichtlinear** ist, eignet sich die modifizierte Duration (Gleichung 13) lediglich zur Kursabschätzung für Marktrenditeschwankungen bis maximal ca. 100 Basispunkten.

Ein Maß für die **Nichtlinearität (Krümmung) des Kurs-Rendite-Zusammenhanges** ist die sog. **Convexity**. Sie beschreibt die Änderung der modifizierten Duration in Abhängigkeit von Renditeänderungen. Mathematisch ist die Convexity die zweite Ableitung des Kurses nach der Rendite. Je höher die Convexity ist, desto stärker ist die Krümmung (Nichtlinearität) und umso schneller ändert sich die modifizierte Duration, wenn sich die Rendite ändert. Je höher die Convexity, um so höher ist also der Fehler bei der Abschätzung des Zinsänderungsrisikos mit Hilfe der Duration. Die Schätzfehler steigen, je größer die Zinsänderung und die Laufzeit der Anleihe sind. Außerdem sind die Schätzfehler asymmetrisch, d.h. im positiven und negativen Bereich nicht identisch. Die Convexity kann mit Hilfe folgender Näherungsformel ermittelt werden, wobei auf wenigstens 8 Stellen nach dem Komma genau gerechnet werden sollte:

$$C = \frac{K_1 - K_2}{K_0} \cdot 10^8 \tag{14}$$

mit: K_0 = Kurs vor einer Renditeänderung (z.B. 7,50)

K_1 = rechnerischer Kurs, wenn die Rendite um einen Basispunkt (z.B. von 7,50 auf 7,49) fällt

K_2 = rechnerischer Kurs, wenn die Rendite um einen Basispunkt (z.B. von 7,50 auf 7,51) steigt.

Je niedriger der Kupon (Nominalzinssatz einer Anleihe), je länger die Laufzeit und je niedriger die Rendite ist, um so höher wird die Convexity. Für einen Investor sind Papiere interessant, die bei steigenden Renditen (modifizierte Duration wird kleiner) eine geringere Kurssensitivität und bei fallenden Renditen (modifizierte Duration wird größer) eine höhere Kurssensitivität aufweisen. Dieses Kursverhalten beschreibt eine **positive** Convexity. Wenn zwei Papiere die gleiche modifizierte Duration aufweisen, dann sollte das mit der größeren positiven Convexity erworben werden, da dessen Kursgewinne größer, die Kursverluste andererseits geringer sind als bei dem Papier mit der kleineren Convexity. Bei einer negativen Convexity (konkave Convexity) hingegen ist die Kurssensitivität bei steigenden Renditen hoch (modifizierte Duration steigt) und bei fallenden Renditen niedriger (modifizierte Duration sinkt). Beispielsweise werden mit einem Call-Recht ausgestattete Anleihen bei stark fallenden Renditen eine negative Convexity aufweisen. Je größer die Convexity eines solchen Papiers ist, um so negativer wirkt sich das Kursverhalten für den Investor aus, denn er erzielt bei einer hohen negativen Convexity begrenzte Kursgewinne bei fallenden Zinsen, andererseits hohe Kursverluste bei steigenden Zinsen (asymmetrisches Kursverhalten). Zur Beeinflussung der Convexity eines Portefeuilles eignen sich besonders Optionen.

1152 Nicht-flache Renditestrukturen

Bei den bisherigen Überlegungen wurde eine **flache** Renditestruktur in Abhängigkeit von der Laufzeit unterstellt. D.h. die Höhe des Zinssatzes, z.B. die Rentenrendite, sei weitgehend unabhängig von der Restlaufzeit der Anleihen. Wie aus Abb. 2 hervorgeht, war dies z.B. im Mai 1982 und im Dezember 1989 der Fall. Zugleich veranschaulicht Abb. 2, daß eine flache **Renditestrukturkurve** (von **Zins**struktur spricht man nur dann, wenn die Renditestruktur aus Zerobonds abgeleitet wird, da hier keine verzerrenden Kuponeffekte entstehen) eher die Ausnahme darstellt.

"Normalerweise" sind die Zinssätze für Kurzläufer niedriger als für Langläufer (z.B. Juni 1978 - Juli 1979 und Mitte 1982 - Ende 1988), da für die langfristige Zurverfügungstellung von Kapital eine "Prämie" gezahlt wird. In Hochzinsphasen, wie beispielsweise Mitte 1981, kann es allerdings vorübergehend auch zu sog. **inversen Renditestrukturen** kommen, weil dann die Kreditnehmer nicht bereit sind, sich auf lange Sicht zu Spitzensätzen zu verschulden. Sie sind vielmehr eher bereit, kurzfristig besonders hohe Zinsen in Kauf zu nehmen, um diese Schulden später billiger langfristig zu konsolidieren.

Liegt keine flache, sondern beispielsweise eine **normale**, zum "langen Ende" steigende Renditestrukturkurve vor, so kann nicht, wie in den vorangegangenen Abschnitten unterstellt, mit einem konstanten Ab- bzw. Aufzinsungsfaktor kalkuliert werden. Vielmehr sind **spätere Zahlungen mit** einem entsprechend **höheren Zinssatz zu diskontieren als naheliegende Zahlungen**.

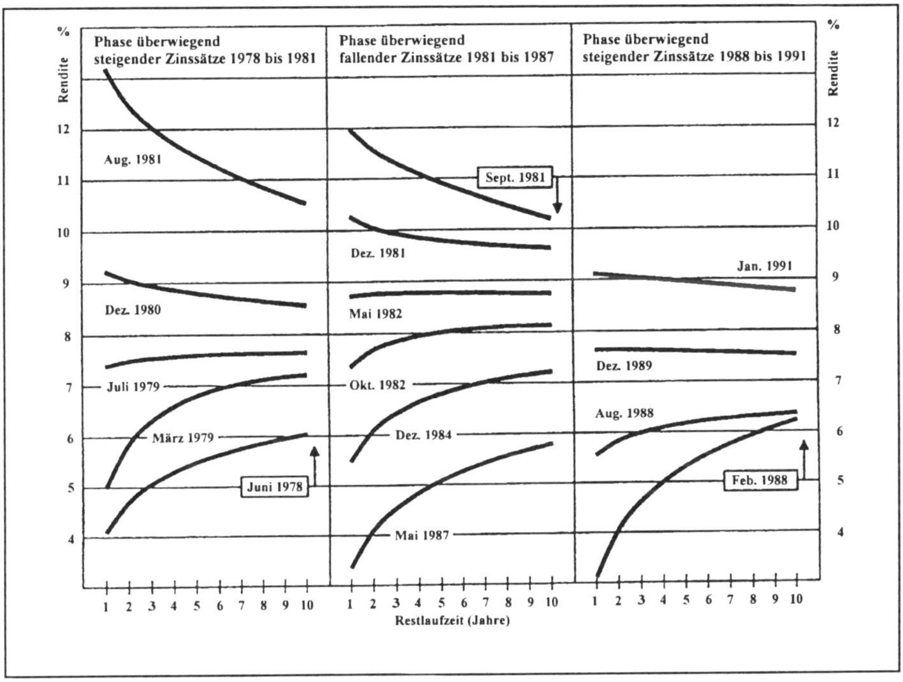

Quelle: Deutsche Bundesbank

Abb. 2: Veränderung der Renditestruktur deutscher festverzinslicher Wertpapiere von 1978 bis 1991 (Umlaufrenditen tarifbesteuerter Bundes-, Bahn- und Postanleihen - Stand jeweils Monatsende)

1153 Unterjährige Verzinsung

Die **bisherigen Überlegungen** gingen grundsätzlich von jährlichen (und nachschüssigen) Zinszahlungen aus, d.h. von einer **Zinsperiode** von einem **ganzen Jahr** (wobei die Zinsen, von K_0 berechnet, erst am Jahresende gezahlt wurden). Bei Kontokorrentverhältnissen, Anleihen u.a. werden Zinsen allerdings auch **unterjährig** gezahlt, beispielsweise halb- oder vierteljährlich. **Gebrochene Jahre** treten auch dann auf, wenn z.B. Anleihen zwischen den Zinsterminen ge- bzw. verkauft werden. Grundsätzlich führt die unterjährige Zinszahlung zu **höheren** effektiven Renditen als die jährliche Zahlung. Die höhere Rendite der unterjährigen Verzinsung resultiert daraus, daß unterjährig empfangene Zinszahlungen eher zinsbringend wiederangelegt werden können als jährlich nachträglich gezahlte.

Der Grundsatz zur Ermittlung der **Effektivverzinsung bei unterjähriger nachschüssiger Verzinsung** ist folgender. Der effektive Zinssatz i_{eff}, traditionell p.a. gerechnet, muß gerade so groß sein, daß er dieselbe Kapitalvermehrung liefert, wie die unterjährige Verzinsung über m unterjährige Perioden mit dem m-ten Bruchteil des nominellen Zinssatzes i. Es gilt also analog zu den Ausführungen in Abschnitt 111:

$$K_1 = K_0(1+i_{eff}) = K_0\left(1+\frac{i}{m}\right)^m$$

oder nach i_{eff} aufgelöst:

$$\boxed{i_{eff} = \left(1+\frac{i}{m}\right)^m - 1} \qquad (15)$$

Werden also statt einmal jährlich 10 % zweimal jährlich (10/2) = 5 % Zinsen abgerechnet, dann erhöht sich die effektiv vergleichbare Verzinsung auf:

$$i_{eff} = \left(1+\frac{0{,}1}{2}\right)^2 - 1 = 1{,}05^2 - 1 = 1{,}1025 - 1 \mathrel{\hat{=}} 10{,}25\ \%.$$

Die Gleichung (1) von Abschnitt 111 nimmt bei unterjähriger nachschüssiger Zinseszinsrechnung folgende Form an, wenn man den Ausdruck für $i_{eff} = (1+i/m)^m - 1$ in Gleichung (1) einsetzt:[6]

$$K_n = K_0(1+i_{eff})^n = K_0\left[1+\left(1+\frac{i}{m}\right)^m - 1\right]^n$$

$$\boxed{K_n = K_0\left(1+\frac{i}{m}\right)^{mn}} \qquad (16)$$

Neben diesem auch von der AIBD (der vormaligen Association of International Bond Dealers, heute: International Securities Market Association ISMA) angewandten Ansatz haben sich in Deutschland leider immer noch einige traditionelle Methoden der unterjährigen Zinsverrechnung gehalten, die auf die aus Vor-Computer-Zeiten zurückgehende Zuhilfenahme von Tabellenbüchern stammen, als man noch auf Näherungslösungen mit Hilfe

---

6 Aus diesem Ansatz lassen sich prinzipiell alle auf Gleichung (1) basierenden Überlegungen auch für die unterjährige Rechnung entwickeln. Bei vorschüssiger Zinseszinsrechnung, die allerdings in der Praxis nicht üblich ist, gelten analog die bei Gleichung (1) im Abschnitt 111 angeführten Vertauschungsregeln, so daß z.B. K_n (vorschüssig) = $K_0(1-i/m)^{-mn}$ würde usw.

von Tabellen angewiesen war (Methoden nach Braeß / Fangmeyer bzw. Moosmüller).

116 Berechnung historischer (realisierter) Renditen

1161 Probleme

Die Berechnung realisierter Renditen von Investments aufgrund historischer Daten (sog. "ex post-Renditen") scheint, im Gegensatz zur Ermittlung künftig erwarteter Renditen (sog. "ex ante-Renditen" bzw. "expected returns"), auf den ersten Blick keine Probleme aufzuwerfen. Obwohl die historischen Daten bekannt sind, existiert dennoch eine Fülle von unterschiedlichen Renditeberechnungsmethoden für vergangene Renditen - ein Indiz, daß die angeschnittene Frage doch nicht völlig problemlos ist.

Die **zahlreichen** bestehenden **unterschiedlichen Renditeberechnungsverfahren** sind i.d.R. jeweils nur auf ganz spezielle Anlageformen bzw. Fragestellungen zugeschnitten. Zur Ermittlung der **Rendite festverzinslicher Wertpapiere** wird beispielsweise u. a. die laufende Rendite (Kupon dividert durch den aktuellen Preis) und die interne Rendite herangezogen. Unterjährige Rentenrenditen werden in Deutschland mit verschiedenen Methoden ermittelt, die voneinander abweichende Ergebnisse liefern (Braeß / Fangmeyer, Moosmüller, Preisangabeverordnung, Renkur), wobei sich das wissenschaftlich allein überzeugende Konzept in der deutschen Praxis leider immer noch nicht durchgesetzt hat, nämlich die von Renkur (nach Dörre / Schulz / Hielscher) und von der AIBD (Abschnitt 1153) seit Jahren verwendete Methode. **Renditemaße für Aktien** sind z. B. die Dividenden- und die Gewinnrendite (Dividende bzw. Gewinn pro Aktie dividiert durch den aktuellen oder den Anschaffungs-Kurs). Zu berücksichtigen ist, ob bei Renditevergleichen nominal oder real (ohne oder mit Berücksichtigung von Inflationsraten und ggf. mit welchem Inflationsmaß), brutto oder netto (vor bzw. nach Steuern und ggf. unter Berücksichtigung welcher Steuerarten und -sätze) oder unter Berücksichtigung von Wechselkursveränderungen gerechnet werden soll. **Immobilienrenditen** wiederum lassen sich speziell brutto oder aber netto nach Abzug von Hypothekenbelastungen ermitteln, wobei weiterhin zu differenzieren ist, ob bei den Hypothekenbelastungen nur Zinsen oder auch Tilgung zu berücksichtigen sind. Bei **Performance-**

messungen von Portefeuilles stellt sich u.U. die Frage, ob Ausschüttungen und Bezugsrechte additiv (= konsumorientiert) oder aber reinvestiert (= investiv bzw. wachstumsorientiert) berücksichtigt werden sollen.

Aus dieser nur exemplarisch angedeuteten Fülle von Fragestellungen, von denen im Einzelfall jede ihre Berechtigung haben kann, sollen im folgenden lediglich einige **grundlegende Aspekte** aufgegriffen werden. Dabei wird sich herausstellen, daß zwar eine einzige, rational begründbare und für alle Anlageformen repräsentative Renditegröße nicht existiert, daß andererseits, zumindest für langfristige Vergleiche, als Renditemaß nur das sog. geometrische Mittel in Betracht kommt.

1162 Totalrendite

Ein Maß, das sich sowohl auf historische Daten als auch auf künftige Renditeerwartungen anwenden läßt, ist die Total- bzw. Gesamtrendite ("total return" bzw. "holding period return"). Die Totalrendite erfaßt den relativen (bzw. prozentualen) Gesamtertrag über bestimmte Zeiträume und erlaubt insbesondere Vergleiche zwischen den verschiedensten Anlageformen. Sie eignet sich daher im Sinne von Wilhelm Rieger besonders für allgemeine, wissenschaftlich fundierte Vergleiche. Die Totalrendite wird heute i.d.R. unter Vernachlässigung von Steuern, Transaktionskosten und Inflationseinflüssen (also brutto und nominal) ermittelt. Voraussetzung sind allerdings **identische Anlagezeiträume**.

Mit der Totalrendite R wird berechnet, auf wieviel Geldeinheiten **eine** ursprünglich angelegte Geldeinheit nach n Jahren angewachsen ist, nämlich auf (1+R). Die Totalrendite läßt sich mit Hilfe des folgenden, unmittelbar plausiblen Ansatzes (Gleichung 17a) ermitteln, wobei zu beachten ist, daß sämtliche Angaben stets in der gleichen Währung (z.B. in DM) erfolgen müssen:

$$(1+R) = \left[\frac{\begin{array}{ll} & \text{Wert des Investments am Ende der Anlage-} \\ & \text{periode } (E_n) \\ + & \text{Summe aller angefallenen Periodenerträge} \\ & (e_t; t = 1,\dots,n) \text{ während der gesamten Anla-} \\ & \text{geperiode (z.B. Zinsen, Dividenden,} \\ & \text{Mieten)} \end{array}}{\begin{array}{ll} : & \text{Wert des Investments am Anfang der Anla-} \\ & \text{geperiode } (A_0) \end{array}} \right] \quad (17a)$$

Bezeichnet man den gesamten Klammerausdruck von Gleichung (17a) mit e_{Ges} (= relativer Gesamt-Ertrag), dann folgt aus $(1 + R) = e_{Ges}$ unmittelbar:

$$R = e_{Ges} - 1 \quad (17b)$$

$$e_{Ges} = \left(E_n + \sum_{t=1}^{n} e_t \right) : A_0 \quad (17c)$$

mit:
- t = Periodenzähler (1,...,n)
- n = Anzahl der Teilperioden (in Jahren)
- E_t = Wert des Investments am Ende der Teilperiode t
- E_n = Wert des Investments am Ende des gesamten Anlagezeitraumes (also nach n Jahren)
- e_t = Einzahlungen innerhalb der Teilperiode t (Zinsen, Dividenden usw.)
- A_0 = Wert des Investments zu Beginn des Anlagezeitraumes.

Bei kürzeren Vergleichszeiträumen (= der gesamte Anlagezeitraum umfaßt nur **wenige** jährliche Teilperioden) erhält man mit dem Ansatz gemäß Gleichungen (17a-c) auch (näherungsweise) einigermaßen akzeptable annualisierte (vgl. Abschnitt 1163) Ergebnisse. Der einfachste Fall liegt vor, wenn sich die Anlageperiode auf lediglich ein Jahr beschränkt. Wurde beispielsweise eine Aktie am 2. Januar für 500 DM gekauft und am 31.12. des gleichen Jahres für 585 DM verkauft und wurden zwischenzeitlich zusätzlich 15 DM Dividende vereinnahmt, so ist die Gesamtrendite bekanntlich:

$$R = \frac{585 + 15}{500} - 1 = 0{,}2 \text{ bzw. } 20\ \% \text{ (p.a.)}$$

Bei längeren Vergleichszeiträumen (über **zahlreiche** Jahresperioden) empfiehlt sich, auch aus hier nicht eingehender zu diskutierenden theoretischen Überlegungen (Hinweis: Reinvestitionsproblematik der klassischen finanzmathematischen Investitionsrechnung), soweit möglich das **Reinve-**

stitionsverfahren (vgl. auch Fußnote 8, Abschnitt 1165) anzuwenden. Dabei sind alle Periodenerträge e_t unmittelbar nach ihrem Zufluß in die gleiche Anlage, z.B. Aktie aus der sie stammen, zu reinvestieren. Bei Bezugsrechten ist nach der bekannten "operation blanche" zu verfahren. Da die reinvestierten Beträge dann kalkulatorisch an der weiteren Wertentwicklung des Investments bis zum Ende der gesamten Anlageperiode teilnehmen und damit bereits "verzinst" in E_n enthalten sind, müssen alle e_t in Gleichung (17 a-c) gleich Null gesetzt werden, so daß in diesem Fall

$$e_{Ges} = E_n : A_0 \qquad (17d)$$

wird. Zur Veranschaulichung dieser Argumentation diene ein scheinbar triviales Beispiel, das später jedoch noch weitergeführt werden wird: Ein Aktienportefeuille habe innerhalb von 8 Jahren seinen Anfangswert von 500 DM, inclusive aller vereinnahmter (reinvestierter) Dividenden, auf einen Endwert von 1.000 DM verdoppelt. Die Totalrendite beläuft sich dann auf

$$R = \frac{1000}{500} - 1 = 2 - 1 = 1{,}00 \text{ bzw. } 100\,\% \text{ (auf 8 Jahre).}$$

1163 Geometrisches Mittel

Da verschiedenen Anlagealternativen meist unterschiedliche Anlagezeiträume oder differierende bzw. sogar unbestimmte zeitliche Anlagehorizonte zugrunde liegen, ist es üblich, **Renditeangaben** auf eine einheitliche zeitliche Bezugsgröße zu **normieren**, m.a.W. die Renditen auf **jährlicher Basis** anzugeben. Wenn also von Rendite die Rede ist, dann handelt es sich in der Regel um den aus der Totalperiode bzw. der Totalrendite abgeleiteten **annualisierten Renditewert**.[7]

Die annualisierte (geometrische) Rendite r_g läßt sich aus der Totalrendite R über n Jahre (Gleichung 17b bis 17d) wie folgt ermitteln (vgl. auch Gleichung (3) für die interne Rendite eines Zero-Bond):

$$\boxed{r_g = \sqrt[n]{e_{Ges}} - 1} \qquad (18)$$

---

[7] Analog dazu werden bei unterjährigen (z.B. monatlichen) Zinszahlungen die Zinsen zu Vergleichszwecken auf jährliche Effektivsätze hochgerechnet. Im folgenden wird lediglich die Ermittlung der annualisierten Rendite aus der mehrjährigen Totalrendite behandelt. Bezüglich der unterjährigen Verzinsung vgl. Abschnitt 1153.

Für den obenstehenden Fall der 8-Jahres-Periode ergibt sich also eine Rendite r_g (per annum) von:

$$r_g = \sqrt[8]{\frac{1000}{500}} - 1 = \sqrt[8]{2} - 1 = 0{,}0905 \text{ bzw. } 9{,}05\% \text{ (p.a.)}$$

Zur nochmaligen Erläuterung: Die vorstehenden 9,05 % sind die durchschnittliche Jahres-Wachstumsrate (das geometrische Mittel) eines Investments im Anfangswert von 500 DM und einem Endwert nach acht Jahren von 1.000 DM. M.a.W.: 500 DM mit 9,05 % jährlich zinseszinslich angelegt wachsen in 8 Jahren auf 1.000 DM an. Davon kann man sich leicht mit Hilfe eines Taschenrechners überzeugen, denn $500 \cdot 1{,}0905^8 = 500 \cdot 1{,}99988654$ = ca. 1.000. In der klassischen finanzmathematischen Terminologie sind die vorstehenden Aussagen auch zu folgender Aussage äquivalent, d.h. sie sagen inhaltlich das Gleiche aus: Der Barwert von 1.000 DM mit 9,05 % (p. a.) über acht Jahre abgezinst ist 500 DM, oder: die interne Rendite (der interne Zinsfuß) eines Investments mit einer Laufzeit von acht Jahren und einem Anfangswert (present value) von 500 DM und einem Endwert (future value) von 1.000 DM ist 9,05 %. (Zum Vergleich: Bei 7 % Zinseszins steigt das Anfangskapital nach 6 Jahren auf das 1,5 fache und nach 10 Jahren auf rund das doppelte, während bei 10 % Rendite eine Verdoppelung bereits nach ca. 7 Jahren eintritt). Das geometrische Mittel leitet sich also aus der finanzmathematischen Zinseszinsrechnung ab, was unmittelbar deutlich wird, wenn man die obige Gleichung (18) mit der Gleichung (3) in Abschnitt 1121 vergleicht.

Für langfristige Wachstums- und damit Renditevergleiche ist also das geometrische Mittel das geeignetste Maß. Dabei unterstellt man, unabhängig von den tatsächlichen zwischenzeitlichen Wertschwankungen, eine **konstante ("durchschnittliche") Wachstumsrate** eines Anfangsinvestments **pro Teilperiode** (i.d.R. ein Jahr) bis zum Endwert.

1164 Arithmetisches Mittel

Konzeptionell etwas völlig anderes als beim geometrischen Mittel unterstellt man, wenn das gelegentlich auch heute noch verwendete arithmetische Mittel herangezogen wird. Das arithmetische Mittel r_a ist ganz einfach der Durchschnitt aller jährlichen relativen (bzw. prozentualen) Veränderungen r_t eines Investments:

$$r_a = \frac{1}{n} \cdot \sum_{t=1}^{n} r_t \qquad (19)$$

mit: $r_t = \frac{(E_t + e_t) - A_t}{A_t}$

A_t = Wert des Investments zu Beginn der Teilperiode t. Die übrige Terminologie entspricht der bei Gleichung (17c) erläuterten.

Verwendet man wiederum das vorstehende 8-Jahres-Beispiel, dann gibt das arithmetische Mittel die durchschnittliche Rendite auf 1 DM an, die erzielt worden wäre, wenn man in **jedem** der 8 Jahre jeweils **isoliert** für ein Jahr 1 DM investiert hätte. Der Durchschnittswert aus der Summe der isolierten jährlichen prozentualen Einzelveränderungen ist demgemäß r_a, während das geometrische Mittel die tatsächliche Zuwachsrate Jahr für Jahr angibt. Das arithmetische Mittel kann deshalb das langfristige Wachstum von Anlagen nicht korrekt charakterisieren. Insbesondere bei stärkeren Schwankungen der Jahresraten liegt r_a tendenziell über dem korrekten Ergebnis r_g. Dies läßt sich leicht mit Hilfe der Zahlen aus der folgenden Tabelle veranschaulichen:

Datum	Kurs
31.12.1990	100 (=A_0)
31.12.1991	75 (= E_1)
31.12.1992	105 (= E_2)

Aus den Zahlen der Tabelle ergibt sich:

$$r_g = \sqrt{\frac{105}{100}} - 1 = \sqrt{1{,}05} - 1 = 0{,}0247 \text{ bzw. } \underline{\underline{2{,}47\ \%\ (\text{p.a.})}}.$$

Umgekehrt läßt sich leicht nachvollziehen, daß ein Betrag von 100 DM bei einer Wachstumsrate von 2,47 % (p.a.) nach 2 Jahren auf 105 DM anwächst: DM 100 (1,0247)·(1,0247) = DM 105. Der arithmetische Durchschnittswert der jährlichen Wachstumsraten hingegen beläuft sich auf:

$$r_a = \frac{1}{2}\left[-\frac{25}{100} + \frac{30}{75}\right] = \frac{1}{2}(-0{,}25 + 0{,}40) = 0{,}075 \text{ bzw. } \underline{\underline{7{,}5\ \%\ (\text{p.a.})}}.$$

Für Renditeberechnungen ist übrigens auch folgende "Näherungsrechnung" ungeeignet, auf die dennoch schon mancher Anfänger hereingefallen ist. Angenommen, ein Index sei innerhalb von 100 Jahren von 10 auf 1.000 gestiegen, er habe sich also verhundertfacht. Mit der Rechnung (1000 – 10) : 100 = 9,9 (p. a.) wird lediglich die durchschnittliche (jährliche) Zunahme der Index-Punktezahl ausgerechnet, die nichts mit irgendwelchen Renditeangaben zu tun hat. In der ersten Periode ergäbe sich nämlich gemäß der falschen Rechnung formal eine "Wachstumsrate" von 9,9 : 10 = 99 %, in der letzten Periode hingegen nur eine Rate von 9,9: 990,1 = 0,9999 %. Die zutreffende Wachstumsrate des Index in der 100-Jahres-Periode beläuft sich jedoch auf $r_g = (1000/10)^{1/100} - 1 = 0{,}0471$ bzw. 4,7 % (p.a.). Rein rechnerisch beläuft sich demnach der absolute Zuwachs in der ersten jährlichen Teilperiode auf 0,47 (und nicht auf 9,9) Punkte und in der letzten der einhundert Jahres-Teilperioden auf 44,9 (und nicht 9,9) Index-Punkte.

1165 Renditeadjustierungen an spezielle Situationen

In Anknüpfung an den Problemaufriß in Abschnitt 1161 seien, anhand des in der folgenden Tabelle angegebenen Zwei-Perioden-Beispiels mit ex post-Ausgangsdaten, die Auswirkungen von Renditeadjustierungen an individuelle Fragestellungen exemplarisch skizziert. Dabei sei unterstellt, daß die angegebenen Erträge nicht reinvestiert wurden. Alle Angaben erfolgen in DM bzw. Prozent. Der Anlagezeitraum betrage 2 Jahre (31.12.1990-31.12.1992). Die Berechnungen erfolgen mit Hilfe der Gleichungen (17a-c) und (18).

Datum	31.12.1990	31.12.1991	31.12.1992
Marktwert	100 DM	80 DM	142 DM
Ertrag		9 DM	9 DM
Spesen		4 DM	4 DM
Ertragsteuern		50 %	50 %
Inflationsrate		14 %	14 %

a) Brutto-Rendite p.a. (vor Spesen und vor Steuern), z.B. zur Beurteilung der reinen Management-Performance:

$$r = \sqrt{\frac{142+9+9}{100}} - 1 = \sqrt{\frac{160}{100}} - 1 = \text{ ca. } 26\,\%\ (\text{p.a.}).$$

b) Netto-Rendite p.a. (nach Spesen, vor Steuern), z.B. zu Performance vergleichen unterschiedlicher Fonds:

$$r = \sqrt{\frac{142+9+9-4-4}{100}} - 1 = \sqrt{\frac{152}{100}} - 1 = \text{ ca. } 23\ \%.$$[8]

c) Netto-Rendite p.a. (nach Spesen und nach Steuern),

(1) z.B. zur Beurteilung des Anlageerfolges eines deutschen Privatanlegers, bei dem steuerlich Spekulationsgewinne nicht anfallen (6-Monats-Frist):

$$r = \sqrt{\frac{142+2\cdot(9-4)\cdot 0{,}5}{100}} - 1 = \sqrt{\frac{147}{100}} - 1 = \text{ ca. } 21\ \%\ \text{(p.a.)}.$$

(2) z.B. zur Beurteilung des Anlageerfolges bei Wertpapieren im Betriebsvermögen. Dabei sind im Gegensatz zu c1) auch Kursgewinne (unter Berücksichtigung etwaiger Verlustvorträge) mit 50 % zu versteuern:

$$r = \sqrt{\frac{142+2\cdot 0{,}5\cdot(9-4)-(80-100)\cdot 0{,}5-(142-80)\cdot 0{,}5}{100}} - 1$$

$$= \sqrt{\frac{126}{100}} - 1 = \text{ ca. } 12\ \%\ \text{(p.a.)}.$$

d) Reale Netto-Rendite p.a. (nach Spesen, nach Steuern und nach inflationären Wertminderungen in Höhe von 14 % p.a.), wobei, abgesehen von den zusätzlichen Inflationseinflüssen, der Fall c2) unterstellt ist:

$$r = \sqrt{\frac{126}{100\cdot 1{,}14\cdot 1{,}14}} - 1 = \sqrt{\frac{126}{130}} - 1 = 0{,}9845 - 1$$
$$= \text{ca. } -1{,}5\ \%\ \text{(p.a.)}.$$

Die vorstehenden Renditeberechnungen und ihre unterschiedlichen Ergebnisse geben im Einzelfall durchaus zutreffende Antworten auf spezielle Fragestellungen. Zum Vergleich von reinen Managementleistungen ist die Kenntnis der Brutto-Rendite gemäß a) mit 26 % zweifellos nützlich. Für einen Unternehmer, der Steuern bezahlen muß und der in einer inflationären Umwelt mindestens eine Substanzerhaltung anstrebt, ist die Angabe der Bruttorendite von 26 % jedoch wenig hilfreich. Für ihn ist vielmehr die reale

---

8 Verwendet man beispielsweise im vorliegenden Fall b) statt der additiven Methode das Reinvestitionsverfahren, dann ergibt sich statt 23,3 % p.a. eine Rendite von 24,9 % p.a. Denn die am 31.12.1991 vereinnahmte und sofort reinvestierte Nettodifferenz aus Ertrag minus Spesen in Höhe von (9 – 4) = 5 DM partizipiert an der weiteren Wertentwicklung mit (142 – 80) : 80 $\hat{=}$ 77,5 % dergestalt, daß aus 5 DM Ende 1991 8,875 DM Ende 1992 werden. Daraus resultiert rechnerisch eine Rendite von $r = [(142 + 8{,}875 + 9 - 4) : 100]^{1/2} - 1 = [(155{,}875) : 100]^{1/2} - 1$ = ca. 24,9 % p. a.

Nettorendite (Beispielfall d) die maßgebliche Orientierungsgröße. In diesem Beispielfall würde die in der Bundesrepublik Deutschland übliche Besteuerung von Scheingewinnen sogar zu einer negativen Realrendite und damit zu einer negativen Beurteilung des Investments führen.

117 Renditeanalyse von Portefeuilles

1171 Probleme der Performancemessung

Man könnte vermuten, daß eine retrospektive Erfolgsmessung keine Probleme aufwirft, da die Vergangenheit ja bekannt ist. Ähnlich wie das bereits klassische betriebswirtschaftliche Problem der Jahreserfolgsermittlung oder die Berechnung historischer Renditen (vgl. Abschnitt 1161) weist jedoch auch die Performancemessung ihre Tücken auf. Das beginnt schon mit der Konkretisierung dessen, was eigentlich unter Performance zu verstehen ist: Etwa die allgemeine Managementleistung oder aber der - in hohem Maße von individuellen Größen wie Spesen und Steuern beeinflußte - persönliche Anlegererfolg? Bei Publikumsfonds ist damit z.B. eng die Frage verknüpft, welche Preise (Ausgabe-, Rücknahme- oder Wiederanlagepreise bzw. Anteilwerte), welche Kosten (z.B. Verwaltungs- und Depotgebühren) und/oder welche Steuern im einzelnen in die Rechnungen eingehen sollten. Die zu beantwortenden Fragen setzen sich damit fort, welche Zeiträume der Erfolgsmessung zugrunde liegen sollten, wie bei einem Managementwechsel zu verfahren ist oder welches der vohandenen zahlreichen finanzmathematischen, portefeuille- bzw. kapitalmarkttheoretischen Konzepte einer Performancemessung zugrunde liegen sollte. Je nach Antwort treten nachgelagerte, unterschiedliche methodische Probleme auf, z.B. bei der Aufspaltung der Gesamtperformance in ihre konstituierenden Bestandteile. Damit ist unmittelbar auch die Frage verknüpft, ob sich als Erfolgsmaßstab eine an einer repräsentativen Marktdurchschnittsgröße (in der Regel ein Index) als Meßlatte ("benchmark") orientierte sog. "relative" Rendite empfiehlt, oder aber irgendeine andere der in der Praxis recht unterschiedlich berechneten "absoluten" Renditen.[9] Insbesondere stellt sich jedoch die

---

9 Die "relative Rendite" eines Portefeuilles errechnet sich aus der absoluten Rendite (Gesamtrendite) des Portefeuilles abzüglich der Rendite der Benchmark (Index, und zwar entweder ein Kurs- oder ein Performanceindex). Eine positive (negative) relative Rendite bedeutet, daß ein Portefeuille in der Referenzperiode eine höhere (niedrigere) Rendite erreicht hat als der Index. Die relative Rendite kann also durchaus positiv sein, obwohl die absolute Rendite negativ ist, nämlich dann, wenn das gemanagte Porte-

Frage, ob etwa die Rendite als alleiniges Erfolgsmaß ausreicht, oder ob das eingegangene Risiko zusätzlich zu berücksichtigen - und wie es dann zu messen - ist, denn die Angebotspalette umfaßt heute recht unterschiedlich riskante Aktien- und Rentenportefeuilles, ganz abgesehen von mit derivativen bzw. komplexen Instrumenten bestückten Fonds u.a.m.

Aus diesem Komplex von Problemen können im folgenden lediglich einige wichtige grundlegenden Aspekte exemplarisch behandelt werden. Dabei stehen zunächst **reine Renditefragen** im Vordergrund, während der **zweidimensionale Rendite-Risiko-Aspekt** der Performancemessung insbesondere in Abschnitt 126 aufgegriffen wird.

1172 Zeit- und kapitalgewichtete Performance

Die periodisierte, i.d.R. auf ein Jahr bezogene Rendite eines Investments ist als geometrisches Mittel zu berechnen (Abschnitt 1163) und zwar grundsätzlich in der gleichen Weise wie etwa die Rendite eines Zero-Bond (Abschnitt 1121). Ein Zero-Bond besteht, genau wie **ein Portefeuille ohne Geldzu- und -abflüsse**, aus einer einzigen Anfangsauszahlung (Anfangsvermögen $A_0 = K_0$) und einer einzigen Einzahlung am Ende der Anlagezeit (Endvermögen $E_n = K_n$). Für die Rendite gilt gemäß Gleichung (3) bzw. (18):

$$r_g = (K_n / K_0)^{1/n} - 1$$

Für **Portefeuilles, die während des Anlagezeitraumes Geldzu- und -abflüsse** zu **verzeichnen** haben, sind **zwei unterschiedliche Betrachtungsweisen** möglich, und zwar je nachdem, ob neben der Börsenentwicklung auch die zeitliche Disposition der Geldzu- und -abflüsse in die Rendite eingehen soll oder nicht. Will man die **Leistung des Portefeuillemanagers** messen, dann müssen die Einflüsse von Geldzuführungen und Geldabzügen eliminiert werden, da sie auf vom Manager nicht zu vertretenden Entscheidungen des Investors beruhen. Sofern also die Beurteilung der **Qualität des Managements** im Vordergrund steht, dann ist die sog. **"zeitgewichtete" Methode** die richtige Vorgehensweise, da Anlegerentscheidungen das Meßergebnis nicht beeinflussen sollen, sondern ausschließlich die börsenbedingte Wertentwicklung bzw. die börsenbezogenen Managemententscheidungen. Die Beschränkung der Performancemessung auf die eben genannten

feuille weniger stark gefallen ist als der Markt bzw. der Index. Zur Begriffsbildung vgl. auch Abschnitt 1173 sowie U. Hielscher: Asset Allokation (1991), S. 264/265.

börsenbezogenen Aspekte bei der zeitgewichteten Methode erfolgt in der Weise, daß durch jeden Mittelzu- bzw. -abfluß eine **neue** Teilperiode definiert wird. Im ersten Schritt erfolgt für jede der Teilperioden jeweils isoliert die Berechnung einer Teilperformance (K_t / K_{t-1}). Diese jeweilige Teilperformance ist dabei unabhängig von der Höhe des investierten Kapitals. Anschließend werden die Teilzuwächse multiplikativ zur zeitgewichteten annualisierten Gesamtperformance r_z verknüpft:

$$r_z = \left[\prod_{t=0}^{n-1} (K_{2t+1} / K_{2t})^{1/n}\right] - 1 \qquad (20)$$

Soll hingegen der **Anleger-Erfolg** während der Totalperiode, im Sinne einer **durchschnittlichen Verzinsung des jeweils gebundenen Kapitals** per annum, erfaßt werden, dann ist die Ermittlung der **"kapitalgewichteten" Performance** die richtige Vorgehensweise. Es handelt sich hier um die "interne Verzinsung". Neben der börsenbedingten Wertentwicklung bzw. den börsenbezogenen Managemententscheidungen wird das Resultat dann auch von der Kapitaldisposition des Anlegers, die seine jeweilige Liquiditätslage oder auch seine individuelle Börseneinschätzung reflektieren mag, beeinflußt. Zur Berechnung der kapitalgewichteten Performance auf Jahresbasis r_k werden der Anfangswert K_0 und sämtliche zwischenzeitliche Zahlungen Z_t zum Portefeuilleendwert K_n aufgezinst:

$$K_n = K_0 (1 + r_k)^n + \sum_{t=1}^{n} Z_t (1 + r_k)^{n-t} \qquad (21)$$

Die Auflösung der Gleichung n-ten Grades (21) nach r_k bereitet heute keine besonderen Probleme.

Wie das vereinfachte Demonstrationsbeispiel in Abb. 3 veranschaulicht, können zeit- und kapitalgewichtete Performance für ein und dasselbe Portefeuille zu sehr unterschiedlichen Resultaten führen. Anleger, Vermögensverwalter und externer Berater müssen deshalb auf jeden Fall vor Beginn eines Verwaltungsauftrages einen Konsens über die zu verfolgenden Ziele finden. Das Zahlenbeispiel von Abb. 3 verdeutlicht zugleich die unterschiedliche Interpretation der zeit- bzw. kapitalgewichteten Performance.

Zahlenbeispiel:

Anfangswert zu Beginn der Periode 1 (K_0)	100
Ertrag in Periode 1 (100%)	100
Portefeuillewert am Ende der Periode 1 (K_1)	200
Geldzufluß am Ende der Periode 1 (Z_1)	300
Portefeuillewert zu Beginn der Periode 2 (K_2)	500
Verlust in Periode 2 (20%)	100
Portefeuillewert am Ende der Periode 2 (K_3)	400
Geldzufluß am Ende der Periode 2 (Z_2)	100
Portefeuillewert zu Beginn der Periode 3 (K_4)	500
Ertrag in Periode 3 (40%)	200
Portefeuillewert am Ende der Periode 3 (K_5)	700

Zeitgewichtete Performance:
Durch Einsetzen der entsprechenden obigen Werte in die Gleichung (20) erhält man:

$$r_z = (K_1 / K_0 \cdot K_3 / K_2 \cdot K_5 / K_4)^{1/3} - 1 = 0{,}308\ \% \approx \underline{\underline{31\%}}$$

Kapitalgewichtete Performance:
Gemäß Gleichung (21) lautet die Bestimmungsgleichung für r_k:

$$K_5 = K_0\,(1 + r_k)^3 + Z_1\,(1 + r_k)^2 + Z_2\,(1 + r_k)$$

Durch Einsetzen der Zahlenwerte nimmt die Bestimmungsgleichung folgende Form an:

$$700 = 100\,(1 + r_k)^3 + 300\,(1 + r_k)^2 + 100\,(1 + r_k)$$

Durch Einsetzen von $r_k = 0{,}18$ nimmt die rechte Gleichungsseite genau den Wert von 700 an. Daher ist $r_k = \underline{\underline{18\%}}$

Interpretation:
Die zeitgewichtete Performance fällt mit 31 % beträchtlich höher aus als die kapitalgewichtete Performance mit 18 %. Dies liegt daran, daß die beste prozentuale Wertentwicklung in der ersten Periode vorlag, in der der Kapitaleinsatz jedoch noch niedrig war, während in den folgenden beiden Perioden die Performance bei höherem Kapitaleinsatz deutlich ungünstiger ausfiel. Dies drückt natürlich die kapitalgewichtete Performance, da die renditemäßig schwächeren Perioden eine größere Gewichtung erhalten.

Abb. 3: Zeit- und kapitalgewichtete Rendite eines Portefeuilles mit gleichem Anfangswert, identischen Zu- und Abflüssen bei gleicher Börsenentwicklung

1173 Performancezerlegung

Eine sinnvolle Beurteilung der Leistung eines Portefeuillemanagers erfordert jedoch eine noch weitergehend differenzierende Betrachtungsweise durch **Zerlegung der Gesamtrendite** in ihre konstituierenden Bestandteile. Mit anderen Worten: Die Performancezerlegung ordnet die mit der pauschalen Performancemessung ermittelte (Gesamt-)Rendite **anteilmäßig nach dem Verursachungsprinzip einzelnen Portefeuillesegmenten** zu. Der Zerlegungsgrad der Rendite nach Segmenten kann den praktischen Anforderungen entsprechend variiert, differenziert oder aggregiert werden, so daß Auswirkungen von Länder-, Währungs-, Assetklassen-, Branchen-, Einzeltitel- und Kasseentscheidungen herausgearbeitet werden können.

In Literatur und Praxis wird zwischen **Allokationseffekten nach Asset-Klassen** (pauschale Differenzierung nach Handelsobjekten, wie Aktien, Renten usw. oder nach geographischen Gesichtspunkten, wie Europa, Nordamerika, ferner Osten) und **Selektionseffekten (Einzeltitelauswahl)** unterschieden. Diese Differenzierung ist zweifellos aus empirischer investmentanalytischer Sicht (z.B. hinsichtlich bestimmter Prognosemethoden) von Bedeutung, nicht jedoch im Hinblick auf die grundsätzliche Methodik der Performanceauswertung, die im folgenden im Vordergrund steht.

Da hinsichtlich von Allokations- bzw. Selektionsaspekten eine Vielzahl von Möglichkeiten und Sichtweisen existieren können, sei der grundsätzliche **methodische Ansatz** der Performancezerlegung exemplarisch an einem vereinfachten, dennoch aber charakteristischen Beispiel (vgl. Tabelle 1) verdeutlicht: Der Manager eines international gemischten Aktienfonds habe innerhalb eines Jahres die in Tabelle 1 angegebenen Ergebnisse realisiert (Spalte 2 und 3), wobei er zugleich ein aktives Risiko von 1 % Rendite-Standardabweichung eingegangen ist. Die Tabelle zeigt zusätzlich die Struktur der dem Verwalter vorgegebenen Benchmark (Spalte 4) und deren tatsächliche Renditebeiträge (Spalte 5).

Das erwähnte **aktive Risiko** ist definiert als die Standardabweichung der "aktiven Rendite".

Unter **aktiver Rendite** versteht man die durch aktives Fondsmanagement erzielte, die Rendite der Benchmark (Marktdurchschnitt) übersteigende (oder unterschreitende) Rendite, d.h. die Renditedifferenz zwischen einem Portefeuille und der Benchmark (Index) in einer Periode. Die gesamte **absolute Rendite** des Portefeuilles ergibt sich damit aus der Rendite der Benchmark zuzüglich der aktiven Rendite. Die **relative Rendite** eines Portefeuilles errechnet sich dementsprechend aus der absoluten Rendite (Gesamtrendite) des Portefeuilles abzüglich der Rendite der Benchmark (Index, und zwar entweder ein Kurs- oder ein Performanceindex). Eine positive (negative) relative Rendite bedeutet, daß ein Portefeuille in der Referenzperiode eine höhere (niedrigere) Rendite erreicht hat als der Index. Die relative Rendite kann also durchaus positiv sein, obwohl die absolute Rendite negativ ist, nämlich dann, wenn das gemanagte Portefeuille weniger stark gefallen ist als der Markt bzw. der Index, (vgl. auch Abschnitt 1295).

Allokation	Portefeuille		Benchmark	
	Gewichtung (%)	Rendite (%)	Gewichtung (%)	Rendite (%)
(1)	(2)	(3)	(4)	(5)
Europa	30	20	40	14
USA	50	8	40	8
Fernost	20	5	20	9

Tab. 1: Gewichtungs- und Renditestruktur des Beispiel-Portefeuilles und seiner Benchmark

Der Manager hat gemäß Tabelle 1 die ihm vorgegebene Benchmark mit einem aktiven Ertrag von 0,4 % outperformed:

$$\begin{array}{llllll} \text{Gesamt-Portefeuille-Rendite} & = 0{,}3 \cdot 20\% & + \; 0{,}5 \cdot 8\% & + \; 0{,}2 \cdot 5\% & \\ & = \quad 6\% & + \quad 4\% & + \quad 1\% & = +\,11{,}0\% \\ \text{Gesamt-Benchmark-Rendite} & = 0{,}4 \cdot 14\% & + \; 0{,}4 \cdot 8\% & + \; 0{,}2 \cdot 9\% & = +\,10{,}6\% \\ \hline \text{Differenz} & & & & = +\;\;0{,}4\% \end{array}$$

Unter Berücksichtigung von 1 % aktivem Risiko ergibt sich eine sog. **Information Ratio** (nach Barra) von:

$$\begin{aligned} \text{IR} &= \text{aktiver Ertrag / aktives Risiko} \\ &= 0{,}4\,\% \,/\, 1{,}0\,\% = +\,0{,}4. \end{aligned}$$

Nach einer gängigen Faustformel deutet die **positive IR** auf einen überdurchschnittlich befähigten, die Größenordnung 0,4 sogar auf einen insgesamt besonders guten Manager hin. Denn in der Praxis gelingt es den meisten Managern nicht, ihre Benchmark nach Transaktionskosten zu schlagen, d.h. der Durchschnitt weist eine negative IR auf. Die Berechnung der Performance-Beiträge aus geographischer (regionaler) "Allokation" bestätigt die Qualität des Managers jedoch keineswegs (vgl. Tabelle 2).[10]

Allokation	Gewichtungs-differenz*	Renditedifferenz	Saldo $(2) \cdot (3)$
(1)	(2)	(3)	(4)
Europa	– 0,10	14 – 10,6 = + 3,4 %	– 0,34 %
USA	+ 0,10	8 – 10,6 = – 2,6 %	– 0,26 %
Fernost	± 0,00	9 – 10,6 = – 1,6 %	0,00 %
insgesamt			– 0,60 %

* Differenz aus (2) - (4) gemäß Tabelle 1.

Tab. 2: Performancebeiträge aus (geographischer) Allokation

Berechnungsbeispiel für den **Europa-Beitrag aus Allokationen** von – 0,34 % in Spalte (4) von Tabelle 2:

Beitrag E = [(Gewicht Europa im Portefeuille) – (Gewicht Europa in Benchmark)]
· [(Rendite Europa in Benchmark) – (Gesamtrendite Benchmark)]
= (0,30 – 0,40) · (14,0 % – 10,6 %) = – 0,1 · 3,4 = – 0,34 %.

Insgesamt war der Allokationsbeitrag gemäß Spalte (4) von Tabelle 2 mit – 0,60 % negativ. Die globale Allokation war, trotz einer guten Information Ratio schlecht: USA war übergewichtet und Europa untergewichtet, so daß jeweils ein negativer Beitrag erwirtschaftet wurde.

Für den **Europa-Beitrag aus Selektion** ergibt sich analog:
[Rendite E (Portefeuille) – Rendite E (Benchmark)] · Gewichtung E (Portefeuille)
= (20 % – 14 %) · 0,3 = 6 % · 0,3 = + 1,8 %.

---

10 Aus Returnumrechnungen von eigener Währung (r_e) in fremde Währung (r_f) und vice versa resultieren spezielle Probleme, die hier nicht im einzelnen zu behandeln sind. mit Return der Währung $r_W = D_1 / D_0$, wobei
D_0 = Devisenkurs beim Kauf und D_1 = Devisenkurs beim Verkauf) gilt:

$$(1 + r_e) = (1 + r_f)(1 + r_W)$$
$$r_e = r_f + r_W + r_f r_W$$

Solange ($r_f r_W$) hinreichend klein ist, gilt in praxi:

$$r_e = r_f + r_W$$

(Prinzip des "currency overlay"), so daß Währungs- und Asset-Management getrennt durchführbar und damit auch getrennt organisierbar sind (vgl. auch Fußnote 12).

Die entsprechenden Ergebnisse für die übrigen geographischen Regionen (einschließlich Europa) sind in Tabelle 3 dargestellt. Die Ergebnisse weisen darauf hin, daß der Fondsmanager in Europa gegenüber dem Index erfolgreich Einzelpapiere selektiert hat, während er in Fernost durch aktives Stockpicking eine leichte Unterperformance realisierte. In den USA wurde gerade die Indexperformance erzielt. Per Saldo ergab sich daraus ein insgesamt (noch) positiver Selektionserfolg.

Allokation	Renditedifferenz Europa vs. Benchmark	Portefeuille-gewicht	Saldo (Selektionsbeitrag)
Europa	20 % – 14 % = + 6 %	0,30	+ 1,80 %
USA	± 0 %	0,50	± 0,00 %
Fernost	5 % – 9 % = – 4 %	0,20	– 0,80 %
insgesamt			+ 1,00 %

Tab. 3: Performancebeiträge aus Selektion

Zusammenfassend ergibt sich also als Saldo aus Allokation und Selektion im vorliegenden einfachen 3-Sektorenbeispiel im **Einperiodenfall** durch Addition

Allokation	– 0,6 %
Selektion	+ 1,0 %
Totalergebnis (= Information Ratio)	+ 0,4 %

Der Allokationsbeitrag ist negativ. Insoweit hat der Manager versagt. Der positive Selektionsbeitrag ist ausschließlich auf das gute Europa-Ergebnis zurückzuführen. Der Fernostbeitrag ist negativ, der USA-Beitrag neutral. Das einzige positive Resultat, der Europaselektionsbeitrag, kann im vorliegenden Einperiodenfall ohne weiteres auf Zufall oder "Glück" basieren. Denn allein um seine Fähigkeiten zur Outperformance des europäischen Marktes statistisch signifikant (95 % Konfidenzniveau) nachzuweisen, müßte der Manager unter den vorgenannten Bedingungen die Europa-Benchmark wenigstens 17 Jahre outperformen (Jahre = $(1{,}65 : IR)^2 = 4{,}125^2 = 17$).[11]

[11] Versucht man, die statistische Signifikanz von aktiven Erträgen mit dem t-Test abzuschätzen und fordert man ein 95-prozentiges Konfidenzniveau dafür, daß beobachtete aktive Renditen signifikant von Null abweichen, dann muß der t-Wert über 1,65 liegen. Nach dem sog. "Wurzelgesetz" gilt dann: $t = IR \cdot (\text{Anzahl der Jahre})^{1/2}$. Je länger also der Portefeuilleverwalter jährlich eine bestimmte positive IR erbringt, um so sicherer ist, daß seine Leistung nicht auf Zufall oder Glück, sondern auf Können basiert. Setzt

Die skizzierte Vorgehensweise stellt für die Praxis ein übersichtliches und einfach zu handhabendes Näherungsverfahren dar. Die additive Zusammenfassung der Returnbeiträge liefert jedoch nur bei kleineren Renditen brauchbare Annäherungen an das finanzmathematisch exakte Ergebnis mittels multiplikativer Verknüpfung.[12] Angesichts der weltweit fast unübersehbaren Vielfalt der Anlagemöglichkeiten allein in Aktien und Renten dürften bereits die vorstehenden exemplarischen und anhand einfachst strukturierter Beispiele veranschaulichten Überlegungen verdeutlichen, daß praxisrelevante Performancemessungen in Form pauschaler Renditeberechnungen i.d.R. einer Ergänzung durch komplexere Performancezerlegungen und Performancezuordnungen auf Basis zweckgerichtet detaillierter Portefeuillesegmente unter Verwendung großer Datenbanken etc. bedürfen.

man die konkreten Werte in die umgeformte Gleichung ein: *Anzahl der Jahre = (1,65 : IR)*^{2}, dann erhält man bei dem geforderten 95 % Konfidenzniveau für die in der Praxis kaum je erreichte IR = 1 mindestens 3 Jahre, entsprechend für die sehr gute IR = 0,5 bereits mindestens 11 Jahre und für eine immer noch überdurchschnittliche IR von 0,2 bereits 68 Jahre. Selbst besonders gute Portfoliomanager würden also einen Großteil ihres Arbeitslebens benötigen, um **statistisch** eine überdurchschnittliche Leistungsfähigkeit nachzuweisen.

12 Vgl. Fußnote 10. Dazu ein Beispiel: Eine Anlage in ausländischen Aktien brachte einen Kursgewinn von 10 %. Gleichzeitig ist die ausländische Währung um 10 % gegenüber der Inlandswährung gestiegen. Die Gesamtrendite ist damit näherungsweise 10 % + 10 % = 20 %, exakt gerechnet jedoch $1{,}10 \cdot 1{,}10 = 1{,}21 \mathrel{\hat{=}} 21$ %. Mit steigenden Renditen nimmt der Fehler rasch zu. Bei 20 % gilt z.B. 40 % versus exakt 44 %, bei 50 % bereits 100 % versus 125 % usw.

12 Ursprünge und Grundgedanken der modernen Portfoliotheorie*

121 Grundgedanken der traditionellen fundamentalen Aktienanalyse

Die fundamentale Analyse erklärt die Aktienkursbildung anhand der zeitlichen Entwicklung gesamtwirtschaftlicher, branchenspezifischer sowie insbesondere unternehmensindividueller Größen.[1] Sie untersucht den Einfluß dieser Faktoren auf den Erfüllungsgrad der Zielfunktionen der Aktienmarktteilnehmer und geht somit von einem teleologischen (zielgerichtet-rationalen) Verhalten der Marktteilnehmer aus. Aufgrund der Hypothese, daß das **Ertragsstreben** (vornehmlich Kursgewinne und/oder Dividendenerträge) zumindest vordergründige Handlungsmotivation der weitaus überwiegenden Zahl der als Käufer und Verkäufer von Aktien auftretenden Personen bzw. Institutionen ist, orientiert sich die fundamentale Analyse in erster Linie an der Entwicklung der **Ertragskraft der Aktiengesellschaften als zentralem Entscheidungskriterium.**[2]

Der Ansatz der Fundamentalanalyse läuft dementsprechend letztlich auf die **Ermittlung des inneren Wertes** (in Form eines in bestimmter Weise abgeleiteten **Ertragswertes**) einer Aktie hinaus, der mit der Börsenbewertung, also dem Kurs der Aktie, verglichen wird. Damit wird, auf einen vereinfachten Nenner gebracht, folgender Mechanismus unterstellt: Ist der Bör-

---

* In den 1960er und 1970er Jahren wies der Verfasser in einer Reihe von Veröffentlichungen auf damalige "moderne" Strömungen der Wertpapieranalyse in den USA hin. Nachdem für diese grundlegenden Überlegungen inzwischen auch der deutsche Markt "gereift" war, hatte sich der Verfasser entschlossen, unter Verwendung seiner vormaligen Veröffentlichungen in groben Zügen nochmals die "Ursprünge und Entwicklungslinien der modernen Portfoliotheorie" (1988) nachzuzeichnen. Dabei standen jedoch die größeren wissenschaftshistorischen Zusammenhänge im Vordergrund, weniger hingegen spezielle kritische Auseinandersetzungen, die der Situation entsprechend in den früheren Ausarbeitungen ein größeres Gewicht erhielten. Ergänzt wurde die vorliegende 2. Auflage um Abschnitt 129 in Anlehnung an U. Hielscher: Asset Allocation (1991).

1 Als klassisches Standardwerk sei hier genannt: B. Graham / D.L. Dodd: Security Analysis. 1. Aufl. 1934, 4. Aufl. 1962, 5. Aufl. hrsg. von S. Cottle / R.F. Murray / F.E. Black unter dem Titel "Graham and Dodd's Security Analysis" (1988).

2 Zu den folgenden Ausführungen vgl. U. Hielscher: Börsenkursbildung (1976) sowie U. Hielscher: Fundamentale Aktienanalyse (1995).

senkurs niedriger als der innere Wert, so gilt die Aktie als kaufenswert (da "unterbewertet"), mit der Folge, daß sich der Börsenkurs aufgrund der sich durch die rationalen Verhaltensweisen herausbildenden Angebots- und Nachfragekonstellation sukzessive oder auch sprunghaft - je nachdem wie rasch die neuen Informationen bezüglich des inneren Wertes Verbreitung finden - dem höheren inneren Wert annähert und vice versa. Der **Aktienkurs** wird also längerfristig **um den inneren Wert oszillieren**.

Im Rahmen des grundlegenden Bewertungsprozesses nehmen in der Praxis insbesondere die Kennzahlen Gewinn pro Aktie (G) und Price-Earnings-Ratio (PER = Kurs-Gewinn-Verhältnis = Gewinnmultiplikator)

mit $$PER = Kurs/G \qquad (1)$$

eine Vorrangstellung vor zahlreichen anderen ein (vgl. auch Abschnitt 1132).

Genaugenommen erwirbt der Aktienkäufer bei einer langfristig selbständig fortbestehenden Gesellschaft, abgesehen vom Stimmrecht, lediglich einen Anspruch auf einen Teil des Gewinns - die Bardividende. Um die Gesamtsumme der zu verschiedenen zukünftigen Zeitpunkten fälligen Dividenden vergleichbar zu machen, ist der **Barwert** der gesamten Dividendenzahlungsreihe zu berechnen, dessen Höhe dann als Vergleichsmaßstab für den Ertragswert der Aktie dient. Vollrationale Entscheidungen müssen theoretisch alle aus ihr resultierenden Konsequenzen berücksichtigen, und zwar soweit sie zeitlich (und sachlich) reichen. Daher läßt sich unter den vereinfachenden Annahmen, daß die Gesellschaft ad infinitum besteht und jährlich gleichbleibende Dividendenzahlungen D aus einer Aktie fließen, der folgende Ausdruck für den Barwert (Kurs) K angeben (mit i = Diskontierungssatz)

$$K = D/i \qquad (2)$$

Das in Gleichung (2) auf die einfachste Formulierung reduzierte Barwertmodell ("constant dividend discount model", zu Weiterentwicklungen vgl. Abschnitt 1131) erfährt in der praktischen Aktienanalyse durch die PER in modifizierter Form allgemeine Anwendung.

Bei der Abschätzung der zukünftigen baren Dividendenzahlungen ist, neben der Beurteilung der Ausschüttungspolitik der Verwaltung, insbesondere das Ausmaß des künftigen Dividendenzahlungspotentials zu berücksichtigen. Da dieses seinerseits entscheidend von den einbehaltenen Gewinnanteilen determiniert wird, erscheint es plausibel, unmittelbar auf die künftigen Pro-Aktien-Gewinne, quasi als "Index" für das Dividendenpotential, abzustellen, wobei theoretisch die langfristig repräsentativen und nachhaltig erzielbaren Gewinne zugrunde zu legen wären (vgl. auch Abschnitt 218). Aus der Definitionsgleichung (1) der PER ergibt sich damit die Bestimmungsgleichung für den "angemessenen" Aktienkurs K als

$$K = PER \cdot G$$

oder

$$K = G / i_G \tag{3}$$

(mit i_G = Gesamtgewinnrendite = Kehrwert des Gewinnmultiplikators = 1/PER). Der Ausdruck (3) entspricht formal der Barwertformel (2) für die ewige Rente (vgl. Abschnitt 1122). Er impliziert damit allerdings auch, daß bei der Aktienbewertung mit Hilfe der PER von **konstanten Pro-Aktien-Gewinnen** ausgegangen wird. Da in der Praxis jedoch in der Regel nur die für das nächste Jahr erwarteten Gewinne verwendet werden (vgl. auch Abschnitt 215), muß ein nachhaltiges über- bzw. unterdurchschnittliches Wachstum der Gewinne einzelner Gesellschaften in der Höhe der PER selbst Berücksichtigung finden.

Der fundamentalen Aktienanalyse ist es jedoch nicht gelungen, praktikable Ansätze dafür zu entwickeln, wie hoch diese Zu- bzw. Abschläge von der PER im speziellen Einzelfall sein sollten. Lediglich für den Marktdurchschnitt (Index) hat sich als Anhaltspunkt zur Ableitung der "normalen" bzw. durchschnittlichen PER (bzw. ihres Kehrwertes i_G) das Opportunitätsprinzip bewährt. Als Orientierungsgröße bietet sich hier insbesondere der Kapitalmarktzins, speziell die **Rentenrendite**, an. Denn als Alternative zum Aktienkauf kommt vornehmlich der Erwerb von Rentenwerten in Betracht. Empirische Untersuchungen haben gezeigt, daß sich anhand der durchschnittlichen "echten" Pro-Aktien-Gewinne der deutschen Aktiengesellschaften und der jeweils bestehenden Rentenrendite die konjunkturell bedingten Kurs-Zyklen, deren Dauer etwa 4 bis 5 Jahre umfaßte, und die Höhe des durchschnittlichen Kursniveaus aller deutschen börsennotierten Aktiengesellschaften mit Hilfe von multiplen Regressionsrechnungen befriedigend erklären lassen (Abschnitt 217).

122 Der Übergang zur modernen Betrachtungsweise

Zusammenfassend kann man festhalten, daß in der traditionellen fundamentalen Aktienanalyse eine eher **isolierte Betrachtung einzelner Aktien** sowie eine **monovariable Zielfunktion** des Investors im Vordergrund standen: Allein die **Rendite** war Gegenstand quantitativer Überlegungen. Im übrigen waren qualitative Abschätzungen charakteristisch. Letzteres galt in besonderer Weise auch für die Portefeuillezusammenstellung. In herkömmlicher Weise erfolgten Depotzusammenstellungen überwiegend aufgrund allgemein gehaltener Richtlinien sowie persönlicher Erfahrungen und Fingerspitzengefühl des Depotverwalters, d.h. mehr oder oftmals auch weniger systematisch. Die traditionelle Vorgehensweise bestand in der Regel darin,[3] denjenigen Aktientyp zu bestimmen, der den speziellen Zielen eines bestimmten - auch institutionellen - Anlegers am besten entsprach. Nachdem man sich über die Anlageziele klargeworden war, galt es, aus der Gesamtheit der analysierten Aktien diejenigen auszusuchen, die dem geforderten Typ entsprechende Eigenschaften in besonderer Weise besaßen und deren Erwerb zum gegenwärtigen Zeitpunkt vorteilhaft erschien. Demnach erfolgte die Anlageentscheidung in vier deutlich voneinander abgegrenzten Phasen:

1. Festlegung der Anlageziele (z.B. Wachstum, Rendite, Sicherheit),
2. Festlegung der dazu passenden Wertpapiertypen (z.B. Wachstumspapiere, Einkommenspapiere),
3. Auswahl der Papiere,
4. Bestimmung des günstigen Kauf- bzw. Verkaufszeitpunktes (Timing).

Durch den stufenweisen Auswahlprozeß und die damit zwangsläufig verbundenen schrittweisen Selektionsprozesse bestand stets die Gefahr, in vorgelagerten Schritten einzelne Aktien von vornherein auszuscheiden, die als solche dem Anlageziel scheinbar nicht unmittelbar entsprachen, die jedoch innerhalb eines Depots durch geschickte Kombination mit anderen Aktien zur Erreichung der Anlageziele durchaus hätten beitragen können (z.B. bei der Risikostreuung). Darüber hinaus war es dem Depotverwalter infolge der Vielfalt der zudem noch rasch veraltenden Informationen über das Wirtschafts- und Börsengeschehen immer weniger möglich, selbst die verfügbare Datenfülle angemessen auszuwerten. Mit der laufenden Weiterentwicklung der Wertpapieranalyse stellte sich damit gleichzeitig die Frage nach Methoden, die eine bessere und vollständigere Verarbeitung der Informationen mit dem Ziel eines rationalen und integrierten Portfoliomanagements ermöglichen.

---

[3] Vgl. U. Hielscher / U. Lehner: Einsatzmöglichkeiten elektronischer Datenverarbeitungsanlagen (1974), S. 457.

In den USA veröffentlichten 1952 Roy und Markowitz[4] unabhängig voneinander **Modelle zur optimalen Depotzusammenstellung**. Insbesondere der Ansatz von Markowitz bildete nach dem Erscheinen seines Hauptwerkes "Portfolio Selection" im Jahre 1959[5] den Ausgangspunkt für eine ganze Reihe weiterer Portfolio-Selection-(Wertpapierauswahl-)Modelle und gab so den Anstoß zur Entwicklung der modernen Portfoliotheorie. Diese Modelle basieren alle auf dem Grundgedanken, mit Hilfe eines mathematisch-statistischen Ansatzes solche Portefeuillezusammensetzungen zu berechnen, die unter **Berücksichtigung der Sicherheitspräferenz** des Anlegers ein **Optimum** im Hinblick auf die beiden konkurrierenden Hauptanlageziele **Ertrag und Risikomeidung** darstellen. Da gewöhnlich eine Erhöhung der Ertragschancen mit einer Verringerung der Sicherheit bezahlt werden muß und umgekehrt (Zielkonkurrenz), ist unter Ungewißheit zwischen dem Ertrags- und Sicherheitsstreben ein "Kompromiß" notwendig.

Auf die Problematik des Ausgleichs von Ertrags- und Sicherheitsstreben stieß zwar bereits 1949 der Engländer Shackle im Rahmen seiner formalen entscheidungstheoretischen Untersuchungen des Ungewißheitsproblems. Shackle entwickelte ein zunächst vielbeachtetes kompliziertes Instrumentarium, mit dem er zeigen wollte, wie eine Entscheidung unter Ungewißheit zustande komme. Als Shackle jedoch seine Konzeption auch auf das Problem der Aktienauswahl anzuwenden versuchte, kam er zu dem paradoxen Ergebnis, daß es für den Anleger in jedem Fall am vorteilhaftesten sei, eine Kombination von nur zwei bestimmten Aktien zu wählen.[6] Abgesehen von Widersprüchlichkeiten bei der Beurteilung der Entscheidungssituation, vor die sich ein Anleger gestellt sieht, insbesondere bei der Behandlung des Prognoseproblems (subjektive Wahrscheinlichkeiten), zeigte eine Untersuchung der Shackleschen Ableitungen außerdem, daß sie nur dann korrekt sind, wenn die Kursbewegungen der beiden gewählten Aktien eine vollständig positive Korrelation aufweisen.[7] Unter dieser Annahme erübrigt sich allerdings jede Anlagestreuung, mit anderen Worten, das Modell erlaubt keine angemessene Berücksichtigung der Ungewißheit bei der Anlageentscheidung. Gerade die **Anlagestreuung** hat sich jedoch in der Praxis als wichtigstes Hilfsmittel zur angestrebten **Verminderung des Risikos** bei Ungewißheit erwiesen. Anhand des Markowitz-Modells dagegen läßt sich

---

4 H. M. Markowitz: The Utility of Wealth (1952); H. M. Markowitz: Portfolio Selection (1952); A. D. Roy: Safety First and the Holding of Assets (1952).

5 H. M. Markowitz: Portfolio Selection (1959).

6 G. L. S. Shackle: Expectation in Economics (1952), insbes. S. 90.

7 R. A. D. Egerton: The Holding of Assets (1956).

u.a. auch theoretisch und unter wirklichkeitsnahen Bedingungen nachweisen, daß das Risiko durch Streuung, wenn auch nicht beseitigt, so doch wenigstens verringert werden kann. Immerhin findet man bereits bei Shackle die Idee, eine "optimale" Anlage aus einer Kombination von nur zwei "repräsentativen" Größen abzuleiten. Dieser Gedanke taucht später in der modernen Portfoliotheorie erneut mit den Größen "risikofreie Anlage" und "Marktportefeuille" auf, aus denen z.B. die sog. Wertpapiermarktlinie konstruiert wird (vgl. Abschnitt 127).

Zusammenfassend kann man festhalten, daß Anfang der 1950er Jahre die Grundgedanken eines integrierten, rein quantitativ orientierten Portfoliomanagements mit **zweidimensionaler Zielfunktion** (**Rendite und Risiko** gleichgewichtig) entstanden. Nunmehr stand nicht mehr, wie bei der traditionellen fundamentalen Analyse, primär die einzelne Aktie, sondern ihre Einbettung in ein Portefeuille und die Bewertung des Portefeuilles als solches im Vordergrund des wissenschaftlichen Interesses.

123 Das Portfolio Selection-Modell von Markowitz

Im folgenden sollen nur die wichtigsten und im nachhinein gesehen fruchtbarsten Grundgedanken des Ansatzes von Markowitz dargestellt werden.[8] Eine Erörterung theoretischer Zusammenhänge sowie zahlreicher zwischenzeitlich erfolgter Verbesserungen und Variationen (u.a. Modifizierungen und Verallgemeinerungen der Zielfunktion, Bestimmung des Planungshorizonts, Sonderprobleme sehr großer oder kleiner Portefeuilles, unterschiedliche Risikomaße, Optimierung von Umschichtungsvorgängen, Dynamisierung des Ansatzes, Quantifizierung der Risikoneigung) erfordert eine eingehende Diskussion theoretischer Details, die den Rahmen dieses Kapitels sprengen würde. Einige wichtige Weiterentwicklungen, die auch Eingang in die Praxis gefunden haben, werden in Abschnitt 129 behandelt.

[8] Vgl. dazu auch U. Hielscher: Optimale Depotzusammenstellung (1966); U. Hielscher: Das optimale Aktienportefeuille (1969); U. Hielscher: Methoden der Portefeuilleoptimierung (1974).

1231 Grundgedanken

Die Fragestellung, die es bei der Depotoptimierung zu beantworten gilt, lautet einfach: Wie soll ein bestimmter verfügbarer Geldbetrag auf die einzelnen Anlagemöglichkeiten (z.B. Bargeld, Aktien, festverzinsliche Wertpapiere) aufgeteilt werden, damit der Anleger seine Ziele am besten erreicht? Markowitz geht davon aus, daß die Anleger möglichst hohe Erträge aus Kursgewinnen und Dividenden bzw. Zinseinnahmen anstreben. Da aber jede Effektenanlage nicht nur mit der Hoffnung auf Erträge, sondern stets auch mit Verlustgefahren verbunden ist, müssen die Risiken, d.h. die Gefahr, ein bestimmtes Ziel (z.B. einen bestimmten Mindestertrag) nicht zu erreichen, explizit in das Optimierungskalkül aufgenommen werden, da sie die unvermeidliche Kehrseite der Chancen sind.

Es gilt nun, zunächst **Maßgrößen für den Ertrag und das Risiko einzelner Papiere** zu finden, um die einzelnen Anlagemöglichkeiten im Hinblick auf die angestrebten Ziele miteinander vergleichen zu können sowie darauf aufbauend Maßstäbe für die Beurteilung von Kombinationen verschiedener Anlagemöglichkeiten (Portefeuilles) festzulegen. Der grundlegende Gedanke von Markowitz war dabei, den zukünftigen Ertrag einer Aktie statistisch als eine Zufallsgröße zu betrachten. D.h. er geht davon aus, daß die zukünftigen Erträge aus den einzelnen Anlageobjekten (Aktien) innerhalb bestimmter Grenzen zufällig schwanken. Unter der Voraussetzung, daß der Investmentanalyst den von ihm geschätzten möglichen Erträgen eines jeden Anlageobjektes bestimmte ("subjektive") Eintrittswahrscheinlichkeiten[9] zuordnen kann, erhält man für die einzelnen Anlagemöglichkeiten Wahrscheinlichkeitsverteilungen der zukünftigen Erträge. Markowitz nimmt vereinfachend an, daß die zukünftigen **Erträge** aus den einzelnen Anlagemöglichkeiten **normalverteilt** sind.

Als Maßstab für den **erwarteten Ertrag** bietet sich aus der Reihe der möglichen Erträge vor allem **der wahrscheinlichste Wert** an. Dieser stimmt im Fall der Normalverteilung mit der **mathematischen Erwartung** überein. Die Ermittlung des Erwartungswertes dient dazu, die Vielfalt der Erträge, deren Realisation der Investmentanalyst für möglich hält, zu einer einzigen charakteristischen Größe zusammenzufassen. Je höher der Erwartungswert ist, desto günstiger ist ceteris paribus eine Anlagemöglichkeit zu beurteilen. Mathematisch errechnet sich der Erwartungswert für eine ein-

9 Einen wissenschaftstheoretischen Pionierbeitrag zu diesen Problemen leisteten O. Helmer / N. Rescher: On the Epistemology of the Inexact Sciences (1960).

zelne Aktie i als das arithmetische Mittel der einzelnen möglichen Erträge r_{ij}, wobei die ihnen jeweils zugeordneten Eintrittswahrscheinlichkeiten p_{ij} als Gewichte dienen:

$$E(r_i) = \sum_{j=1}^{n} r_{ij} \cdot p_{ij} \tag{4}$$

Die Summe der p_{ij} ist gleich eins. n gibt die Anzahl der Ertragsvorausschätzungen für jede Aktie an (vgl. Abb. 1).

Zur Messung der **Risiken** kommen insbesondere die **Streuungsmaße** in Frage, denn je breiter die möglichen Erträge gestreut sind, desto größer ist auch die Gefahr, daß der erwartete Ertrag nicht erzielt wird. Das Risiko wird also durch die vom Analytiker für möglich gehaltene Abweichung der (niedrigeren) Erträge vom wahrscheinlichsten Wert ausgedrückt. Ein besonders häufig benutztes Streuungsmaß ist die **Standardabweichung**. Je größer die Standardabweichung ist, um so ungünstiger wird also ceteris paribus eine Anlagemöglichkeit beurteilt - je größer die Standardabweichung, desto größer das Risiko. Die Standardabweichung wird deshalb verschiedentlich auch als Volatilitätsmaß benutzt, denn je größer die **Volatilität**, d.h. die Kursschwankungen sind, um so größer ist auch die Standardabweichung. Mathematisch formuliert lautet die Formel zur Schätzung der zukünftigen Standardabweichung:

$$\sigma_i = \sqrt{\sum_{j=1}^{n} p_{ij}(r_{ij} - E(r_i))^2} \tag{5}$$

In Abb. 1 sind beispielhaft der erwartete Ertrag und die Standardabweichung in die Wahrscheinlichkeitsverteilungen für 2 Aktien eingezeichnet. Zieht man von dem erwarteten Ertrag die Standardabweichung ab (bei Aktie 1 z.B. 30 % – 10 % = 20 %), dann kann man mit einer Wahrscheinlichkeit von rund 84 % damit rechnen, daß man keinen Ertrag unter 20 % erzielen wird. Für den "high flyer" (Aktie 2) ergibt sich ebenfalls 20 % (50 % – 30 % = 20 %). Wenn nur die Aktien 1 und 2 alternativ zur Auswahl stehen und dem Anleger eine realtive Sicherheit von 84 % dafür, daß er mindestens 20 % Ertrag erzielt, als ausreichend erscheint, so wird er die Aktie 2 wählen, weil sie mit derselben Sicherheit wie Aktie 1 einen Ertrag von mindestens 20 % erbringen wird, gleichzeitig aber die Chancen auf erheblich höhere Erträge größer sind als bei dem "blue chip" (Aktie 1).

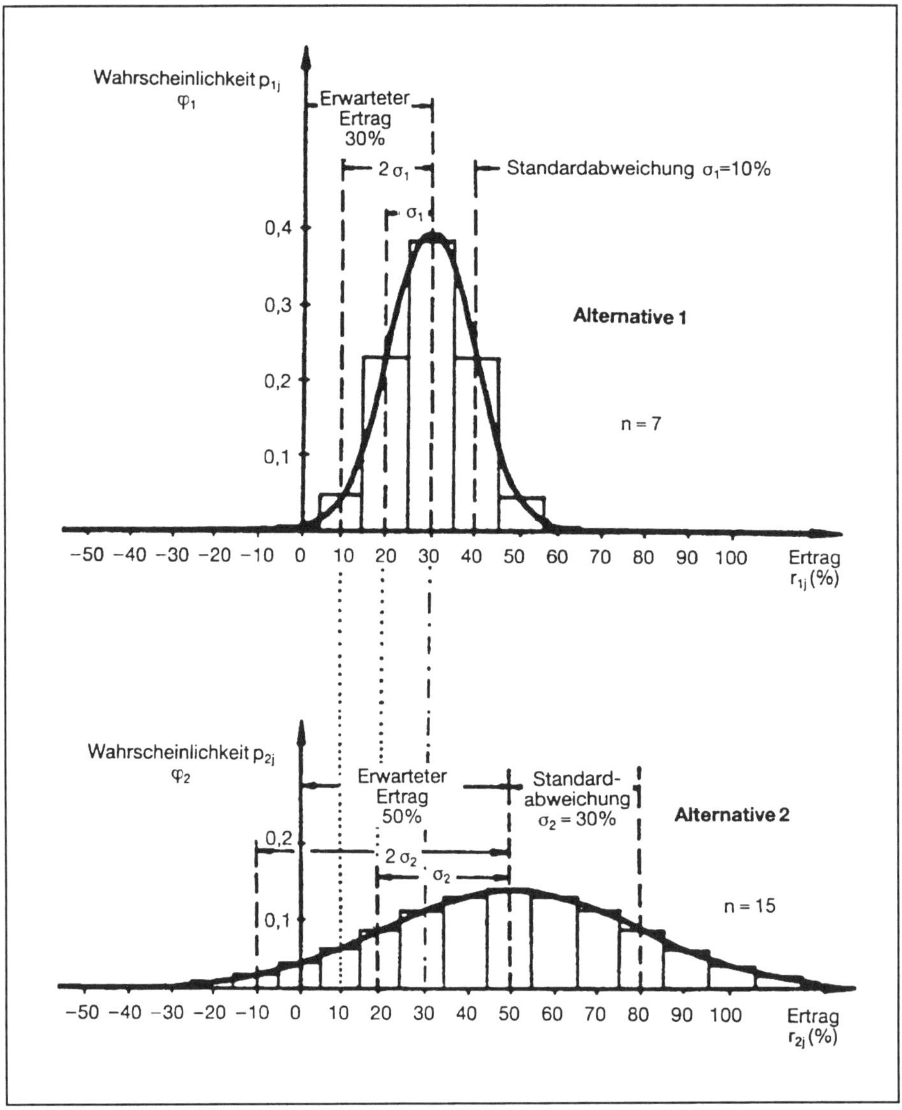

Abb. 1: Vergleich von zwei alternativen Anlagemöglichkeiten

Läßt sich der Anleger dagegen von einem höheren Sicherheitsbedürfnis leiten, dann wird er zweifellos die sicherere Aktie 1 vorziehen. Verlangt er beispielsweise mit einer Wahrscheinlichkeit von rund 98 % einen 10 %igen Ertrag, dann kann zwar die Aktie 1 diese Forderung erfüllen, nicht aber die Aktie 2, bei der er in diesem Fall einen möglichen Verlust von bis zu 10 % einzukalkulieren hätte (bei einer geforderten Sicherheit von rund 98 % hat man mit der doppelten Standardabweichung, d.h. 2 σ_1 bzw. 2 σ_2 zu rechnen). Obwohl Aktie 2 einen höheren mittleren Ertrag aufweist (50 %), wird Aktie 1 (mittlerer Ertrag 30 %) vorgezogen, d.h. höher bewertet, da die Sicherheit wegen der kleineren Streuung größer ist - ein völlig anderes Ergebnis, als wenn nur die wahrscheinlichsten (durchschnittlichen) Werte als Entscheidungsgrundlage dienen.

Markowitz benutzt zur Messung des Risikos an Stelle der Standardabweichung die Varianz. Die **Varianz** ist das Quadrat der Standardabweichung. Es ist prinzipiell gleichgültig, ob man die Standardabweichung oder die Varianz verwendet. Die Standardabweichung hat den Vorteil, sachlich anschaulich zu sein (vgl. Abb. 1), während die Varianz gewisse rechentechnische Vorteile aufweist.

Wenn man einmal die mathematisch-statistischen Details außer acht läßt, dann zeigt sich, daß die Grundlagen der Theorie von Markowitz relativ einfach und einleuchtend sind.

1232 Grundlegendes Modell

Nun interessiert den Anleger, der sein Geld "optimal" anlegen will, primär weniger ein Vergleich der einzelnen Aktien untereinander als vielmehr der Vergleich sämtlicher denkbarer Kombinationen der verschiedenen Aktien (Portefeuilles), denn er will ja insbesondere den sicherheitssteigernden Effekt der Risikostreuung ausnutzen. Es gilt also, den **Erwartungswert und die Varianz der Portefeuilles** zu bestimmen. Der **Erwartungswert E eines Portefeuilles** ist einfach die Summe der wahrscheinlichsten Erträge $E(r_i)$ der N einzelnen Aktien, wobei die Erträge allerdings noch mit den jeweiligen, in den entsprechenden Aktien angelegten relativen Anteilen x_i ($i = 1, ..., N$) am Portefeuillewert zu gewichten sind:

$$E = \sum_{i=1}^{N} x_i E(r_i) \qquad (6)$$

Für die Varianz gilt die additive Eigenschaft nicht ohne weiteres, da Kurssteigerungen und -einbrüche am Aktienmarkt in der Regel nicht isoliert für ein Papier erfolgen, sondern meist den gesamten Markt erfassen. Die **Gesamtvarianz** hängt also nicht nur von den **Streuungen der einzelnen Papiere**, sondern auch davon ab, inwieweit alle Papiere gleichzeitig steigen oder fallen, d.h. von der **Korrelation der einzelnen Aktienkursverläufe**. Es leuchtet unmittelbar ein, daß bei vollständiger Korrelation zwischen den einzelnen Kursen, d.h. wenn alle Aktien stets gleichmäßig steigen oder fallen, das Risiko durch Streuen weder verringert noch vermehrt werden kann (von der Dividende sei hier einmal abgesehen). Sind die Aktienkursverläufe dagegen völlig unkorreliert, dann könnte das Risiko in dem Grenzfall, daß das Portefeuille unendlich viele Aktien enthält, völlig ausgeschaltet werden, da sich die Unterschiede in den Kursschwankungen im Mittel gerade aufheben würden. Reale Portefeuilles nehmen eine Mittelstellung ein, denn die Korrelationskoeffizienten schwanken im allgemeinen zwischen +0,99 und Null. Die Aktienkursverläufe sind zwar nicht vollkommen korreliert, doch auch nicht unkorreliert, und da die Zahl der Wertpapiere im Portefeuille stets endlich ist, kann man feststellen: **Streuen kann das Risiko verringern, aber nicht beseitigen**.

Die Konsequenzen dieser Erkenntnisse, die, basierend auf dem Markowitz-Modell, erstmals theoretisch und dann auch empirisch-quantitativ untersucht wurden, sind für die Praxis der Portefeuilleplanung von erheblicher Bedeutung. Empirische Untersuchungen haben z.B. ergeben, daß das Kurs- und damit das Ertragsrisiko einer bestimmten Aktie, abgesehen von Zufallsschwankungen, zum einen durch unternehmensspezifische Faktoren (z.B. Änderung der individuellen Ertragslage) determiniert ist, und zum zweiten durch gesamtwirtschaftliche ökonomische (z.B. Konjunktur- und Zinsniveauänderungen) oder außerökonomische (z.B. politische oder psychologische) Einflußgrößen, die alle oder zumindest die meisten Aktien treffen. Die Schätzungen für den anteilmäßigen Einfluß der Gesamtaktienmarktänderungen auf die Kursveränderungen einzelner Aktien schwanken je nach Aktie und Land ungefähr zwischen 25 % und 75 %. Betrachtet man isoliert die Aktien eines Landes, so läßt sich **durch Streuen also bestenfalls das unternehmensspezifische Risiko eliminieren, nicht jedoch das systematische Gesamtmarktrisiko**, das nur durch geographische und/oder gattungsmäßige (Aktien, Festverzinsliche usw.) Streuung beeinflußbar ist.

Aus den vorangegangenen Überlegungen folgt, daß die Korrelation zwischen den Aktienkursen bei der Ermittlung des Risikos eines ganzen Portefeuilles unbedingt berücksichtigt werden muß. Markowitz benutzt als Maß für die Korrelation die Kovarianz c_{ik} zwischen den Kursverläufen einzelner Aktien. Die **Varianz des gesamten Portefeuilles** errechnet sich dann als:

$$V = \sum_{i=1}^{N} \sum_{k=1}^{N} x_i x_k c_{ik} \qquad (7)$$

Da c_{ik} für i=k definitionsgemäß gleich der Varianz c_{ii} der einzelnen Aktie ist, bedeutet das: Die Varianz und damit das Risiko eines Portefeuilles hängt von der Varianz (Risiko) der einzelnen Aktien, der Kovarianz (Korrelation) zwischen den einzelnen Aktien (systematisches Gesamtmarktrisiko) und den wertmäßigen Anteilen x_i der einzelnen Aktien am Gesamtportefeuille ab.

Die Gleichung (7) läßt sich ausführlich auch wie folgt schreiben[10]:

$$V = \sum_{i=1}^{N} x_i^2 c_{ii} + 2\sum_{i=1}^{N-1} \sum_{k=i+1}^{N} x_i x_k c_{ik}$$

Betrachtet man ein Portefeuille, in dem sich N verschiedene Aktien zu gleichen Teilen befinden, dann wird:

$$V = \frac{1}{N^2}\sum_{i=1}^{N} c_{ii} + \frac{2}{N^2}\sum_{i=1}^{N-1} \sum_{k=i+1}^{N} c_{ik}$$

Bei N Wertpapieren gibt es genau $0{,}5 \cdot N \cdot (N-1)$ Kovarianzen. Definiert man eine mittlere Kovarianz $\bar{c}$ als Summe aller Kovarianzen geteilt durch ihre Anzahl, also

$$\bar{c} = \frac{\sum_{i=1}^{N-1} \sum_{k=i+1}^{N} c_{ik}}{\frac{N(N-1)}{2}}$$

so gilt $$V = \frac{1}{N^2}\sum_{i=1}^{N} c_{ii} + \frac{N-1}{N}\bar{c}$$

Da die c_{ii} der einzelnen Aktien nach oben beschränkt sind, also $c_{ii} \leq c_0$, wird

$$V \leq \frac{N}{N^2} c_0 + \frac{N-1}{N}\bar{c} = \frac{c_0 - \bar{c}}{N} + \bar{c}$$

Betrachtet man den theoretischen Grenzfall, daß N über alle Grenzen wächst, d.h. nimmt man ein Portefeuille mit im Grenzfall unendlich vielen Aktien an, so gilt für seine Varianz:

$$\lim_{N\to\infty} V \leq \lim_{N\to\infty}\left(\frac{c_0 - \bar{c}}{N} + \bar{c}\right) = 0 - 0 + \bar{c} = \bar{c}$$

D.h. die Varianz nähert sich asymptotisch der Durchschnittsgröße $\bar{c}$. Grafisch veranschaulicht diesen Zusammenhang Abb. 2.

[10] H. M. Markowitz: Portfolio Selection (1959), S. 72 ff. und S. 109 ff.

Bereits Markowitz hatte mit dieser Überlegung frühzeitig einen für die moderne Portfoliotheorie besonders wichtigen Gedanken entwickelt: Das **gesamte Risiko eines Portefeuilles** kann in **zwei Komponenten** zerlegt werden, nämlich in **das nicht eliminierbare**, alle Aktienanlagen prinzipiell gleichermaßen treffende, sog. **systematische Marktrisiko** ($\bar{c}$) einerseits und andererseits in **das durch Streuen eliminierbare aktienspezifische Risiko**. Bei letzterem spricht man auch von **Eigenvolatilität** bzw. Eigenertrag einer einzelnen Aktie.

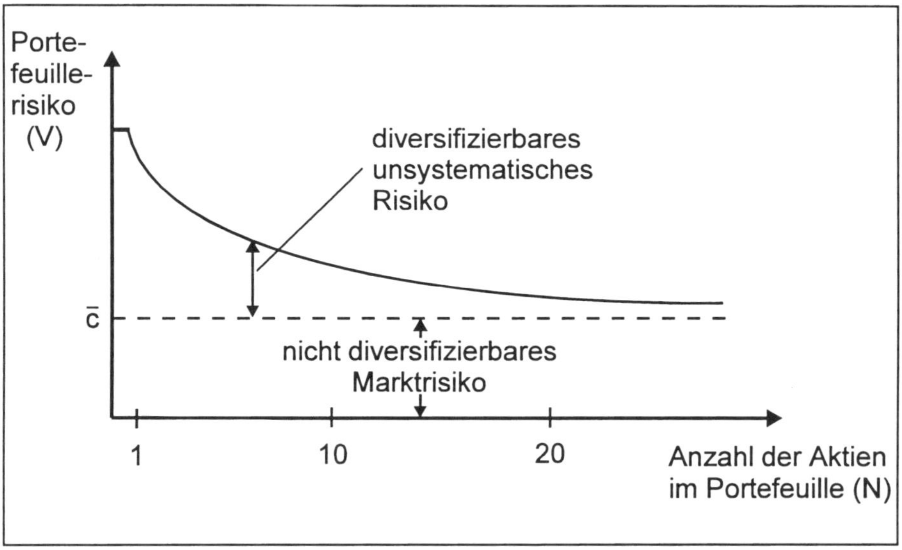

Abb. 2: Mögliche Risikoreduktion durch Streuen[11]

Für das vollständige mathematische Grundmodell müssen noch mindestens zwei Nebenbedingungen berücksichtigt werden, die sich daraus ergeben, daß erstens in einem Portefeuille die Summe der in den einzelnen Anlageobjekten angelegten Teilbeträge gleich dem verfügbaren Gesamtbetrag sein muß (Bankguthaben u.ä. können als Anlagen mit dem Risiko Null eingeführt werden) oder - was das gleiche bedeutet - die Summe der relativen Anteile x_i am Gesamtbetrag ist gleich eins:

[11] Die Anzahl N der Aktien im Portefeuille orientiert sich an deutschen Verhältnissen. In Deutschland genügen ca. 20 Aktien um mindestens 90 % des unsystematischen Risikos wegzudiversifizieren. Zur Erreichung der gleichen Reduktion des unsystematischen Risikos ist in den wesentlich größeren Aktienmärkten der USA oder Japans N ungefähr zu verdoppeln.

$$\sum_{i=1}^{N} x_i = 1 \tag{8}$$

Zweitens sollen keine spekulativen Leerverkäufe vorgenommen werden, d.h. der Anteil einer Aktie am Gesamtwert des Portefeuilles darf nicht negativ werden:

$$x_i \geq 0 \tag{9}$$

Weitere Nebenbedingungen gesetzlicher, statuarischer oder persönlicher Art können berücksichtigt werden, z.B. etwa, daß Investmentgesellschaften im Regelfall nicht mehr als 5 v.H. des Grundkapitals einer Aktiengesellschaft besitzen dürfen. Für kleinere Portefeuilles wäre insbesondere noch die Stükkelung der Aktien zu beachten.

1233 Lösung des Modells

Das Problem ist, numerisch die relativen Anteile der Aktien am Gesamtkapital (x-Werte) zu bestimmen, die für den Anleger am günstigsten sind und die daher in den einzelnen Anlageobjekten angelegt werden sollen. Markowitz beschränkt die Lösung darauf, aus der Menge der im Sinne der genannten Nebenbedingungen "zulässigen" Portefeuilles diejenigen auszuscheiden, die eindeutig schlechter sind als andere. Das sind die Portefeuilles, die bei einem gleich großen erwarteten Ertrag ein höheres Risiko (größere Varianz) beinhalten als ein anderes oder die bei gleichem Risiko einen geringeren Ertrag aufweisen (vgl. Abb. 3). Mit Hilfe der von Markowitz entwickelten "Kritische-Linien-Methode" können alle in diesem Sinne "schlechten" und die gemäß den Nebenbedingungen unzulässigen Portefeuilles ausgeschieden werden. **Damit verbleiben nur noch die "guten" (sog. "effizienten") Portefeuilles, d.h. diejenigen Portefeuilles, die für einen bestimmten, vorgegebenen Ertrag das geringste Risiko aller zulässigen Portefeuilles aufweisen, bzw. die für ein vorgegebenes maximales Risiko, die höchstmöglichen Ertragserwartungen bieten.** Diese übrigbleibenden, effizienten Portefeuilles werden in Form einer Liste zusammengefaßt, die Aussagen über die prozentuale Zusammensetzung der Portefeuilles nach Aktien sowie über Ertrag und Risiko der einzelnen Portefeuilles enthält. Im wesentlichen handelt es sich um die gleichen Angaben, wie sie in Abb. 1 für einzelne Aktien enthalten sind, nur eben diesmal für ganze Portefeuilles. Diese Aufstellung bildet die Grundlage für Anlageentscheidungen. Das ausgewählte Portefeuille hängt dann insbesondere von dem Ausmaß der Risikoaversion des Anlegers bzw. dem maximal akzeptierten Risiko ab.

Abbildung 3 veranschaulicht, daß ein Portefeuille dann effizient ist, wenn es im Sinne der Nebenbedingungen zulässig ist und darüber hinaus für einen bestimmten fest vorgegebenen Ertrag (z.B. E_1) ein kleineres Risiko (R_1) beinhaltet als alle anderen zulässigen Portefeuilles mit demselben Ertrag E_1 oder wenn es bei einem bestimmten Risiko (z.B. R_2) einen höheren erwarteten Ertrag E_2 aufweist als alle anderen zulässigen Aktienkombinationen mit R_2.

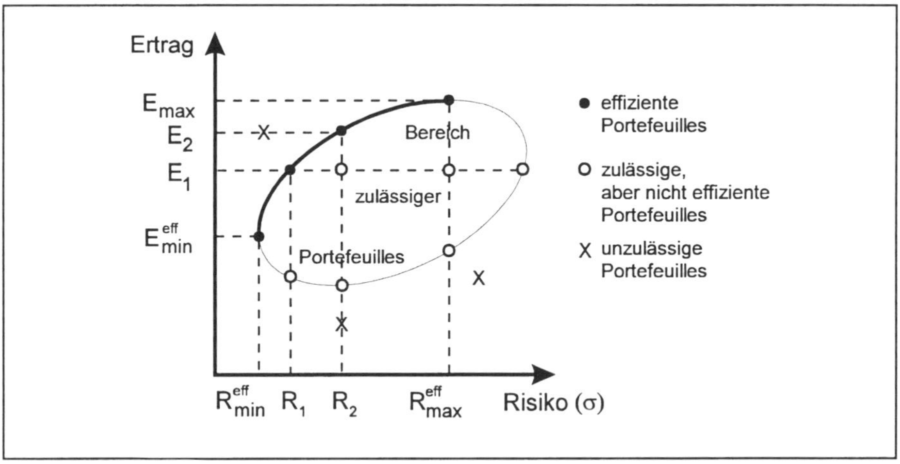

Abb. 3: Unzulässige, zulässige und effiziente Portefeuilles

Methodisch ist der Markowitz-Ansatz in Anlehnung an eine in der Betriebswirtschaftslehre gebräuchliche Terminologie stichwortartig als "praktisch-normativ" zu bezeichnen. Nach Arrow handelt es sich dabei um "advice as to rational behavior". Es geht also nicht darum, dem mit Hilfe der Modelle zu Beratenden irgendwelche Werturteile aufzudrängen, sondern es wird untersucht, wie bestimmte, in der Praxis gegebene Ziele am besten zu erreichen sind, um dem Investor eine wirksame Hilfe beim "policy-making" zu geben. Es werden also lediglich rationale Normen im Sinne von Verfahrensrichtlinien aufgestellt, um die als gegeben hingenommenen Anlageziele bestmöglich zu verwirklichen. M.a.W. die Portfoliotheorie liefert Handlungsanweisungen für eine optimale Gestaltung von Portefeuilles.

124 Das Index-Modell nach Sharpe

Wie aus der mathematischen Formulierung des Modells von Markowitz hervorgeht, ist es nicht erforderlich, die Wahrscheinlichkeitsverteilung der

Erträge aus den einzelnen Aktien explizit anzugeben, sondern es genügen die charakteristischen Größen dieser Verteilungen, nämlich die mathematische Erwartung $E(r_i)$, die Varianz c_{ii} sowie die Kovarianz c_{ik} zwischen den Erträgen aus den einzelnen Aktien. Diese Schätzungen müssen vor der Depotzusammenstellung von einem Investmentanalysten durchgeführt werden.

Dies ist bei einer nicht allzu großen Anzahl von Aktien für die Bestimmung des erwarteten Ertrages und der Varianz prinzipiell durchaus noch durchführbar. Bei der Ermittlung der Korrelation (Kovarianzen) steigt der Arbeitsaufwand jedoch ganz erheblich an. Bei N Aktien gibt es $0{,}5 \cdot N \cdot (N-1)$ Kovarianzen. Sollen beispielsweise bei einer Analyse 100 Aktien berücksichtigt werden, dann müssen bereits rund 5.000 Kovarianzen geschätzt werden (bei 2.000 Aktien rund 2 Millionen). Um diesen großen Aufwand zu umgehen, entwickelte Sharpe[12] ein Index-Modell, das jedoch teilweise auf einen Vorschlag von Markowitz[13] zurückgeht. Sharpe hat in diesem Zusammenhang also keine neue Methode zur Lösung des Problems der optimalen Depotzusammenstellung entwickelt, sondern er hat die Formulierung des Problems so vereinfacht, daß eine **näherungsweise Lösung mit erheblich geringerem Aufwand** gefunden werden kann. Im Vordergrund stand also zunächst die Aufwandsreduzierung bei der Ermittlung der Eingabeparameter für das Portfolio Selection Modell. Erwähnenswert ist, daß in diesem Kontext bereits Anfang der 1960er Jahre der sog. **Beta-Faktor** eingeführt wurde, der später in der modernen Portfoliotheorie noch eine bedeutende Rolle spielte.

Bei dem Index-Modell wird mittelbar die teilweise enge und an sich unerwünschte - da den risikomindernden Streuungseffekt verringernde (positive) - **Korrelation zwischen den Aktienkursverläufen** ausgenutzt. Grundlegend ist der Gedanke "that the returns of various securities are related only through common relationships with some basic underlying factor ... (This factor, A.d.Verf.) ... may be the level of the stock market as a whole, the Gross National Product, some price index or any other factor thought to be the most important single influence on the returns from

---

[12] W. F. Sharpe: A Simplified Model (1963). Unabhängig von Sharpe entwickelten übrigens u.a. auch J. Lintner und J. L. Treynor vergleichbare Index-Modelle. Infolge des damaligen Wissensstandes lag das Problem "in der Luft" und wurde, wie oft in der Wissenschaft, mehrfach parallel bearbeitet (vgl. Fußnote 20).

[13] H. M. Markowitz: Portfolio Selection (1959), S. 96 ff.

securities."[14] Es wird also davon ausgegangen, daß die **benötigten Inputs durch einen einzigen Basisfaktor** und den ihn mit den einzelnen Kursverläufen verbindenden Beziehungen **annähernd genau bestimmt** werden können.

Aufgrund eines als linear angenommenen Zusammenhangs zwischen dem Kurs K_i einer Aktie i und einem bestimmten Index I kann dann durch Vorausschätzung des zukünftigen Indexstandes der erwartete Kurs der Aktie bestimmt werden. Darüberhinaus läßt sich unter der Annahme einer konstanten Standardabweichung Σ_i der latenten Variablen ξ_i für den gesamten relevanten Bereich der Regressionsgeraden bei Berücksichtigung der möglichen Index-Abweichungen ξ_{IJ} auch das Gesamtrisiko für die einzelnen Aktien berechnen, z.B. in Form einer Gesamtvarianz c_{ii}. Für ξ_I wird eine Normalverteilung angenommen. Die zufälligen Abweichungen $\xi_{ij}(j=1,\ldots,n)$ von der Regressionsgeraden seien ebenfalls normalverteilt, mit $E(\xi_i)=0$ und $E(\xi_i^2)=\Sigma_i^2$. Die latenten Variablen ξ_i und ξ_k der Aktien i und k seien unkorreliert, d.h. $\operatorname{cov}(\xi_i,\xi_k)=0$ für $i \neq k$, und (wie auch ξ_I) zeitunabhängig.

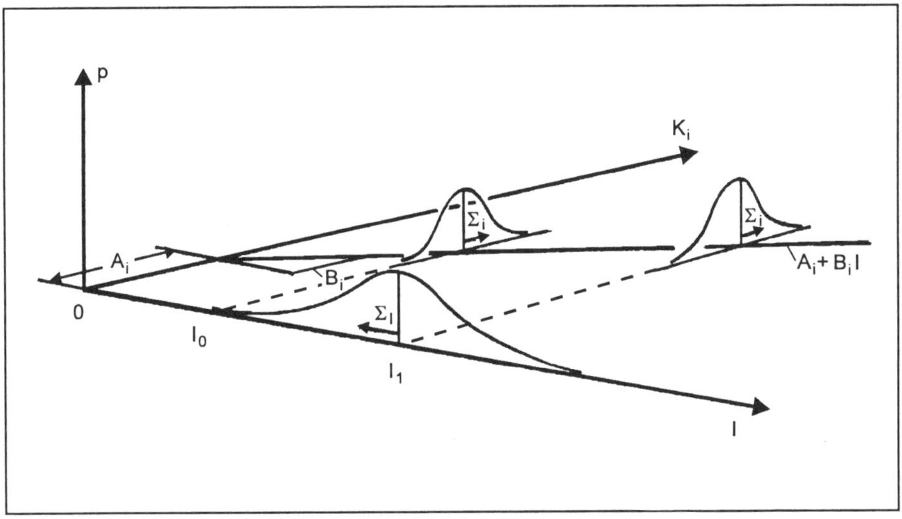

Abb. 4: Veranschaulichung der vereinfachten Datengewinnung über einen Index

14 W. F. Sharpe: A Simplified Model (1963), S. 281.

Der **Kursverlauf** einer Aktie i (i = 1, ..., N) in Abhängigkeit vom Index I ist gegeben durch die Gerade[15] (vgl. auch Abb. 5):

$$K_{it} \;=\; A_i + B_i(I_t + \xi_I) + \xi_i \qquad (10)$$

mit:

K_{it} = Kurs (absolut) der Aktie i zum Zeitpunkt t.

A_i, B_i = Konstanten, durch die die Regressionsgerade charakterisiert ist. Mit der Größe B taucht hier erstmals eine Variante des **Beta-Faktors** in der Portfoliotheorie auf.

I_t = Stand des Index (absolut) zum Zeitpunkt t (Erwartungswert).

ξ_I = Zufällige Abweichung des Index vom Erwartungswert I_t, mit $E(\xi_I{}^2) = var(I)$ bzw. $\sqrt{E(\xi_I{}^2)} = \Sigma_I$ und $E(\xi_I) = 0$.

ξ_i = Zufallsvariable mit $\sqrt{E(\xi_i{}^2)} = \Sigma_i$ und $E(\xi_i) = 0$.

Der **Kurswert** zu Beginn der Periode (Zeitpunkt t_0 = Schätzzeitpunkt) läßt sich dann ausdrücken durch:

$$K_{i0} = A_i + B_i I_0 \qquad (11)$$

wenn der Kurs der Aktie i im Zeitpunkt t_0 auf der Regressionsgeraden liegt. Andernfalls ist er um eine Größe Δ_{i0} ($-\Delta_{i0}$, falls K_{i0} unter dem entsprechenden Wert der Regressionsgeraden liegt, bzw. $+\Delta_{i0}$, falls K_{i0} über der Regressionsgeraden liegt) zu korrigieren (vgl. dazu Abb. 5):

$$K_{i0} = A_i + B_i I_0 \mp \Delta_{i0} \qquad (12)$$

Der erwartete **Ertrag** E_i (absolut) am Periodenende ergibt sich für eine bestimmte Periode aus der Differenz zwischen dem Kurswert am Ende der Periode ($K_{i,\,t=1}$) und dem Kurswert zu Beginn der Periode ($K_{i,\,t=0}$), zuzüglich einer möglicherweise während der Periode ausgezahlten Dividende D_i:

$$E_i = K_{i1} - K_{i0} + D_i \qquad (13)$$

Durch Einsetzen der Gleichungen (10) und (12) in (13) erhält man:

---

[15] Im folgenden beziehen sich die großen Buchstaben auf die absoluten Werte (z.B. bedeutet K den absoluten Kurswert in DM, E den absoluten Ertrag per Periode in DM), während sich die kleinen Buchstaben auf relativierte Größen beziehen (z.B. symbolisiert r_i den prozentualen Ertrag der Aktie i pro Periode, bezogen auf den Kurswert der Aktie i zu Beginn der Periode (Rendite). Zu den Berechnungen vgl. auch U. Hielscher: Das optimale Aktienportefeuille (1969), S. 220 ff.

$$E_i = B_i \cdot (I_1 + \xi_I) - B_i I_0 \pm \Delta_{i0} + D_i + \xi_i \tag{14}$$

Der relative (bzw. nach Multiplikation mit 100 der prozentuale) Ertrag bzw. die **Rendite** r_i bezogen auf K_{i0} beträgt für die betrachtete Periode dann:

$$r_i = \frac{E_i}{K_{i0}}$$

$$r_i = \frac{B_i}{K_{i0}} I_1 - \frac{B_i}{K_{i0}} I_0 \pm \frac{\Delta_{i0}}{K_{i0}} + \frac{D_i}{K_{i0}} + \frac{\xi_i}{K_{i0}} + \frac{B_i}{K_{i0}} \xi_I \tag{15}$$

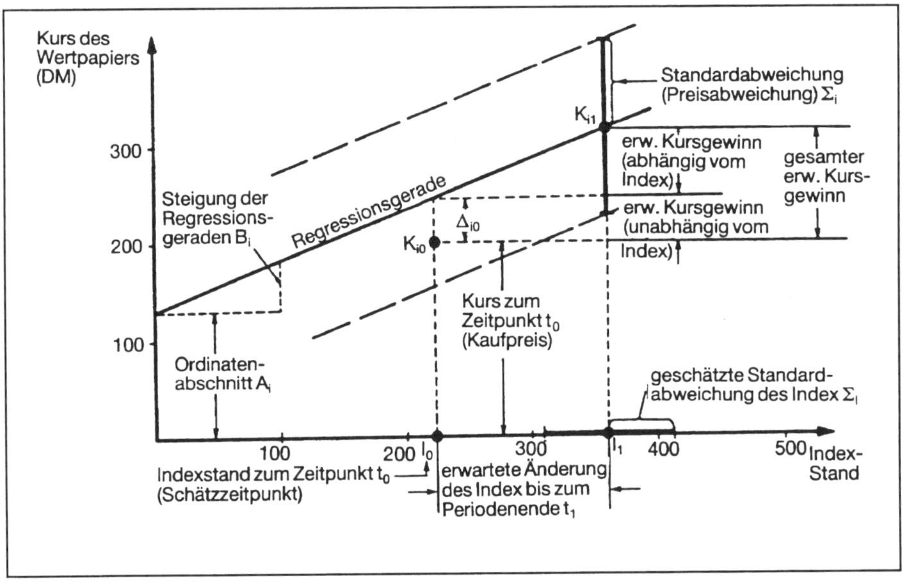

Abb. 5: Darstellung der Parameter im einfachen Index-Modell

Dividiert man Gleichung (12) durch K_{i0} dann erhält man:

$$1 = \frac{A_i}{K_{i0}} + \frac{B_i}{K_{i0}} I_0 \mp \frac{\Delta_{i0}}{K_{i0}}$$

und damit:

$$-\frac{B_i}{K_{i0}} I_0 = \frac{A_i}{K_{i0}} \mp \frac{\Delta_{i0}}{K_{i0}} - 1 \tag{16}$$

Durch Einsetzen von (16) in (15) erhält man:

$$r_i = \frac{B_i}{K_{i0}} I_1 + \frac{A_i}{K_{i0}} - \frac{K_{i0}}{K_{i0}} + \frac{D_i}{K_{i0}} + \frac{\xi_i}{K_{i0}} + \frac{B_i}{K_{i0}} \xi_I \tag{17}$$

Setzt man endgültig:

$$\alpha_i = \frac{A_i - K_{i0} + D_i}{K_{i0}}$$

$$\beta_i = \frac{B_i}{K_{i0}} \qquad \rightarrow \beta_i = \text{Beta-Faktor der Aktie Nr. i}$$

$$\varepsilon_i = \frac{\xi_i}{K_{i0}}$$

dann erhält man schließlich als relativen Ertrag (Rendite) für die Aktie i:

$$r_i = \alpha_i + \beta_i I_1 + \bar{\varepsilon}_i \qquad (18)$$

wobei:

r_i = Rendite der Aktie i für die betrachtete Periode

α_i, β_i = Konstanten (wie zuvor definiert)

$\bar{\varepsilon} = (\beta_i \xi_I + \varepsilon_i)$ = zufällige relative Abweichung der Rendite

I_1 = Stand des Index am Ende der Periode.

Die Gleichung (18) bildet den Ausgangspunkt für die gesamte weitere vereinfachte Datengewinnung. Die noch abzuleitenden Formeln (20) bis (22) haben über den vorliegenden speziellen Fall hinaus allgemeine Gültigkeit für sämtliche einfachen linearen Modelle der Portfoliotheorie. Berücksichtigt man die Prämissen:

$$\operatorname{cov}(\varepsilon_i, \varepsilon_k) = 0 \quad (i \neq k) \qquad (19a)$$

$$\operatorname{cov}(\varepsilon_I, \varepsilon_i) = 0 \qquad (19b)$$

$$E(\varepsilon_i) = 0 \qquad (19c)$$

$$E(\xi_I) = 0 \qquad (19d)$$

so folgt für den Erwartungswert von r_i **(erwartete Rendite der Aktie i)**:

$$\boxed{E(r_i) = \alpha_i + \beta_i I_1} \qquad (20)$$

Die **Gesamtvarianz** c_{ii} von r_i **der Aktie i** errechnet sich wie folgt:

$$c_{ii} = \sigma_i^{\,2} = E\left[(r_i - E(r_i))^2\right]$$

Unter Verwendung von (18), (19 a-d) und (20) wird:

$$c_{ii} = E[(\beta_i \xi_I + \varepsilon_i)^2]$$

$$c_{ii} = E\left[\beta_i^{\,2} \xi_I^{\,2} + 2\beta_i \xi_I \varepsilon_i + \varepsilon_i^{\,2}\right]$$

$$c_{ii} = \beta_i^{\,2} E(\xi_I^{\,2}) + 2\beta_i E(\xi_I) E(\varepsilon_i) + E(\varepsilon_i^{\,2})$$

$$c_{ii} = \beta_i^{\,2} \Sigma_I^2 + \sigma_{\varepsilon_i}^2$$

$$\boxed{c_{ii} = \beta_i^2 \operatorname{var}(I) + \operatorname{var}(\varepsilon_i)} \tag{21}$$

Die **Kovarianz c_{ik} zwischen den Renditen r_i und t_k der Aktien i und k** $(i \neq k)$ ist:

$$c_{ik} = E[[r_i - E(r_i)] \cdot [r_k - E(r_k)]]$$

Unter Verwendung von (18), (19 a-d) und (20) wird:

$$c_{ik} = E\left[(\beta_i \xi_I + \varepsilon_i) \cdot (\beta_k \xi_I + \varepsilon_k)\right]$$

$$c_{ik} = E\left[\beta_i \beta_k \xi_I^{\ 2} + \beta_i \xi_I \varepsilon_k + \beta_k \xi_I \varepsilon_i + \varepsilon_i \varepsilon_k\right]$$

$$c_{ik} = \beta_i \beta_k E(\xi_I^{\ 2}) + \beta_i E(\xi_I) E(\varepsilon_k) + \beta_k E(\xi_I) E(\varepsilon_i) + E(\varepsilon_i) E(\varepsilon_k)$$

$$c_{ik} = \beta_i \beta_k \Sigma_I^2 + \beta_i \cdot 0 \cdot 0 + \beta_k \cdot 0 \cdot 0 + 0 \cdot 0$$

$$\boxed{c_{ik} = \beta_i \beta_k \operatorname{var}(I)} \tag{22}$$

Die eingerahmten Formeln (20) bis (22) tauchen in der modernen Portfoliotheorie in dieser oder modifizierter Form immer wieder auf. So leitet sich die Formel $\beta_i = c_{iM} : c_{MM}$ aus Gleichung (22) ab, wenn man statt des Index k den Index M (für Markt bzw. Marktrendite) einsetzt und berücksichtigt, daß β_M grundsätzlich "1" gesetzt wird (vgl. Abschnitt 125). Eine weitere, häufiger benutzte Relation liefert den Korrelationskoeffizienten $q_{iM} = c_{iM} : (c_{ii} \cdot c_{MM})^{1/2}$. Der Korrelationskoeefizient q stellt also nichts anderes dar als eine normierte Kovarianz, für die gilt $-1 \leq q \leq +1$.

Die Abbildung 6 zeigt beispielhaft ein vom Verfasser vor ca. 30 Jahren während der Zeit der Entwicklung der Index-Modelle berechnetes empirisches Beispiel. Es handelt sich um die damalige Aktie von BBC (heute ABB). Aus der Kopfzeile der Abbildung können beispielsweise folgende grundlegende Parameter entnommen werden:

$A_i = -52{,}9$ ($\pm 5{,}4$ = Standardabweichung von A)

$B_i = 1{,}068$ ($\pm 0{,}012$ = Standardabweichung von B)

$\Sigma_i^2 = 822$ (Gesamtvarianz der Kursschätzung i)

$r_{iI} = 0{,}99$ (Korrelationskoeffizient mit dem Index)

Der Beta-Faktor von BBC war damals also rund 1,07. Sind diese Parameter für die übrigen betrachteten Aktien sowie eine Indexvorausschätzung (inkl. Σ_I) bekannt, dann lassen sich die Inputdaten für das Indexmodell unmittelbar ermitteln.

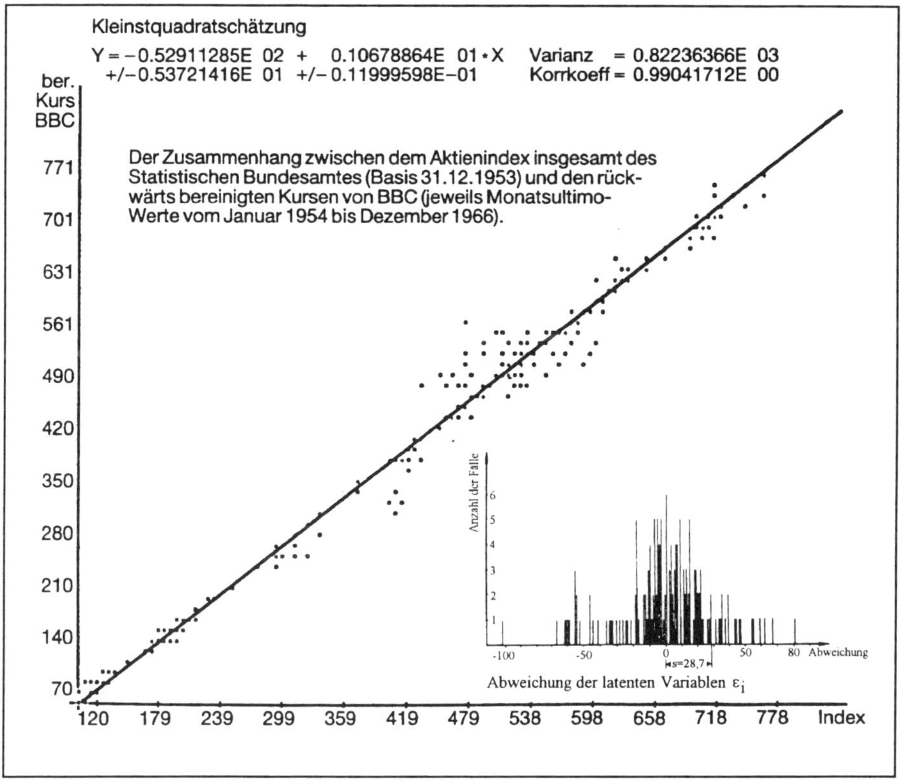

Abb. 6: Der Zusammenhang zwischen dem Aktienindex des Statistischen Bundesamtes und den Kursen von BBC vom Januar 1954 bis Dezember 1966

125 Das Markt-Modell

Das Marktmodell läßt sich durch einige zusätzliche Annahmen bzw. Standardisierungen aus dem Indexmodell ableiten. Auf den Koordinaten werden zur Standardisierung nicht mehr die absoluten Kurse und der absolute Index aufgetragen, sondern unmittelbar die **Rendite des Wertpapiers** r_i und die **Rendite des Index**, wobei letztere als **Rendite des Marktportefeuilles, d.h. als durchschnittliche Rendite des Gesamtmarktes** r_M aufgefaßt wird. Das hat den Vorteil, daß man den **Beta-Faktor** nicht mehr als $\beta_i = B_i : K_{i0}$ (vgl. Abschnitt 124), sondern **in standardisierter Form**, nämlich bezogen auf den Index, bzw. den Marktdurchschnitt angeben kann. Dazu wird die **Rendite des Marktes ex definitione gleich "eins"** gesetzt. Mit anderen Worten: Der Markt hat, gleich wie groß seine Schwankungen auch sein mögen, stets einen Beta-Faktor von eins. Durch diese standardisierte Bezugsgröße sind die Betafaktoren verschiedener Aktien nicht mehr von ihrem individuellen Kursniveau abhängig, sondern sie sind infolge der gemeinsamen Bezugsgröße "Marktdurchschnitt" (Summe aller Titel eines Marktes, jeweils gewichtet mit ihrem - wie auch immer gemessenen - Marktanteil) unmittelbar miteinander vergleichbar. Ist also die Rendite eines Investments in einem bestimmten Wertpapier bei Marktaufschwüngen z.B. stets 25 % höher als die des Gesamtmarktes und sind bei Kurseinbrüchen die Verluste ebenfalls um 25 % größer als die des Marktdurchschnitts, dann beläuft sich der Beta-Faktor des betreffenden Wertpapiers auf 1,25. Allgemein ergibt sich $\beta_i = c_{iM} : c_{MM}$. Das systematische Risiko des Wertpapiers i ist die Kovarianz zwischen der Rendite des Wertpapiers i und der Rendite des Marktportefeuilles geteilt durch die Varianz der Rendite des Marktportefeuilles.

Die Einführung einer weiteren, allerdings stark idealisierenden Annahme führt zu einem Übergang von den praktisch-normativ orientierten, individuellen Portefeuilleoptimierungsmodellen (vgl. Abschnitt 1233) zu den Marktgleichgewichtmodellen als theoretische Konzepte zur Erklärung des Anlegerverhaltens bei unsicheren Erwartungen (z.B. das Capital Asset Pricing Model (CAPM) in Abschnitt 127), in denen das erwähnte Marktportefeuille eine wichtige Rolle spielt. Es handelt sich um die Unterstellung, daß alle Marktteilnehmer über die gleichen Informationen verfügen und daraus die gleichen Erwartungen ableiten. M.a.W., die Anleger gehen bei ihren Entscheidungen durchweg von den gleichen Erwartungen bezüglich der Renditen, Varianzen und Kovarianzen aus, so daß sie bei ihren Portefeuillezusammenstellungen auch alle zu dem gleichen Ergebnis kommen. Da die individuellen Portefeuilles zwar unterschiedliche Umfänge aufweisen, ansonsten jedoch gleich strukturiert sind, müssen die individuellen Portefeuilles im Marktgleichgewicht mit dem Marktportefeuille übereinstimmen - andernfalls würden nicht alle auf dem Markt vorhandenen Wertpapiere in die Anlegerportefeuilles aufgenommen, d.h. die Märkte geräumt. Im Marktgleichgewicht stimmt also die optimale Kombination riskanter Wertpapiere für jeden Anleger mit dem Marktportefeuille überein (vgl. auch Abschnitt 127).

Nach dem Marktmodell können die **historischen Renditen** r_i einzelner Wertpapiere bzw. eines Portefeuilles, sieht man von der "Eigenbewegung" ε_i (vgl. Gleichung 18) ab, ausschließlich über die Rendite r_M des Marktportefeuilles erklärt werden, während die Schätzung der **künftigen (erwarteten) Rendite** eines Wertpapiers $E(r_i)$, analog zu Gleichung (20), über die erwartete Marktrendite $E(r_M)$ zu erfolgen hat:

$$r_i = \alpha_i + \beta_i r_M + \varepsilon_i \qquad (23)$$

$$E(r_i) = \alpha_i + \beta_i E(r_M) \qquad (24)$$

Führt man die Regressionsrechnungen mit Renditen durch, so laufen die **empirisch** gefundenen Regressionsgeraden im allgemeinen nur mit geringen Abweichungen durch den Nullpunkt des Koordinatensystems, was nichts anderes bedeutet, als daß sich auch die α-Werte nur geringfügig von Null unterscheiden und der Alpha-Wert eines breit gestreuten Portefeuilles gegen Null strebt. Näherungsweise kann man deshalb schreiben:

$$E(r_i) = \beta_i \cdot E(r_M) \qquad (25)$$

Die **Rendite eines Portefeuilles** setzt sich aus **zwei Komponenten** zusammen, nämlich der **marktbezogenen systematischen** und der **unternehmensspezifischen unsystematischen** Komponente. Daher entspricht das gesamte **Risiko** - das ja als **Ertragsabweichung** definiert ist - den Abweichungen bzw. Schwankungen beider Teilkomponenten (vgl. dazu die Bestimmungsgleichung von $\bar{\varepsilon}$ bei den Erläuterungen zu Gleichung (18)). Da jedoch bei einem **effizient** gestreuten Portefeuille die nicht marktbezogene (unsystematische) Komponente wegdiversifiziert ist, verbleibt in diesem Fall als Portefeuillerisiko σ_p die Standardabweichung des Marktertrages multipliziert mit dem Beta-Faktor des Portefeuilles:

$$\sigma_P = \beta_P \cdot \sigma_M \qquad (26a)$$

wobei: $$\beta_P = \sum_{i=1}^{N} x_i \beta_i$$

Gegenüber der Schreibweise von Abschnitt 124 (vgl. auch Abb. 4 und 5) ist hier das dortige (große Sigma) $\Sigma_{I(ndex)}$ durch ein (kleines Sigma) $\sigma_{M(arkt)}$ ersetzt. Der erwartete Ertrag eines wohldiversifizierten Portefeuilles lautet entsprechend zu Gleichung (25):

$$E(r_P) = \beta_P \cdot E(r_M) \quad (26b)$$

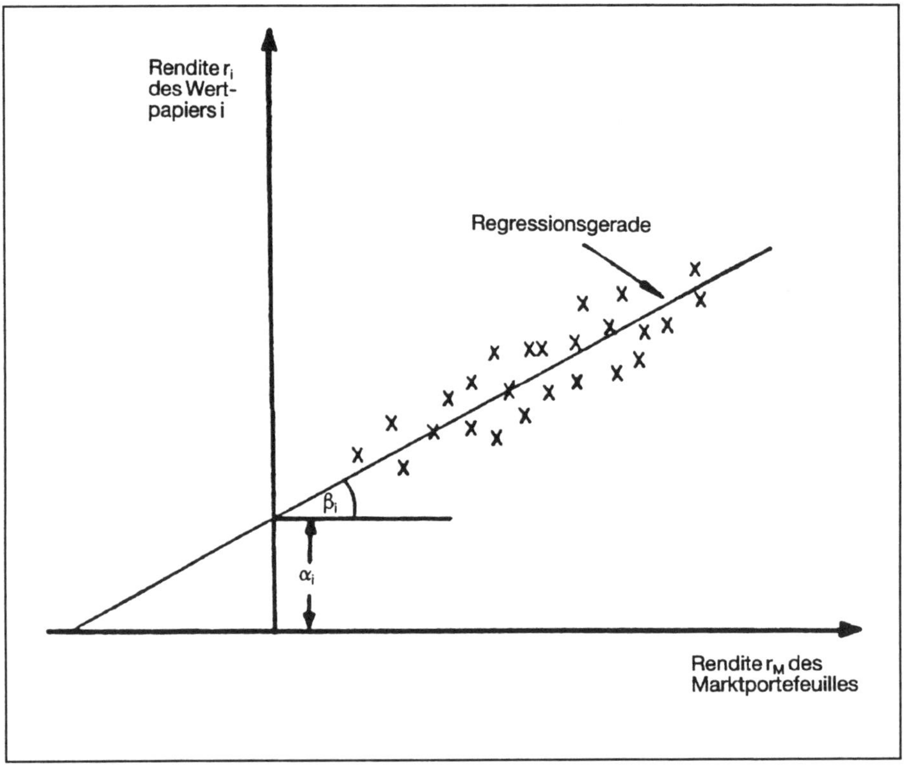

Abb. 7: Der Regressionsansatz des Marktmodells

Die Grundidee des Faktoren-Konzepts ist übrigens keineswegs auf eine isolierte Anwendung von Beta-Faktoren bei der Aktienanalyse beschränkt. Vielmehr handelt es sich hierbei lediglich um eine spezielle Ausprägung eines **allgemeineren Faktormodell-Konzepts**, das u.a. seine Parallelen bei festverzinslichen Wertpapieren in Form der "Duration" (D) oder bei Optionsscheinen in Form des sog. "Hebels" (H) findet. Sowohl der Beta-Faktor als auch D und H stellen genaugenommen nichts anderes als **Sensitivitäts- bzw. Volatilitätsmaße** dar:

Preisänderung (Ertrag) einer Aktie	=	β · Indexänderung
Kurswertänderung (Ertrag) einer Anleihe	=	– D · Zinsniveauänderung
Preisänderung (Ertrag) eines Optionsscheins	=	H · Preisänderung des veroptierten Assets
oder allgemein:		
Wertänderung (Ertrag) einer Anlage	=	F(aktor) · Bezugsgrößenänderung

Die sich ändernde Bezugsgröße ist in der Regel eine Marktgröße.

Basierend auf dem skizzierten Kenntnisstand wandte man sich ab Mitte der 1960er Jahre u.a. dem Problem der **Performance-Messung für Investmentfonds** zu. Die Ergebnisse waren vor allem für die damals häufig aggressiv operierenden amerikanischen Fonds ernüchternd.[16] Es stellte sich nämlich heraus, daß es praktisch **keinem Fonds** gelang, **risikobereinigt nachhaltig eine bessere Wertentwicklung zu erreichen als der Index**. Dieses Ergebnis gab den Anstoß zu weiteren Forschungen, wobei man insbesondere nach **theoretischen Erklärungen** für die eigentlich unerwarteten Resultate suchte. In diesem Rahmen kristallisierten sich neben einer gewissen **Renaissance der Random Walk-Hypothese** (vgl. Abschnitt 128) insbesondere die **Efficient Market Theory** und das **Capital Asset Pricing Model** (Abschnitt 127) heraus. Zunächst seien einige Resultate aus dem Bereich der Performance-Messung vorgestellt, die einen beträchtlichen Einfluß auf die Entwicklung der modernen Portfolio-Theorie ausübten.

126 Performancemessung

Die Marktrendite ist Schwankungen unterworfen. Diese Schwankungen, d.h. die durchschnittlichen Gewinn- oder Verlustmöglichkeiten werden als Basis der Risikobetrachtungen bei der Performance-Messung verwendet, so daß der **Index definitionsgemäß ein "Risiko" = 1** hat: das systematische Gesamtmarktrisiko wird als ex definitione gleich eins gesetzt.[17]

---

16 Hervorzuhebende frühe Veröffentlichungen stammen von J. L. Treynor: How to Rate Management of Investment-Funds (1965); W. F. Sharpe: Mutual Fund Performance (1966).

17 U. Hielscher / H. Heintzelmann: BETA-Faktoren (1975), S. 14/15.

Will man die tatsächliche Leistung eines Fondsmanagements messen, so genügt es allerdings nicht, allein die relative Entwicklung des bestimmten Depots mit dem Marktdurchschnitt zu vergleichen. Es ist vielmehr notwendig, auch die Erträge zu berücksichtigen, die man mit einer **risikolosen Anlage** hätte erzielen können (z.B. Schatzwechsel, Festgeld). Eine echte Leistungsbeurteilung ist also erst dann möglich, wenn man nicht nur das eingegangene Risiko berücksichtigt, sondem auch die Erträge, die man ohne jedes Risiko, d.h. ohne Eingehung jeglicher Verlustgefahren hätte erzielen können. Die Ausgangsgrößen für die Leistungsvergleiche von Portefeuilles, nämlich die Portefeuillerendite r_P und die Marktrendite r_M, sind daher jeweils um den "sicheren" Ertrag r_F zu bereinigen, d.h. zu reduzieren. Damit nimmt die alte Gleichung (26b) für hochdiversifizierte Portefeuilles (in vereinfachter Schreibweise)

$$r_P = \beta_P \cdot r_M$$

folgende Form an:

$$(r_P - r_F) = \beta_P (r_M - r_F) \tag{27}$$

oder nach Umformung:

$$r_P = r_F + \beta_P (r_M - r_F) \tag{28}$$

Die Gleichung (28) stellt im Grunde nichts anderes als die Hypothese auf, daß der erwartete Ertrag eines risikobehafteten Portefeuilles die risikolose Ertragsrate um einen Betrag übersteigt, der proportional zum β-Faktor (systematisches Risiko) ist. Die Differenz $(r_P - r_F)$ in Gleichung (27) stellt die **Risikoprämie** (RP) dafür dar, daß der Anleger statt der risikofreien Anlage das risikobehaftete Portefeuille hält, die Differenz $(r_M - r_F)$ die Risikoprämie für alle Marktteilnehmer, d.h. für den Gesamtmarkt. Damit kann man auch schreiben:

$$RP_P = \beta_P \cdot RP_M \tag{29}$$

D.h. die Risikoprämie RP_P ist um den Faktor β_P des gehaltenen Portefeuilles größer (oder kleiner) als diejenige des Gesamtmarktes.

Würde die Gleichung (27) und natürlich auch (28) für alle Aktien des beobachteten Gesamtmarktes zu jeder Zeit exakt gelten, so befände sich der Markt stets im Gleichgewicht und es wären risikobereinigt keinerlei außergewöhnliche Gewinne erzielbar. In der Realität ist dieser Zustand jedoch keineswegs immer gegeben. Um Ertragsdifferenzen, die aus Ungleichgewichten resultieren, zu erfassen, kann man die Gleichung (27) um eine Maßgröße Delta (δ = "differential return") für das Ungleichgewicht erweitern. Da sich in der Literatur eingebürgert hat, für den **Differential Return** statt δ das Symbol α zu verwenden, schließen sich die folgenden Ausführungen dieser Konvention an. Damit ergibt sich:

$$r_P - r_F = \alpha_P + \beta_P (r_M - r_F) \tag{30}$$

oder:

$$RP_P = \alpha_P + \beta_P RP_M \tag{31}$$

Erweist sich α_P bei der Performancemessung größer als Null, so fällt der Portefeuilleertrag höher aus als unter der Gleichgewichtsannahme zu erwarten gewesen wäre, so daß vom Portefeuillemanagement im Beobachtungszeitraum offensichtlich im Durchschnitt erfolgreich "unterbewertete" Papiere berücksichtigt wurden und vice versa. Eine einfache **Meßmethode für den Managementerfolg** stellt daher die Berechnung der **Vergleichsgröße** α_P **(Methode nach Jensen)** dar. Denn je größer sich α_P nachträglich erweist, desto besser war die Fähigkeit des Managements, Marktungleichgewichte zu erkennen und auszunutzen:

$$\boxed{\alpha_P = (r_P - r_F) - \beta_P (r_M - r_F) = RP_P - \beta_P RP_M} \tag{32}$$

Ein weiteres Risikomaß ist die sog. **Reward-to-Volatility-Ratio nach Treynor** (T_P), welche die Portefeuille-Risikoprämie RP_P pro Einheit des eingegangenen Risikos, bezogen also auf den Beta-Faktor β_P, angibt:

$$\boxed{T_P = \frac{r_P - r_F}{\beta_P}} \tag{33}$$

Im Prinzip beinhaltet das Treynor-Maß lediglich eine Normierung des Jensen-Maßes auf die zugrundeliegende Risikoeinheit. Dividiert man nämlich Gleichung (30) durch β_P so ergibt sich:

$$\frac{r_P - r_F}{\beta_P} = (r_M - r_F) + \frac{\alpha_P}{\beta_P} = T_P$$

Das Treynor-Maß T_P, d.h. die Portefeuille-Risikoprämie pro Einheit des eingegangenen Risikos, ist die durchschnittliche Risikoprämie des Marktes zuzüglich des "differential return" (nach Jensen) pro Einheit des eingegangenen Risikos. Ein überdurchschnittlich erfolgreiches Management müßte demnach ein T_P aufweisen, das um α_P/β_P über der durchschnittlichen Marktrisikoprämie liegt. Vergleichend läßt sich festhalten: Jensen liefert einen Ausdruck für die erzielte außerordentliche Rendite, der das Risiko allerdings nur implizit berücksichtigt. Das Aufstellen von Rangfolgen ist daher eigentlich nur für Portefeuilles mit gleichen Beta korrekt. Das Treynor-Maß beseitigt durch die Normierung des Jensen-Maßes diesen Mangel.

Vom theoretischen Ansatz her sind die am Beta-Faktor orientierten Konzepte von Jensen und Treynor allerdings nur auf perfekt diversifizierte Portefeuilles anwendbar, da Beta-Faktoren lediglich das marktorientierte systematische Risiko erfassen. Das gesamte Risiko beinhaltet jedoch zusätzlich auch das unsystematische (wertpapierbezogene bzw. unternehmensindividuelle) Risiko, das eben nur bei voll diversifizierten Portefeuilles durch Streuen eliminiert ist (Vgl. Abschnitt 1232). Vor Anwendung der Risiko-Maße ist also stets der Diversifikationsgrad der in Frage stehenden Portefeuilles zu prüfen. Bei festverzinslichen Wertpapieren ist darüberhinausgehend der Beta-Faktor als Risikomaß u.a. infolge der im Zeitablauf automatischen Laufzeitverkürzung von Anleihen problematisch, so daß z.T. andere Risikoerfassungskonzepte, z.B. mit Hilfe der rentenspezifischen Kennzahlen Duration und Convexity (vgl. Abschnitt 1151), Anwendung finden.

Ein allgemeiner formuliertes Performancemaß stellt die **Reward-to-Variability-Ratio nach Sharpe (S_P)** dar. Im Unterschied zu Treynor verwendet Sharpe in seinem Performancemaß zur Normierung statt des relativen Risikomaßes "Beta-Faktor" das gesamte absolute Portefeuillerisiko im Form der Standardabweichung der Portefeuille-Renditen σ_P:

$$S_P = \frac{r_P - r_F}{\sigma_P} \qquad (34)$$

Das Sharpe-Verfahren hat den Vorzug, daß es nicht die Kenntnis eines Marktportefeuilles voraussetzt. Infolge der Verwendung der Gesamt-Variabilität σ_P treten Probleme, die mit der Auswahl einer Benchmark (generelle Indexproblematik, Kurs- oder Performanceindex usw.) verbunden sind, nicht auf. Andererseits schlagen Schwankungen des Gesamtmarktes voll auf das Sharpe-Maß durch. Dadurch werden Performance-Vergleiche in verschiedenen Beobachtungsperioden sehr erschwert, da nicht zu entscheiden ist, ob unterschiedliche Ergebnisse in der Standardabweichung als Veränderung unternehmensindividueller Risiken zu werten sind oder ob Teile der Veränderung aufgrund von Gesamtmarktschwankungen erfolgten.

Das Treynor-Maß und das Sharpe-Maß liefern nur dann identische Rangfolgen, wenn wohldiversifizierte Portefeuilles vorliegen, da dann die Gesamtvarianz eines Portefeuilles mit seiner systematischen Varianz übereinstimmt. Bei unvollkommen diversifizierten Portefeuilles hingegen kann das T-Ranking von S-Ranking durchaus abweichen.[18]

127 Das Capital Asset Pricing Model (CAPM) und die Arbitrage Pricing Theory (APT)

Zur Erklärung der Tatsache, daß ein nachhaltig signifikanter, positiver "differential return" α_P (nach Jensen) für Investmentfonds empirisch nicht nachweisbar war, wurde das Modell des effizienten Marktes herangezogen ("efficient market theory"). Setzt man dementsprechend in die Gleichung (31) für $\alpha_P = 0$ ein, dann nimmt sie wieder die Form von Gleichung (29) an:

$$RP_P = \beta_P \cdot RP_M \tag{29}$$

Diese Gleichung (29) ist die einfachste Formulierung des CAPM, das von Sharpe, Lintner und Mossin Mitte der 1960er Jahre entwickelt wurde.[19] Das CAPM, mit dessen Hilfe auch das Verhalten der Kapitalmarktteilnehmer erklärt werden sollte, besagt, je höher das Risiko eines Portefeuilles ist, desto höher muß zur Kompensation der erwartete Ertrag dieses Portefeuilles

18 Im Lauf der Zeit entstanden auf Basis der vorstehenden Konzepte mehr Meßansätze, u.a. von Fama (1972), der die Gleichgewichtsrendite in weitere Komponenten (Netto-Selektion, Diversifikation und Risiko) aufzuteilen suchte. Andere Autoren versuchten, die Methoden der Performance-Messung im Sinne des Mehrkomponentenansatzes von Fama weiter zu entwickeln, wobei vor allem die Differenzierung der Fähigkeiten des Portefeuillemanagers zum zeitlichen Vorhersehen von Marktschwankungen (Market-Timing) und/oder zum Stock-Picking (Selektion) im Vordergrund standen (z.B. Merton (1981), Bhattacharya / Pfleiderer (1983) und Moses / Cheyney / Veit (1987)). Einer breiteren Anwendung stand wohl bisher die Komplexität der Lösungsansätze entgegen.

19 W. F. Sharpe: Capital Asset Prices (1964); J. Lintner: The Valuation of Risky Assets (1965); J. Mossin: Equilibrium in a Capital Asset Market (1966). Es ist das Verdienst von Fama und Stone, die Äquivalenz der Ansätze von Sharpe, Lintner und Mossin nachgewiesen zu haben. E. F. Fama: Risk, Return and Equilibrium (1968); B. K. Stone: Risk, Return and Equilibrium (1970). Auf eine grundlegende Veröffentlichung von Fama geht im Wesentlichen auch das Konzept der "efficient market theory" zurück. Vgl. dazu E. F. Fama: Efficient Capital Markets (1970). Siehe auch U. Hielscher / H. Heintzelmann: BETA-Faktoren (1975), S. 15.

sein. Dies ist aber nur dann (ohne daß α_P von Null abweicht) möglich, wenn **alle Marktteilnehmer** gleich gut informiert sind, d.h. wenn sie über die gleichen Informationen verfügen, darauf aufbauend **gleiche Erwartungen hegen und dementsprechend handeln**, m.a.W. wenn sich eine Art **Gemeinschaftsmeinung** akzentuiert (vgl. auch Abschnitt 125).

Um aus den unterschiedlichen persönlichen Verhältnissen resultierende unüberschaubare Verzerrungen auszuschließen, wird (abweichend von der Realität, siehe auch Fußnote 18) weiterhin davon ausgegangen, daß keinerlei Kosten für die Informationsbeschaffung, keine Transaktionskosten und keine die Verhältnisse verzerrenden Steuern anfallen. Unter diesen Prämissen sind dann **alle verfügbaren Informationen stets vollständig in den Kursen reflektiert, so daß es keine erkennbaren Über- oder Unterbewertungen gibt (= informationseffizienter Markt).** Vollständig reflektiert bedeutet allerdings auch, daß tatsächlich neue Informationen Kursänderungen verursachen, die in diesem Sinne unvorhersehbar sind und damit "zufälligen" Charakter haben – ein Gedanke, der sich in der Random Walk-Hypothese z.T. bis zur extremen Konsequenz gesteigert wiederfindet (vgl. Abschnitt 128).

Da alle verfügbaren Informationen vollständig berücksichtigt sind, repräsentiert der Index (bzw. genauer das Marktportefeuille) zugleich die herrschende Meinung bezüglich des optimalen Portefeuilles. D.h., das Marktportefeuille, repräsentiert durch einen Index ist das effizienteste (= dominante) aller möglichen Portefeuilles. Definitionsgemäß weist dieses Index-Portefeuille einen Beta-Faktor von 1 auf. Obwohl kleinere Portefeuilles oder gar einzelne Aktien bei gleicher Renditeerwartung auch einen Beta-Faktor von 1 haben können, sind sie gegenüber dem Index-Portefeuille insoweit im Nachteil, als sie wegen des geringeren Streuungsgrades ein unsystematisches (zusätzliches) Risiko größer Null aufweisen. Lediglich das Markt-Portefeuille beinhaltet ausschließlich das systematische und keinerlei unsystematisches Risiko.

Ein rational handelnder, risikoscheuer Investor wird unter diesen Umständen natürlich stets bestrebt sein, ein Marktportefeuille zumindest anzustreben. Für eine risikofreie Geldanlage gibt es keine höhere Rendite als r_F und gegenüber dem Marktportefeuille mit der Marktrendite r_M existiert unter Ertrag-Risiko-Aspekten keine bessere Rendite als gerade r_M. Wird ein **Risiko (ß-Faktor) zwischen 0 und 1** angestrebt, so läßt sich das am besten durch eine **Kombination der risikofreien Anlage mit dem**

Marktportefeuille erreichen. Da es sich dabei um die **lineare Kombination** der beiden bestmöglichen Extremwerte handelt, sind die aus ihnen gebildeten und somit zwischen ß = 0 und ß = 1 auf der **Wertpapiermarktlinie**[20] liegenden Portefeuilles allen anderen im Hinblick auf die Ertrag-Risiko-Relation ebenfalls überlegen (= dominante Kombination). Genau das besagt übrigens auch Gleichung (28):

$$\boxed{r_P = r_F + \beta_P \cdot (r_M - r_F)} \quad \Rightarrow \text{CAPM}$$

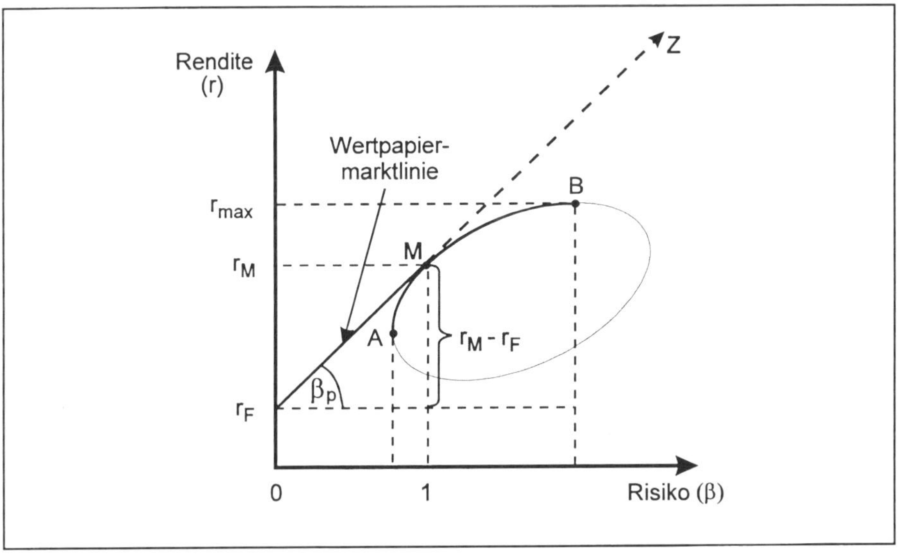

Abb. 8: Grafische Veranschaulichung des CAPM und der Wertpapiermarktlinie

Das CAPM macht auch eine Aussage, wie einzelne Wertpapiere in dem unterstellten Marktgleichgewicht bewertet werden. Im Marktgleichgewicht ist die Steigung der Wertpapiermarktlinie gerade gleich der Steigung der gekrümmten, dick durchgezogenen Effizienzkurve AB nach Markowitz im Tangentialpunkt M (vgl. Abb. 8):

---

20 Ähnlich wie der Begriff Kapitalmarktlinie (μ-σ-Analyse) ist auch der Begriff Wertpapiermarktlinie (μ - β -Analyse) (vgl. u.a. M. Steiner / Chr. Bruns: Wertpapiermanagement (1994), S. 16-22) nicht besonders glücklich gewählt, da z.B. für alle Anleihen, die getilgt werden, infolge der im Zeitablauf automatisch erfolgenden Laufzeitverkürzung der Betafaktor im Vergleich zur Duration ein weniger geeignetes Risikomaß darstellt (vgl. Abschnitt 1151). Treffender wäre wohl die Bezeichnung Aktienmarktlinie, zumal die Beispiele und Tests sich überwiegend auf den Aktienmarkt beziehen.

$$\frac{r_M - r_F}{\beta_M} = \frac{r_M - r_F}{1} = r_M - r_F$$

Verändert man im Marktportefeuille den Anteil des Papiers i um eine kleine Größe x, dann entsteht ein Portefeuille, das aus einem Anteil x des Papiers i und einem Anteil (1–x) des Marktportfeuilles besteht, wobei in letzterem nach wie vor das Papier i mit einem bestimmten Anteil enthalten ist. In Abhängigkeit von x ändern sich zugleich Rendite und Betafaktor des Portefeuilles. Die erwartete Rendite lautet:

$$r_P = x\, r_i + (1 - x)\, r_M = r_M + x\, r_i - x\, r_M$$

und der Betafaktor:

$$\beta_P = x\, \beta_i + (1 - x)\, \beta_M = 1 + x\, \beta_i - x$$

Der Ausdruck $(dr_P / dx):(d\beta_P / dx)$ gibt die Steigung der Kurve AB im Punkt M an. Er drückt zugleich das Austauschverhältnis zwischen Rendite und Risiko aus, wenn das Marktportfeuille durch sehr kleine (im Grenzfall marginale) Variationen des Anteils eines beliebigen Papiers i geändert wird:

$$\frac{dr_P / dx}{d\beta_P / dx} = \frac{d(r_M + x\, r_i - x\, r_M) / dx}{d(1 + x\, \beta_i - x) / dx} = \frac{r_i - r_M}{\beta_i - 1}$$

Da die Steigung der Wertpapiermarktlinie und die Steigung der Kurve AB im Punkt M gleich sind, gilt:

$$r_M - r_F = \frac{r_i - r_M}{\beta_i - 1}$$

oder:

$$\boxed{r_i = r_F + \beta_i (r_M - r_F)} \qquad (35)$$

Nach dem CAPM wird also **für die Übernahme unsystematischen Risikos bei *einzelnen* Papieren keine Risikoprämie gezahlt**, da sich das unsystematische Risiko durch Diversifikation beseitigen läßt. M.a.W. das Modell macht eine Aussage darüber, wie die Bewertung riskanter Anlagen von allen Anlegern erfolgen muß, damit sich das modellgemäß unterstellte Marktgleichgewicht einstellt.

Das im Sinne des CAPM optimale Portefeuille für einen risikoscheuen Anleger ist also **eine Linearkombination aus der risikofreien Anlage und dem Marktportefeuille**. Denn bei dem Marktportefeuille ist als einzigem das gesamte unsystematische Risiko wegdiversifiziert. Wie aus Abb. 8

unmittelbar zu entnehmen ist, dominieren die auf der Wertpapiermarktlinie liegenden Kombinationen von Marktportfolio und risikofreier Anlage alle anderen Linearkombinationen von effizienten Portfeuilles der Kurve AB und der risikofreien Anlage. Je nach der Höhe seiner Risikoaversion wird der Investor einen hohen bzw. niedrigen Anteil an der risikolosen Anlage halten. **Wird unter Inkaufnahme eines überdurchschnittlichen Risikos ein Ertrag über dem Marktdurchschnitt angestrebt,** so ist dies möglich, wenn statt der risikofreien Anlage ein **Kredit zum Zinssatz der risikofreien Anlage** aufgenommen wird, was nach den Prämissen des CAPM möglich ist. Der gesamte Kredit ist dann zusätzlich **in das Marktportefeuille zu investieren,** so daß man sich aufgrund des "leverage effect" in der Abbildung 8 mit zunehmender Verschuldung auf dem dick gestrichelten Teil der Wertpapiermarktlinie in Richtung Z bewegt.

Beim CAPM dient als Risikomaß der Beta-Faktor und nicht, wie bei Markowitz, die Standardabweichung. Die Aussagen des CAPM gelten deshalb streng genommen nur für Portefeuilles, bei denen das gesamte unsystematische Risiko bereits wegdiversifiziert ist. **Gegenüber** dem ihm nahe verwandten **Marktmodell** weist das CAPM den Vorzug auf, daß es bei Renditeschätzungen **unverzerrte Ergebnisse** liefert. Dies läßt sich leicht zeigen, wenn man von der heute allgemein akzeptierten Tatsache ausgeht, daß sich die Rendite einer riskanten Anlage aus zwei Komponenten zusammensetzt, nämlich aus der Rendite einer risikolosen Anlage r_F zuzüglich einer Risikoprämie RP. Für die am Gesamtmarkt zu erzielende Rendite r_M bedeutet dies, daß (in vereinfachter Schreibweise)

$$r_M = r_F + RP_M \tag{36}$$

sein muß. Nach dem Marktmodell ergäbe die Renditeschätzung für ein Portefeuille gemäß Gleichung (26b):

$$r_P = \beta_P \cdot r_M = \beta_P(r_F + RP_M) = \beta_P\, r_F + \beta_P\, RP_M$$

D.h. man erhielte nicht nur das ß-fache der Risikoprämie, sondern zusätzlich auch das ß-fache der risikolosen Verzinsung, was jedoch kein sinnvolles Ergebnis ist, denn auf eine sichere (risikolose) Anlage gibt es keine risikobedingten Zu- oder Abschläge. Die Renditeschätzung gemäß dem CAPM hingegen liefert ein sinnvolles, weil unverzerrtes Resultat:

$$r_P = r_F + \beta_P(r_M - r_F) = r_F + \beta_P\, RP_M$$

Man erhält die risikofreie Rendite (ohne Zu- oder Abschläge), zuzüglich das β-fache der marktmäßigen Risikoprämie für den risikobehafteten Teil der Anlage. Das **CAPM** unterscheidet sich von dem Marktmodell also insbesondere durch die **zutreffende Behandlung der risikofreien Rendite**.

Das CAPM und das am Ende des Abschnittes 125 angesprochene allgemeinere Faktormodell-Konzept einerseits und die sog. **Arbitrage-Pricing-Theorie** (APT) andererseits, die als alternatives Bewertungsmodell zum CAPM entwickelt wurde, erweisen sich bei genauer Betrachtung durchaus als verwandt. Nach der APT leitet sich die Risikoprämie eines Portefeuilles (RP_P) allerdings nicht nur aus der Risikoprämie gegenüber dem Marktportefeuille ab, sondern setzt sich aus den Prämien für mehrere (Einfluß-)Faktor-Risiken (RP_i) zusammen.[21] Diese werden durch Arbitrageprozesse in einen arbitragefreien Zustand (= Marktgleichgewicht) gebracht. "Unterbewertete" Assets werden solange nachgefragt und "überbewertete" Assets solange verkauft, bis sich die "Fehlbewertungen", die ursprünglich etwa aus zu hohen oder zu niedrigen geforderten und bezahlten Risikoprämien resultierten, ausgeglichen und sich somit "faire" (Gleichgewichts-) Preise eingestellt haben.[22] Es gilt also analog zu (29)

---

21 Ein-Faktormodelle basieren im Prinzip auf der einfachen linearen Regressionsrechnung. Diese reinen Risk-Return-Modelle erbrachten trotz umfangreicher und intensiver Anstrengungen um Detailverbesserungen (s. z.B. B. Rudolph: Zur Theorie des Kapitalmarktes (1979), insbes. S. 1049 ff.) letztlich nicht den ursprünglich erhofften "großen" Durchbruch, was angesichts der z.T. realitätsfernen Annahmen eigentlich nicht überraschend sein konnte. M.a.W., der Erklärungsgehalt der Gleichgewichtsmodelle der modernen Kapitalmarkttheorie als einer Theorie zur Erklärung des Anlegerverhaltens bei unsicheren Erwartungen ist hinsichtlich des realen Kapitalmarktgeschehens nach wie vor unbefriedigend. Mit dem CAPM ist z.B. nicht einmal andeutungsweise der unterschiedliche Streubesitz bzw. der Anteil von Großaktionären bei verschiedenen Gesellschaften zu erklären. Weitergehende Überlegungen zielen deshalb auf Mehr-Faktoren-Modelle ab. Prinzipiell beinhaltet die Idee eines multiplen Faktormodells allerdings auch keinen originär neuen Gedanken. Sie bedeutet letztlich nur eine Ausweitung der einfachen Regressionsrechnung auf die in der Statistik schon lange verwendete Grundidee der multiplen Regressionsrechnung. Die kapitalmarkttheoretischen Grundlagen für Mehr-Faktoren-Modelle der Arbitrage-Pricing-Theory lieferten einige Arbeiten von Ross und Roll aus der zweiten Hälfte der 1970er Jahre: S. A. Ross: The Arbitrage Theory of Capital Asset Pricing (1976); S. A. Ross: A Simple Approach to the Valuation of Risky Streams (1978); S. A. Ross: The Current Status of the Capital Asset Pricing Model (1978); R. Roll: A Critique of the Asset Pricing Theory's Tests (1977). Zu einem frühen Faktorenmodell vgl. z.B. auch U. Hielscher: Börsen (1980 und 1988), S. 857 bzw. S. 1049-1052. Analoge Gedanken von Faktorverknüpfungen tauchten im Rahmen der Portfolio-Theorie übrigens schon frühzeitig bei umfassenden Multi-Index-Modellen auf. Vgl. z.B. IBM Portfolio Selection Program No. 7090-F1-03X (1962), insbesondere S. 22 (siehe auch Abschnitt 1292).

22 Arbitrageprozesse sind sinnvoll, wenn ein Investor durch Umstrukturierung seines Portefeuilles erreichen kann, daß er für das revidierte Portefeuille bei gleichen Risiken und gleich hohen erwarteten Rückflüssen weniger investieren muß als für das ursprüngliche Portefeuille oder wenn er bei gleichem Gesamtrisiko und Einsatz eine Zusatzrendite erwarten kann. Marktpreise sind kennzeichnend für ein System von Preisen

$$RP_P = \sum_{i=1}^{n} \beta_i \cdot RP_i \tag{37}$$

Die Beta-Faktoren (β_i, i= 1, ..., n) drücken auch hier die Sensitivität der Portefeuille-Risikoprämie (RP_P) gegenüber den risikobehafteten (Einfluß-) Faktoren F_i aus, für die vom Markt jeweils eine spezifische Risikoprämie RP_i gewährt wird. Damit wird die Portefeuillerendite (mit Berücksichtigung der Gewichtung x_i gemäß Investmentanteil):

$$r_P = r_F + \sum_{i=1}^{n} \beta_i \cdot RP_i \cdot x_i \tag{38}$$

In der APT wird also unterstellt, daß die Portefeuillerenditen r_P prinzipiell durch ein n-Faktoren-Modell wie folgt beschrieben werden können.

$$\boxed{r_P = \beta_0 + \beta_1 F_1 + \beta_2 F_2 + ... + \beta_n F_n + \varepsilon_P} \quad \Rightarrow \text{APT}$$

Im Unterschied zum CAPM, das als (einzigen) Einflußfaktor die Marktrendite bzw. die Marktrisikoprämie und damit einen einzigen Beta-Faktor betrachtet, unterstellt die APT zwar mehrere Faktoren F_i, ohne diese jedoch aus einem allgemeineren theoretischen Konzept ableiten zu können. Ihre Anzahl oder ihre ökonomische Bedeutung bleiben somit zunächst unspezifiert. Vor der Schätzung der β_i eines Faktormodells ist deshalb festzulegen, welche Faktoren sinnvollerweise in das Modell eingehen sollten, m.a.W. es ist eine Hauptkomponentenanalyse erforderlich. Aus der Natur der Sache erweisen sich dabei solche Modelle als besonders problematisch, die auf der Grundlage von Erwartungswerten formuliert sind. Zur Hauptkomponentenanalyse bietet sich z.B. das statistische Verfahren der Faktorenanalyse an[23] oder aber die einzubeziehenden F_i sind aufgrund von wirtschaftstheoretischen bzw. Plausibilitäts-Überlegungen direkt zu präspezifizieren. Sind die erklärenden Faktoren ermittelt, dann können die Faktorsensivitäten β_i mit Hilfe der multiplen Regression geschätzt werden.[24]

(Kursen), bei dem keine vorteilhafte Arbitrage mehr möglich ist (= arbitragefreier Zustand).

[23] Dabei kommt es darauf an, den nicht erklärten Anteil ε_P der Portefeuillerendite zu minimieren. Vgl. G. J. Alexander / J. C. Francis: Portfolio Analysis (1986), S. 261.

[24] Für die USA durchgeführte Untersuchungen von Ross und Roll ergaben z.B. folgende Hauptfaktoren: 1. Monatliche Wachstumsrate der industriellen Produktion; 2. Veränderungsrate der erwarteten monatlichen Inflationsrate; 3. unerwartete Inflationsrate (Differenz aus der monatlichen Inflationsrate und deren Erwartungswert); 4. Risikoprämie (Differenz der Rendite von Industrie- und Staatsanleihen mit einer jeweiligen Laufzeit von 20 Jahren); 5. Zinsstrukturkurvenveränderung (Renditedifferenz zwischen

Aus dem Mehrfaktorenmodell läßt sich das Einfaktoren-Gleichgewichtsmodell ableiten. Ist der Erwartungswert des Störterms ε_P gleich Null, β_0 gleich dem risikolosen Zinssatz und der einzige Faktor F gleich der Risikoprämie des Marktes, dann geht das Mehrfaktorenmodell in das CAPM über. Das CAPM kann also als ein Spezialfall der APT interpretiert werden, wenngleich ein aus dem ATP-Ansatz abgeleitetes Einfaktormodell natürlich nicht notwendigerweise zum CAPM führen muß. Andererseits hatte gerade die Tatsache, daß bei empirischen Untersuchungen der Zufallsfehler ε häufig nicht die vom Marktmodell bzw. CAPM geforderten Eigenschaften (Normalverteilungsprämisse, $E(\varepsilon) = 0$, ε_i verschiedener Wertpapierrenditen untereinander und zur Marktrendite unkorreliert) aufwies, dazu geführt, zusätzliche Erklärungsfaktoren i.S. des Mehrfaktorenmodells einzuführen. Empirische Untersuchungen des Verfassers legen allerdings nahe, die Anzahl der Faktoren auf maximal vier zu beschränken, da die wechselseitige ökonomische Beeinflussung bzw. Abhängigkeit der Haupteinflußfaktoren untereinander (Multikolinearität der Zeitreihen) ansonsten zu unbrauchbaren Ergebnissen führt.

128 Die Random-Walk-Hypothese

Nach der Random-Walk-Hypothese lassen sich die Kursveränderungen von Wertpapieren formal angeblich in ganz ähnlicher Weise beschreiben wie die

---

20jährigen Staatsanleihen und Treasury Bills als risikofreier Anlage). Vgl. R. Roll / S. A. Ross: An Empirical Investigation of the Arbitrage Pricing Theory (1980); N.-F. Chen / R. Roll / S. A. Ross: Economic Forces and the Stock Market (1986). Die eingehende empirische Studie von Fama und French: The Cross-Section of Expected Stock Returns (1992) für an der NYSE, der AMEX und im NASDAQ-System notierte amerikanische Aktien (ohne Finanztitel) über den 50-Jahreszeitraum von 1941 bis 1990 ergab, daß insbesondere die Aktionäre kleinerer Gesellschaften mit hohen Finanzierungsrisiken durch überdurchschnittliche Erträge entschädigt wurden. (Es fragt sich an dieser Stelle allerdings, wieviele Aktionäre an solchen Papieren pleite gingen, bevor diese den börslichen Vorselektionsprozeß überstanden hatten und damit stellt sich auch die Frage, wie repräsentativ eine solche Untersuchung ist). Nach Eliminierung des "Size-Effect" konnten Fama / French für den "klassischen" Beta-Faktor keinen signifikanten Einfluß nachweisen. Damit stellt Fama seine (von dem Verfasser in der von Fama präsentierten Form seit jeher in Frage gestellte) eigene Theorie effizienter Kapitalmärkte selbst in Frage (vgl. z.B. auch M. Keppler: "Beta"-Faktoren und CAPM - ein Nachruf (1992)); F. Black: Estimating Expected Returns (1993). Zum sog. "Size-Effect" s. auch R. W. Banz: The Relationship between Return and Market Value of Common Stocks (1981). Daß hinsichtlich des "Size-Effect" Vorsicht angebracht ist, lehrte die Erfahrung mit Michael Milken und seinen "junk bonds". Vgl. J. B. Steward: Den of Thieves (1991), ferner R. W. Kolb: Investments (1992), S. 584.

zufälligen Bewegungen kleinster, in ruhenden Flüssigkeiten suspendierter Teilchen (sog. "Brownsche Bewegungen"), die Einstein 1905 und 1906 theoretisch beschrieben hat. Man sprach daher analog auch von "Brownschen Bewegungen der Aktienkurse".[25]

Der Gedanke, daß man Wertpapierkurse als Realisation eines Zufallsprozesses auffassen könnte, findet sich u.a. bereits bei Bachelier (1900), Cowles (1933), Working (1934) und Kendall (1953). Bis Mitte der fünfziger Jahre war es allerdings in den USA (in Deutschland waren diese Überlegungen bis Mitte der sechziger Jahre weitestgehend unbekannt) herrschende Meinung, daß die Aktienkurse im Zeitablauf voneinander abhängig seien. Eine erneute Diskussion wurde durch Roberts (1959) eingeleitet, der vermutete, daß die Kurse aus der Summation unabhängiger Zufallsveränderungen aus einer gemeinsamen Verteilung resultieren könnten. Osborne (1959) schließlich stellte in seinem bekannten Aufsatz "Brownian Motion in the Stock Market", die klassische Formulierung der Random-Walk-Hypothese auf, nach der sich die zeitliche Entwicklung der Aktienkurse analog zu den Brownschen Molekularbewegungen als rein stochastischer Prozeß (Zufallsprozeß) beschreiben ließe. Weitere diesbezügliche Pionierarbeiten aus den 1960er Jahren stammen von Fama, Mandelbrot sowie von Granger und Morgenstern.[26]

In der einfachsten Form läßt sich die Behauptung der Random-Walk-Hypothese wie folgt formulieren: Bezeichnet K_t den Kurs einer Aktie (oder den Stand eines Index) zum Zeitpunkt t, so ist der Zufallsprozeß definiert als:

$$K_{t+1} = K_t(1 + \varepsilon_t) \qquad (39)$$

wobei ε_t eine Zufallsvariable ist mit $E(\varepsilon_t) = 0$ und $cov(\varepsilon_t, \varepsilon_{t+1}) = 0$.

Die Gleichung (39) besagt, daß sich der Kurs K_{t+1} zum Zeitpunkt t + 1 vom letztgenannten Kurs K_t nur durch eine zufällige Veränderung ε_t unterscheidet. Die "beste Schätzung", also der Erwartungswert, für den

[25] Vgl. U. Hielscher: Technische Aktienanalyse versus Random-Walk-Hypothese (1975).

[26] Die Jahresangaben in Klammern beziehen sich auf die Erstveröffentlichung. Aus Raumgründen können nicht sämtliche diesbezügliche Arbeiten einzeln aufgeführt werden. Die erwähnten und sonstigen wichtigsten Arbeiten sind jedoch in folgenden Sammelwerken wieder abgedruck: P. H. Cootner (Hrsg.): The Random Character of Stock Market Prices (1964); E. J. Elton / M. J. Gruber (Hrsg.): Security Evaluation and Portfolio Analysis (1972); M. C. Jensen (Hrsg.): Studies in the Theory of Capital Markets (1972); J. H. Lorie / R. A. Brealey (Hrsg.): Modern Developements in Investment Management (1972); H.-K. Wu / A. J. Zakon (Hrsg.): Elements of Investments (1972).

morgigen Kurs ist daher der heutige Kurs. Aus der fortlaufenden Wiederanwendung dieser Regel folgt, daß die beste Vorhersage jedes beliebigen künftigen Kurses der heutige Kurs ist. Dies ergibt sich aus der Überlegung, daß ε_t eine Zufallsgröße ist und Zufallsveränderungen dazu tendieren, sich gegenseitig auszugleichen. Man könne daher die Kurse ebenso gut oder schlecht vorhersagen wie die Zahlenfolge beim Lotto oder Roulette. Weitere Implikationen des Modells sind, daß es keine zyklischen Schwankungen oder langfristige Trendkomponenten geben darf (vgl. aber Abschnitt 21). Die mathematische Formulierung dieser Überlegungen lautet:

$$\underline{\underline{E(K_{t+n})}} = E\left[K_t\left(1+\sum_{j=0}^{n-1} e_{t+j}\right)\right] = E\left[K_t + K_t\sum_{j=0}^{n-1} e_{t+j}\right]$$

$$= E(K_t) + E\left(K_t\sum_{j=0}^{n-1} e_{t+j}\right) = K_t + K_t\ E\left(\sum_{j=0}^{n-1} e_{t+j}\right)$$

$$= K_t + K_t \cdot 0 = \underline{\underline{K_t}}$$

Genau betrachtet besteht Osbornes rigorose Formulierung der Random-Walk-Hypothese aus drei Teilhypothesen:

(1) Aufeinanderfolgende Kursveränderungen sind voneinander unabhängige Zufallsvariablen.

(2) Der Erwartungswert der Verteilung der Kursänderungen ist Null.

(3) Die Kursänderungen sind normalverteilt.

Die Teilhypothese (1) der Unabhängigkeit griffen zunächst Alexander (1961, 1964) und Cootner (1962), später u.a. auch Levy (1967/68) mit Untersuchungen über Filterregeln an. Unabhängigkeit ist statistisch nämlich niemals direkt nachweisbar. Man kann mit modernen statistischen Methoden immer nur zeigen, ob bestimmte einfache Abhängigkeiten nachweisbar sind. Sind sie in der Stichprobe nicht nachweisbar, so bedeutet das nicht, daß überhaupt keine Abhängigkeiten vorhanden sind, denn der Fehlschlag kann auch an der Stichprobe oder an der gewählten Methode liegen. So wird denn heute - wenn überhaupt - nur noch eine abgeschwächte Version der Random-Walk-Hypothese vertreten. Sie besagt nicht mehr, daß die Kursänderungen unabhängig sind, sondern nur noch, daß sie nicht korreliert seien.

Diese Einschränkungen sind auch nicht verwunderlich, denn gerade Übertragungen von in den Naturwissenschaften bewährten statistischen

Methoden auf ökonomische Probleme bergen immer die Gefahren unbedachter Analogien in sich. Rein formal können die mathematischen Formulierungen zwar einwandfrei erscheinen, im Hinblick auf die tatsächlichen Zusammenhänge aber durchaus falsch sein. Beispiele dafür gibt es in der ökonomischen Literatur in genügender Zahl. Ein diesbezügliches Indiz bei der Random-Walk-Hypothese - um damit auf die Normalverteilungsprämisse (Teilhypothese (3)) zurückzukommen - sind z.B. die zahlreichen, jedoch mit hinreichend kleiner Irrtumswahrscheinlichkeit widerlegten Bemühungen, die Verteilungsfunktion des Zufallsprozesses als Normalverteilung der absoluten, relativen oder logarithmischen Veränderungen oder als Normalverteilung der Logarithmen der relativen Veränderungen darzustellen. Diese "Methoden" kennzeichnet treffend eine Äußerung des Aerodynamikers von Karman, den für seinen naturwissenschaftlichen Bereich diese Vorgehensweise zu der Feststellung bewogen hat: "If you want to make a theory, take logs; if that does not work, take log logs and that will fit any theory!"

Zusammenfassend läßt sich feststellen: Unter dem Eindruck empirischer Überprüfungen wurde die strenge, klassische Formulierung der Random-Walk-Hypothese immer mehr abgeschwächt und vielfach wird nur noch behauptet: Der Erwartungswert der Kursänderungen über kurze Zeiträume ist Null (Teilhypothese (2)). Die Teilhypothese (2) ist in dieser Formulierung kaum angreifbar. Allerdings stellt sich die Frage, was konkret unter "kurzen Zeiträumen" verstanden werden soll, da langfristige Trends nicht bestritten werden können (vgl. Abschnitt 21).

Wenn man offenbar schon keine Verteilung für die angeblich "zufälligen" Kursveränderungen angeben kann, dann stellt sich ernsthaft die Frage, ob die Kursveränderungen wirklich ein "Random-Walk" sind. Es spricht einiges dafür, daß die Kurse sich kurzfristig nur so verhalten, "als ob" sie einem Random-Walk folgten. Um ein Beispiel zu geben: Statistische Abhängigkeiten liegen - im Gegensatz zu den Vermutungen der Random-Walk-Hypothese - vor. Ihre Ausnutzung durch bestimmte Arbitrage- oder Anlagestrategien lohnt sich jedoch nicht, z.B. infolge der Transaktionskosten, die quasi wie "Sand im Getriebe" wirken. Damit steht der Anleger vor der Situation "als ob": die Kurse verhalten sich so, daß nahezu - aber eben nur nahezu - ein Random-Walk entsteht. Dies erscheint als eine Interpretation, die die vorstehend erwähnten Fehlschläge bei der Ermittlung der Verteilungsfunktionen einleuchtend erscheinen läßt. Diese Überlegung impliziert allerdings gerade auch, daß Abhängigkeiten so lange ausgenutzt werden, wie sich dies noch lohnt, was statistisch gesehen wiederum zu einer Verminderung der meßbaren Abhängigkeiten führt.

Immerhin sind die Gedanken der Random-Walk-Hypothese insofern von theoretischem Wert, als sie sich mit der Portfoliotheorie und dem Capital-Asset-Pricing-Model zusammenführen lassen. Der von dem CAPM postulierte "effiziente" Markt ist dergestalt, daß die Anleger jeweils neu bekannt werdende wertbeeinflussende Fakten rasch in neue Preise transformieren, die dann weitgehend die erwarteten Implikationen dieser Facts reflektieren. Das alte ist in ein neues Marktgleichgewicht überführt. Die Random-Walk-Hypothese beschreibt nun näherungsweise, wie sich der Übergang von dem alten zum neuen Gleichgewicht vollzieht, nämlich durch Preisänderungen, die sich in etwa als Zufallsprozeß im obigen Sinne beschreiben lassen.

129 Die Anwendung moderner portfoliotheoretischer Überlegungen im Rahmen von Asset Allocation

Der Erklärungsgehalt der vorstehend skizzierten kapitalmarkttheoretischen Gleichgewichtsmodelle hinsichtlich des Anlegerverhaltens im realen Kapitalmarktgeschehen ist nach wie vor unbefriedigend.[27] Demgegenüber finden

[27] Insbesondere findet das Zeitelement, das in der Reihe ökonomischer Probleme einen ganz zentralen Platz einnimmt, in einer statischen und stationären allgemeinen Gleichgewichtstheorie allenfalls zeitpunktbezogen Berücksichtigung. Zur befriedigenden quantitativen Erklärung des Anlegerverhaltens in einer komplexen Kapitalmarktrealität dürften sich jedoch nicht isolierte (separierte), statische Gleichgewichtsmodelle für Kapital(teil)märkte, sondern allenfalls dynamische Modelle eignen, die örtlichen, zeitlichen und sachlichen Diffusionsprozessen zwischen allen verschiedenen Finanz-Teilmärkten Rechnung tragen. Tatsächlich ist in den letzten Jahren eine Hinwendung zu nichtlinearen und dynamischen Kapitalmarktbetrachtungen zu erkennen. Einerseits führte der Fortschritt in den statistischen Methoden zu einer intensiveren Auseinandersetzung mit den Phänomenen Nichtlinearität und Dynamik. Zusätzliche wesentliche Impulse gewann diese Entwicklung durch neue naturwissenschaftliche Erkenntnisse, die einen Umdenkungsprozeß in Gang setzten, der sich nicht nur auf einzelne Teildisziplinen bezog, etwa die Physik, sondern der in allen Bereichen und auch in der übergreifenden und verbindenden Strukturwissenschaft der Mathematik stattfand. Dieser Prozeß vollzieht sich sehr facettenreich, wie etwa die Begriffe Synergetik, Chaostheorie oder Katastrophentheorie verdeutlichen. Als diesbezügliche Standardwerke seien genannt H. Haken: Synergetik (1990); H. Haken / A. Wunderlin: Die Selbstrukturierung der Materie (1991); B. Mandelbrot: Die fraktale Geometrie der Natur (1987); H.-O. Peitgen / H. Jürgens / D. Saupe: Chaos (1994); H.-W. Lorenz: Nonlinear Economic

portfoliotheoretisch orientierte Interpretationen bestimmter Modellaussagen im praktischen Portfoliomanagement durchaus erfolgreich Anwendung. Diese anwendungsorientierten (Weiter-)Entwicklungen lassen sich unter dem Oberbegriff Asset Allocation zusammenfassen.

1291 Gegenstand und Arten von Asset Allocation

Asset Allocation kann als **systematisierte Aufteilung eines Geldfonds auf verschiedene Assets** charakterisiert werden. **Assets** können dabei prinzipiell **einzelne Anlageobjekte**, wie Aktien, Renten und Geldmarkttitel, oder aber auch **zusammengefasste Gruppen (Kategorien, Klassen) aus solchen Anlageobjekten** sein. Die Assetklassen werden dann i.d.R. durch entsprechende Indizes repräsentiert. Im einzelnen unterscheidet man:

- langfristige, strategische Allocations,
- kurz- bis mittelfristige taktische Allocations sowie
- globale, internationale oder national begrenzte Allocations.

Asset Allocation kann sowohl im aktiven als auch im passiven Portfoliomanagement (vgl. Abschnitt 1293) Anwendung finden. Dabei können sich die Entscheidungen auf Investmentalternativen innerhalb eines Währungsgebietes beschränken. Die zunehmende internationale Ausrichtung der Investoren führt jedoch immer mehr zu länderübergreifenden Anlageprozessen. Diese bieten den prinzipiellen Vorteil zusätzlicher Diversifikationseffekte, denn ausländische Wertpapiere sind i.d.R. mit den einheimischen Papieren weniger korreliert als nationale Papiere untereinander, so daß sich nach dem Portfolio Selection Modell von Markowitz der erwartete Ertrag eines Portefeuilles steigern läßt, ohne gleichzeitig dessen Varianz, d.h. das Risiko des Portfolios, zu erhöhen. Die **gängigsten Allocations-Formen** sind **langfristige strategische internationale** sowie **mittelfristige taktische nationale** Allocations. **Optimierte Allocations** basieren auf dem Ansatz von Markowitz, dem einfachen Indexmodell von Sharpe bzw. auf darauf

---

Dynamics (1992). Dennoch weisen die unterschiedlichen Ansätze Gemeinsamkeiten auf, die zusammengenommen einen Paradigmenwechsel charakterisieren. Wenn auch noch keine einheitliche, geschlossene und übergeordnete Theorie des Komplexen existiert, so gibt es doch bereits Ansätze zur Systematisierung und Einordnung. Vgl. dazu M. M. Waldron: Complexity (1992) insbes. S. 29-51; G. Nicolis / I. Prigogine: Exploring Complexity (1987); S. Wilhelm: Kapitalmarktmodelle (1995). Allerdings besteht auch hier vielfach noch eine Kluft zwischen Anspruch und Erreichtem, vgl. J. Horgan: Komplexität in der Krise (1995).

aufbauenden weiterentwickelten Modellkonzepten unterschiedlich komplexer Struktur.

1292 Modellkonzepte

Das einfache Indexmodell von Sharpe hat über die bloße Hilfsfunktion der vereinfachten Datengewinnung (vgl. Abschnitt 124) hinausgehend auch als Rechenmodell Bedeutung. Seine Prämissen ermöglichen nämlich nicht nur eine rationelle Datengewinnung sondern auch eine Umformulierung und Vereinfachung der Optimierungsaufgabe dergestalt, daß der Rechenaufwand gegenüber der Originalmethode von Markowitz erheblich reduziert wird.[28] Der Aufbau des einfachen Indexmodells kann in schematischer Form wie in Abbildung 9 veranschaulicht werden, wobei in vertikaler Richtung gemäß den Überlegungen in Abschnitt 124 ein System von vom Index abhängigen (gebundenen) Assets mit Hilfe linearer Beziehungen und impliziten Korrelationen aufgebaut wird.

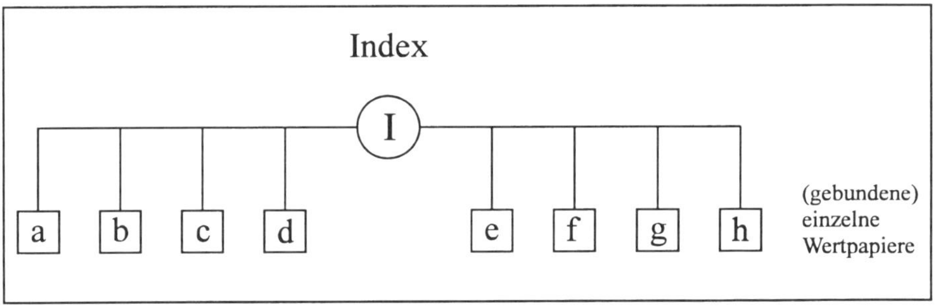

Abb. 9: Schema des einfachen Ein-Index-Modells

Das einfache Indexmodell setzt allerdings voraus, daß die **Renditen** der einzelnen Assets **über einen einzigen gemeinsamen und grundlegenden Faktor (Index) verbunden** darstellbar sind, und daß die zufälligen "Restgrößen" ε_i unkorreliert sind. Beide Annahmen gelten nur approximativ. Die von dem Indexmodell implizierten Kovarianzen (bzw. Beta-Faktoren) weichen daher von den wahren Kovarianzen, wie sie in dem ursprünglichen Markowitz-Modell definiert wurden, ab. Dennoch liefert das einfache

[28] Die rechentechnischen Einsparungen sind dadurch bedingt, daß bei der Berechnung der effizienten Portefeuilles die Varianz-Kovarianz-Matrix mehrmals invertiert werden muß. Die Umformulierung der Optimierungsaufgabe im Single-Indexmodell führt dazu, daß alle Elemente dieser Matrix mit Ausnahme der Elemente auf der Hauptdiagonalen gleich Null sind, was die Matrix-Inversion sehr vereinfacht. Daher wird das Modell in der Literatur häufig auch als **Diagonalmodell** bezeichnet. Vgl. W. F. Sharpe: A Simplified Model (1963).

Indexmodell oftmals brauchbare Annäherungen an die effizienten Portefeuilles des Original-Markowitz-Modells.[29]

Das nur auf einem Index basierende Modell läßt sich zu einem Modell mit mehreren Indizes erweitern. Die Verwendung mehrerer Indizes (z.B. Branchenindizes) hat den Vorteil, daß man die einzelnen Assets jeweils zu Assetklassen zusammenfassen kann. Die Abb. 10 und 11 zeigen erweiterte Indexmodelle, die mehrere Indizes verwenden. Da jedoch die verschiedenen Indizes ihrerseits korreliert sind, müssen in dem in Abb. 10 dargestellten Fall, analog zum ursprünglichen Markowitz-Modell, zusätzliche direkte Korrelationen zwischen den Indizes angegeben werden.

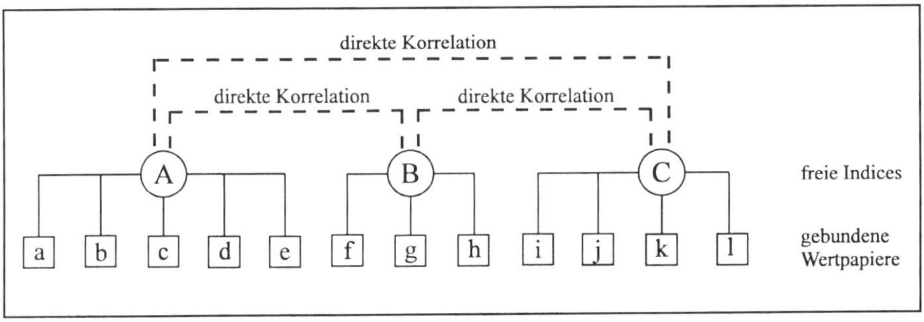

Abb. 10: Schema eines Multi-Index-Modells mit expliziter Eingabe der Korrelation zwischen den Indizes

Die explizite Eingabe der Korrelation zwischen den Branchenindizes ist nicht erforderlich, wenn man - wie in Abbildung 11 - eine Hierarchie von Indizes aufbaut, indem man z.B. anstelle der exakten Darstellung der Korrelationen zwischen den Indizes (durch explizite Angabe der Korrelationen) wiederum das lineare Modell quasi auf übergeordneter Basis anwendet. Rechentechnisch wird dann jeder gebundene, d.h. von einem übergeordneten Index abhängige Index als ein Pseudo-Asset aufgefaßt, in das unmittelbar jedoch nichts investiert werden darf.

Die Wirklichkeitstreue des ursprünglichen Markowitz-Modells und die Vorteile der Rechentechnik der Indexmodelle lassen sich zu einem umfassenden Modell kombinieren. Abb. 12 zeigt ein erweitertes Indexmodell, in dem sowohl "freie" (die Indizes A und B), als auch gebundene, "abhängige" Indizes (C, D und E) vorkommen. Darüberhinaus gehen neben den gebun-

29 K. J. Cohen / J. A. Pogue: An Empirial Evaluation of Alternative Portfolio-Selection Models (1967), S. 175 ff.

denen (b bis l) auch freie Wertpapiere (a) ein. Ferner können außer den expliziten Korrelationen zwischen den freien Indizes (bzw. einzelnen Assets) zusätzliche Korrelationen zwischen freien und gebundenen sowie zwischen gebundenen Assets untereinander berücksichtigt werden. Rechentechnisch werden dann die aufgrund der gebundenen Schätzungen berechneten impliziten Kovarianzen durch die zusätzlich explizit angegebenen Korrelationen ersetzt.

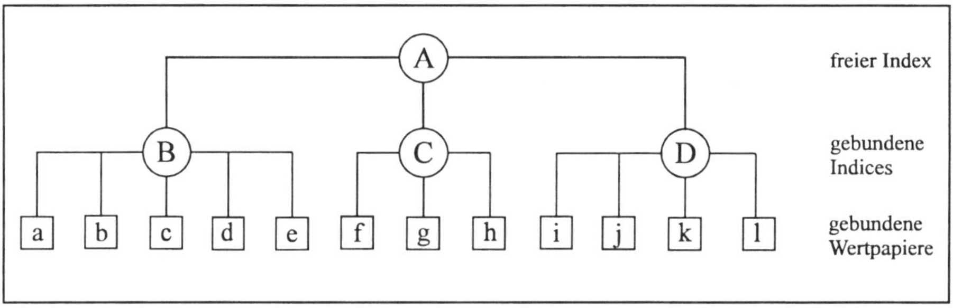

Abb. 11: Schema eines Multi-Index-Modells auf Basis einer Index-Hierarchie

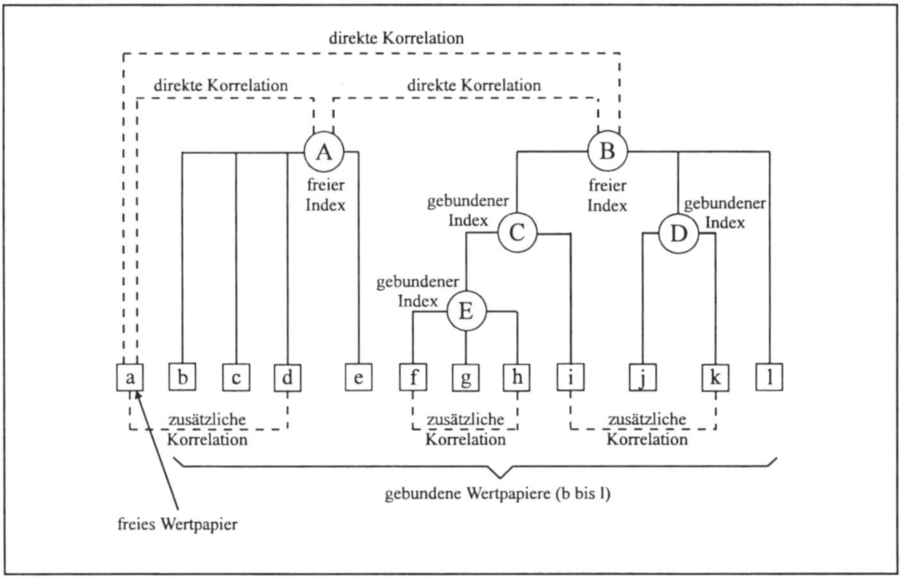

Abb. 12: Schema eines umfassenden Multi-Index-Modells

Das Netzwerk des umfassenden Indexmodells erlaubt es, Schätzungen, unabhängig davon ob sie in freier oder gebundener Form vorliegen, zu verknüpfen und jeweils den konkreten Gegebenheiten flexibel anzupassen.

Diese Variabilität wird durch eine Kombination und Erweiterung der in den Abbildungen 10 und 11 isoliert dargestellten Beschreibungsarten der Index-Wertpapier-Beziehungen erreicht:

1. In **horizontaler** Richtung besteht die Möglichkeit, beliebige freie Indizes und Wertpapiere durch **explizit eingeführte Korrelationen** zu verknüpfen (in Abbildung 12 sind diese Beziehungen durch gestrichelte Linien symbolysiert).
2. In **vertikaler** Richtung werden, ausgehend von freien Indizes an der Spitze, mit Hilfe linearer Beziehungen und impliziter Korrelationen **Hierarchien abhängiger Indizes und sonstiger Assets** aufgebaut (in Abbildung 12 sind diese Beziehungen mit ausgezogenen Linien gekennzeichnet). Die freien Indizes können ihrerseits durch die unter 1. angeführten horizontalen, explizit angegebenen zusätzlichen Korrelationen verknüpft werden können.

Leistungsfähige Personal Computer erlauben heute auch Optimierungen mit der ursprünglichen Markowitz'schen Modellformulierung (vgl. Abschnitt 123). Dabei werden sämtliche Varianzen und Kovarianzen explizit einzeln berechnet, und zwar unter Verwendung **historischer Renditereihen**. Der von dem Analysten zu erbringende **Schätzaufwand reduziert sich dadurch auf die erwarteten Renditen** der Assets. Die üblichen Schätzformeln für die historischen Varianzen c_{ii} des Asset i und die Kovarianzen c_{ik} bzw. Korrelationskoeffizienten q_{ik} sowie die Betafaktoren β_{ik} zwischen zwei Assets i und k lauten:

$$c_{ii} = \frac{1}{n-1} \sum_{j=1}^{n} \left(r_{ij} - \bar{r}_i\right)^2 \tag{40}$$

$$c_{ik} = \frac{1}{n-1} \sum_{j=1}^{n} \left(r_{ij} - \bar{r}_i\right)\left(r_{kj} - \bar{r}_k\right) \tag{41}$$

$$q_{ik} = c_{ik} : \left(c_{ii} c_{kk}\right)^{1/2} \tag{42}$$

$$\beta_{ik} = c_{ik} : c_{ii} \tag{43}$$

mit: r_{ij} = Periodenrendite des Asset i in der Periode j (aus Preisänderungen, Zinsen oder Dividenden, Bezugsrechtserlösen usw.).

$\bar{r}_i$ = arithmetischer Durchschnittswert der Periodenrenditen r_{ij} des Asset i über n Perioden, also: $\bar{r}_i = (r_{i1}+\ldots+r_{ij}+\ldots+r_{in}) : n$.

n = Anzahl der beobachteten Perioden.

Bei dieser vergangenheitsorientierten Vorgehensweise muß allerdings die implizite Hypothese einer hinreichenden **Stabilität** der Varianzen und Kovarianzen der Renditen nachgewiesen werden. Sharpe kommt für internationale Asset Allocations zu dem Ergebnis, daß für zahlreiche Assetklassen und Zeitperioden "historic standard deviation can serve as a good predictor of future risk ... historic correlations can serve as a good predictor of future correlations ... historic average return is a very poor predictor of future expected return".[30] Als Bestimmtheitsmaß (q^2) für die Korrelation zwischen historischem und zukünftigem Risiko (Standardabweichung) beobachtete Sharpe 76%, für die Kovarianzen immerhin noch 67%. Da eigene Berechnungen des Verfassers nach der gleichen Methode zwar für die Standardabweichungen ebenfalls ein Bestimmtheitsmaß von 76% ergaben, für die Kovarianzen jedoch lediglich 29%, sollten auf historischer Basis und Korrelationen wohl doch nicht völlig unbesehen als Input für Optimierungen verwendet werden.

Ergänzt werden diese Modellkonzepte in der Praxis häufig um **Restriktionen**, die allerdings eine Reduktion des Lösungsraumes mit der Folge bewirken, daß die entstehende "restricted efficient frontier" sich in Richtung niedrigerer erwarteter Erträge verschiebt und i.d.R. zugleich verkürzt. Zur **numerischen Lösung** der Optimierungsprobleme wurden neben den Ansätzen von Markowitz (1959) und Sharpe (1963) eine ganze Reihe weiterer Algorithmen entwickelt, von denen hier lediglich derjenige von Goldfarb und Idnani (1983) besonders erwähnt sei, der eine hohe Effizienz verbunden mit vergleichsweise geringem Speicherbedarf verspricht.

Die **simultane Optimierung** aller Assets ist insbesondere bei globalen Asset Allocations **sehr aufwendig**. **Zur praktischen Bewältigung** des Planungsprozesses wird daher verschiedentlich vorgeschlagen, **stufenweise vorzugehen**. Zunächst soll die internationale Optimierung unter Verwendung nationaler und internationaler Aktien-, Renten- und Geldmarktindizes erfolgen, wobei die Zahl der Assetklassen i.d.R. auf maximal 50 bis 100 beschränkt ist. Die ermittelten "optimalen" nationalen Portefeuilleanteile sind danach mittels taktischer Asset Allocation aktiv (z.B. Stock-Picking und/oder Market-Timing-Strategien) oder passiv (z.B. mit Indexportefeuilles, vgl. Abschnitt 1295) aufzufüllen. Auf einem "niedrigeren" Niveau werden also Teilfonds geschaffen, die Assetklassen repräsentieren, während auf einem "höheren" Niveau ein optimaler Mix aus den Assetklassen zusam-

[30] W. F. Sharpe: Asset Allocation Tools (1987), S. 91-93.

mengestellt wird.[31] In diesem Fall kommt der Entscheidung über die Bildung bzw. Mischung von Assetklassen eine besondere Bedeutung zu, denn bereits damit werden die Eigenschaften eines Portfolios bezüglich Risiko und Ertrag weitgehend festgelegt.

1293 Assetklassen und Grundstrategien

In Anlehnung an Ibbotson[32] lassen sich **traditionelle und nicht-traditionelle Assets** unterscheiden. In diesem Sinne traditionelle Assets sind Aktien, Anleihen, Geldmarkttitel und Geldmarkt-Äquivalente. Nicht-traditionelle Assets sind Immobilien, Edelmetalle und Wertgegenstände wie Gemälde, Antiquitäten, Münzen usw. Diese nicht-traditionellen Assets sind sowohl gemessen am Marktwert, als auch hinsichtlich ihrer Eigenschaften, wie z.B. Diversifikationseffekte, Inflationsschutz u.ä., von beträchtlicher Bedeutung für private wie auch für institutionelle Investoren. Dennoch sollen sich die folgenden Ausführungen auf traditionelle Assets beschränken.

Eigenschaften Assetklassen	Fälligkeit	Ertrag	Höhe des Ertrages	Sicherheit des Ertrages
Geldmarkt	kurz	Zins	niedrig	hoch
Anleihen:				
Staatsanleihen	lang	Kupon*	mittel	sicher*
Industrieanleihen	lang	Kupon*	mittel	i.a. hoch*
Junk Bonds	lang	Kupon	mittel/hoch	unsicher
Aktien	"ewig"	Dividende, Kursgewinne	hoch	unsicher

* Sofern die Anleihen von der Emission bis zur Endfälligkeit gehalten werden. Andernfalls sind die Erträge infolge von Kursschwankungen unsicher.

Abb. 13: Eigenschaften von Assetklassen

Assetklassen lassen sich nach den verschiedensten Kriterien definieren. Allerdings steigt mit wachsender Klassenzahl der Aufwand zur Lösung des Allokationsproblems exponentiell an. In Abbildung 13 sind beispielhaft einige Eigenschaften von Assets des US-Marktes angeführt. Diese exem-

---

[31] "Asset Allocation breaks the investment process into at least two stages. In the lower-level stage, investment managers create funds representing asset classes. In the higher-level stage, a mix of such asset classes is chosen." W. F. Sharpe: Asset Allocation Tools (1987), S. 22.

[32] R. Ibbotson: Investment Markets (1987), S. 6-8.

plarische Darstellung läßt sich prinzipiell auch auf andere Märkte übertragen.

Bestimmte Asset Allocation-Strategien setzen die Kenntnis der Marktwerte der einbezogenen Assets voraus. **Passive Strategien** gewichten dann z.B. die einzelnen Assets in einem Portfolio entsprechend ihres wertmäßigen Anteils am Gesamtwert aller zur Verfügung stehenden Assets (z.B. "Indexportefeuilles"). **Aktive Strategien** (z.B. "Stock Picking" oder "Tilting") weichen bewußt vom Durchschnitt ab, um zusätzliche "überdurchschnittliche" Erträge (Excess bzw. Differential Returns) zu erzielen. Als Basis zur Bestimmung langfristiger Norm-Portfolios können neben der Marktkapitalisierung u.a. auch das Umsatzvolumen und die Zugangsmöglichkeiten zu den einzelnen Märkten eine Rolle spielen.

Weltportefeuille Aktien					Weltportefeuille Staatsanleihen				
Davon (%):					Davon (%):				
			1988	1990				1988	1990
USA			25	35	USA			43	47
Japan			40	31	Japan			27	19
Europa			21	28	Europa			25	29
darunter:	1988	1990			darunter:	1988	1990		
U.K.	8	11			U.K.	9	7		
Deutschland	2	4			Deutschland	8	9		
Frankreich	2	3			Frankreich	6	7		
Kanada			6	3	Kanada			4	4
übrige Welt			8	3	übrige Welt			1	1

Quelle: Goldmann Sachs Int., Salomon Brothers, Morgan Stanley Capital International.

Abb. 14: Zusammensetzung von Weltportfolios

Eine detaillierte Studie zur Zusammensetzung der Weltwertpapiermärkte liefern z.B. Goldman Sachs mit ihrer Publikation "Anatomy of World Markets", in der der Gesamtwert (Marktkapitalisierung) des Weltaktienportfolios über Länder und Branchen bis hin auf Einzelwerte heruntergebrochen wird. Die Darstellungen erfolgen dabei u.a. im historischen Verlauf, absolut und prozentual, sowohl im Verhältnis zum Gesamtwert als auch zum Bruttosozialprodukt. Informationen zum Umsatzvolumen, d.h. zur Marktgängigkeit von Assets sind ebenfalls vorhanden. Abb. 14 veranschaulicht die prozentuale Zusammensetzung je eines Weltportfolios für Aktien und für Staatsanleihen. Solche Weltportefeuilles könnten in einem globalen Multi-Index-Modell auf Basis einer Indexhierarchie gemäß Abb. 11 z.B. den Spitzenindex A bilden. Die Abbildung zeigt zugleich deutlich den Wendepunkt in den Übertreibungen des japanischen Aktienmarktes Ende der 1980er Jahre, eine Entwicklung die sich zunächst bis 1995 fortsetzte.

1294 Hedging von Währungsrisiken

Bei globalen bzw. internationalen Asset Allocations werden Ertrag und Risiko von auf fremde Währungen lautenden Investments nicht nur von den Ertrag/Risiko-Eigenschaften der Investments tangiert, sondern auch von den Ertrag/Risiko-Eigenschaften der jeweiligen Währungen. Das Hedgen von Währungsrisiken (vgl. auch Abschnitt 25) Internationaler Portefeuilles wird unterschiedlich gehandhabt.

Bei **Portefeuilleoptimierungen unter simultaner Einbeziehung von Währungshedges** kann der Hedge, z.B. mit Currency Futures (s. Abschnitt 2542), als ganz "normale" separate Anlage betrachtet werden, mit eigener Rendite, eigenem Risiko und eigener Korrelation zu anderen Assets. Das Gesamtrisiko eines währungsgehedgten Portefeuilles kann daher unmittelbar mit Hilfe von Gleichung (7) von Abschnitt 1232 ermittelt werden. Dazu ein einfaches Beispiel: Ein einzelnes in Fremdwährung notierendes Wertpapier soll gegen das Währungsrisiko gehedged werden. Das Portefeuille besteht also lediglich aus dem ausländischen Wertpapier und dem Hedgeinstrument. Das Gesamtrisiko V des währungsgesicherten Asset kann somit, z.B. unter Verwendung der Gleichungen (40) bis (43), als Funktion des Risikos c_{11} des ausländischen Wertpapiers, des Hedge- bzw. Währungsrisikos c_{22}, der Korrelation der Renditen des Asset und des Hedge (Kovarianz c_{12} bzw. Korrelationskoeffizient q_{12}) sowie der Hedge-Ratio h berechnet werden:

$$V = \sum_{i=1}^{2} \sum_{k=1}^{2} x_i x_k c_{ik} \tag{7}$$

d.h.:

$$V = x_1^2 c_{11} + 2 x_1 x_2 c_{12} + x_2^2 c_{22}$$

Im vorliegenden Fall kann man $x_1 = 1$ und $x_2 = h$ setzen, so daß sich ergibt:

$$V = c_{11} + 2hc_{12} + h^2 c_{22}$$

oder:

$$V = \sigma_1^2 + 2hq\sigma_1\sigma_2 + h^2\sigma_2^2 \tag{44}$$

Die Rendite eines Hedgeinstruments, wie eines Currency Future, ist mit der Rendite der abzusichernden offenen Währungsposition definitionsgemäß negativ korreliert, so daß Hedging währungsbedingte Risiko- (und natürlich auch Ertrags-) Ausschläge einebnet. Wird statt des ausländischen Wertpapiers ein inländisches Wertpapier gehalten, dann wäre in Gleichung (44) h = 0 zu setzen, so daß Portefeuille- und Wertpapierrisiko identisch sind. Analoge Überlegungen gelten für umfangreichere Portefeuilles mit einem Währungsmix, natürlich unter der Voraussetzung, daß entsprechende Currency Futures Kontrakte existieren.

Andere, **nicht-simultane Hedgemethoden**, bei denen zuerst das Portfolio optimiert wird und danach die offenen Fremdwährungspositionen entweder in Form von Einzelpositionen oder gar nur als Gesamtposition (vgl. Abschnitt 251) abgesichert werden, berücksichtigen nicht die Korrelation zwischen den Währungen (bei Einzelpositionsabsicherung) bzw. zwischen den Währungen und zwischen den Fremdwährungsassets und Währungen (bei Globalabsicherung). Sie können deshalb bestenfalls als Hilfskonstruktionen angesehen werden.[33]

1295 Relative Optimierung und Indexportefeuilles

Wie die in den vorstehenden Abschnitten beschriebene absolute Optimierung zielt auch die sog. relative Optimierung darauf ab, das Portefeuillerisiko unter bestimmten Bedingungen zu minimieren. Grundlage der relativen Optimierung bilden Indizes. Der **Index** dient dabei vor allem als **Vergleichsportefeuille (Benchmark)** und ist nicht notwendiger Weise das angestrebte Portefeuille. Wie schon aus den Bezeichnungen hervorgeht, arbeitet die absolute Orientierung mit "absoluten" Renditen, während die relative Optimierung "relative" Renditen[34] (= Abweichung der absoluten Renditen von der Benchmark) verwendet. Es gilt also:

Relative Rendite eines Asset = Absolute Rendite des Asset – Rendite der Benchmark (Index).

---

[33] Zu weiteren Einzelheiten vgl. M. J. Celebuski / J.M. Hill / J. J. Kilgannon: Managing Currency Exposures in International Portfolios (1990); R. A. Arnott. / R. D. Henriksson: A Disciplined Approach to Global Asset Allocation (1989); F. Black: Universal Hedging (1989); Ch. Stoakes / A. Freemann (Hrsg.): Managing Global Portfolios (1989); A. Lee: International Asset and Currency Allocation (1988); H. Levy / Z. Lerman: The Benefits of International Diversification in Bonds (1988).

[34] Treffender wäre es, statt von relativer Rendite von Renditedifferenzen und deshalb z.B. von Differenzen-Optimierung o.ä. zu sprechen. Da sich die andere Terminologie schon mehr oder weniger eingebürgert hat, sei sie im folgenden weiterverwendet.

Eine positive (negative) relative Rendite bedeutet, daß ein Asset in der Referenzperiode eine höhere (niedrigere) Rendite erreicht hat als der Index. Die relative Rendite kann also durchaus positiv sein, obwohl die absolute Rendite negativ ist, nämlich dann, wenn das gemanagte Portefeuille weniger stark gefallen ist als der Markt bzw. der Index. Die relative Rendite wird deshalb neuerdings gern zu **Performance-Messungen** herangezogen. Prinzipiell eignet sich zwar jeder durch ein Anlageziel fixierbare Punkt als Ausgangspunkt für Erfolgsmessungen und damit als Benchmark. Insbesondere Marktindizes, als repräsentative Indikatoren der Marktentwicklung, vermitteln jedoch dem Praktiker anschauliche Vorstellungen über das Risiko- und Performance-Potential von Zielen. Die Wahl der Indexrendite als Nullpunkt der Messung und dementsprechend der Abweichungen von der Indexrendite als Kriterium der **Managementleistung** (vgl. auch Abschnitt 117) ermögliche dem Management, so die weitere Argumentation, sich auf seine "eigentlichen" Aufgaben und Fertigkeiten zu konzentrieren, nämlich auf die Selektion von Assetklassen und Märkten, ohne übermäßig Zeit und Energie auf die Analyse ohnehin unvorhersehbarer globaler politischer Ereignisse u.ä. zu verschwenden. Da sich solche Ereignisse im Index niederschlagen, werde einerseits die Managementleistung nicht abgewertet, bei andererseits bestmöglichem Einsatz des "human capital", denn falsche Assetklassen- und Marktselektionen lassen sich auf die Dauer nachweisbar nicht durch Asset-Picking wettmachen.

Eine genauere Betrachtung zeigt, daß die relative Optimierung die absolute Optimierung als Spezialfall einschließt. Die relative geht in eine absolute Optimierung über, wenn man als Benchmark statt der risikobehafteten "Indexrendite" die risikolose Rendite r_F bzw. speziell die Rendite Null bei Bargeldhaltung (Cash) verwendet. Meßtheoretische Überlegungen zeigen allerdings, daß der höhere Grad an Allgemeinheit der relativen Optimierung zwangsläufig durch ein niedrigeres Meßniveau erkauft wird. Andererseits weist die allgemeinere relative Optimierung auch gewisse Vorteile auf. Während die **absolute Optimierung stets ein Renditeszenario voraussetzt**, kommt die **relative Optimierung**, z.B. bei dem weiter unten skizzierten **Optimized Sampling** zur Erzeugung von Indexportefeuilles, **auch ohne solche Szenarios** aus.

Indexportefeuilles sind flexibel einsetzbare strategische Instrumente, für die z.T. sehr unterschiedliche Bezeichnungen existieren. Im folgenden sei nur eine Auswahl angeführt. Ein **Plain Vanilla Fund** ist ein reiner "normaler" Indexfonds. Eine **Core Portfolio Strategy** bedeutet, daß ein

Core (Kern) passiv gemanaged, d.h. indexgesteuert wird, während die um den Kern angeordneten "Satelliten-Fonds" aktiv gemanaged werden. Dabei kann z.B. die Assetklasse "large companies" den Kern bilden, während die Satelliten aus "small companies" bestehen. Die etwas hämische Bezeichnung **Closet** ("Stilles Örtchen") **Indexing** beschreibt ein Verhalten, das nach außen hin ein aktives Management mit aufwendigem Research vortäuscht, im geheimen aber eine mit weniger Research verbundene Indexierungs-Strategie betreibt. Bei den **Methoden der Indexfondserstellung** unterscheidet man **Full Replication** (exakte Nachbildung des Index durch Kauf derselben Assets mit der gleichen Gewichtung wie im Index) und **Sampling** (repräsentative Nachbildung mit einer geringeren Zahl ausgewählter Assets). Das Sampling läßt sich wiederum differenzieren in **Stratified Sampling** (Indexierung mit heuristischen Methoden, d.h. im Prinzip mit probieren - meist mit Branchengewichtungen) und **Optimized Sampling** durch Minimierung des Abweichungsrisikos ("tracking error").

Der **Tracking Error** wird i.d.R. in Form der **Standardabweichung der Renditeabweichungen von der Indexrendite** (bzw. der log-Renditeabweichungen) minimiert. Der Tracking Error als Funktion der Zahl der in einem Portefeuille enthaltenen Assets ist länderspezifisch unterschiedlich. Empirische Untersuchungen ergaben, daß z.B. in Deutschland und in der Schweiz ca. 20 Aktien ausreichen, um 90% des unsystematischen Portefeuille-Risikos wegzudiversifizieren (vgl Abb. 2 in Abschnitt 1232), während dazu auf den erheblich breiteren japanischen und US-Aktienmärkten ungefähr die doppelte Zahl von Aktien erforderlich ist. Die Wegdiversifikation des unsystematischen Risikos empfiehlt sich bekanntlich, weil nach dem Capital Asset Pricing Model (Abschnitt 127) das Eingehen unsystematischen Risikos nicht bezahlt wird. Nur das Eingehen zusätzlicher systematischer Risiken wird durch höhere Ertragserwartungen honoriert.

Die **Verwaltung von Indexfonds** ist keineswegs so problemlos, wie sie auf den ersten Blick erscheinen mag. Probleme, die die Erreichung auch nur der Indexrendite teilweise beträchtlich komplizieren, resultieren z.B. aus Anlagevorschriften (die oft das Sampling erschweren bzw. eine volle Replication sogar unmöglich machen), Mittelzu- und -abflüssen bei Open End Funds (Problem des Rebalancing), Liquiditätserfordernissen, Transationskosten (Gebühren und Steuern, die der Index nicht kennt), Wiederanlage von Zinsen und/oder Dividenden (der Index ist demgegenüber immer voll invesiert), Ganzzahligkeitsbedingung, Marktbreite, Veränderungen im Vergleichsindex, Indexmischungen für gemischte Fonds u.a.m.

Indexfonds können auch Grundlage eines aktiven Portfoliomanagements sein, z.B. bei sog. "tilted" Portfolios. Von einem **Tilted Fund** spricht man, wenn ein Portfolio - gemessen an einer Benchmark, z.B. dem Beta-Faktor - bewußt in eine "Schräglage" gesteuert wird. Ein Indexportefeuille ist Beta-Tilted, wenn es etwa durch Gewichtungsvariationen der enthaltenen Assets aus dem Gleichgewichtszustand mit ß=1 auf einen Betafaktor ungleich eins gesteuert wird. Die Ansteuerung eines Portefeuille-Betas größer eins z.B. beinhaltet, daß durch diesen Beta-Tilt unter Inkaufnahme eines höheren systematischen Risikos ein höherer Ertrag als der Marktdurchschnitt angestrebt wird. Tilts lassen sich auch hinsichtlich der Gewinn-, Dividenden-, Eigenkapitalrendite usw. durchführen.

Bezüglich des aus der Theorie ableitbaren zweckmäßigen **Zeithorizonts** der Portefeuilleplanung läßt sich allgemein sagen, daß bei diversifizierten Portefeuilles die Abweichungen von der erwarteten Rendite mit zunehmendem Planungszeitraum kleiner werden. Je weiter also der Zeithorizont in der Zukunft liegt, um so vorteilhafter wirkt sich dies auf das Risiko aus, m.a.W. desto mehr Risiko kann sich ein Investor bei ansonsten gleicher Risikobereitschaft leisten. Rein statistisch gesehen wird bei einem effizienten Portefeuille mit einem erwarteten Ertrag E(r) = 10% p.a. und einem Risiko σ_r = 10% bei einem einjährigen Zeithorizont die jährliche Rendite in ca. zwei Drittel der Fälle zwischen 0% und 20% liegen. Oder, was das gleiche bedeutet , das Portefeuille wird in 84 Prozent der Fälle (oder in rund 17 von 20 Jahren) eine positive Rendite (mindestens 0%) und in 16% der Fälle (oder in rund 3 von 20 Jahren) eine negative Rendite (weniger als 0%) erbringen. Bei einer Verlängerung des Zeithorizonts wird nach dem Wurzelgesetz (vgl. auch Abschnitt 1342a, Abb. 11) die Streuung um den Erwartungswert immer enger. Für eine 16-Jahresperiode z.B. liegt unter den vorstehenden Annahmen die Durchchnittsrendite mit einer 2/3-Wahrscheinlichkeit zwischen 7,5% und 12,5%, während die Gefahr einer negativen Rendite praktisch auszuschließen ist. **Kurzfristige Renditezielvorgaben** für das Portfoliomanagement wirken also **risikosteigernd**, denn aus einer Anlage mit einem 16-jährigen Zeitorizont werden z.B. bei jährlicher Zielvorgabe 16 hintereinandergeschaltete (riskantere) Anlagen mit einjährigem Zielhorizont.

Die bislang beschriebene Vorgehensweise zielte darauf ab, ein **optimales Portfolio** zu bestimmen, das langfristig an einer Benchmark gemessen wird. Man kann das Optimierungsmodell allerdings prinzipiell auch einsetzen, um ein gegebenes Portfolio hinsichtlich der unterstellten erwarteten (impliziten)

Erträge (implied expected returns, vgl. dazu auch die analogen Überlegungen zur impliziten Volatilität in Abschnitt 1353) zu analysieren. Diese **inverse Optimierung** dient vornehmlich der Überprüfung von Asset Allocations. Rudd und Clasing betrachten sie als Instrument zum "fine-tuning" einer Portfolio-Strategie.[35] Mit der Berechnung der in dem als optimal unterstellten vorhandenen Portefeuille implizit enthaltenen erwarteten Renditen läßt sich die aktuelle Asset Allocation in dem Sinne hinterfragen, ob denn die aufgrund der Über- bzw. Untergewichtung von Assets unterstellten aktiven Erträge plausibel sind.

35 A. Rudd / H. K. Clasing: Modern Portfolio Theory (1982), S. 290.

13 Börsenmäßig gehandelte Finanzoptionen*

131 Einleitung

In der Literatur ist dokumentiert, daß Warengeschäfte bereits im 17. Jahrhundert mittels Optionen preisgesichert wurden. Bedingt durch ungeeignete Mechanismen zur Preisermittlung und daraus resultierenden Fungibilitätdefiziten, konnten sich Optionen damals jedoch nicht lange behaupten und verschwanden wieder von den Märkten. Im Zuge des Auftretens vieler Finanzinnovationen erlebten in den letzten Jahren die Termingeschäfte, und zwar insbesondere die Optionen, eine Renaissance. Dies ist zum einen auf eine weite Verbreitung und Akzeptanz neuer Modelle zur Bestimmung richtiger Preise zurückzuführen. Zum anderen hatten technische Verbesserungen bei der operativen Abwicklung von Termingeschäften einen großen Anteil an dem Wiederaufschwung der Optionen.

Ob bei Optionsgeschäften spekulative oder konservative Motive vorliegen, läßt sich nicht aus einer isolierten Betrachtung von Optionsgeschäften erkennen. Vielmehr müssen sämtliche betreffenden Positionen der jeweiligen Marktteilnehmer in die Betrachtung einbezogen werden. Ist der Wert der resultierenden Gesamtposition eines Marktteilnehmers von zukünftigen Kassakursbewegungen abhängig, so wird sie als "offen" bezeichnet. Besitzt diese Position einen großen Hebel, d.h. bewirken kleine Kassakursschwankungen prozentual wesentlich größere Veränderungen des investierten Kapitals, so werden sie als spekulative Risikopositionen eingestuft. Optionsgeschäfte werden allerdings keineswegs nur zum Aufbau offener Positionen verwendet. Vielmehr liegen bei ihrer Anwendung oftmals auch gerade entgegengesetzte Ziele zugrunde. So können zur Verminderung bestehender Risiken mit Hilfe von Optionen Kompensationsgeschäfte mit gegenläufigen Risikoverläufen zum Hedgen offener Positionen aufgebaut werden. Kompensieren sich alle Risikoverläufe, dann entstehen "geschlossene" Positionen.[1] Das Finanzinstrument Option ist also nicht per

* Eingehend überarbeitete und erweiterte Fassung des gleichnamigen Beitrags von W. Hauck (1989). Zwischenzeitlich ist eine umfassende Darstellung erschienen (W. Hauck: Optionspreise (1991)).

1 U. Hielscher: Instrumente zur Begrenzung von Währungsrisiken (1985), S. 531-532 und S. 537-541. Vgl. auch Abschnitt 25.

definitionem spekulativ. Erst die Motive und die speziellen Einsatzmodalitäten selbst können aus dem an sich neutralen Instrument risikobehaftete Spekulationen werden lassen.

132 Das Terminmarktinstrument "Option"

1321 Begriffsbestimmung

Der Begriff der Option kommt von dem lateinischen "optio". Sinngemäß übersetzt bedeutet dies "freie" Entscheidung über eine Inanspruchnahme zugesicherter Rechte.

Juristisch stellt eine Option einen Vertrag zwischen zwei Parteien dar, der in der Gegenwart abgeschlossen wird, wobei die Entgelte für die zugesicherten Rechte sofort fällig sind, während die zugesagten Leistungen, sofern sie eingefordert werden, erst in der Zukunft zu erbringen sind. Da Optionskäufer ein Wahlrecht bezüglich der Ausübung oder Nichtausübung der zugesicherten Rechte haben, werden diese Finanzinstrumente als **bedingte Termingeschäfte** bezeichnet.

1322 Veroptierbare Instrumente

Optionen können auf verschiedene Basisinstrumente wie Wertpapiere, Waren, verbriefte Rechte oder ganz allgemein auf **Assets** begründet werden. Beziehen sich **Optionen auf Kassainstrumente**, so werden durch die Ausübung die bedingten Termingeschäfte beendet und direkt in Kassageschäfte überführt. Handelt es sich bei den **veroptierten Assets** selbst jedoch um **Termingeschäfte**, so stellt dieser Typ von Optionen ein **zweistufiges Termingeschäft** dar. Da die unterschiedlichen Assets einen Einfluß auf die Optionspreisbestimmung haben, werden im folgenden zunächst die einzelnen Gruppen von Basisinstrumenten, aufgeteilt nach Kassamarkt und Terminmarkt, dargestellt.

a) Kassamarktinstrumente

Die am häufigsten gehandelte Optionsart sind **Aktienoptionen**. Aus Kostengründen werden Optionskontrakte nicht über einzelne, sondern nur über eine größere Anzahl von Aktien begründet (z.B. in den USA mindestens 100 Stück auf einmal = ein Kontrakt). Die Kursentwicklungen richten sich nach den Aktienpreisnotierungen am Kassamarkt. Bei der sich den Ausübungen anschließenden Abrechnung, dem "settlement", werden effektive Stücke angedient.

Eine ebenfalls sehr wichtige Gruppe stellen die **Devisenoptionen** dar. Die Kontraktgröße ist, je nach Währung und Börsenplatz auf unterschiedliche Devisenbeträge normiert. Beispielsweise lautet in Philadelphia der US-$/DM Kontrakt auf den Gegenwert von DM 62.500; ansonsten jedoch meist auf DM 125.000. Ausübungen erfolgen durch Andienung oder Verrechnung der entsprechenden Währungen.

Rentenoptionen oder "fixed income options" werden häufig für Absicherungen von Rentenportefeuilles eingesetzt. Der Wert dieser Optionen wird durch die Kassanotierungen der Anleihekurse bestimmt, die sich jedoch in wichtigen Punkten von Aktienkursen unterscheiden.[2] So erreichen sie am Anleiherückzahlungstermin einen "ex ante" bekannten Rückzahlungskurs, anders als Aktien, deren Wert bei Verkauf erst "ex post" bekannt ist. Auch werden die Volatilitäten mit abnehmender Restlaufzeit, bedingt durch die sich verringernden Zinsänderungsrisiken, kleiner.[3] Aus diesen Gründen können Preisformeln für Aktienoptionen nicht direkt zur Wertbestimmung von Rentenoptionen angewendet werden.

Bei Begründungen von **Indexoptionen** wird als Basispreis der aktuelle Indexstand zugrundegelegt. Die Optionswerte ermitteln sich durch die Indexveränderung während der Laufzeit, multipliziert mit einem Faktor, der je nach Index variiert. Bei Optionsausübung erfolgt i.d.R. keine physische Andienung, da die veroptierten Basisinstrumente, d.h. der Index nur eine fiktive Maßgröße darstellen. Vielmehr erfolgt ein sog. "cash-settlement", d.h. ersatzweise zur physischen Andienung des veroptierten Gutes erfolgt bei Differenzen zwischen Strike- und Kassapreis ein Wertausgleich durch Barzahlung.

b) Terminmarktinstrumente

Veroptierbare Termininstrumente sind in erster Linie **Financial Futures Kontrakte**, denen wiederum sowohl Wertpapiere, als auch Devisen oder Indizes zugrunde liegen können. Die Ausübung dieser Optionen führt, im

[2] R. Schöbel: Zur Theorie der Rentenoptionen (1987), S. 11-13.

[3] U. Hielscher: Finanzmathematische Grundkonzepte der modernen Investmentanalyse (1988), S. 13-15.

Gegensatz zu den vorgenannten Optionen, nicht zu einem sich unmittelbar daran anschließenden Kassageschäft. Optionsinhaber erhalten bzw. verkaufen Terminkontrakte, deren verbriefte Rechte erst in der Zukunft auszuüben sind. Da Termingeschäfte als Basisinstrument im Vergleich zu Kassainstrumenten andere Risikostrukturen, sowie unterschiedliche "cost of carry" aufweisen (z.B. eine Nachschußpflicht bei Financial Futures), können auch bei diesem Optionstyp die allgemeinen Preisformeln für Aktienoptionen nicht direkt übernommen werden. Ausübungen erfolgen, vergleichbar mit auf Wertpapieren begründeten Optionen, durch die Übertragung der veroptierten Assets, hier speziell der Futurekontrakte.

Neben dieser bereits in der Praxis etablierten Variante sind viele Kombinationen mit anderen Termininstrumenten denkbar. Besonders das Schreiben von **Optionen auf** bestehende, an der Börse gehandelte **Optionen** (traded options) erscheint für volatile Märkte sinnvoll. Durch diese Konstruktion kann man mit einem im Vergleich zum "einfachen" Optionsgeschäft relativ kleinem Kapitaleinsatz eine Preissicherung für große Volumina aufbauen. Neben dem Vorteil des geringen Kapitaleinsatzes birgt diese Konstruktion jedoch den Nachteil in sich, daß zum Erreichen des Break-Even-Points erst zwei Optionsprämien durch die Marktentwicklung "verdient" werden müssen. Deshalb können diese Optionskombinationen nur bei hoher Schwankungsintensität eingesetzt werden.

1323 Abgrenzung und funktionale Aufteilung der Optionsmärkte

Die Ab- und Eingrenzung von Optionen kann nach verschiedenen Kriterien erfolgen, z.B. nach:

- der Kontraktlaufzeit (minimal, durchschnittlich oder maximal),
- den Wahlrechttypen (bedingte oder feste) oder
- der Art und Anzahl möglicher Basisinstrumente (Assets).

In Abb. 1 sind z.B. die möglichen Kombinationen zwischen bedingten Termingeschäften und Basisinstrumenten dargestellt. Die Vielzahl der möglichen Basisinstrumente zeigt die beträchtlich große Vielfältigkeit und Flexibilität von Optionen (dick ausgezogene Linien) im Vergleich zu anderen bedingten Termingeschäften.

Eine weitere Abgrenzung der Optionen zu anderen bedingten Termingeschäften kann beispielsweise durch eine Gegenüberstellung der Merkmale von Optionen und deutschen Optionsscheinen erfolgen. Obwohl Optionsscheine und Kaufoptionen scheinbar sehr ähnliche Instrumente sind, unter-

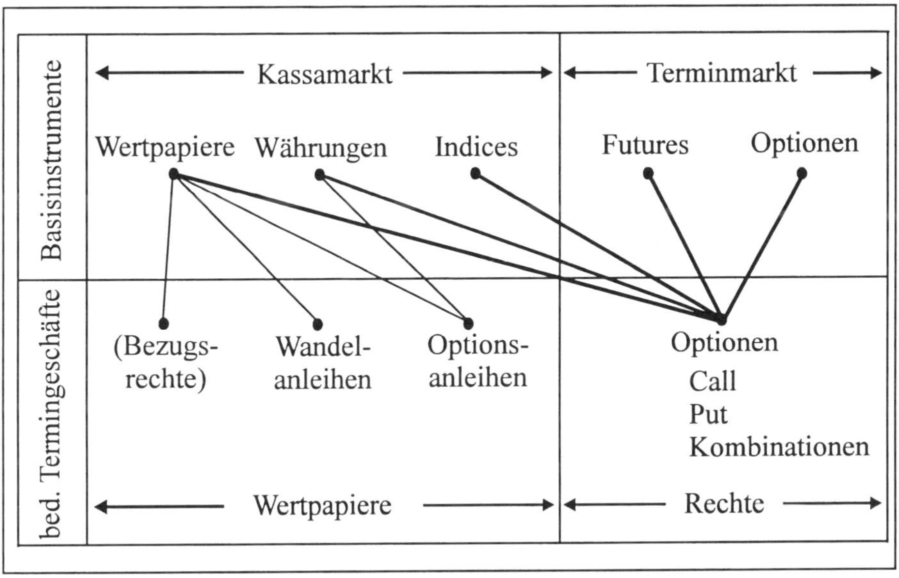

Abb. 1: Basisinstrumente bedingter Termingeschäfte

scheiden sie sich in verschiedenen Punkten. So sind z.B. Optionsscheine Wertpapiere mit Wertpapierkennummern, Kaufoptionen sind dagegen "nur" Rechte, aber keine Wertpapiere. Die maximalen Laufzeiten betragen bei Optionsscheinen i.d.R. mehrere Jahre, während DTB Optionen lediglich eine maximale Laufzeit von 6 Monaten aufweisen. Bei Optionsscheinausübungen werden junge Aktien aus bedingten Kapitalerhöhungen von den Aktienemittenten angedient, während bei Optionsausübungen i.d.R. bereits gehandelte Altaktien übergeben werden.[4] Der Optionsscheinhandel wird, mit Ausnahme der Emission, die ein Börsentermingeschäft sein kann, der Kategorie der Kassageschäfte zugeordnet. Optionsgeschäfte sind dagegen immer Börsentermingeschäfte, unabhängig ob sie zum ersten Mal, also auf dem Primärmarkt, oder ob sie auf dem Sekundärmarkt weitergehandelt werden. Dabei stellt diese Marktaufspaltung keine räumliche sondern eine geschäftsspezifische Abgrenzung dar. Auf den **Primärmärkten** werden nur neu begebene Optionen gehandelt, d.h. Optionsverkäufer und Stillhalter sind

[4] Ausnahmen können bei Kapitalerhöhungen (ordentliche und aus Gesellschaftsmitteln) während der Optionslaufzeit vorkommen. So können Optionseigentümer bei der Ausübung neben den veroptierten Altaktien auch entsprechend den ausgegebenen Bezugsrechten junge Aktien anteilsmäßig erhalten.

identisch. Auf den **Sekundärmärkten** werden keine neu begründeten, sondern ausschließlich bereits bestehende Optionen erneut gehandelt.

1324 Optionstypen (european und american options)

a) Fälligkeitsterminbezogene Ausübungsmöglichkeit (european options)

Die sog. europäische Option kann nur stichtagsbezogen zum Fälligkeitstermin ausgeübt werden. Dieser Typ von Optionen wurde bis ins 20. Jahrhundert in Europa gehandelt, daher auch der Name. Der "europäische" Optionstyp spielt nach wie vor für die theoretische Optionspreisberechnung eine wichtige Rolle. Bedingt durch die Restlaufzeit, die nur bei europäischen Optionen ex ante bekannt ist, wird häufig für die Optionsbewertungsmodelle vereinfachend dieser Optionstyp zugrundegelegt (vgl. Abschnitt 1352).

b) Permanente Ausübungsmöglichkeit (american options)

Amerikanische Optionen können zu jedem Zeitpunkt während der Optionslaufzeit ausgeübt werden.[5] Dieser Typ ist die heute gängige Form der an den Börsen gehandelten Optionen (traded options). Es gibt nur wenige Ausnahmen, so z.B. bei einigen Indexoptionen. Diese Sonderregelungen sind notwendig, da die permanente Bereitschaft der Andienung bzw. Abnahme der veroptierten Assets nur mit unverhältnismäßig hohen Bestandhaltungskosten möglich wäre, so daß diese Optionen im Vergleich zu den theoretischen Optionspreisen extrem überteuert und somit nur mangelhaft fungibel sein würden.[6]

---

5 Dies sagt noch nichts über die Handelbarkeit bestehender Optionen (Weiterverkauf) aus. Ob Optionen handelbar sind, hängt zum einen von Angebot und Nachfrage, aber auch von der Voraussetzung, ob überhaupt ein Sekundärmarkt vorhanden ist, ab.

6 Die "cost of carry" werden auch als Bestandhaltungskosten verstanden. Nach dieser Auffassung setzen sie sich aus drei Komponenten zusammen:

1. Lagerkosten des veroptierten Gutes,
2. Opportunitätskosten, welche die überschüssigen Erträge einer Alternativanlage zum Stillhaltergeschäft darstellen (Zinskosten) und
3. laufende Gebühren, wie z.B. Depotgebühren.

133 Motive und Positionen bei Optionsgeschäften

1331 Grundlegende Einzelpositionen

a) Kauf von Kaufoptionen (call-longposition) und von Verkaufsoptionen (put-longposition)

Käufer (Inhaber) amerikanischer Optionen erlangen von den **Verkäufern** (**Stillhalter in Assets**) das Recht, innerhalb der Optionslaufzeiten jederzeit die veroptierten Assets zu erwerben. Die Käufer erwarten Kursanstiege, die über den festgelegten Basispreis (X) plus Optionspreis (C) hinausgehen. Treten die Erwartungen ein, so können die Käufer durch Ausüben der Optionen die Assets zu den festgelegten Basispreisen erwerben und durch den Verkauf der Assets zum Marktpreis einen Gewinn realisieren. Eine alternative Möglichkeit zur Gewinnrealisierung besteht in dem Weiterverkauf der Optionen zu den aktuellen Marktpreisen. Bei entgegengesetzten Kursentwicklungen entstehen maximal Verluste in Höhe der gezahlten Optionspreise.

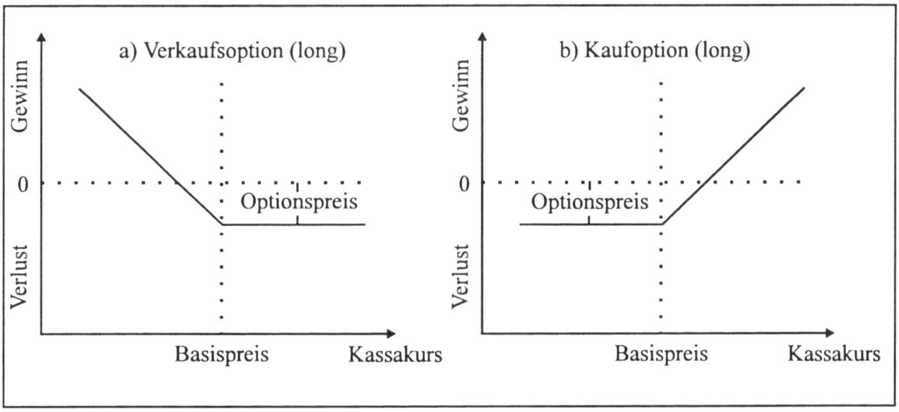

Abb. 2: Risikoverläufe bei Optionskäufen (long positions)

Käufer von Verkaufsoptionen sind berechtigt, während der Laufzeit die den Optionen zugrundeliegenden Assets an die Stillhalter zu den festge-

Vgl. R. Cordero: Der Financial Futures Markt (1987), S. 142-145; J. Welcker / J. W. Kloy: Professionelles Optionsgeschäft (1988), S. 84.

legten Basispreisen zu verkaufen. Die Optionskäufer (Inhaber) erwarten stark fallende Kassakurse. Optionsausübungen sind dann sinnvoll, wenn die aktuellen Kurse unter dem Basispreis liegen. Die Gewinnzone wird dann erreicht, wenn die Kassakurse unter die Marke "Basispreis minus Optionspreis" sinken. Bei diesen Konstellationen können die Assets billiger am Kassamarkt beschafft und zu den höheren Basispreisen gewinnbringend angedient werden, oder aber einfach auf den Sekundärmarkt zu den derzeitigen Marktwerten weiterverkauft bzw. übertragen werden. Liegen am Ende der Laufzeit die Basispreise der Puts unter dem Kassakurs, so sind die Optionen wertlos. Das maximale Verlustpotential für diese Position liegt in Höhe der gezahlten Optionspreise.

b) Verkauf von Kaufoptionen (call-shortposition) und Verkaufsoptionen (put-shortposition)

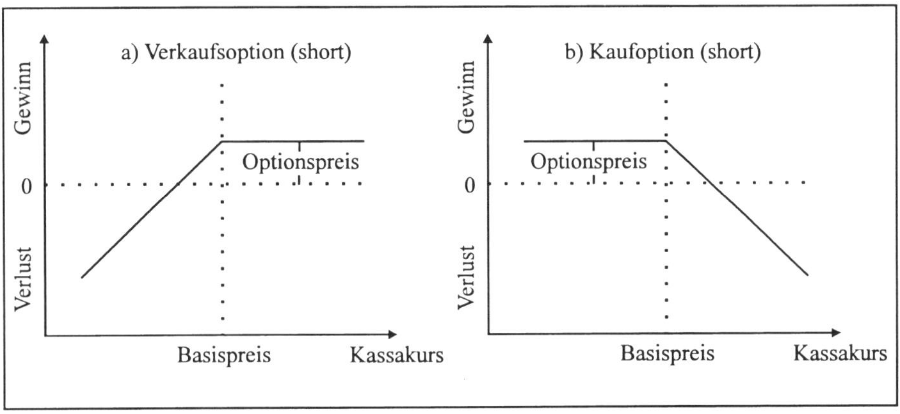

Abb. 3: Risikoverläufe bei Optionsverkäufen (short positions)

Verkäufer von Kaufoptionen (Stillhalter in Assets) müssen während der gesamten Optionslaufzeit in der Lage sein, die den Geschäften zugrundeliegenden Assets für eventuelle Optionsausübungen anzudienen. Die Verkäufer erwarten während der Laufzeit nur leicht schwankende oder sogar gleichbleibende Kurse. Im Falle von ungedeckten Optionsgeschäften, sog. **naked options**, entstehen bei starken, über die Basispreise hinausgehende Kursanstiege "Verluste", da die veroptierten Assets zu Marktpreisen eingedeckt und zu dem niedrigeren Basispreis dem Optionskäufer angedient werden müssen. Dagegen bewirken fallende Kassakurse auf der Stillhalterseite keine Verluste.[7]

7 Bei gedeckten Optionen (covered options) bewirken Kassarückgänge einen Wertverfall

Die folgende Abbildung 4 gibt in komprimierter Form eine Übersicht der vier Grundpositionen bei Optionsgeschäften.

"call-long position" (Kauf von Kaufoptionen) Gewinner bei **starkem** Kassakurs-**anstieg**. Liegt der Kassakurs bei Fälligkeit über dem Basispreis, dann ist eine Optionsausübung sinnvoll. (S > X)	K A S S A K U R S	**"put-short position"** (Verkauf von Verkaufsoptionen) Gewinner bei **mittlerem** und starkem Kassakurs**anstieg**. Liegt bei Fälligkeit der Kassakurs über dem Basispreis, so ist eine Optionsausübung nicht sinnvoll. (S > X)
	Basispreis	
"call-short position" (Verkauf von Kaufoptionen) Gewinner bei **geringen** Kassakurs**schwankungen**. Liegt bei Fälligkeit der Kassakurs unter dem Basispreis, so ist eine Optionsausübung durch den Käufer nicht sinnvoll. (S < X)	K A S S A K U R S	**"put-long position"** (Kauf von Verkaufsoptionen) Gewinner bei **starkem** Kassakurs**verfall**. Liegt bei Fälligkeit der Kassakurs unter dem Basispreis, dann ist eine Optionsausübung sinnvoll. (S < X)

Abb. 4: Die vier Grundpositionen bei Optionsgeschäften

Verkäufer von Verkaufsoptionen (Stillhalter in Geld) verpflichten sich, Assets während der Optionslaufzeit zu festgelegten Basispreisen abzunehmen (put-shortposition). Sie erwarten steigende oder zumindest über dem Basispreis bleibende Kurse. Die Ziele der Stillhalter liegen in der Vereinnahmung der Optionsprämien, wobei das Risiko in der eventuell geforderten Abnahme der zugrundeliegenden Assets zu einem über dem Markt liegenden Preis besteht. Der maximale Gewinn wird durch die Höhe der vereinnahmten Optionsprämien festgelegt, während der maximal denkbare Verlust

---

der veroptierten Assets, die, da sie für die gesamte Laufzeit "gesperrt" sind, nicht veräußert werden können. In diesem Sinne führen stark fallende Kassakurse zu Verlusten bei Stillhaltern. Dagegen sind die bis zum Verfallstag erfolgten Kursanstiege, die über dem Basispreis liegen, erfolgsneutral, da sich Verluste aus der Stillhalterposition mit Gewinnen aus der Assetposition ausgleichen. Die resultierende Chancen-Risikofunktion einer gedeckten Call-short Position gleicht somit dem Verlauf bei einer putshortposition.

sich aus der Differenz "Basispreis minus Kassakurs plus Optionspreis" (X–S+P) ergibt.

1332 Optionsstrategien

a) Straddle

Ein Straddle besteht aus einer gleichgewichteten Kombination von Kauf- und Verkaufsoptionen. Calls und Puts sind sowohl auf dasselbe Asset bezogen, besitzen identische Laufzeiten und lauten auf den selben Basispreis. In der Regel wird als Basispreis der aktuelle Kassakurses gewählt, so daß zum Zeitpunkt des Kaufes alle Optionen am Geld oder m.a.W. **at-the-money** (zum Begriff vgl. auch Abschnitt 1341) sind.

Straddleinhaber (long position) erwarten starke Kursschwankungen, wollen oder können sich jedoch noch nicht auf die Richtung festlegen. Im Vergleich zu "einfachen" Kaufoptionen kommen Straddlepositionen bei ansteigenden Kassakursen erst wesentlich später in die Gewinnzone (vgl. Abb. 5), da durch die Kursanstiege nicht nur der Preis der Kauf-($\overline{AB}$), sondern auch zusätzlich derjenige der Verkaufsoptionen ($\overline{BC}$) "verdient" werden muß. Dieser, im Vergleich zum einfachen Call annähernd doppelte Preis entspricht der Strecke ($\overline{AC}$). Eine "straddle long position" hat jedoch den Vorteil, daß, anders als bei "einfachen call long positions" die Inhaber auch an fallenden Kursen partizipieren können. In diesen Fällen verringern sich die Callwerte auf nahezu Null, was jedoch durch den Wertzuwachs der Puts ausgeglichen, bzw. bei Erreichen der Break Even Points überkompensiert wird. Dadurch können in der Gesamtposition auch bei starken Kursrückgängen Gewinne erzielt werden.

Straddlestillhalter erwarten bei den zugrunde liegenden Assets leicht schwankende, sich jedoch nicht signifikant verändernde Kassakurse. Im Vergleich zu den Positionen "einfacher" Stillhalter in Geld erhalten die Straddleverkäufer insgesamt Prämien von annähernd doppelter Höhe bei gleichzeitig entsprechend gesteigerten Risiken, denn Inhaber dieser Position sind sowohl Stillhalter in Assets, als auch in Geld. Während für Stillhalter in Assets nur bei stark steigenden Kursen Risiken bestehen, so kommen mit Straddle-Gesamtpositionen zusätzlich auch bei stark fallenden Kursen Verlustpotentiale hinzu. Ihre Risikoverläufe sind also denen eines Straddleinhabers (long position) quasi spiegelbildlich.

b) Strangle

Strangles bestehen, ähnlich wie Straddles, aus gleichen Teilen von Calls und Puts. Sowohl das zugrundeliegende Asset, als auch die jeweiligen Restlaufzeiten sind i.d.R. identisch. Im Unterschied zu Straddles differieren jedoch die Basispreise. Die Optionen liegen aus dem Geld oder m.a.W. **out-of-the-money**. Im Vergleich zum Straddle liegt der Vorteil der "long position" in den niedrigeren Optionspreisen, wodurch der Kapitaleinsatz für die gesamte Kombination geringer ist. Dafür besteht der Nachteil, daß die Gewinnzone erst mit stärkeren Kassakursveränderungen erreicht wird, da zusätzlich der out-of-the-money Anteil "verdient" werden muß.

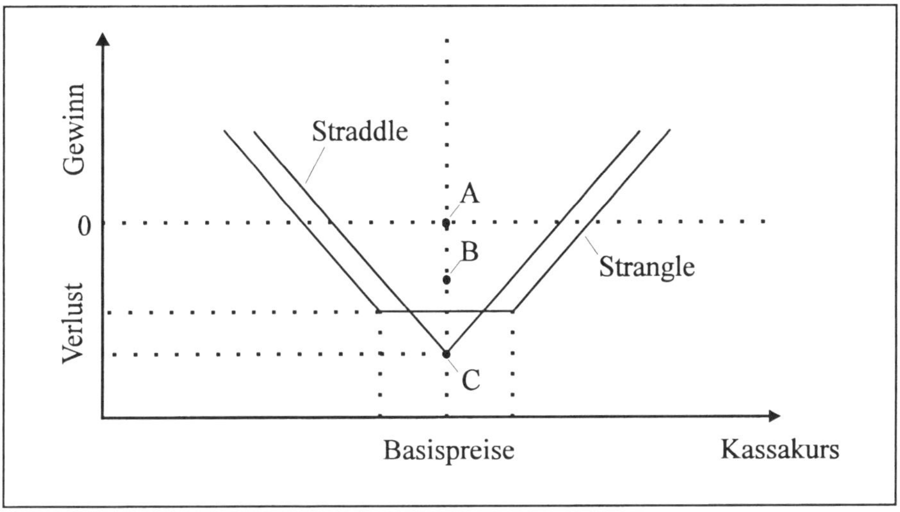

Abb. 5: Risikoverläufe von Straddles und Strangles (long)

Der Anwendungsbereich für Strangles "long position" liegt in extrem volatilen Märkten, bei denen eine einheitliche Kassakurstendenz zum Zeitpunkt des Kaufes noch nicht abzusehen ist. Stillhalter erwarten schwankende Kassakurse, deren vermutete Kursamplituden noch über denen von Straddlepositionen liegen, andererseits jedoch nicht größer sind als die vereinnahmten Optionsprämien (P + C). Bedingt durch die Verschiebung der Basispreise in den out-of-the-money Bereich nehmen die Chancen, daß die veroptierten Rechte nicht abgerufen werden, zu. Analog zu diesen geringeren Ausübungswahrscheinlichkeiten sind auch die nach dem Fair Value berechneten Stillhalterprämien niedriger (vgl. Abschnitte 1341/42).

c) Synthetische Devisentermingeschäfte

Als synthetische Instrumente werden allgemein Kombinationen aus einzelnen Terminmarktinstrumenten bezeichnet, welche die Chancen-Risikoverläufe bestimmter Finanzinstrumente durch einzelne selbständige Teilinstrumente nachbilden. Die dabei eingehenden Instrumente bilden Bestandteile der Gesamtrisikofunktionen. Durch additive Verknüpfung dieser einzelnen Bestandteile werden Gesamtpositionen erstellt, deren Chancen-Risikoverläufe mit denen der nachzubildenden Instrumente identisch sind. Diese Vorgehensweise entspricht dem Duplizierungsprinzip (vgl. Abschnitt 1143).

Dazu ein Beispiel: Zur Festschreibung einer in 90 Tagen zu erfüllenden US-$-Verbindlichkeit über den Gegenwert von DM 125.000 auf den aktuellen Kassakurs wird ein Absicherungsinstrument gesucht. Dazu kann entweder ein "einfaches" Devisentermingeschäft gewählt werden oder aber ein "synthetisches" Instrument in Form einer Kombination aus zwei Optionsgeschäften (call-long position, put-short position).

Klassisches Devisentermingeschäft:

Beim Kauf der US-$ per Termin werden mit steigenden Devisenkursen Gewinne (ersparte Mehrkosten) erzielt, bei fallendem Kassakurs entstehen Verluste in Form von Opportunitätskosten und zwar in Höhe des Differenzbetrages, der ohne den Abschluß des Devisentermingeschäfts hätte eingespart werden können. Absicherungskosten entstehen bei Devisentermingeschäften in Höhe des Swapsatzes multipliziert mit dem Absicherungsbetrag zuzüglich Bankprovisionen. Die Gesamtrisikofunktion wird in Abb. 6 durch die mit "1" bezeichnete Kurve dargestellt.

Synthetisches Termingeschäft:

Zur Absicherung gegen steigende Devisenkurse wird ein Call auf Basis des aktuellen Kassakurses erworben. Die Risikoposition entspricht dem Verlauf der Kurve 2 in Abb. 6. Die dabei entstehenden Absicherungskosten liegen deutlich über denen des Devisentermingeschäfts. Die Optionsvariante bietet jedoch neben der Absicherung gegen einen Kursanstieg auch eine Risikobegrenzung bei Kursrückgängen. Zur kompletten Nachbildung des festen Termingeschäfts wird dieser Vorteil des Optionsgeschäfts durch den Verkauf eines Puts (Basispreis = aktueller Kassakurs) entgeltlich abgetreten. Der Risikoverlauf der Put-short-position entspricht Kurve 3. Die Gesamtkosten beider Optionsgeschäfte belaufen sich auf nahezu Null, da die vereinnahmte Stillhalterprämie fast dem gesamten investierten Callpreis entspricht. Den resultierenden Risikoverlauf beider Optionsgeschäfte zeigt Kurve 4.

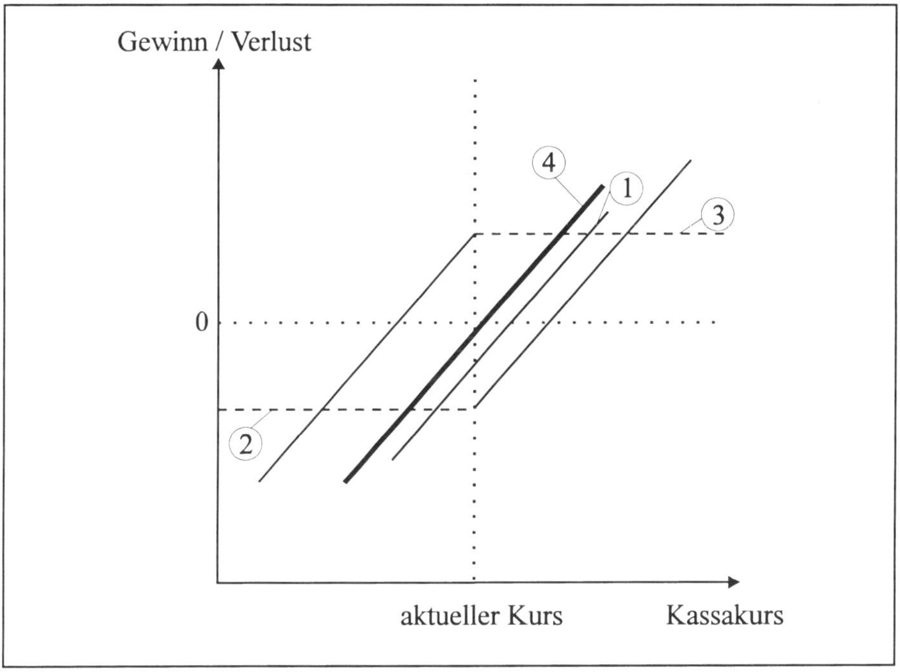

Abb. 6: Synthetisches Devisentermingeschäft

Eine Gegenüberstellung der Varianten 1 und 4 zeigt, daß beide Positionen über den gleichen Betrag, mit selben Basispreis und identischer Fristigkeit lauten. Trotz unterschiedlicher Instrumente werden die selben Zahlungsströme gleichartig abgesichert. Durch Addition der beiden Positionen 2 und 3, die jeweils bedingte Termingeschäfte sind, entsteht als Gesamtposition ein festes Termingeschäft, das mit einem Devisentermingeschäft vergleichbar ist. Ein Vergleich der Absicherungskosten zeigt i.d.R. einen Kostenvorteil des synthetischen gegenüber dem klassischen Devisentermingeschäft, der in der Praxis durch hier unberücksichtigte Transaktionskosten jedoch verringert wird.

134 Die Komponenten des Optionswertes

In diesem Abschnitt werden die wichtigsten Einflüsse auf den Optionspreis dargestellt. Länderspezifische Usancen, sowie Steuern und Transaktionskosten, werden für die grundlegenden Betrachtungen vernachlässigt.

Der Preis, bzw. der Wert einer Option setzt sich aus zwei Komponenten zusammen, und zwar aus dem laufzeitunabhängigen **inneren Wert** und dem laufzeitabhängigen **äußeren Wert bzw. Zeitwert**.

1341 Innerer Wert (intrinsic value)

Als innerer Wert wird der aktuell realisierbare Gewinn in Höhe der Differenz zwischen Basispreis und Kassakurs bezeichnet. Seine Höhe ist unabhängig von der Restlaufzeit. Bei **in-the-money** Optionen kann dieser Wert durch Optionsausübung realisiert werden.[8] Das daraus resultierende Ergebnis wird als Differenzgewinn bezeichnet. **At-the-money** Optionen, bei denen Basispreis und Kassakurs übereinstimmen, besitzen keinen inneren Wert. Auch bei **out-of-the-money** Optionen ist der innere Wert gleich Null. Eine Optionsausübung wäre, im Vergleich zu Kassageschäften auf Marktniveau, ungünstiger. Daraus resultiert scheinbar ein negativer innerer Wert. Da Optionen jedoch bedingte Termingeschäfte sind, besteht für Optionsinhaber keine Ausübungspflicht. Optionsrealisierungen werden in diesen Konstellationen aus rationalen Gründen unterbleiben. In Bezug auf den inneren Wert ergibt sich daher eine Wertuntergrenze von Null.

Bei den verschiedenen Optionstypen besteht ein praktischer Unterschied in Bezug auf die Verfügbarkeit des inneren Wertes. Amerikanische Optionen können jederzeit ausgeübt werden, wodurch eine Liquidierung dieser Werte permanent möglich ist. Anders ist dies bei europäischen Optionen, bei denen der innere Wert während der Laufzeit nur rechnerisch existiert, denn bei diesem Typ kann über die Optionsausübung der innere Wert nur zum Fälligkeitstermin realisiert werden. Dagegen ist eine Festschreibung der aktuellen Position durch den Abschluß eines festen Termingeschäftes möglich.

---

[8] Beim Kauf von Kaufoptionen (call-long-position) berechnet sich der innere Wert aus "S –X". Zur Verdeutlichung folgendes Beispiel: Liegt der aktuelle Kassakurs (S) bei DM 100, der Call-Basispreis X auf DM 80, so ist die Option **in-the-money** und besitzt einen inneren Wert von DM 20. Liegt der Basispreis bei DM 100, so ist die Option **at-the-money** und besitzt keinen inneren Wert, bzw. einen gleich Null. Bei einem Basispreis von DM 120 befindet sich die Option **out-of-the-money**, der innere Wert liegt bei Null.

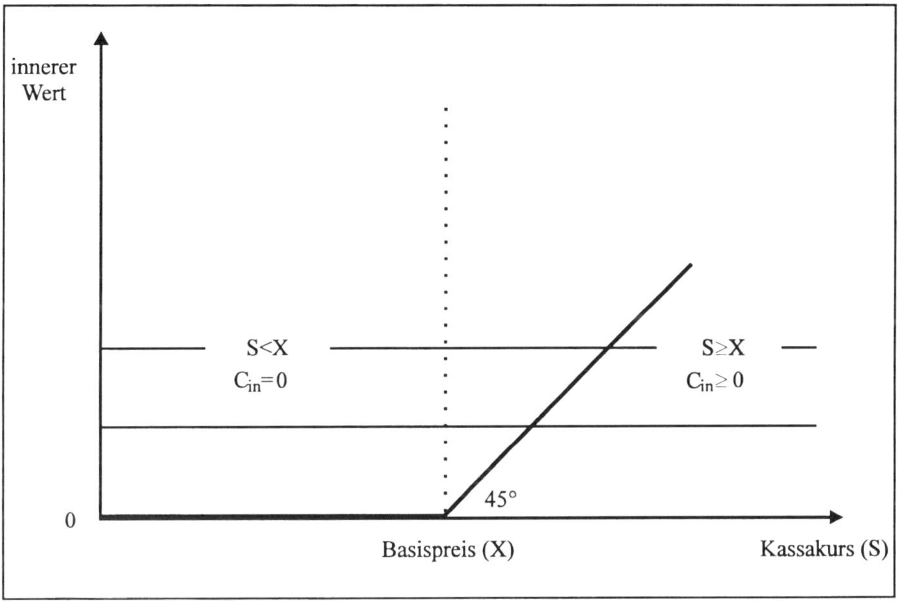

Abb. 7: Verlauf des inneren Wertes bei Kaufoptionen

1342 Zeitwert (extrinsic value)

Als Zeitwert oder "extrinsic value" wird die Differenz zwischen dem gesamten Optionspreis und dem inneren Wert bezeichnet. Bei einer Optionsausübung wird diese Komponente vernichtet, da aus dem Termingeschäft ein Kassageschäft ohne Zeitwertkomponente wird. Der rechnerische Wert ergibt sich aus folgender Formelübersicht:

für C_{in}, $P_{in} > 0$	für C_{in}, $P_{in} < 0$
$C_{ex} = C - (S - X)$ $P_{ex} = P - (X - S)$	$C_{ex} = C$ $P_{ex} = P$

Abb. 8: Zeitwertberechnung

Die Bestimmung der Zeitwertkomponente erfolgt aus den Größen Volatilität (V), Restlaufzeit (T), Risikoloser Zinssatz (r) und dem Optionstyp (europäisch oder amerikanisch). Diese Determinanten werden im folgenden in ihrer Wirkungsweise beschrieben.

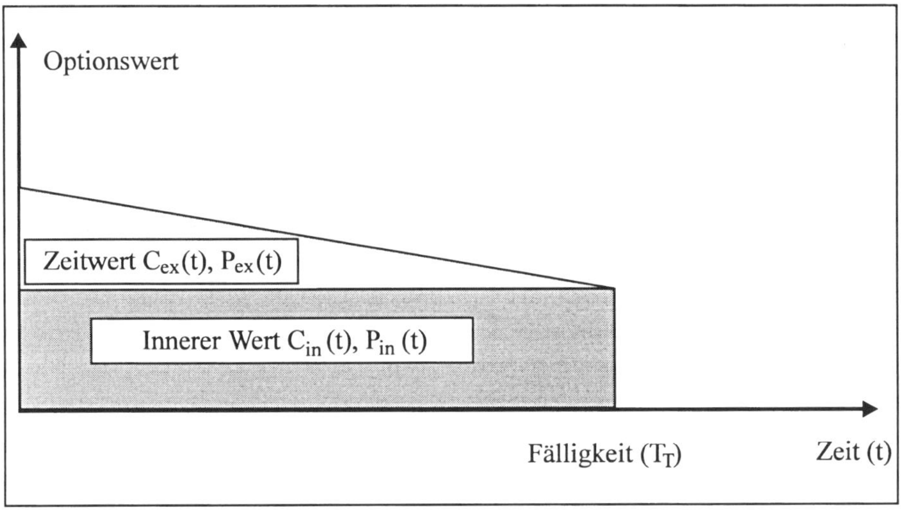

Abb. 9: Dynamische Optionspreisdarstellung

Der prinzipielle Verlauf des Wertes einer Option während ihrer gesamten Laufzeit ist in Abb. 9 dargestellt, wobei für das Beispiel vereinfachend ein konstanter Kassakurs von der Optionsbegründung (T_0) bis zum Fälligkeitszeitpunkt (T_T) vorausgesetzt wird.[9]

Nachfolgend werden die wichtigsten quantifizierbaren Einflußfaktoren auf den Zeitwert aufgezeigt.

1. Volatilität V,
2. Restlaufzeit T,
3. Risikoloser Zinssatz r,
4. Optionstyp (european, american styled)

Abb. 10: Wichtige Einflußgrößen auf den Zeitwert

Die aus diesen Einflußfaktoren ermittelten Optionspreise werden in der Praxis zwar tendenziell, jedoch nicht unbedingt exakt mit den Börsennotierungen übereinstimmen. Der Grund liegt vornehmlich in temporären Marktineffizienzen.[10] Trotz bzw. gerade wegen dieser Abweichungen ist es

9 Der Verlauf des Zeitwerts ist idealisiert dargestellt. Die theoretische Optionspreisberechnung zeigt bei längeren Restlaufzeiten keinen linearen, sondern einen progressiven Zeitwertverlauf. Für eine globale Optionswertbetrachtung kann jedoch mit guter Näherung die linearisierte Form verwendet werden.

10 Dabei können im realen Handel verschiedene Optionen, die auf die selben Assets bezogen sind, über- als auch unterbewertet sein, bzw. mit unterschiedlichen Volatilitäten versehen sein.

wichtig, den Gleichgewichtspreis zu ermitteln, um daraus Ungleichgewichte erkennen und darauf reagieren zu können.

a) Volatilität

In der Optionspreisberechnung wird die **Schwankungsbreite des zugrundeliegenden Kassakurses** als Volatilität bezeichnet. Zur Abschätzung dieser Größe können adaptiv oder hybrid extrapolierende Methoden verwendet werden.[11] Auch subjektive Bestimmungen sind denkbar. Im folgenden sollen lediglich extrapolierende Verfahren betrachtet werden, da diese mathematisch eindeutig bewertbar sind. Unter der Annahme, daß die Aktienkursveränderungen kurzfristig einen "random walk" folgen, kann die Volatilität auf Basis historischer Kassakursbewegungen mit statistischen Verfahren erfaßt und quantitativ beurteilt werden.[12]

Mit Hilfe der Regressionsberechnung von Kassakurszeitreihen wird die Kenngröße **Varianz** (σ^2), bzw. die **Standardabweichung** (σ), ermittelt, welche die historische Schwankungsbreite über eine bestimmte Periode wiedergibt. Die dabei gewählte **Stichprobengröße** n soll, um statistisch als abgesichert zu gelten, eine Mindestzahl von 10 Werten umfassen. Dabei können entweder Tages-, Wochen-, Monats- oder auch Quartalswerte verwendet werden. Für alle diese Varianten ist jedoch eine konstante Intervalldauer wichtig. Bei der Festlegung des Erfassungszeitraums ist auf eine möglichst hohe Aktualität des Zahlenmaterials zu achten. Je länger die Zeithorizonte in die Vergangenheit zurückreichen, um so unzuverlässiger sind die daraus abzuleitenden Aussagen über künftige Entwicklungen. Als geeignete Parametergrößen haben sich eine Anzahl von 20 Stichproben mit 7-tägigen Zeitintervallen erwiesen.[13]

Die **Berechnung von Varianzen- oder Standardabweichungen** wird, je nach gewähltem Berechnungsintervall, selbst bei konstanten Schwankungsbreiten der Stichprobenwerte unterschiedliche Varianzen des Basisinstruments liefern. Um auch die Volatilitätskennzahlen, die aus unterschiedlichen Intervallgrößen bestimmt wurden, vergleichbar zu machen, werden die jeweiligen Einzelergebnisse mit einem **Annualisierungsfaktor** auf jährliche Werte standardisiert. Unterstellt man einen "random walk",

---

[11] H. Schnabel: Theoreme der Erwartungsbildung (1988).

[12] Vgl. Abschnitt 128 sowie U. Hielscher: Technische Aktienanalyse versus Random-Walk-Hypothese (1975). G. Güttler / U. Hielscher: Aktienoptionspreise und ihre Komponenten (1977).

[13] R. M. Bookstaber: Option Pricing and Strategies in Investing (1981), S. 76-82.

dann gilt das sog. **Wurzelgesetz**, das im folgenden kurz hergeleitet wird.

Ausgehend von der Annahme, daß die Veränderungen der Kassakurse S, einem diskreten Random Walk gehorchen, ergibt sich:

[1] $S_1 = S_0 + \varepsilon_1$ mit $\varepsilon_t = N(0, \sigma)$

[2] $S_2 = S_1 + \varepsilon_2$ $\sum(\varepsilon_t, \varepsilon_{t+1}, \varepsilon_{t+2,...}) = 0$

[3] $S_3 = S_2 + \varepsilon_3$ usw.

also:

[4] $S_3 = S_0 + \varepsilon_1 + \varepsilon_2 + \varepsilon_3$

$$\begin{aligned} var(S_3) &= var(S_0 + \varepsilon_1 + \varepsilon_2 + \varepsilon_3) \\ &= 0 + var(\varepsilon_1) + var(\varepsilon_2) + var(\varepsilon_3) \\ &= \sigma^2 + \sigma^2 + \sigma^2 \\ var(S_3) &= 3 \cdot \sigma^2 \\ STD(S_3) &= \sqrt{3} \cdot \sigma \end{aligned}$$

oder allgemein:

$$\begin{aligned} var(S) &= M \cdot \sigma^2 \\ STD(S) &= \sqrt{M} \cdot \sigma \end{aligned}$$

Abb. 11: Entwicklung des Wurzelgesetzes

Diese kurze Herleitung zeigt, daß bei normalverteilten Grundgesamtheiten und unabhängigen ε_t Standardabweichungen, deren Berechnung auf unterschiedlichen Zeitintervallen basieren, über den Annualisierungsfaktor auf jährliche Werte normiert werden können.[14]

Die Berechnung des Annualisierungsfaktors wirft die Frage auf, welche Anzahl von Tagen ein 1-Jahreszeitraum umfaßt. So können als Basisgröße 360 bzw. 365 Kalendertage angesetzt werden, wie dies bei der Verzinsung festverzinslicher Wertpapiere üblich ist. Alternativ können aber auch 250 Handelstage verwendet werden, was ungefähr der jährlichen Anzahl an Kassakursnotierungen entspricht.[15] Zur Klärung dieser oft kontrovers

---

[14] Der Annualisierungsfaktor M errechnet sich dabei aus dem Quotienten (Anzahl der Tage eines Jahres) / (Anzahl der Tage des Kursintervalls). Z.B. ergibt sich bei einer quartalsweisen Kurserfassung ein Annualisierungsfaktor von M = 4.

[15] Als Vertreter der 360 Tage Variante können u.a. Black und Scholes angesehen werden, die diesen Zeitraum nicht nur zur Volatilitätsberechnung, sondern auch für den gesamten Aufbau ihres Optionspreismodells verwenden. Vgl.: F. Black. / M. Scholes: The Pricing of Options and Corporated Liabilities (1973). Zur gleichen Gruppe ist auch Bookstaber zu zählen. R. M. Bookstaber: Option Pricing and Strategies in Investing (1981), S. 75-77. Im Gegensatz zu dieser Gruppe vertreten Cox und Rubinstein die Auffassung, daß für eine binomiale Optionsbewertung nur die Börsenhandelstage zur Volatilitätsberechnung zu verwenden sind. J. C. Cox / M. Rubenstein: Option Markets

diskutierten Frage kann die Betrachtung des ursächlichen Grundes für Optionspreisveränderungen hilfreich sein. So reagieren Optionen auf Veränderungen der börsenmäßig notierten Basisinstrumente, z.B. Aktien. Diese Finanzinstrumente werden jedoch nach der **efficient market theory** wiederum von der Höhe der aktuellen Firmenwerte preisbestimmt. Somit ist auch eine Neubewertung des Firmenwertes ursächlich verantwortlich für Optionspreisveränderungen. Da Veränderungen der Firmenwerte nicht nur an Börsenhandelstagen, sondern zu jedem Kalendertag entstehen können, wird im folgenden die Basis für ein Jahr auf 360 Tage gesetzt. Die folgende Abbildung 12 zeigt die daraus resultierende Formel zur Berechnung der Varianz.

$$\sigma^2 = M \cdot \frac{1}{(n-2)} \cdot \sum_{t=1}^{n-1} (\ln R_t - m)^2$$

mit:	$R_t = S_t / S_{t-1}$	**Stichprobenintervalle**	
		quartalsweise	: M = 4
	$m = \frac{1}{(n-1)} \cdot \sum_{t=1}^{n-1} \ln R_t$	monatlich	: M = 12
		wöchentlich	: M = 52
		täglich	: M = 360

Abb. 12: Varianzberechnung

b) Risikoloser Zinssatz

Unter dem risikolosen Zinssatz r wird eine Maßgröße verstanden, mit der kurzlaufende (festverzinsliche) Staatspapiere verzinst werden. Nach der Kapitalmarkttheorie gilt unter Annahme effizienter Märkte, daß Anlagealternativen der gleichen Risikoklasse auch gleiche Renditen aufweisen (vgl. auch Abschnitt 2472). Bei einem Risiko von Null liegt die Verzinsung in der Höhe des risikolosen Zinssatzes r.[16]

(1985), S. 257. Bereits für eine Intervalldauer von 1 Woche sind die Unterschiede nicht mehr groß, wie die folgende Rechnung für eine Intervalldauer von 1 Woche zeigt: 360/7 = 51,43 bzw. 250/5 = 50,0.

16 In der Praxis ist es schwierig, **den** risikolosen Zinssatz r zu bestimmen, da neben differierenden Restlaufzeiten die einzelnen Anlagealternativen meist unterschiedliche Risiken wie Länder-, Politik-, Bonitäts- oder Liquidierbarkeitsrisken beinhalten (vgl. auch Abschnitt 24 über Rating). Risikobehaftete Investments beinhalten je nach Risikoklasse einen entsprechenden Aufschlag auf den risikolosen Zinssatz. Bei Optionen richtet sich der Aufschlag c.p. nach der Höhe der Volatiliät des Basisinstruments, wie unter Abschnitt 1342 a) beschrieben.

c) Optionstyp

Der Wert ist weiterhin von dem Optionstyp abhängig. Europäische Optionen können nur am Fälligkeitszeitpunkt ausgeübt werden, während amerikanische Optionen während der gesamten Laufzeit realisierbar sind. Gewinnbringend ist eine Ausübung europäischer Optionen (mit t = T) nur unter den Bedingungen: $C(S_T - X > 0)$ bzw. $P(S_T - X < 0)$. Eine vorteilhafte Ausübungsmöglichkeit liegt also nur dann vor, wenn zum Fälligkeitszeitpunkt T der Kassakurs S über (Call), bzw. unter (Put) dem Basispreis X liegt. Andere Konstellationen während der Laufzeit können nicht zur Realisierung des inneren Wertes verwendet werden. Bei amerikanischen Optionen entfällt die strenge Ausübungsrestriktion (t = T). Bei diesem Optionstyp können die inneren Werte jederzeit liquidiert werden. Durch diese permanente Realisierungsmöglichkeit besitzen amerikanische Optionen ceteri paribus einen höheren Wert als ansonsten identische europäische Optionen.

d) Restlaufzeit (Fälligkeit)

Die Restlaufzeit von Optionen wird in der Regel in Tagen gemessen. Je nach Landesusancen wird ein Jahr mit 360 bzw. 365 Tagen gerechnet. Die Restlaufzeit hat zwar keinen linearen Einfluß auf den Optionswert, doch kann generell festgestellt werden, daß längere Optionslaufzeiten auch höhere Preise bewirken.[17] Bei konstanter Volatilität aber länger werdender Laufzeit vergrößern sich gemäß des "Wurzelgesetzes" die erwarteten Abweichungen vom ursprünglichen Kassakurs lediglich degressiv, so daß aus längeren Restlaufzeiten auch lediglich unterproportional höhere Optionspreise resultieren.[18]

1343 Call-Put-Parity

a) Begriffsbestimmung

Unter dem Begriff Call-Put-Parity wird eine feste Preisrelation zwischen Kauf- und Verkaufsoptionen verstanden. Als Ausgangspunkt der Berechnung wird ein "richtig" bewerteter Call (Put) benötigt. Auf diesen Preis auf-

[17] G. Güttler / U. Hielscher: Aktienoptionspreise und ihre Komponenten (1977).

[18] J. Cox. / M. Rubinstein: Options Markets (1985), S. 34/35 und G. Güttler / U. Hielscher: Aktienoptionspreise und ihre Komponenten (1977).

bauend ist daraus der Wert eines entsprechenden Puts (Calls) zu bestimmen.[19] Ist der ermittelte Wert identisch mit dem tatsächlichen Preis, so sind beide Optionen in einem preislichen Gleichgewicht, oder mit anderen Worten, die Optionen sind gemäß der Call-Put-Parity korrekt bewertet.

Zur Verdeutlichung ein Beispiel: Ein Anleger erwirbt ein Asset. Gleichzeitig sichert er dieses Investment durch einen Putkauf auf Basis des aktuellen Kassakurses gegen Kursrückgänge ab. Zur Erhöhung der Rendite veroptiert er das Asset und verkauft auf der aktuellen Basis einen Call. Der Investor hat durch diese Konstruktion eine geschlossene, d.h. risikolose Position, die ihm eine bereits "ex ante" bestimmbare Rendite erbringt, da der Erlös zum Fälligkeitszeitpunkt bereits bekannt ist. Mit Beendigung der Optionslaufzeit bestehen 3 Möglichkeiten zur Abgabe des Assets, die jedoch alle zum gleichen Ergebnis führen.

Mögliche Varianten bei Fälligkeit			Stillhalterergebnis
a.)	$S_T < X$	Ausübung des "puts"	Cash Zufluß in Höhe von X
b.)	$S_T = X$	Verkauf des Assets	Cash Zufluß in Höhe von X
c.)	$S_T > X$	Abruf des Assets	Cash Zufluß in Höhe von X

In allen drei Fällen erhält der Investor am Ende der Laufzeit genau den Betrag X. Aus der Differenz der Anfangsinvestition und der Rückzahlungssumme resultiert die im voraus bekannte Rendite.

Liegt diese Verzinsung über der risikolosen Rendite (vgl. Abschnitt 1342b), so wäre entweder der verkaufte Call **overpriced** oder der gekaufte Put **underpriced**. Treten diese Fehlbewertungen auf effizienten Märkten auf, so werden sich via Arbitrage diese **mispriced options** mit ihren marktunüblichen Renditen an das "richtige" Marktzinsniveau angleichen.

b) Rechnerische Wertbestimmung

Zur mathematischen Preisbestimmung werden, analog zu den Voraussetzungen für effiziente Märkte, vgl. auch Abschnitt 127, folgende Rahmenbedingungen angenommen:

Es ist davon auszugehen, daß die Marktteilnehmer rational handeln, also

---

[19] Zur Optionspreisberechnung über die Call-Put-Parity können nur direkt miteinander vergleichbare europäische Optionen, d.h. Kontrakte, die auf das selbe Asset mit gleichem Basispreis und identischer Fälligkeit abgeschlossen sind, verwendet werden.

vorteilhafte Investments erkennen und auch durchführen, wobei keine Präferenzen für einzelne Assets oder Marktbegrenzungen, wie z.B. Limitierung des zur Verfügung stehenden Kapitals, existieren. Steuern und Transaktionskosten werden generell vernachlässigt. Bei den betrachteten Optionskontrakten, handelt es sich um europäische Optionen, die nicht vorzeitig ausgeübt werden können. Bei allen Optionen sind sowohl Basispreise als auch die Fristigkeiten gleich.

Investor A kauft zum Zeitpunkt t_0 ein Asset zum Preis S_0 sowie einen Put zum Preis P_0. Für den Verkauf des Calls erhält er den Wert C_0. Der Saldo der getätigten Investition zum Zeitpunkt t_0 ist: "$C_0 - P_0 - S_0$". Für das Gleichgewicht gilt Gleichung [A] in Abbildung 13.

Formelaufstellung

[A]	$X = (P_0 + S_0 - C_0) \cdot (1 + r \cdot T / 360)$	(Arbitragegleichgewicht)
[B]	$C_0 = P_0 + S_0 - \frac{X}{(1 + r \cdot T / 360)}$	(Call-Put-Parity)
[C]	$P_0 = C_0 - S_0 + \frac{X}{(1 + r \cdot T / 360)}$	(Put-Call-Parity)
[D]	$C_0 = P_0 + \frac{r \cdot T / 360 \cdot S_0}{(1 + r \cdot T / 360)}$	(für $S_0 = X$)

Abb. 13: Herleitung der Call-Put-Parity

Sind zum Zeitpunkt t_0 Basispreis X und Kassakurs S identisch, so liegt der Preis des Calls über dem des Puts (Gleichung D). Infolge des Ansteigens des inneren Wertes steigt der Wert der Kaufoption, je weiter der Basispreis unter den aktuellen Kassakurs sinkt. Für Verkaufsoptionen gilt entsprechendes.

Eine absolute Preisbestimmung von Optionen kann durch die Call-Put-Parity nicht erfolgen. Vielmehr wird eine **relative Preisbestimmung** durchgeführt, d.h. auf Basis eines "richtig" (fair value im Sinne von Black/Scholes, vgl. Abschnitt 1352) bewertet unterstellten oder marktüblich bewerteten Calls (Puts) wird ein entsprechender Put (Call) berechnet.

135 Theoretische Optionspreisbestimmung

1351 Strukturierung der Modellansätze

Nach den überwiegend qualitativen Optionswertbetrachtungen in Abschnitt 134 werden in dem nachfolgenden Kapitel numerisch exakte Ansätze behandelt. Zur Systematisierung der Modellvielfalt sei auf Ernst[20] verwiesen. Danach können die Bewertungsmodelle zum einen in die Kategorie der a-posteriori- und zum anderen in die Gruppe der a-priori-Modelle eingestuft werden. Zu den erstgenannten gehören ökonomische Bewertungsmodelle mit statistischen Regressionsansätzen. Die zweite Kategorie besteht aus partiellen bis hin zu vollständigen Gleichgewichtsmodellen.

a) Statistische Regressionsmodelle

Diese Modelle werden auf der Grundlage von ex-post Regressionsanalysen mit vergangenheitsorientierten Parametern erstellt. Dabei werden auf Basis von beobachteten Verhaltensstrukturen sowie Analysen funktionaler Zusammenhänge, z.B. mittels linearer oder multipler Regressionsberechnungen, Prognosen über zukünftige Optionspreise erstellt. Ziel dieser Vorgehensweise ist es, aus spezifischen Wirtschaftsdaten Rückschlüsse auf Entwicklung und Höhe zukünftiger Optionspreise zu erhalten.[21]

Der Vorteil dieser Verfahren liegt in der relativ einfachen mathematischen Berechnung. Grundlegend nachteilig wirkt sich jedoch die ausschließliche Verwendung historischer Daten aus, welche die zukünftigen Entwicklungen der zugrunde liegenden Assets häufig nicht in befriedigender Weise erklären können. Daneben werden für Regressionsberechnungen oft Kausalbeziehungen vorausgesetzt, die explizit nicht bewiesen sind, und oftmals auch eventuelle Autokorrelation der verwendeten Parameter nicht ausreichend berücksichtigt. Als Vertreter statistischer Preismodelle können Giquere (1958), Boness (1964) oder auch Kassouf (1965) genannt werden.

b) Gleichgewichtsmodelle

Die Grundlage aller Gleichgewichtsmodelle ist die einheitliche Kapital-

---

[20] D. P. Ernst: Aktienpreisverlaufshypothesen und Optionsscheinmodelle (1973), S. 77-79.

[21] G. Köpf: Ansätze zur Bewertung von Aktienoptionen (1987), S. 110-115.

markttheorie über effiziente Märkte und die Annahme der Existenz eines einheitlichen Zinssatzes r für risikolose Investments. Unter diesen Prämissen werden Preismodelle konstruiert, welche die Optionswerte zum Fälligkeitszeitpunkt t_T bestimmen sollen. Die ermittelten Preise werden als "**fair value**" bezeichnet, da sie auf effizienten Kapitalmärkten weder den Inhabern noch den Stillhaltern via Arbitrage Differenzgewinne ermöglichen. Um die Optionspreise zum aktuellen Zeitpunkt t_0 zu erhalten, werden die Optionspreise C_T mit dem risikolosen Zinssatz r auf ihren Barwert abgezinst, d.h. mit anderen Worten, durch Abdiskontierung von Erwartungswerten mit dem risikolosen Zinssatz r werden die fairen Optionspreise C_0 bestimmt.

Werden in den Modellen zur Bestimmung der zukünftigen Optionspreise statt allgemeiner exogener Parameter Risikoprämissen der Anleger oder vereinfachende Hypothesen der Kursverläufe bei den zugrundeliegenden Assets verwendet, so liegen partielle Gleichgewichtsmodelle vor, da sie nur für bestimmte Teilbereiche der Kapitalmärkte zutreffen. Dieser Typ wird auch als erste Generation der Optionsgleichgewichtsmodelle bezeichnet. Als Vertreter dieser ersten Generation seien besonders Sprenkle (1964), Samuelson (1969) sowie Merton (1971) erwähnt.[22]

Das spezifische Merkmal der partiellen Gleichgewichtsmodelle und zugleich auch ihr signifikanter Nachteil wurde bei der zweiten Entwicklungsstufe dieser Berechnungsverfahren eliminiert, die eine weitere Globalisierung der Optionsbewertung mit vollständigen Gleichgewichtsmodellen erreichte. Bei diesen Ansätzen werden spezifische Annahmen bezüglich der Anlegerverhaltensweisen, welche die Allgemeingültigkeit der Modelle aus der 1. Generation verhinderten, vermieden. Statt dessen werden die Gleichgewichtspreise aus dem wertmäßigen Vergleich unterschiedlicher risikoloser Investments abgeleitet. Begründer dieser vollkommenen Gleichgewichtsmodelle sind Black und Scholes (1972).[23]

1352 Das Black/Scholes Modell

a) Grundgedanke des Modells

Ausgangspunkt dieser wegweisenden Theorie ist das Postulat, daß in einem

[22] G. Köpf: Ansätze zur Bewertung von Aktienoptionen (1987), S. 112.
[23] C. W. Smith: Applications of Option Pricing Analysis (1979).

vollkommenen Kapitalmarkt mit jedem risikolosen Investment beliebiger Zusammensetzung eine bestimmte Rendite, und zwar genau der marktübliche Zinssatz r für risikolose Anlagen, erzielt wird. Bei Black und Scholes besteht dieses risikolose Investment aus einem gehedgen Portefeuille, das aus einem festgelegten Verhältnis von einer "long position" in Aktien und einer "short position" in Calls aufgebaut ist.[24] Gemäß der Kapitalmarkttheorie vollkommener Märkte folgern Black und Scholes, daß der Ertrag aus dieser risikofreien Investition genauso groß sein muß, wie aus jeder anderen risikolosen und zeitkongruenten Anlage:

Rendite eines gehedgten risikolosen Portefeuilles	=	**Marktrendite risikoloser Anlagen.**

Der Gesamtwert des Portefeuilles verändert sich nun allerdings laufend, und zwar zum einen durch Kassakursveränderungen[25] und zum anderen durch die kürzer werdende Restlaufzeit der Optionen. Zur permanenten Erhaltung der Risikofreiheit des Portefeuilles durch Hedging ist daher eine stetige Strukturumschichtung zur Anpassung an die aktuelle Marktlage notwendig.

b) Modellvoraussetzungen

Wie bereits bei der allgemeinen Beschreibung der Gleichgewichtsmodelle erwähnt, muß in den Modellansätzen von vielen Unstetigkeiten der realen Märkte abstrahiert werden. Erst aufgrund dieser Vereinfachung ist es möglich, schlecht strukturierte Praxisprobleme mit Hilfe von mathematischen Gleichungen zu Lösungssystemen zu verknüpfen. Black und Scholes setzen folgende drei Punkte als Rahmenbedingungen des Marktes (Abb. 14) und weiter sieben Prämissen für den Aktien- und Optionshandel (Abb. 15) fest.Eine Bewertung dieser Prämissen, die in der Praxis wohl kaum in vollem Umfang erfüllt werden können, soll an dieser Stelle nicht vorgenommen werden.

---

24 Genau genommen ist die bestehende Aktien-long-position lediglich teilweise durch die veroptierten Assets gedeckt. Solche teilkongruent gesicherten Positionen werden deshalb als **partly covered options** bezeichnet. Bei 100% kongruent gesicherten Stillhalterpositionen spricht man von **covered options**. Völlig ungedeckte Optionen (Leerverkäufe) werden als **naked options** bezeichnet.

25 Ein steigender Kassakurs erhöht den Wert der Aktien-"long position". Gleichzeitig verringert er jedoch den Wert der Call-"short position". Ein Absinken der Kassanotierung wirkt entsprechend.

1.	Die Transaktionen werden in einem vollkommenen Kapitalmarkt durchgeführt.
2.	Käufe und Verkäufe von Aktien und Optionen haben keinen Einfluß auf die Kassakurse.[26]
3.	Informationen sind kostenlos und sofort für jeden Marktteilnehmer verfügbar.

Abb. 14: Rahmenbedingungen des Marktes

1.	Zinssatz "r" risikoloser Anlagen ist bekannt und konstant.
2.	Keine Dividendenzahlungen während der Optionslaufzeit.
3.	Aktienkurse folgen einem kontinuierlichen "random walk".
4.	Ausübung nur bei Fälligkeit (european styled options).
5.	Transaktionskosten und Steuern werden vernachlässigt.
6.	Leerverkäufe sind erlaubt und möglich.
7.	Stückelung von Aktien und Calls sind beliebig möglich.

Abb. 15: Prämissen des Aktien- und Optionshandels

Auf Basis der zentralen Gleichgewichtsaussage wird ein Hedge-Portefeuille aufgebaut, dessen Wert V_H sich aus den beiden Komponenten (Anzahl der Aktien Q_S mal Kassakurs) und (Anzahl der Optionen Q_C mal Optionspreis) ergibt. Mathematisch kann dies durch die Formel $V_H = Q_S \cdot S + Q_C \cdot C$ beschrieben werden. Da bei einem Hedgeportefeuille bei Veränderungen des Kassakurses S der gesamte Portefeuillewert V_H konstant bleiben muß, werden diese Kassakursschwankungen Wertänderungen sowohl bei den Aktien als auch bei den Optionen erzeugen, die jedoch wertmäßig in entgegengesetzter Richtung verlaufen. Dadurch wird die Zusammensetzung der Aktien long- und der Call short-Positionen verändert. Black/Scholes definieren die Wertveränderung der Call Position pro veränderte Kassakurseinheit als Hedge Ratio ($\delta C / \delta S$). Sie erhalten daraus eine Maßgröße, die anzeigt, um welchen Betrag sich die Portefeuillekomponente der Calls bei kleinen Kassakursbewegungen der Aktien verändert. Damit stellen sie eine lineare Gleichung auf, die den Zusammenhang zwi-

[26] Als Beispiel der realen Verhältnisse auf den Kassamärkten sei hier eine Untersuchung des Autors angeführt. Im Zeitraum vom 15.4.83 bis zum 15.1.84 wurden die Kursverläufe von 46 deutschen Aktien untersucht. Zu diesem Zeitpunkt hatten die gesamten Optionsgeschäfte nur ein Volumen von ca. 3% des Aktienmarktes. Die Terminmarktauswirkungen auf den Kassamarkt waren jedoch so stark, daß jeweils zu den Fälligkeitsterminen Kursrückgänge von durchschnittlich 4%, bezogen auf die jeweiligen Kassakurse, entstanden.

schen Kassakurs- und Optionspreisveränderungen beschreibt. Zur Überführung dieses stochastischen Ansatzes in ein kontinuierliches, nicht lineares Bewertungsmodell wandeln die Autoren die bestehende Differenzengleichung über eine Grenzwertbetrachtung (lim $\Delta t \rightarrow 0$) sowie mit Hilfe des Lemmas von Ito in eine Differentialgleichung um und lösen die Gleichung nach der einzigen Unbekannten, dem Callpreis C, auf.[27]

Eine Lösung dieser Differentialgleichung war ohne Festlegung weiterer Prämissen nicht möglich. Da die Gleichung von Black/Scholes eine identische Struktur mit der aus der Physik bekannten Formel zur Wärmeleitberechnung nach Churchill zeigte, deren Lösung bereits gelungen und empirisch überprüft war, beschritten sie den gleichen Lösungsweg. Dies war ein richtiger und praktikabler Weg, wie sich später durch alternative Lösungsansätze von Cox und Ross,[28] aber auch durch die Ergebnisse der Praxis zeigte.

c) Die Formel

Abb. 16 zeigt die Black/Scholes Formel (B/S Formel) für europäische Kaufoptionen in der ursprünglichen Form.[29]

$$C = S \cdot N(d_1) - X \cdot e^{-rT} \cdot N(d_2)$$

mit: $d_1 = \dfrac{\ln\ (S/X) + (r + 0{,}5 \cdot \sigma^2) \cdot T}{\sigma \cdot \sqrt{T}}$ $\qquad d_2 = d_1 - \sigma \cdot \sqrt{T}$

$N(d)$ = kum. Standardnormalverteilung $(-\infty \rightarrow d)$

Abb. 16: Wert eines Calls nach Black/Scholes

Anhand der Formel ist direkt zu erkennen, daß nach diesem Modellansatz folgende 5 Größen einen Einfluß auf den Wert von Optionen haben:

1. Kassakurs S
2. Basispreis X
3. Risikoloser Zinssatz r
4. Volatilität V (gemessen in σ, bzw. σ^2)
5. Restlaufzeit T

Mit Ausnahme vom 2. Punkt resultieren aus ansteigenden Werten der Einflußparameter auch höhere Callwerte.

---

[27] F. Black / M. Scholes: The Pricing of Options and Corporate Liabilities (1973).
[28] C. W. Smith: Option Pricing (1976).
[29] F. Black / M. Scholes: The Valuation of Option Contracts (1972), S. 400 - 402.

Um die bereits aus Abschnitt 1342 bekannten Einflüsse der Parameter Volatilität V und Restlaufzeit T auf die nach der Black/Scholes Formel ermittelten Optionspreise darzustellen, werden die Optionspreise bei variierender Volatilität über verschiedene Restlaufzeiten in Abb. 17 graphisch dargestellt.

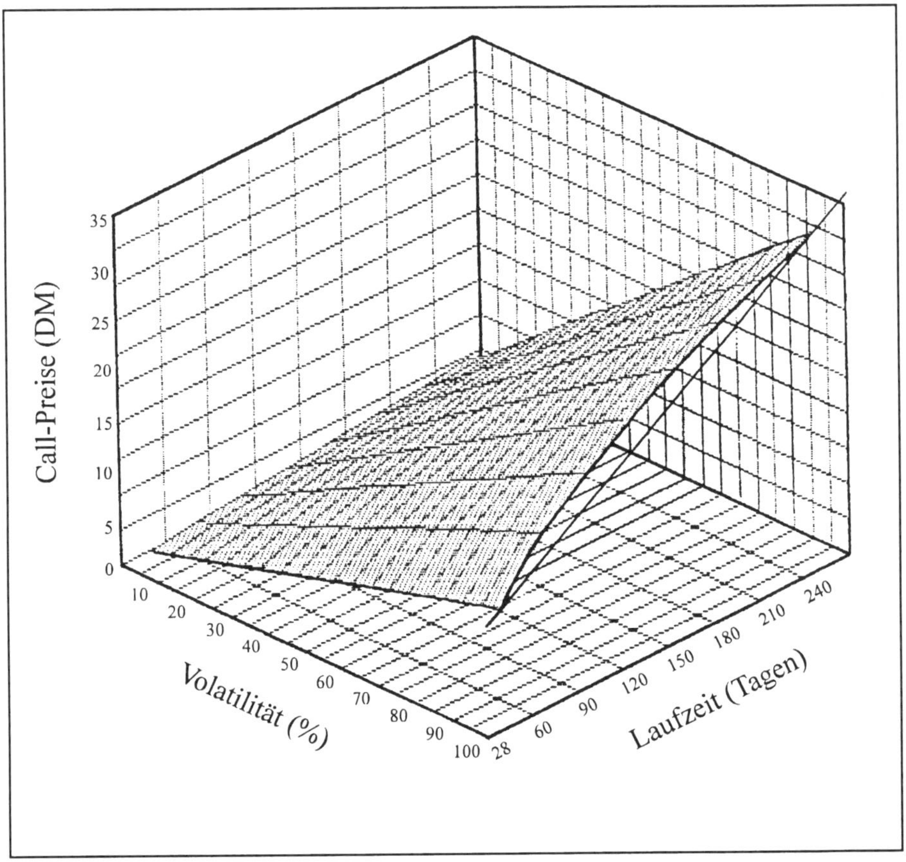

Abb. 17: Optionspreise nach der Black/Scholes Formel

Aus dieser Abbildung ist deutlich zu erkennen, daß mit jeweiligem Ansteigen der beiden Parameter sich der Wert der Optionen erhöht. Dabei wirken sich Volatilitätsveränderungen linear, Restlaufzeitverlängerungen dagegen degressiv auf die Höhe der Optionspreise aus.

1353 Implizite Volatilität

a) Begriffsbestimmung

Die historische Volatilität wird aus Vergangenheitsdaten, also aus historischen Preisveränderungen des Basisinstruments ermittelt. Durch eine Regressionsanalyse wird die Standardabweichung (σ) bestimmt. Mit dieser Methode werden immer Durchschnittswerte aus "alten" Kursen verwendet, weshalb bei dieser Volatilitätsberechnung das Problem einer mangelnden Zeitnähe auftaucht. Deshalb wird i.d.R. selbst mit einer mathematisch exakt durchgeführten historischen Volatilitätsrechnung die tatsächliche aktuelle Schwankungsbreite niemals bestimmt werden können. Das Ziel ist es jedoch, mit der Volatilitätsbestimmung eine Aussage über das zukünftige Risiko des Basisinstruments zu treffen. Um eine **aktuelle Marktbewertung der Volatilität** zu ermitteln, wird im Gegensatz zur Berechnung des historischen Kennwertes bei der Bestimmung der sog. **impliziten Volatilität (implied volatility)** die Risikogröße **aus einem einzigen aktuellen Wert**, nämlich dem notierten Optionspreis, mit Hilfe von Optionspreisformeln ermittelt. Diese, zur klassischen Optionspreisbestimmung **rekursive** Vorgehensweise wird in der folgenden Abbildung 18 dargestellt.

Berechnung der impliziten Volatilität				
gegebene Parameter		**Optionspreisformel**		**Ergebnis**
Kassakurs				
Basispreis				implizite Volatilität,
Restlaufzeit	→	Optionspreismodell	→	aktueller
Risikoloser Zinssatz				Stichtagswert
Marktpreis der Option				

Abb. 18: Vorgehensweise zur Bestimmung der impliziten Volatilität

Mit der impliziten Volatilität V_i wird die derzeitige **theoretische Volatilität** zum aktuellen Zeitpunkt t_0 ermittelt, d.h. die über einen Optionspreis errechnete Größe, mit welcher der Markt die **aktuelle Bewegungsfreudigkeit** des veroptierten Assets einschätzt.[30] Dies ist die derzeit zeitnäheste Möglichkeit, das zu erwartende Basisinstrumentrisiko durch eine Maßzahl

[30] Diese so bestimmte Größe gibt den Volatilitätswert an, bei dem die über theoretische Optionspreismodelle berechneten Optionspreise mit den real gehandelten übereinstimmen. Bildet das Optionspreismodell die reale Situation exakt ab, so entspricht die implizite auch der wahren Volatilität.

in Form einer **tagesbezogenen** Schwankungsbreite zu bestimmen. Es ist naheliegend, daß die implizite Volatilität die aktuelle Schwankungsintensität des Basisinstruments besser wiedergibt, als die historische. Da jedoch nicht mit Sicherheit bestimmt werden kann, wie nahe dieser Wert an der tatsächlichen Volatilität liegt, ist es vorteilhaft, die implizite Volatilität nicht als absolute Größe, sondern als einen **Vergleichsmaßstab**, eine sog. **Benchmark** des wahren Risikos, zu bezeichnen. Unter diesen Voraussetzungen können aus dem Vergleich der historischen mit der impliziten Volatilität je nach Anwendungsspektrum unterschiedliche Analysen bzw. Strategien erstellt werden.[31]

b) Berechnung

Die Berechnung erfolgt auf Basis von Optionspreismodellen, wobei nicht der Optionspreis (C, P), sondern die Volatilität V_i die Zielgröße ist. Als Optionspreis wird dabei der Marktpreis der Option C_m bzw. der sog. Gleichgewichtspreis, der sich aus Angebot und Nachfrage ergibt, zugrundegelegt. Diese so umgestellte Optionspreisformel kann nicht mehr analytisch gelöst werden, was primär auf die Dichtefunktion der kumulativen Normalverteilung N zurückzuführen ist. Für den Lösungsansatz können verschiedene **Iterationsverfahren** verwendet werden, die das Ergebnis numerisch an die exakte Lösung annähern. Als Lösungsverfahren kommen z.B. das Newton-Verfahren, das Newton-Raphson-Verfahren oder das Pegasus-Verfahren in Betracht.[32]

Im folgenden werden die Voraussetzungen zur Berechnung der impli-

---

31 Ausgangssituation: Es existieren gleichzeitig mehrere Optionen, die auf Basis eines identischen Assets begründet sind, sich aber in Laufzeit und/oder Basispreis unterscheiden.

1. Liegen die Optionen eines Assets teilweise über, aber auch unter dem theoretisch richtigen Preis, so handelt es sich um Marktungleichgewichte in einem nicht effizienten Markt. Durch Vergleich beider Volatilitätsgrößen wird eine Preisvorteilhaftigkeit oder ein Nachfrageüberhang einzelner Optionen sichtbar.
2. Liegt bei allen bzw. bei der überwiegenden Mehrheit der notierten Optionspreise eine tendenziell gleichartige Abweichung von dem Fair Value vor, so sind historische und implizite Volatilität nicht mehr identisch. Das zugrundeliegende Asset bzw. das Risikomaß wird im Markt mittlerweile anders bewertet. Die daraus abzuleitende Folgerung beschränkt sich ausschließlich auf dieses Basisinstrument selbst. Eine Preiswürdigkeitsbeurteilung einzelner Optionen auf dieses Asset ist nicht möglich.

32 Zum Newton-Verfahren und Sekantenverfahren vgl.: I. N. Bronstein / K. A. Semendjajew: Taschenbuch der Mathematik (1979), S. 782-784. Zur Bestimmung eines geeigneten Startwertes für das Newton-Raphson-Verfahren vgl.: S. Manaster / G. Koehler: The Calculation of Implied Variances (1982), S. 227-230.

ziten Volatilität nach der Black/Scholes Callpreisformel gegeben. Der Parameter, der mit dem Iterationsverfahren gesucht wird, ist die Volatilität V (gemessen in σ). Für die Berechnung bei sog. **pseudo-amerikanischen Calls**[33] ohne und mit Dividendenzahlungen sind die Gleichungen gemäß Abb. 19 aufzustellen.[34]

ohne Dividendenberücksichtigung

$$0 = C - f(S, t_t, \sigma, r, t_T, X)$$

mit:
T = Restlaufzeit $= (t_T - t_t) / 360$
t_T = Fälligkeitstermin, t_t = Zeitpunkt t während der Laufzeit
r = $\ln(1 + i)$
S = Kassakurs
X = Basispreis
i = Zinssatz
σ = Standardabweichung

$$0 = C - S \cdot N\left[\frac{\ln(S/X) + (r + 0{,}5\sigma^2) \cdot T}{\sigma \cdot \sqrt{T}}\right] - e^{-rT} \cdot X \cdot N\left[\frac{\ln(S/X) + (r - 0{,}5\sigma^2) \cdot T}{\sigma \cdot \sqrt{T}}\right]$$

mit Dividendenberücksichtigung

$$0 = C_d - f(S, t_t, \sigma, t_T, X; d, D_n)$$

mit:
C_d = Callwert mit Berücksichtigung von Dividendenzahlungen
d = Dividendenbetrag, $d = d_{br} - d_{st}, n = 3$,
D_n = Dividendentermin,
d_{st} = Direktsteuerbetrag
(Quellensteuer $= 15\% -> d_{st} = d \cdot 15 / 100$)

Abb. 19: Bedingungen zur Berechnung der impliziten Volatilität amerikanischer Calls

---

[33] Die Weiterentwicklung der europäischen B/S Formel zur Anwendung auf amerikanische Optionskontrakte wird als pseudo-amerikanisch bezeichnet, da es sich "lediglich" um eine numerische, nicht aber um eine analytische Anpassung handelt.

[34] F. Black: Fact and Fantasy in the Use of Options (1975), S. 65. Zu darauf aufbauenden Ergänzungen vgl. W. Hauck: Optionspreise (1991).

Diese Gleichungsansätze sind für den jeweiligen Optionstyp erweiterbar bzw. können an spezifische Optionsausprägungen angepaßt werden. Aufbauend auf diese Optionspreisformel kann mit dem Newton Verfahren der Parameter Volatilität **rekursiv** als implizite Volatilität V_i bestimmt werden.[35]

Ausgangsbedingung:

$$h(x_m) \overset{!}{=} x_m - \frac{f(x)}{f'(x)} \text{ konvergent,}$$

$$\text{wenn: } |h'(x_m)| = \left|\frac{f''(x) \cdot f(x)}{f'(x)^2}\right| < 1$$

Iterationsfolge:

$$x_{m+1} = x_m - \frac{f(x_m)}{f'(x_m)} \qquad f'(x_m) \neq 0$$

mit:

x_m = Startwert der Iteration, x_{m+1} = erster berechneter Näherungswert; $f'(x)$ = 1. Ableitung von f(x)

Abb. 20: Newton'sche Iterationsrechenvorschrift

Näherungsweise kann die momentane theoretische Volatilität auch durch eine einfache lineare Interpolation mit folgender Formel bestimmt werden:

$$V_i = V_g \cdot \frac{C_m}{C}$$

Abb. 21: Vereinfachte Bestimmung der impliziten Volatilität

Die für die Praxis oft ausreichende Variante gemäß Abb. 21 kann bei einfachen Optionsprogrammen auf PC's sowie in programmierbaren Taschenrechnern verwendet werden. Ausgehend von einem notierten Optionspreis C_m wird die Größe der Volatilität geschätzt. Mit der geschätzten Volatilität V_g wird über ein Optionspreismodell der "fair value" C errechnet. In der Regel sind diese beiden vorhandenen Optionspreise C_m und C nicht identisch. Bei geringen Preisunterschieden kann vereinfachend ein linearer Einfluß der Volatilität auf den Optionspreis vorausgesetzt werden. Unter dieser Prämisse wird die Gleichung von Abb. 22 nach der einzigen Unbekannten, der impliziten Volatilität V_i, aufgelöst. Dazu folgendes Beispiel.

---

35 W. Gellert / H. Küstner / M. Hellwich / H. Kästner: Kleine Enzyklopädie-Mathematik (1967), S. 611 - 612.

Datenmaterial:	Notierter Optionspreis:	DM 7,70
	geschätzte Volatilität:	45%
	errechneter Fair Value:	DM 6,95
Lösung:	$\frac{45\%}{6{,}95\ \text{DM}} = \frac{V_i}{7{,}70\ \text{DM}}$	
	implizite Volatilität V_i	= 49,79%
	Nach dem Newtonschen Verfahren gem. Abb. 20 ergibt sich ein $V_i = 50\%$	

Abb. 22: Rechenbeispiel zur impliziten Volatilitätsbestimmung

136 Optionskennzahlen (Sensitivitätsmaße)

1361 Anwendungsbereich

In Abschnitt 135 wurde ein Weg zur Optionswertbestimmung aufgezeigt. Als Zielgröße, bzw. Maßzahl dient dabei der sog. **Fair Value**, der als der gerechtfertigte Optionspreis eingestuft wird. Dabei handelt es sich um eine stichtagsbezogene Wertermittlung, aus der noch keine Aussage über die **Optionspreisdynamik**, die aus zukünftigen Parameterschwankungen resultiert, getroffen werden kann. Zur genaueren Analyse dieser Preisreagibilität wird der Optionspreis, wie in Abschnitt 134 gezeigt, in die beiden Komponenten **innerer Wert** und **Zeitwert** aufgespalten. Die erste Komponente bestimmt sich aus der Differenz von Kassakurs und Basispreis. Der Zeitwert wird hauptsächlich durch die Parameter Volatilität, Restlaufzeit und risikoloser Zinssatz determiniert. Je nach Lage der Option (in-, at- oder out-of-the-money) ist entweder der innere Wert oder der absolute Zeitwert die dominante Komponente des gesamten Optionspreises. Diese variierende Zusammensetzung der beiden Optionspreiskomponenten ist ein wichtiger Grund für die nicht konstanten Auswirkungen von Parameterveränderungen auf den Optionswert. Um auch diese **nicht linear wirkenden Parametereinflüsse** bei der Bewertung von Optionspositionen zu berücksichtigen, sollte neben der Berechnung des stichtagsbezogenen Fair Values zusätzlich auch eine dynamische Risikobewertung durchgeführt werden. Dafür können Kenngrößen, sog. **Sensitivitätsmaße**, ermittelt werden, die jeweils auf Parameterveränderungen von einer Einheit normiert sind. Mathematisch wird dies durch die **partielle Ableitung des Optionspreises nach den einzelnen Parametern** erreicht. Mit diesen Differentialgleichungen können die jeweils unterschiedlichen Parameterauswirkungen auf den theoretischen Optionspreis bestimmt werden.

Im folgenden werden zunächst die beiden Kenngrößen **Delta** und **Gamma** beschrieben, die ein Maß für die Kassakurs- bzw. für die Deltasensitivität sind. Der Restlaufzeiteinfluß wird durch den Faktor **Theta** aufgezeigt, während **Vega** die Auswirkungen von Volatilitätsveränderungen wiedergibt. Als letzte Kennzahl wird die Größe **Rho** vorgestellt, die den Einfluß des risikolosen Zinssatzes auf den Optionswert aufzeigt. Zur Verdeutlichung werden, neben der verbalen und mathematischen Beschreibung, die Funktionsverläufe der Sensitivitätsmaße am Beispiel eines Calls abgebildet. Die Konditionen dieses durchgehenden Beispiels lauten: Fair Value Berechnung nach der B/S Formel für europäische Optionen, **Basispreis X = 100**, Restlaufzeit T = 90, Volatilität V = 20, risikoloser Zinssatz r = 7%.

1362 Delta (Kassakurs induziert)

Die Kenngröße Delta gibt den Zusammenhang zwischen Kassakurs- und Optionspreisveränderungen an, d.h. sie zeigt an, wie stark der Optionspreis auf eine Kassakursveränderung reagiert. Dieser Zusammenhang wird in der folgenden Abbildung 23 graphisch durch den Deltaverlauf über den Kassakurs aufgezeigt.

Bei den out-of-the-money Optionen wird der Optionswert durch den von Kassakursveränderungen unabhängigen Zeitwert dominiert. Ein linearer Zusammenhang zwischen Asset- und Optionspreisveränderungen ist dabei nicht gegeben. Im Extremfall, d.h. bei Optionen, die sehr weit aus dem Geld liegen, sog. far-out-of-the-money Optionen, reagiert der Optionspreis auf Kassakursänderungen kaum bzw. nur sehr träge. Haben solche Kontrakte auch kurze Restlaufzeiten, dann liegt die Deltaveränderung nahe Null. Mit einem ansteigenden Kassakurs vergrößert sich auch Delta immer schneller. Im at-the-money Bereich ist die Deltasteigerung am stärksten. Mit über den Basispreis hinausgehenden Kassakursen schwächt sich die Deltaveränderung wieder ab und nähert sich asymptotisch dem Grenzwert 1 an (für Puts entsprechend −1). In diesem Bereich ist mit jedem Kassakursanstieg eine betragsmäßig fast gleichgroße Aufstockung des inneren Wertes verbunden.

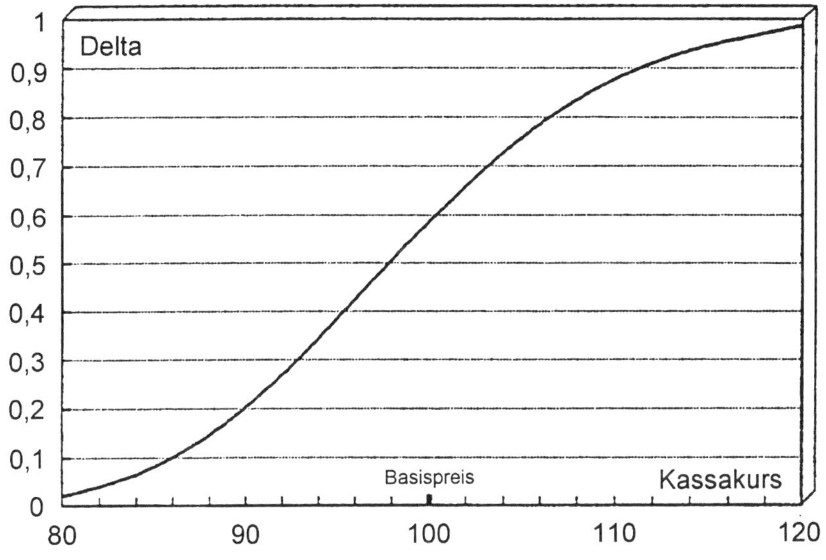

Abb. 23: Delta über den Kassakurs S

Mathematisch bestimmt sich Delta aus der ersten Ableitung des Optionspreises nach dem Kassakurs, was durch die Differentialquotienten $\delta C / \delta S$ bzw. $\delta P / \delta S$ beschrieben wird.[36] Rechnerisch kann diese Kenngröße aus den Formeln der Abbildung 24 bestimmt werden.

$$\text{Call Delta} = \frac{\delta C}{\delta S} = N(d_1) \quad > 0$$

$$\text{Put Delta} = \frac{\delta P}{\delta S} = \left[\frac{\delta C}{\delta S}\right] - 1 = N(d_1) - 1 \quad < 0$$

mit: $N(d_1)$ = **Flächeninhalt** der Standardnormalverteilungsdichte von $-\infty$ bis zum Wert d_1 (vgl. Abb. 16).

Abb. 24: Mathematische Delta-Bestimmung

Das Hauptanwendungsgebiet für Delta liegt in **Hedgestrategien**, d.h. dem Aufbau von Gegenpositionen zu bestehenden risikobehafteten Positionen, um das resultierende Risiko auszuschalten oder zumindestens zu

36 J. C. Cox / M. Rubinstein: Options Markets (1985), S.221.

verringern. Um den Grad der Absicherung bestimmen zu können, muß die Relation Veränderung des Kassakurses/Optionswertveränderung ermittelt werden, woraus sich die sog. hedge ratio bestimmt (vgl. Abschnitt 1352).

1363 Gamma (Delta induziert)

Aufbauend auf Delta zeigt Gamma die Höhe der Deltaveränderung pro Kassakurseinheit, weshalb Gamma als Sensitivitätsmaß von Delta bezeichnet wird. Diese Kenngröße zeigt somit die im Kassakurs liegende Schwungkraft auf Optionswertveränderungen auf. Wie stark dieser Effekt ist, wird in der folgenden Abbildung 25 durch den Gammafunktionsverlauf über den Kassakurs aufgezeigt.

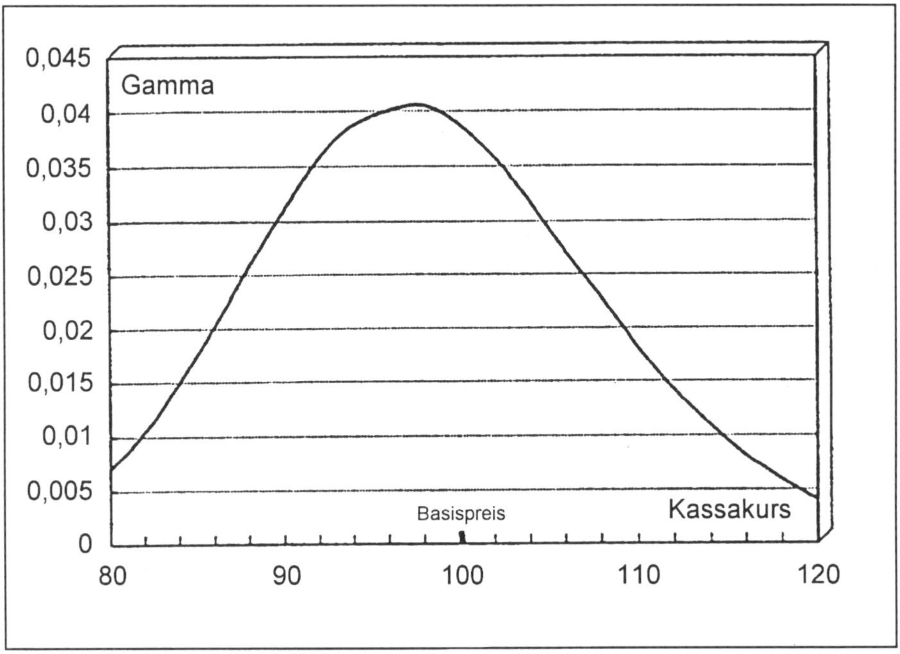

Abb. 25: Gamma über den Kassakurs S

Die höchsten Gammawerte entstehen bei Optionen, die gerade noch im out of-the-money bzw. kurz vor dem at-the-money Bereich sind. Befinden sich Optionen entweder deutlich im Geld oder aus dem Geld, so liegen die Gammawerte weit unter den maximalen Werten. In Extremfällen erfolgen bei far-out-of-the-money Optionen (innerer Wert = Null) bei kleinen Kassakursschwankungen keine Optionspreisveränderungen, weshalb Delta sehr nahe Null ist. Wie in Abbildung 25 zu sehen, ist in diesen Bereichen auch der Gammawert, der die Deltaveränderung angibt, nahe bei Null. Analytisch ist der Gammafunktionsverlauf die zweite Ableitung des Optionswertes nach dem Kassakurs. Diese Kenngröße berechnet sich aus dem partiellen Differentlalquotienten der Deltafunktion, abgeleitet nach dem Kassakurs $\delta\Delta C / \delta S$ bzw. $\delta\Delta P / \delta S$ (vgl. Abbildung 26).[37]

$$\text{Call Gamma} = \frac{\delta\Delta \text{Call}}{\delta S} = \frac{\delta^2 C}{\delta S^2} = \frac{1}{S\sigma\sqrt{t}} \cdot N'(d_1)$$

$$\text{Put Gamma} = \frac{\delta\Delta \text{Put}}{\delta S} = \frac{\delta^2 P}{\delta S^2} = \frac{1}{S\sigma\sqrt{t}} \cdot N'(d_1)$$

mit: $$N'(d_1) = \frac{1}{\sqrt{2\pi}} e^{-0,5 d_1^2}$$

wobei $N'(d_1)$ **nicht** der **Flächeninhalt** bis zum Wert d_1, sondern der **Funktionswert** der Standardnormalverteilungsdichte ist.

Abb. 26: Mathematische Gamma-Bestimmung

Der Anwendungsbereich dieser Kenngröße liegt, ähnlich wie im Fall von Delta, überwiegend bei **Absicherungsgeschäften**. So kann z.B. die bestehende Risikoneutralität eines Hedgeportefeuilles durch eine gammaneutrale Strategie ermittelt werden, da sich dabei durch Kassakursveränderungen die Optionswerte und Assets betragsmäßig gleich, jedoch mit unterschiedlichen Vorzeichen verändern. Hierbei wird die Veränderungsgeschwindigkeit, mit der die Hedgeratio angepaßt werden muß, dargestellt, was vor allem bei hochvolatilen Basisinstrumenten wichtig ist.

1364 Theta (Restlaufzeit induziert)

Theta zeigt den Einfluß von Restlaufzeitänderungen von einem Tag auf Optionspreise auf. Da einmal begründete Optionen nicht prolongiert werden können, beschränken sich Laufzeitveränderungen auf Laufzeitverkürzungen, die pro rata temporis bis zum Fälligkeitszeitpunkt entstehen. In Abbildung 27 wird der Thetaverlauf sowohl über die Restlaufzeit T als auch über den Kassakurs S aufgezeigt.

Wie bei der Herleitung des Wurzelgesetzes in Abschnitt 1342 bereits gezeigt, wirkt der Einfluß der Restlaufzeit nicht linear auf den Optionspreis.

[37] J. C. Cox / M. Rubinstein: Options Markets (1985), S. 215-235.

Bei langen Laufzeiten sinkt er nur schwach, bei kurzen Restlaufzeiten dagegen stark (progressiver Funktionsverlauf). Dieser Zusammenhang wird in Abbildung 27a aufgezeigt. Da bei kurzen Restlaufzeiten die Zeitwertänderungen pro Tag groß sind, besitzt auch die Theta-Funktion in diesem Bereich eine hohe Veränderungsrate. Abbildung 27b zeigt den Thetaverlauf über den Kassakurs. Daraus ist zu erkennen, daß sich die maximalen Thetawerte für at-the-money Optionen ergeben.

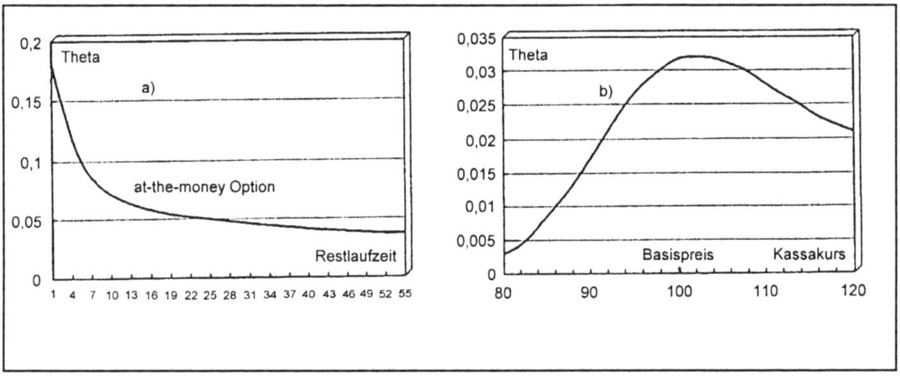

Abb. 27: Theta a) über die Restlaufzeit T, sowie b) über den Kassakurs S

Mathematisch ist Theta die 1. partielle Ableitung des Optionspreises nach der Restlaufzeit. Diese relative Kennzahl wird durch den Differentialquotienten $\delta C / \delta t$ bzw. $\delta P / \delta t$ beschrieben. Die explizite Formel zur Berechnung von Call- und Put-Thetas ist in Abbildung 28 aufgeführt.

Der nicht lineare Einfluß der Restlaufzeit auf den Zeitwert bietet sowohl für Stillhalter als auch für Optionskäufer interessante Strategiemöglichkeiten. So werden Stillhalter bestrebt sein, Optionspositionen zu begründen, die einen besonders starken Zeitwertverfall und damit ein hohes Theta haben, denn je höher der relative Zeitwertverfall ist, desto größer ist ceteri paribus die Stillhalterrendite pro Zeiteinheit. Für Käufer sind dem entsprechend Optionskontrakte mit möglichst kleinem Theta vorteilhaft. Der Grundgedanke der thetainduzierten Käuferstrategien beruht darauf, daß auch für kurzfristige Anwendungen möglichst langlaufende Optionen erworben werden, da bei diesen Kontrakten besonders der anfängliche, aber auch der durchschnittliche Zeitwertverfall pro Laufzeitintervall niedriger ist als bei kurzlaufenden Kontrakten. Die noch vorhandene Restlaufzeit kann durch Weiterverkauf entgeltlich an andere Optionskäufer übertragen werden.[38]

[38] Für eine 30-tägige Anwendungsdauer kann z. B. eine Option mit 90-tägiger Restlaufzeit

$$\text{Call Theta} = \frac{\delta C}{\delta t} = \left[\frac{S \cdot \sigma}{2\sqrt{t}}\right] \cdot N'(d_1) + X \cdot r \cdot e^{-rt} \cdot N(d_2) \quad > 0$$

$$\text{Put Theta} = \frac{\delta P}{\delta t} = -\frac{\delta C}{\delta t} + X \cdot r \cdot e^{-rt} \quad < 0$$

mit:

$$N'(d_1) = \frac{1}{\sqrt{2\pi}} e^{-0{,}5 d_1^2}$$

$$d_2 = d_1 - \sigma\sqrt{T}$$

wobei $N'(d_1)$ **nicht** der **Flächeninhalt** bis zum Wert d_1, sondern der **Funktionswert** der Standardnormalverteilungsdichte ist. (vgl. Abb. 16)

Abb. 28: Mathematische Theta-Bestimmung

1365 Vega (Volatilität induziert)

Mit Vega wird der Einfluß von Volatilitätsänderungen auf den Optionspreis aufgezeigt. Wie bereits in Kapitel 135 beschrieben, besitzt die Volatilität, als dominanter Parameter des Zeitwertes, einen starken Einfluß auf die absolute Optionspreishöhe. Die Einflußstärke kann anhand der absoluten Sensitivitätshöhe gemessen werden (In der Beispielrechnung liegt für at-the-money Optionen Theta bei ca. 0,033, Vega bei ca. 0,2 und Rho bei 0,13). Der Vegaverlauf wird in Abbildung 29 über die Volatilität und über den Kassakurs dargestellt.

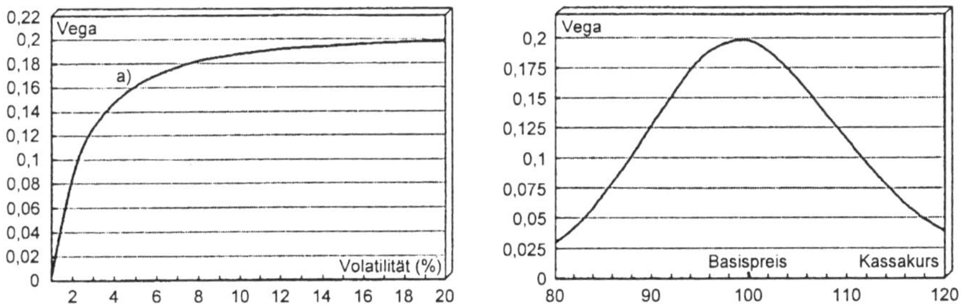

Abb. 29: Vega a) über die Volatilität v, sowie b) über den Kassakurs S

Abbildung 29a zeigt, daß im Bereich niedriger Volatilitäsgrößen kleine Veränderungen den Optionswert überproportional beeinflussen, während

---

gewählt werden. Käufer müssen für die benötigte Laufzeit lediglich den Betrag der Zeitwertdifferenz $[C_{ex(90\ Tage)} - C_{ex(60\ Tage)}]$ aufwenden. Dieser Betrag ist geringer als der absolute Zeitwert fristenkongruenter Optionen $C_{ex(30\ Tage)}$.

gleiche Volatilitätssteigerungen im höheren Bereich (ab ca. 8%) nur noch eine unterproportionale Auswirkung besitzen. Bei der Betrachtung des Vegaverlaufs über den Kassakurs (Abb. 29b) zeigt sich eindeutig, daß die größten Veränderungsraten direkt am Basispreis, also bei at-the-money Optionen auftreten. Dies sind auch volumenmäßig die am stärksten gehandelten Kontrakte.

Mathematisch ist Vega die partielle Ableitung des Optionspreises nach der Volatilität ($\delta C / \delta V$ und $\delta P / \delta V$ bzw. $\delta C / \delta\sigma$ und $\delta P / \delta\sigma$.) Die Vega-Sensitivität kann durch die in Abbildung 30 aufgestellten Formeln berechnet werden.[39]

$$\text{Call Vega} = \frac{\delta C}{\delta\sigma} = S \cdot \sqrt{t} \cdot N'(d_1) \quad > 0$$

$$\text{Put Vega} = \frac{\delta P}{\delta\sigma} = S \cdot \sqrt{t} \cdot N'(d_1) \quad > 0$$

mit: $$N'(d_1) = \frac{1}{\sqrt{2\pi}} e^{-0,5 d_1^2}$$

wobei $N'(d_1)$ **nicht** der **Flächeninhalt** bis zum Wert d_1, sondern der **Funktionswert** der Standardnormalverteilungsdichte ist.

Abb. 30: Mathematische Vega-Bestimmung

Die Beurteilung des Volatilitätseinflusses auf Optionspreise ist besonders für Kontrakte, die auf **zeitbegrenzte Basisinstrumente** begründet sind, wichtig. Hierbei sind z.B. Indexoptionen oder Optionen auf Futures zu nennen. Daneben ist die Betrachtung der Volatilitätssensitivität auch bei Aktienoptionen hilfreich, wenn plötzliche Kursschwankungen erwartet werden, die über die Grenzwerte der historischen Volatilität hinausgehen und damit veränderte Volatilitätsgrößen erzeugen, wodurch sich die Optionspreise verändern.

1366 Rho (Zinssatz induziert)

Rho gibt an, um welchen Betrag sich Optionswerte ändern, wenn der risikolose Zinssatz variiert. Ein Ansteigen des Zinssatzes bewirkt bei Calls Preisanstiege, während Putpreise sinken. Zinssenkungen wirken analog. In der nachfolgenden Abbildung 31 wird der Funktionsverlauf von Rho über den

[39] J. C. Cox / M. Rubinstein: Options Markets (1985). S. 215-235.

risikolosen Zinssatz r und über den Kassakurs S dargestellt.

Aus Abbildung 31a läßt sich erkennen, daß Rho innerhalb des gewählten Zinsintervalls (0,5% bis 10,5%) konstant bleibt. Erst bei höheren Zinssätzen entsteht ein nicht linearer Zusammenhang zwischen der Optionspreissensitivität Rho und der Zinshöhe r. Um den Verlauf von Rho bei unterschiedlichen Optionslagen (in-, at- oder out-of-the-money) aufzuzeigen, ist in Abbildung 31b die Zinsreagibilität von Calls über den Kassakurs aufgetragen. Bei out-of-the-money Calls ist sowohl die absolute Höhe von Rho, als auch die Steigerungsrate bei ansteigenden Kassakursen gering. Um den at-the-money Bereich besitzt der Verlauf die höchsten Veränderungsraten. In diesem Abschnitt steigt Rho annäherungsweise linear an, bis sich die Raten mit weiteren Kursanstiegen wieder abschwächen. Dabei nähert sich die Kurve im in-the-money Bereich asymptotisch einem Grenzwert. Aus beiden Abbildungen folgt, daß aus anteilsmäßig größeren inneren Werten auch relativ höhere Zinseinflüsse auf Callpreise resultieren.

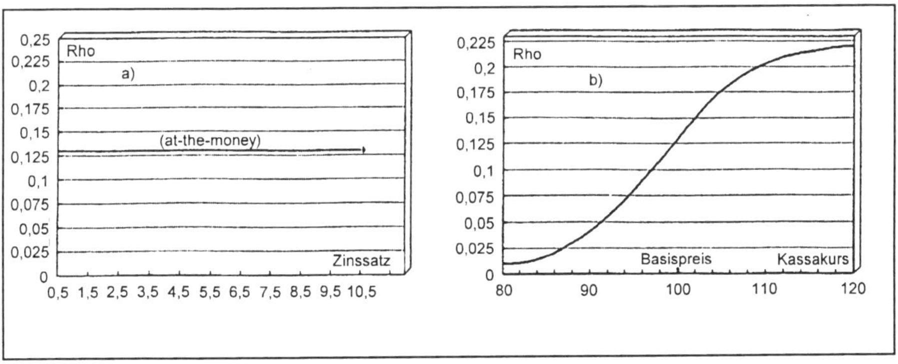

Abb. 31: Rho über a) den risikolosen Zinssatz r und b) den Kassakurs S

Mathematisch wird die Kennzahl Rho durch die partielle Ableitung des Optionspreises nach dem risikolosen Zinssatz $\delta C / \delta r$ bzw. $\delta P / \delta r$ bestimmt, wie dies in der folgenden Abbildung 32 formelmäßig dargestellt ist.[40]

Ein wichtiges Anwendungsgebiet für diese Kenngröße liegt in dem Wertvergleich von Optionen auf Kassamarktinstrumente und Optionen auf Futuresinstrumente, deren Basisinstrumentvolatilität durch **externe Zinsänderung** überlagert werden kann. So kann diese Kennzahl für Indexoptionen,

40 J. C. Cox / M. Rubinstein: Options Markets (1985), S.215-235.

Optionen auf festverzinsliche Wertpapiere sowie Optionen auf Futures hilfreich sein.[41]

$$\text{Call Rho} = \frac{\delta C}{\delta r} = t \cdot X \cdot e^{-rt} \cdot N(d_2) \quad > 0$$

$$\text{Put Rho} = \frac{\delta P}{\delta r} = -t \cdot X \cdot e^{-rt} \cdot N(-d_2) \quad < 0$$

mit: $N(d_2)$ gemäß Abb. 16 und 24

Abb. 32: Mathematische Rho-Bestimmung

1367 Bewertung der Optionskennzahlen

Die Abbildung 33 zeigt in tabellarischer Form die fünf in den Abschnitten 1362 bis 1366 vorgestellten Sensitivitätsmaße mit ihrem korrespondierenden Parametergrößen.

Die Aussagekraft dieser Kennzahlen als Sensitivitätsmaße wird in der Literatur unterschiedlich bewertet. Befürworter sehen in den Sensitivitätsmaßen ideale Steuerungsinstrumente für Optionsstrategien, da die zeitliche Dynamik ausreichend berücksichtigt werden kann. Nachteilig erscheint im praktischen Handel bei Einzelkontraktbewertungen die relativ aufwendige Berechnung, die selbst für identische Kontrakte mindestens täglich, besser jedoch bei jeder Notierung erfolgen sollte. Für Portefeuilleabsicherungen hat sich gezeigt, daß besonders der Faktor Delta ein praktikables Steuerungsinstrument zum Managen von Hedgeportefeuilles ist.[42] So können z.B. mit einem **deltaneutralen Hedgeportefeuille** Risiken aus Kassakursveränderungen theoretisch völlig eliminiert werden, da in diesem Fall Kassakursveränderungen betragsmäßig gleiche Wertänderungen bei den abzusichernden Assets und bei den Hedgeoptionen bewirken, jedoch in jeweils entgegengesetzter Richtung. Diese absolute Risikoneutralität ist jedoch auch bei konstanten Kassakursen nur temporär stabil. Dies resultiert aus kontinuierlichen Restlaufzeitverkürzungen **zeitbegrenzter Instrumente**, weshalb für eine vollkommene Absicherung die **Mengenrelation Asset/Absicherungsinstrument regelmäßig adjustiert** werden müßte.

---

41 Per definitionem ist bei den klassischen Optionspreismodellen, wie z.B bei dem B/S Modell eine Veränderung des risikolosen Zinssatzes während der Optionslaufzeit ausgeschlossen. Das ist der Grund, weshalb diese Größe für Aktienoptionen nur geringe Anwendung findet. Vgl. G. L. Gastineau: The Options Manual (1988), S. 221.

42 Gastineau, G. L.: The Options Manual (1988), S. 221-222.

Parameter	Kennzahl	Delta	Gamma	Theta	Vega	Rho
Kassakurs		×	×*			
Delta/Kassakurs*			×			
Laufzeit				×		
Volatilität					×	
risikoloser Zinssatz						×

*Auf Gamma wirken sowohl Deltaveränderungen als auch indirekt Kassakursschwankungen, da Delta die 1. partielle Ableitung der Optionspreisfunktion nach dem Kassakurs ist.

Abb. 33: Optionskennzahlen als Sensitivitätsmaße mit den eingehenden Parametern

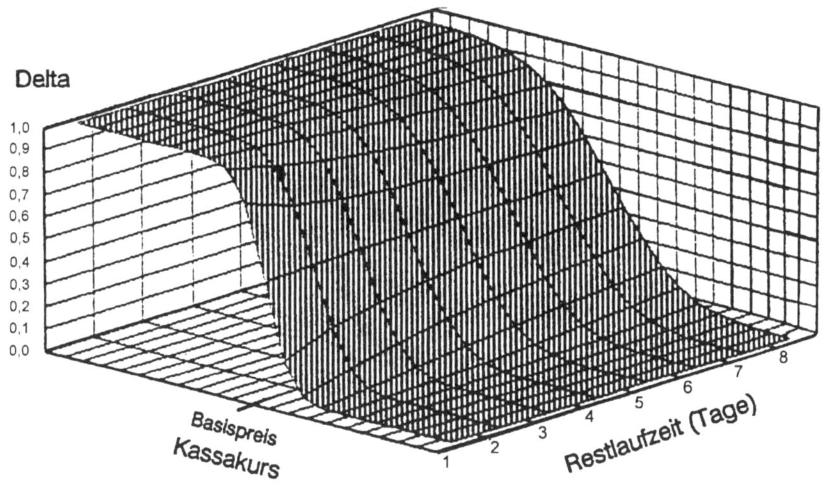

Abb. 34: Delta in Abhängigkeit des Kassakurses und der Restlaufzeit

In den vorangegangenen Abschnitten wurden die Veränderungen der einzelnen Parameter jeweils isoliert von den übrigen Einflußgrößen unter Verwendung der ceteris paribus-Klausel vorgestellt. In der Praxis verändern sich die optionswertbestimmenden Parameter jedoch simultan. Die resultierenden theoretischen Optionspreise ergeben sich aus der Summe aller Einflüsse. So verkürzt sich z.B. mit neuen Kassakursnotierungen (Delta- und Gammabeeinflussung) auch die Restlaufzeit (Auswirkung auf Theta). Mit neuen Kassakursnotierungen kann eine andere Volatilität (Veränderung von Vega) entstehen. Schon dieses einfache Beispiel zeigt die interaktive Verknüpfung der einzelnen Parameter und läßt erkennen, daß

Strategien zwar auf Basis eines einzelnen Parameters gebildet werden können, sich die theoretischen Optionspreise aber immer aus dem gesamten System der simultanen Parametereinflüsse ergeben. Beispielhaft sei der Zusammenhang von Kassakurs- und Restlaufzeitveränderung in Abb. 34 dargestellt, in dem Deltawerte in Abhängigkeit vom Kassakurs und von der Restlaufzeit in einem dreidimensionalen Koordinatenkreuz veranschaulicht werden.

2. Teil
Märkte und Instrumente der Investmentanalyse

21 Die Haupteinflußfaktoren auf die Gesamt-Aktienmarktentwicklung*

Fundierte Aktienanalysen erfordern ein langfristig orientiertes **Vorstellungsmodell der Kursentwicklung**, das es erlaubt, aktuelle Situationen nicht nur isoliert, sondern jeweils in umfassenderen Gesamtzusammenhängen zu beurteilen. Zur Verdeutlichung dieser Überlegung ist es zweckmäßig, sich zunächst einmal zu vergegenwärtigen, welche Kursentwicklungen aus welchen Gründen in der Vergangenheit überhaupt stattfanden. Die Aktienkursentwicklung kann dazu als ein System von Überlagerungen verschiedenfristiger Zyklen bzw. Trends interpretiert werden.

211 Basistrend

Abb. 1 zeigt die Monatsultimowerte des bekannten US-amerikanischen Dow Jones Industrial Average (DJIA - exklusive Dividenden!) von Januar 1897 bis Juni 1995 in metrischer (Abb. 1a) und in halb-logarithmischer (Abb. 1b) Darstellung. Durch diesen Indexverlauf läßt sich im Fall a) eine Exponentialfunktion und im Fall b) eine Gerade legen, die jeweils als **Basistrend** bezeichnet sei. Langfristig schwankt die Kursentwicklung also um einen allmählich ansteigenden Basistrend. Berechnet man für den Fall b) den Basistrend für den Zeitraum von Januar 1897 bis Juni 1995, also über T = 98,5 Jahre bzw. t = 12 · 98,5 = 1.182 Monate als zugehörige Ausgleichsgerade nach der Methode der kleinsten Fehlerquadratsumme, so erhält man

* Die folgenden Darlegungen basieren auf einem langfristigen Forschungsprojekt des Verfassers. Vgl. dazu u.a. U. Hielscher / H.-D. Schulz / E. Cluss: Gewinne bestimmen das Kursniveau (1966); U. Hielscher: Das optimale Aktienportefeuille (1969), S. 325-440; U. Hielscher: Börsen (1980 bzw. 1988), insbes. S. 850-862 (1980) bzw. S. 1043-1053 (1988).

die Gleichung 1:[1]

$$X = 3{,}45 + 0{,}00363 \cdot t \quad (1)$$

mit t = Monatszähler (l, ..., 1182 Monate (entsprechend 98,5 Jahren), wobei t = 1 für Ultimo Januar 1897 steht usw.)

X = ln (Basistrendwert).

Der Trendfaktor 0,00363 repräsentiert eine durchschnittliche Wachstumsrate des Basistrends von rund 0,363 % pro Monat bzw. (gemäß Gleichung (15) Abschnitt 1153) von rund 4,3 % pro Jahr. Geht man auf die metrische Darstellung über, so ergibt sich aus Gleichung (1) der jeweilige Wert des Basistrends des DJIA (BDJ) auf monatlicher Grundlage als:

$$BDJ_t = e^{3,45} \cdot e^{0,00363\,t} = 31{,}56 \cdot 1{,}00363\,t \quad (r^2 = 0{,}93) \quad (2)$$

bzw. auf jährlicher Basis mit $(T = t/12)$:

$$BDJ_T = 31{,}56 \cdot 1{,}043\,T$$

Die Trendfunktionen (1) bzw. (2) sind in Abb. 1b bzw. 1a eingezeichnet.

Allerdings spricht einiges dafür, daß sich das Wachstum des DJIA seit dem Ende der Weltwirtschaftskrise von 1929 bis 1932, der DJIA erreichte sein Hoch im Oktober 1929 und seinen Tiefststand am 8.7.1932, fühlbar beschleunigt hat. Dies veranschaulicht Abbildung 2, in der die Wachstumsfunktion gemäß Abbildung 1a (dünne Kurve = 1897 bis 1995) der neu berechneten Wachstumsfunktion von Juli 1932 bis Juni 1995 (dicke Kurve) gegenübergestellt wurde. Die Ausgleichsgerade von 1932 bis 1995 lautet $BDJ = 4{,}52 + 0{,}0467 \cdot t$ $(r^2 = 0{,}94)$, was immerhin einer Wachstumsrate von 5,8 % p.a. entspricht.

---

[1] Geht man davon aus, daß der Basistrend das allgemeine wirtschaftliche Wachstum widerspiegelt, dann liegt es nahe, den Basistrend des DJIA durch eine exponentielle Wachstumsfunktion der Form $f(t) = a \cdot e^{bt}$ zu approximieren, mit e = 2,718281828 (Basis des natürlichen Logarithmus). Zur Bestimmung der Parameter a (rechnerischer Anfangswert des Basistrends des DJIA am 1. Januar 1897) und b (monatliche Wachstumsrate des Basistrends) kann man die lineare Regressionsanalyse verwenden. Dazu sind die Indexwerte zu logarithmieren und durch die Punktepaare (t_i, X_i) darzustellen. Dabei gilt: $t_i = i$, $x_i = i$-ter Indexwert in der Zeitreihe für i = 1, ..., 1182 und $X_i = \ln(x_i)$. Nach der Methode der kleinsten Quadrate ergibt sich die Ausgleichsgerade durch die Logarithmen der Indexwerte mit: X = 3,45 + 0,00362 · t. Geht man von der logarithmischen zur metrischen Darstellung über, so erhält man aus der vorstehenden Gleichung X = f(t) folgenden Ausdruck für den Basistrend des DJIA (BDJ): $e^X = BDJ_t = e^{3,45 + 0,00363\,t} = 31{,}56 \cdot e^{0,00363\,t}$.

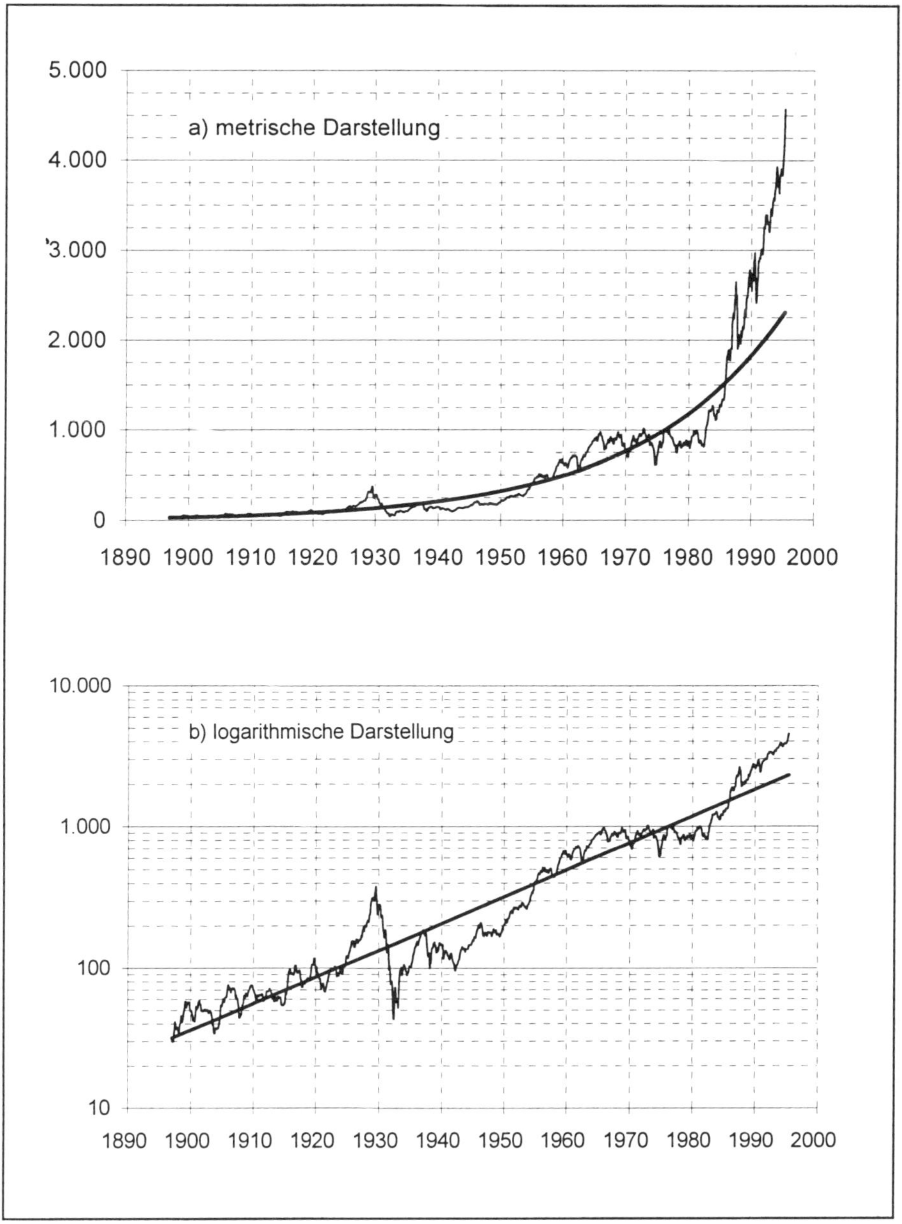

Abb. 1: Der Basistrend für amerikanische Standardaktien (DJIA) von Januar 1897 bis Juni 1995 in metrischer (a) und in halblogarithmischer (b) Darstellung

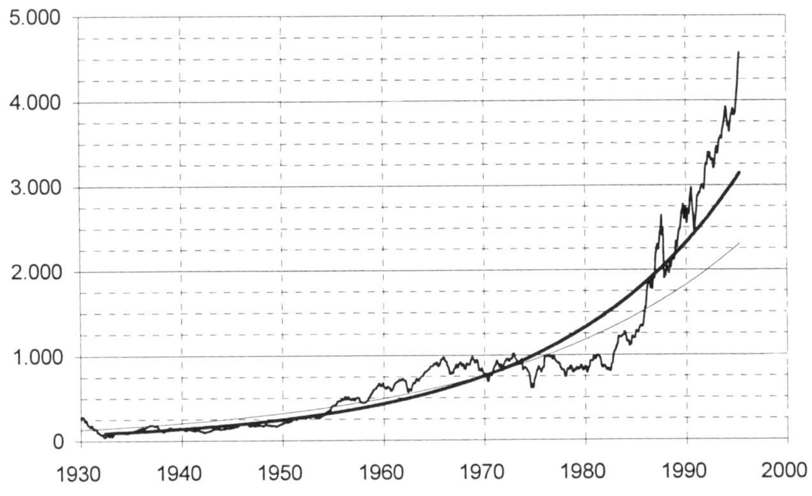

Abb. 2: Der Basistrend des DJIA auf Datenbasis 1897 - 1995 (dünne) und 1932 - 1995 (dicke Kurve)

In Deutschland ist, wie auch in anderen früh industrialisierten Ländern, ebenfalls ein langfristig steigender Basistrend erkennbar. Allerdings wird gerade in Deutschland die langfristige Betrachtung durch die Krisen und Unterbrechungen während und nach den beiden Weltkriegen erschwert. Versucht man diesen Brüchen, wie in Abb. 3, durch Auslassung der Jahre 1914 - 1924 und 1940 - 1949 Rechnung zu tragen, so wird deutlich, daß sich prinzipiell auch in Deutschland die Aktienkurse langfristig um einen allmählich steigenden Basistrend entwickeln. (Natürlich beziehen sich solche Aussagen nur auf den Index bzw. auf die Gesamtheit der Aktien und nicht auf einzelne Aktien, die stärker steigen oder fallen, ganz ausscheiden oder neu hinzukommen können).

Als Erklärung für den langfristigen Anstieg des Basistrends läßt sich anführen, daß die Aktiengesellschaften Ertragskraft, finanzielle Reserven und Substanzwert ständig steigerten. Der Indexanstieg spiegelt demnach das allgemeine industrielle Wachstum wider.[2] Weitere Renditeberechnungen

2 Für diese Hypothese spricht z.B. auch eine Untersuchung von Glismann, Rodemer und Wolter, nach der die Entwicklung des Sozialprodukts in Deutschland seit Mitte des 19. Jahrhunderts bis 1978 durch einen Wachstumspfad beschrieben werden kann, der bei Ausschaltung der kriegsbedingten Unterbrechungen, keinerlei nachhaltige Schrumpf-

von Aktienanlagen gemäß Tabelle 1, insbesondere die vergleichbaren

	nominal (%)			real (%)		
Land und Zeitraum	Insges. vor Steuern (1)	Kurs-gewinn (2)	Dividen-denren-dite (3)	Insges. nach Steuern (4)	Insges. vor Steuern (5)	Insges. nach Steuern (6)
USA						
1871-1985[1]	8,6	3,4	5,0	-	6,6	-
1881-1981[2]	8,5	3,2	4,6	7,6	5,8	5,0
1881-1987[2]	9,0	3,8	4,5	8,1	6,3	5,5
Deutschland						
1881-1981[3]	9,0	4,8	3,8	8,0	7,4	6,4
1881-1987[3]	9,7	5,6	3,7	8,7	8,0	7,0
1870-1992[4]	8,9	4,5	4,4	7,6	7,2	5,9
England						
1919-1963[5]	-	-	-	8,0	-	5,8
Gesamt-durch-schnitt ca.	9	(4,3)	(4,3)	8	7	6

Quellen: [1] J. Wilson / C. Jones: A Comparison of Annual Common Stock Returns (1987).

[2] Eigene Berechnung (1988). Grunddaten: US Department of Commerce: Historical Statistics, Bicentennial Edition; Survey of Current Business, (1972-88); US Department of Labor Statistics: Handbook of Labor Statistics (1985). Teilergebnisse wurden veröffentlicht in M. Kurm: Auf lange Anlagefristen sind Aktien selbst unter Renditeaspekten überlegen (1989).

[3] Eigene überschlägige Berechnungen (1988). Grunddaten: Statistisches Bundesamt: Geld und Kredit, Fachserie 9, Reihe 2, Lange Reihen; Wirtschaft und Statistik (1972-88); Entwicklung der Verbraucherpreise seit 1881 in Deutschland, V I A 3-30, Übersicht Gl 81.

[4] M. Morawietz: Rentabilität und Risiko deutscher Aktien (1994).

[5] A. J. Merret / A. Sykes, : Return on Equities and Fixed Interest Securities (1963), zitiert nach U. Hielscher: Das optimale Aktienportefeuille, (1969), Tab. 2, S. 138.

Tab. 1: Die langfristige Durchschnitts-Rentabilität von Aktienanlagen ohne (nominal) und mit Berücksichtigung (real) der Geldentwicklung (geometrische Mittelwerte)

---

ungserscheinungen erkennen ließ. H. H. Glismann / H. Rodemer / F. Wolter: Zur Natur der Wachstumsschwäche in der Bundesrepublik Deutschland (1978), S. 11/12.

Zahlen in Spalte (2), unterlegen zumindest größenordnungsmäßig die o.g. Zuwachsraten, wenngleich sie die besonders starken amerikanischen Zuwachsraten seit Mitte der 1980er Jahre überwiegend noch nicht reflektieren.

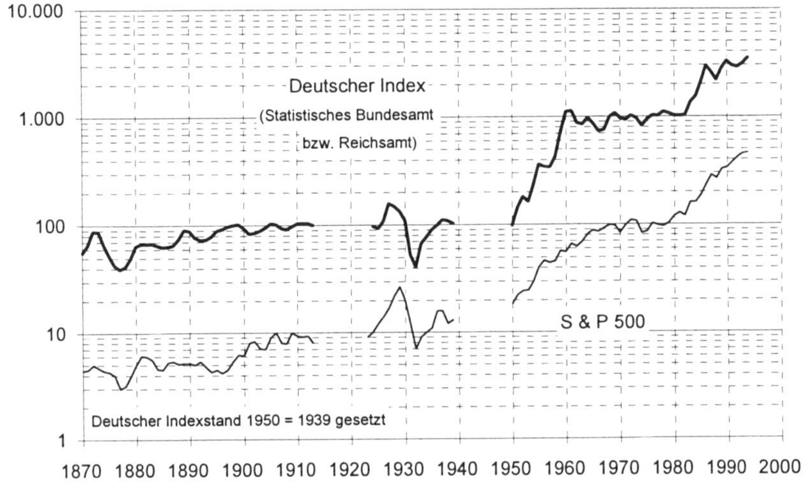

Abb. 3: Jahresdurchschnittswerte von 1871 bis 1994 des deutschen Aktienindex und des amerikanischen S&P 500

212 Überlagerungen des Basistrends

Nach einer These von **Schumpeter vollzieht sich das wirtschaftliche Wachstum** nun aber nicht stetig, sondern **in Wellen unterschiedlicher Dauer**, die sich wiederum in einer Weise überlagern, daß sich ihre Wirkungen gegenseitig neutralisieren oder aber verstärken. Schumpeter bezeichnete diese Zyklen nach hervorragenden Forschern als **Kitchin-** (Dauer 3 bis 5 Jahre), **Juglar-** (7 bis 11 Jahre) und **Kondratieff-Zyklen** (40 bis 60 Jahre).[3]

Die Konjunkturforschung hat sich nach dem 2. Weltkrieg zunächst vornehmlich den Kitchin-Zyklen zugewandt, teilweise unter dem Einfluß von Milton Friedman, zum Teil wohl aber auch deshalb, weil der Kitchin-Zyklus wegen seiner Kürze allgemein "erlebt" wird. Friedman[4] betonte, daß es sich bei diesen Zyklen um Liquiditätszyklen handle. Demgegenüber stellte Keynes[5] bei seinen Untersuchungen vor dem 2. Weltkrieg vornehmlich Rentabilitätsüberlegungen, insbesondere die Grenzleistungsfähigkeit des Kapitals (= Gesamtkapitalrentabilität minus Fremdkapitalzinssatz), in den Vordergrund. Das legt die Vermutung nahe, daß Keynes und Friedman unterschiedliche Konjunkturphänomene untersucht haben (vgl. das Verschwinden der Juglarzyklen ab 1941 und die nachfolgenden Erläuterungen zu Abb. 4). Die langen ca. fünfzigjährigen (Kondratieff-)Wellen hingegen gewannen erst wieder in der Stagflationsphase der 1970er Jahre vermehrt an Beachtung, obwohl sich Wirtschaftswissenschaftler in der Vergangenheit immer wieder mit diesem Phänomen auseinandersetzten.[6] Da sich ökonomische Entwicklungen erfahrungsgemäß auch in den Aktienkursen niederschlagen, stellt sich die Frage, in wieweit sich die vorstehend genannten Wachstumszyklen in den Aktienkursen widerspiegeln.

---

[3] J. A. Schumpeter: Konjunkturzyklen (1961), S. 171-230 (Amerikanische Erstauflage: Business Cycles 1939).

[4] M. Friedman: Die optimale Geldmenge und andere Essays (1970). (Amerikanische Erstauflage: The Optimum Quantity of Money and other Esseys (1969)). Vgl. dazu auch die Stellungnahme von M. Friedman: Zeroing In in Zero-Inflation Policy (1989).

[5] J. M. Keynes: Allgemeine Theorie der Beschäftigung, des Zinses und des Geldes (1936). Englische Erstauflage: The General Theory of Employment, Interest and Money (1936).

[6] Z.B. Jevons (1865), Wicksell (1898), Tugan-Baranowsky und Lenoir (1913), van Geldern (1913), Pareto (1913), De Wolff (1923), Spiethoff (1924), Kondratieff (1926), Sombart (1927), Wagemann (1928), Dupriez (1935 und 1963), Schumpeter (1939), Silberling (1943), Hielscher (1966 und 1980), Mandel (1972), Mensch (1975), Glismann / Rodemer / Wolter (1978), Kleinknecht (1979).

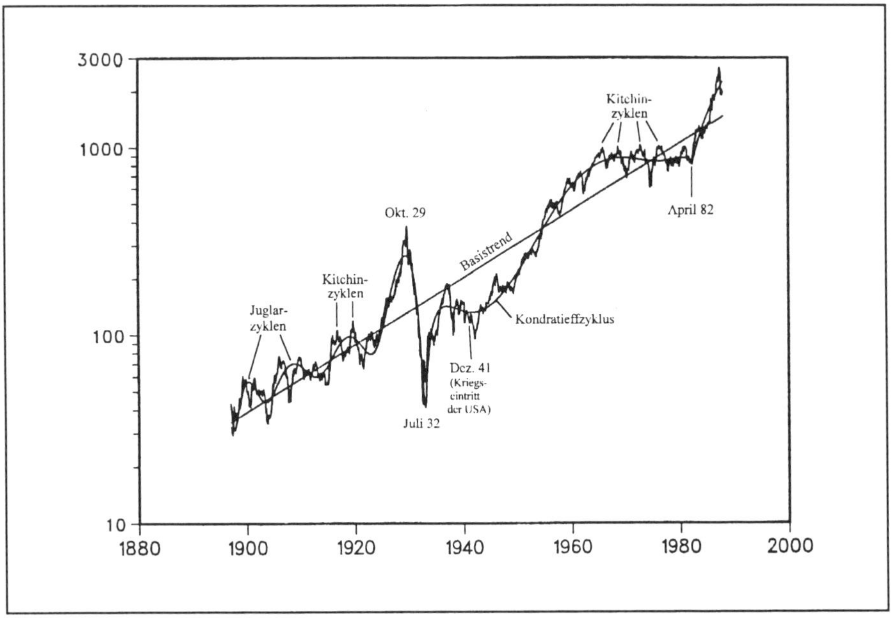

Abb. 4: Der DJIA mit Basistrend, Kondratieff-, Juglar- und Kitchin-Zyklen (Grundlage: Monatsultimowerte von 1897 bis 1988)

Teilt man dazu den Dow Jones Industrial Average seit Ende des 19. Jahrhunderts bis heute in drei Unterabschnitte, die durch die Jahre 1932 bzw. 1982 getrennt werden, so ergeben sich interessante Einblicke in die zyklischen Aktienkursbewegungen (vgl. Abb. 4). Unterlegt man die Entwicklung des DJIA von 1897 bis 1932 und von 1932 bis 1982 jeweils mit einem Polynom 10ten Grades (Tschebyscheff-Reihenentwicklung[7]), dann zeigen sich vor dem zweiten Weltkrieg recht ausgeprägte, durchschnittlich knapp neunjährige Wellen (Juglars), die wiederum von kürzeren ca. vierjährigen Wellen (Kitchins) überlagert sind. Mit dem Eintritt der USA in den 2. Weltkrieg (Dezember 1941) verschwinden jedoch die Juglar-Zyklen und es verbleiben neben der langen "Kondratieff"-Welle nur noch die kurzen Kitchin-Zyklen.

---

7 Vgl. dazu J. G. Hayes: Numerical Approximation to Functions and Data (1970), S. 11 und S. 46-49; H. Seldner: Einführung in die numerische Mathematik für Ingenieure (1979), S. 257-266; R. Zurmühl: Praktische Mathematik für Ingenieure und Physiker (1965), S. 375. Für den mit der Mathematik weniger Vertrauten sei darauf hingewiesen, daß sich solche Trendmodelle zwar gut zur Beschreibung beobachteter (Kurs-)Folgen eignen. Da die Approximationskurven jedoch außerhalb des Anpassungsbereiches im allgemeinen rasch gegen unendlich streben, sind sie leider für Trendextrapolationen (Prognosen) ungeeignet. Vgl. z.B. R. Schlittgen und B. J. H. Streitberg: Zeitreihenanalyse (1984), S. 15.

213 Lange Kurswellen (Primärbewegungen bzw. "Kondratieffs")

Geht man von der vorstehenden Unterteilung der Kursentwicklung in drei Zeitabschnitte aus, die durch die Jahre 1932 und 1982 getrennt werden, so zeigen sich, trotz gravierender Unterschiede in den Kriegsfolgen, geradezu erstaunliche **Gemeinsamkeiten zwischen den deutschen und amerikanischen Kurs-Tendenzen** (vgl. dazu auch Abb. 3).

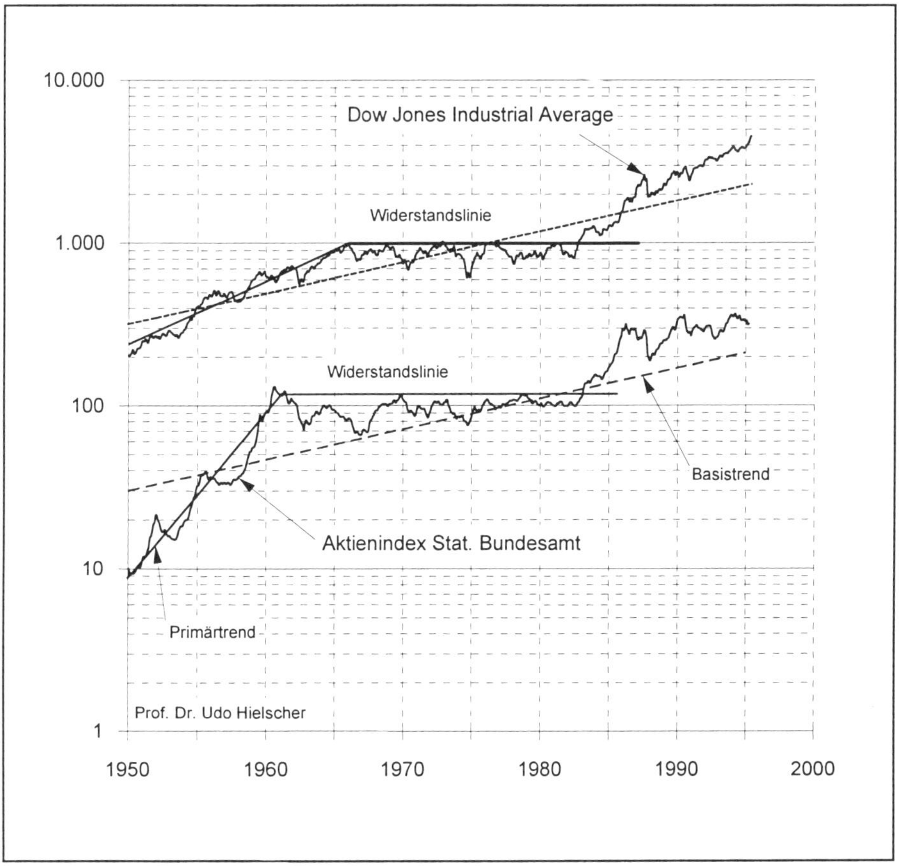

Abb. 5: Deutsche und US-amerikanische Nachkriegs-Aktienindexentwicklung (1950 bis 1995)

Die erste Teilperiode des ersten Zeitabschnittes von ca. 1880 bis zu Beginn des ersten Weltkrieges (in den USA bis Mitte der 20er Jahre) ist durch eine verhältnismäßig stetige Aufwärtsentwicklung der Kurse um den Basistrend gekennzeichnet. Mitte der 20er Jahre führt in beiden Ländern ein sich immer mehr beschleunigender Kursaufschwung den Index weit über das "Normalniveau" des Basistrends hinaus, um in der sich anschließenden Weltwirtschaftskrise Ende der 20er Jahre in einen nahezu völligen Kurszusammenbruch einzumünden, der erst Anfang Juli 1932 seinen endgültigen Tiefpunkt erreichte. Von Oktober 1929 bis Juli 1932 hatte sich z.B. der DJIA gezehntelt.

Ab 1932 setzt in beiden Ländern langfristig ein neuer Kursaufschwung ein, wobei jedoch der Index bis Mitte der 50er Jahre tendenziell unterhalb des Basistrends verläuft (vgl. Abb. 1b in Verbindung mit Abb. 4 und 5). Die massive Hausse setzt sich dann sowohl in Deutschland als auch in den USA durch die ganzen 50er Jahre fort. Sie erreicht ihren Höhepunkt in Deutschland im August 1960, in den USA Mitte der 60er Jahre (Abb. 5) und führt wiederum erheblich über das "Normalniveau" des Basistrends hinaus. Im Gegensatz zu den Entwicklungen während der Weltwirtschaftskrise erfolgt diesmal jedoch die "Korrektur" des überproportionalen Anstiegs nicht durch einen Kurszusammenbruch. Vielmehr trat eine bis 1982 andauerende rund zwanzig jährige Stagnationsphase ein (in Abb. 5 durch die "Widerstandslinie" gekennzeichnet), mit dem Ergebnis, daß sich die Schere zwischen Basistrend und Index wieder schloß.

Im Frühjahr 1983 schließlich endete die 20jährige Stagnationsphase: Sowohl der DJIA als auch der deutsche Index des Statistischen Bundesamtes durchbrachen praktisch gleichzeitig die langjährige Widerstandslinie (Abb. 5) von unten nach oben und erreichten danach laufend neue historische Höchststände.

Man kann somit festhalten, daß der **Basistrend von langen Wellen überlagert** wird, den sog. **Primärbewegungen**. Diese primären Kursbewegungen sind mit hoher Wahrscheinlichkeit durch jeweils langfristige zyklische Entwicklungen der Ertragskraft der Aktiengesellschaften bedingt.[8]

---

[8] Vgl. auch die erste Auflage dieses Buches S. 104 und dort insbesondere Abb. 5.

214 Konjunkturell bedingte Aktienkurszyklen (Sekundärbewegungen bzw. "Kitchins")

Langfristig schwanken um den Basistrend nicht nur Primärbewegungen, sondern der Primärtrend wird seinerseits von Sekundärzyklen überlagert (s. dazu Abb. 4 (insbesondere ab 1941), Abb. 7 und Abb. 8). **Der Sekundärzyklus ist von der Fristigkeit her für die Aktienanalyse und die Anlageberatung** mit Abstand **am wichtigsten**, da er sich auf überschaubare Zeiträume von 4 bis 5 Jahren erstreckt. Die Sekundärbewegungen spiegeln in

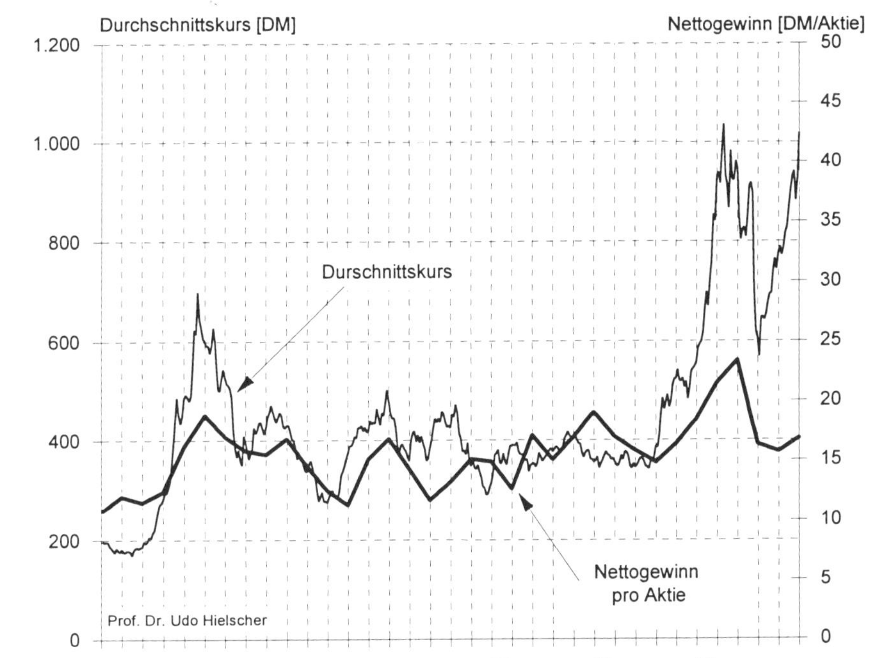

Abb. 6: Der langfristige Zusammenhang zwischen Gewinnentwicklung der deutschen Aktiengesellschaften und Durchschnittsaktienkurs von 1955 bis 1989

etwa die **Kitchin-Zyklen** wider. Sie sind im wesentlichen auf **mittelfristige zyklische Gewinnentwicklungen der Aktiengesellschaften** zurückzuführen. Dies veranschaulicht exemplarisch der 35-jährige Ausschnitt der

Deutschen Nachkriegsentwicklung von 1955 bis 1989 in Abb. 6, in der die durchschnittlichen Nettogewinne pro Aktie aller deutschen Aktiengesellschaften dem Durchschnittskurs der deutschen börsennotierten Aktiengesellschaften gegenübergestellt wurden (aus Gründen der Vergleichbarkeit des statistischen Materials muß hier anstatt eines um Bezugsrechtsabschläge bereinigten Index der unbereinigte Durchschnittskurs gewählt werden).[9]

Um den Basistrend oszillieren also verschiedenfristige, sich überlagernde Kursbewegungen, und zwar insbesondere die Primärbewegungen, die Sekundärbewegungen und die im folgenden noch zu behandelnden Tertiärzyklen. Eliminiert man beispielsweise aus der Entwicklung des DJIA alle mehr als siebenjährigen Zyklen (Basistrend und kontinuierlicher Linienzug in Abb. 4), dann verbleiben nur noch die in Abb. 7 dargestellten (allerdings noch von kurzfristigen 4 bis 7-monatigen (im Durchschnitt 5-monatigen) Tertiärschwankungen überlagerten) Sekundärzyklen. Die verbleibenden Kitchin- (und Tertiär-)Zyklen sind oben absolut (Abb. 7a) und unten relativ (bezogen auf den Jahresdurchschnittswert, Abb. 7b) dargestellt. Die unteren Relativwerte zeigen eine **bemerkenswert konstante Amplitude und Frequenz der Sekundärbewegung**.[10]

Veranschaulicht man sich die vorstehend skizzierten Zusammenhänge nochmals am Beispiel der deutschen Nachkriegsentwicklung, so läßt sich zunächst zusammenfassen: **Um den Basistrend oszillieren verschiedenfristige, sich überlagernde Kursbewegungen**. Davon sind besonders relevant:

(1) die bereits behandelten Primärbewegungen (Kondratieff-Zyklen, Abb. 8a) sowie
(2) die Sekundärbewegungen (Kitchin-Zyklen, Abb. 8b) und ferner
(3) die im folgenden zu behandelnden Tertiärbewegungen (vgl. den in Abb. 10 dargestellten Ausschnitt aus Abb. 8b).

---

9 Einzelheiten hierzu bei U. Hielscher: Das optimale Aktienportefeuille (1969), S. 350ff.

10 Zur Methode vgl. u.a. C. W. J. Granger / O. Morgenstern: Spectral Analysis of New York Stock Market Prices (1963). C. W. J. Granger / M. Hatanaka: Spectral Analysis of Economic Time Series (1964); G. M. Jenkins / D. G. Watts: Spectral Analysis and its Applications (1968); B. Leiner: Einführung in die Theorie und Praxis moderner Zeitreihenanalyse (1976). Eingehende spektralanalytische Untersuchungen des Verfassers ergaben mit einer Vertrauenswahrscheinlichkeit von 95 % bei den Relativwerten des DJIA ein sehr ausgeprägtes größtes Maximum bei 48 Monaten. Auch strenge statistische Tests belegen also, daß in den amerikanischen Relativwerten Zyklen von ca. 4 Jahren enthalten sind. Entsprechende Analysen der verfügbaren deutschen Indexreihen lieferten ein ausgeprägtes Maximum bei 53 Monaten, also einen Sekundärzyklus von ca. 4 1/2 Jahren.

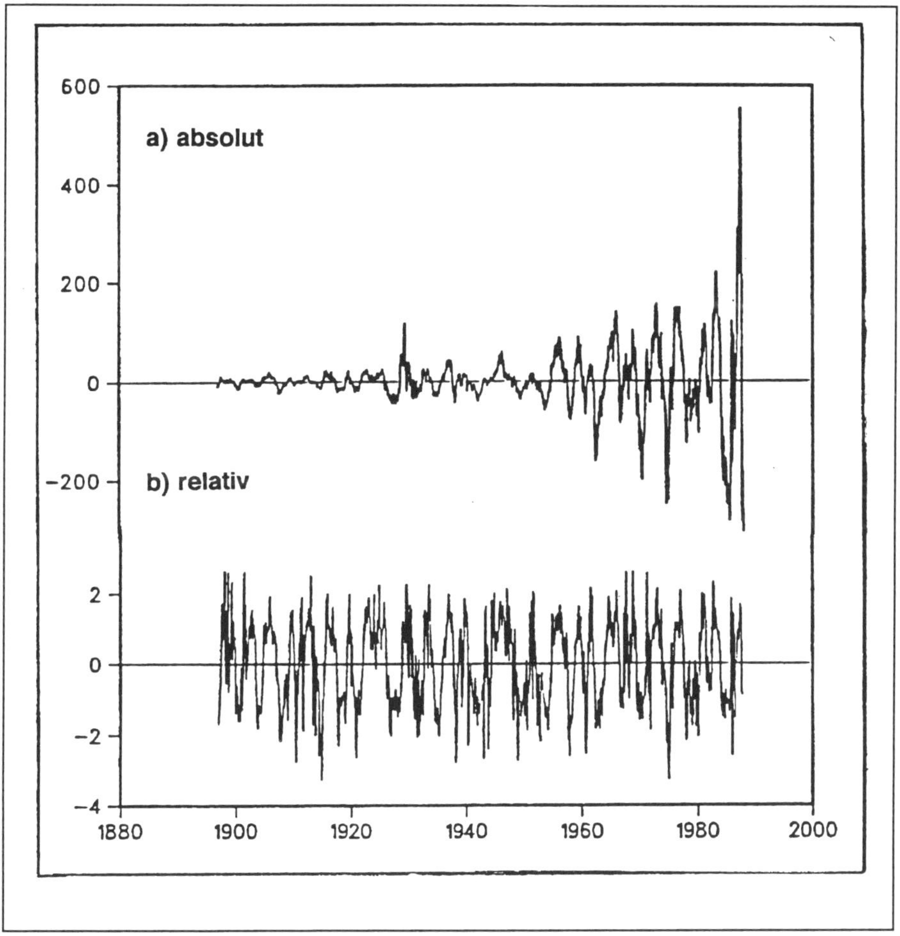

Abb. 7: Der Dow Jones Industrial Average nach Eliminierung von Basistrend, Kondratieff- und Juglar-Zyklen (gem. Abb. 4)

215 Gewinnantizipationen

Wie aus Abb. 6 hervorgeht, schwingen die Pro-Aktien-Gewinne und das allgemeine Kursniveau in etwa im gleichen Rhytmus, und zwar nicht nur in der Richtung des Primärtrends, sondern auch innerhalb der einzelnen Geschäftsjahre. Aus Abbildung 6 geht allerdings auch hervor, daß die Börse die Gewinnentwicklung vorwegnimmt, d.h. im Kurs eskomptiert. Die Aktienkurse reagieren also auf die Gewinne nicht erst zum Zeitpunkt der öffentlichen Bekanntgabe des Jahresabschlusses, nämlich im jeweils folgenden Frühjahr, sondern sie eskomptieren die Entwicklung, sie reagieren auf die Gewinne jeweils im Zeitpunkt ihres Entstehens innerhalb des laufenden Geschäftsjahres oder sogar noch etwas früher, nämlich bereits dann, wenn die Gewinne aufgrund analytischer Forschungen in etwa absehbar sind (vgl. auch Abschnitt 121).

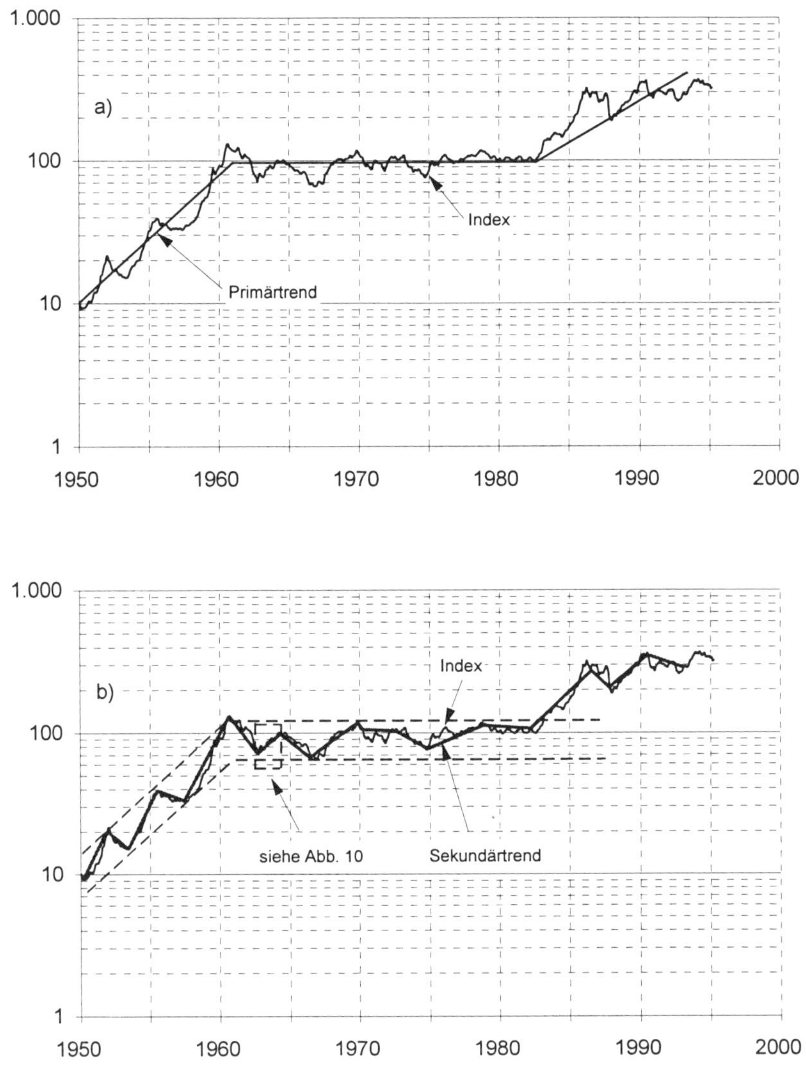

Abb. 8: Primär- und Sekundärbewegung in der Bundesrepublik Deutschland von 1950 bis 1995

Als Folge verbesserter externer Analysemethoden und größerer Publizität der Aktiengesellschaften haben sich die Antizipationszeiträume für sich nachträglich als richtig herausstellende Gewinnerwartungen seit den 50er Jahren stark erhöht (vgl. Tabelle 2, die mit Hilfe von Korrelationsrechnungen abgeschätzten Antizipationszeiträume wiedergibt). Im folgenden wird deshalb von den in Tabelle 2 dargestellten Antizipationszeiträumen der Pro-Aktien-Gewinne für den "Index" ausgegangen.

Zeitraum	Antizipationszeiten
1956 - 1962	3 Monate
1963 - 1970	6 Monate
1971 - 1974	9 Monate
1975 - 1979	12 Monate
1980 - 1986	15 Monate
1986 - 1990	9 (- 12) Monate

Tab. 2: Antizipationen der Pro-Aktien-Gewinne durch die Indexentwicklung

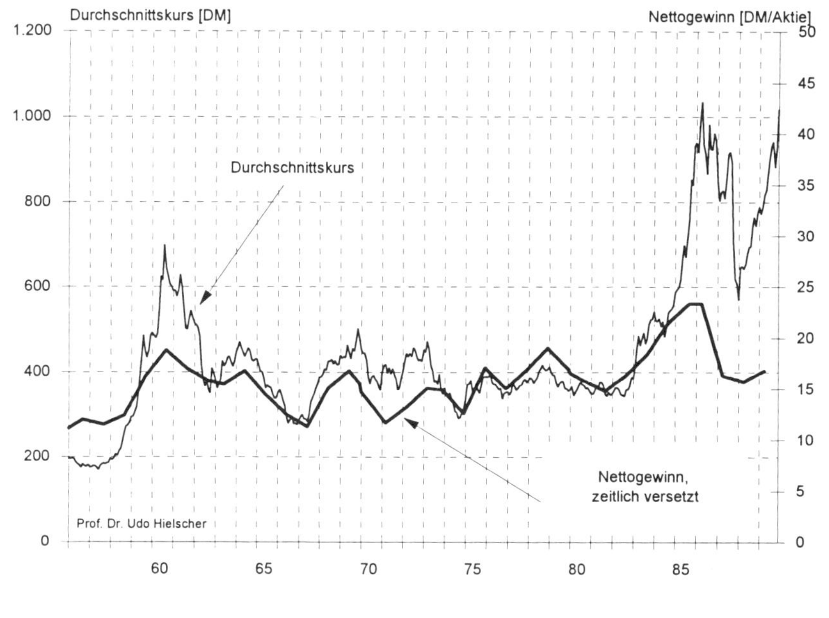

Abb. 9: Durchschnittskurs und *antizipierte* Nettogewinne pro Aktie in der Bundesrepublik Deutschland von 1956 bis 1990

Die sich ändernden Antizipationszeiträume lassen sich auch in Abb. 6 erkennen. Während bis Ende der 1960er Jahre ein paralleles Schwingen von Index und Pro-Aktien-Gewinnen noch deutlich erkennbar ist, scheinen sich insbesondere in den Jahren von 1970 bis 1980 immer mehr gegenläufige Schwankungen einzustellen. Dies liegt jedoch nur daran, daß die Pro-Aktien-Gewinne in Abb. 6 ohne Rücksicht auf irgendwelche Antizipationen auf den Dezember desjenigen Jahres eingezeichnet wurden, in dem sie entstanden. Bei Berücksichtigung der in Tabelle 2 dargestellten Antizipationszeiträume tritt der synchrone Kurs-Gewinn-Verlauf wieder deutlich hervor (vgl. Abb. 9).

216 Tertiärbewegungen

Die Sekundärbewegungen werden ihrerseits von kürzerfristigen Wellen überlagert, die man in terminologischer Fortführung als Tertiärbewegungen bezeichnen kann. Eine **Erklärung für die Tertiärbewegungen** läßt sich zwar nicht unmittelbar aus Ertragsgrößen, dennoch aber mittelbar aus den Bemühungen der Marktteilnehmer um Antizipation künftiger Ertragsentwicklungen ableiten. Da die Zukunft unsicher ist, resultiert aus dem Anlegerverhalten ein "trail and error"-Prozeß. Da zunächst nur ungefähr erkennbar ist, wie die i.d.R. entscheidende Gewinnentwicklung verlaufen wird, greifen die Marktteilnehmer willig alle auch nur möglicherweise relevanten Informationen auf, die z.B. durch Insider, mitunter auf undurchschaubaren Wegen, aus einer ganzen Kette von Geschäftsvorgängen an die Öffentlichkeit gelangen. Diese Informationen beginnen mit dem Auftragseingang, sie setzen sich mit der Rohstoffbeschaffung, der Produktion, dem Versand und der Rechnungsstellung fort und enden letztendlich mit den Zahlungseingängen. Die Informationen können aber genauso auch aus allgemein zugänglichen Quellen stammen, wie etwa aus Quartalsberichten, Pressekonferenzen, publizierten Jahresabschlüssen, Auftragseingangsstatistiken, Berichten von Konjunkturforschungsinstituten und der Bundesbank u.a.

Aus diesen Informationsvorgängen resultieren sowohl die frühzeitigen Anpassungsprozesse der Kurse an die Gewinne als auch die Tertiärzyklen. Da die Informationen unregelmäßig fließen, bleibt das Wissen des Börsenpublikums unvollständig, so daß "man sich heute auf diese, morgen auf jene Entwicklung ein(richtet). Verstärkend wirkt das Dazwischentreten der berufsmäßigen Spekulation. Beim Bekanntwerden günstiger Nachrichten macht die Spekulation ... in der Erwartung nachfolgender Publikumskäufe ´Vorkäufe´. Sie richtet sich dabei weniger nach ihren Erwägungen über den

´wahren´ Wert der Effekten als nach Vermutungen darüber, was das Publikum - gleich ob richtigerweise oder unrichtigerweise - vermutlich tun wird. Aus einer entsprechenden Stimmung des Publikums heraus kann sich deshalb sehr leicht eine gewisse Tendenz kumulativ fortwälzen."[11] Mehren

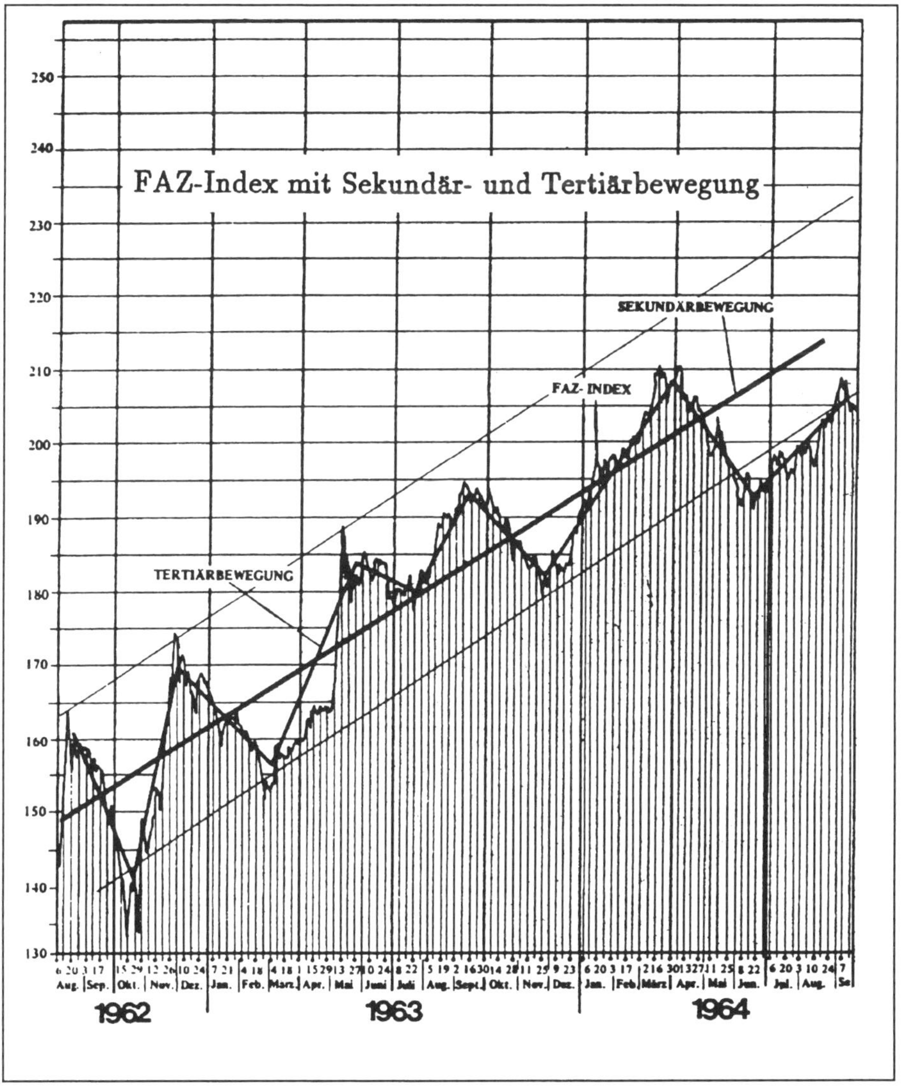

Abb. 10: Sekundärtrend und Tertiärzyklen (Ausschnitt aus Abb. 8b)

[11] O. Donner: Die Kursbildung am Aktienmarkt (1934), S. 67, der sich dabei teilweise auf J. M. Keynes (Vom Gelde, S. 589, ohne sonstige weitere Angaben) bezieht.

sich also in einem bestimmten Börsenklima übereinstimmende Interpretationen, wobei sich die psychisch bedingte Marktverfassung unvergleichlich schneller und öfter ändert als die tatsächlichen ökonomischen Gegebenheiten, kommt es im Sinne eines "trial and error"-Prozesses zu den wiederholten Übertreibungen der Börse um den "an sich" richtigen Sekundärtrend nach oben und unten, die jedoch im Zeitablauf immer wieder korrigiert werden. (Zur Veranschaulichung dieser Überlegungen vgl. den in Abb. 10 dargestellten Ausschnitt von Abb. 8b). Im Gegensatz zu Sekundärzyklen, die sich sowohl mit fundamentalen und technischen Methoden der Aktienanalyse untersuchen lassen, können die Tertiärzyklen daher lediglich mit der technischen Aktienanalyse (vgl. Abschnitt 22) erfaßt werden.

217 Ein quantitatives Modell der Aktienkursentwicklung

Konzeptionell ist die Aktie ein Beteiligungstitel. Schon deshalb kann mittel- bis langfristig nur der Beteiligungs**ertrag der dominierende Bewertungs- bzw. Kursbestimmungsfaktor von Aktien** sein. In Anbetracht der Ungewißheit der Zukunft läßt sich bei dynamischer Betrachtung die Kursentwicklung als ein "trail and error"-Prozeß auffassen, dessen immanente Triebfeder das von menschlichen Antizipationsbemühungen geprägte Börsengeschehen selbst ist. Obwohl dieser Prozeß temporär beträchtliche Abweichungen zwischen Ertragswert und Börsenkurs (vgl. auch Abschnitt 113 und 121) zuläßt, korrigieren sich die Abweichungen auf mittlere bis längere Sicht immer wieder.

Detaillierte Analysen zeigen allerdings, daß für die Gesamtmarktentwicklung neben den Pro-Aktien-Gewinnen auch **Zinseinflüsse** einen Erklärungsbeitrag zu liefern vermögen. Die Zinsentwicklung stellt daher **einen weiteren Kursbestimmungsfaktor** dar. Die aus der Konkurrenz der Kapital-Teilmärkte um das anlagesuchende Kapital resultierenden Interdependenzen, bei denen die **Rentenrendite** eine besondere Rolle spielt, lassen sich durch folgende Regeln kennzeichnen:

(a) Ein hoher Kapitalzins (Rentenrendite) bewirkt eine, gemessen an den Pro-Aktien-Gewinnen, relativ niedrige Aktienbewertung und vice versa.

(b) Aus einer abwärtsgerichteten Zinstendenz resultieren bei relativ hohen Aktienrenditen Anpassungsvorgänge dergestalt, daß sich über steigende Aktienkurse ein niedriges Dividendenrenditenniveau einstellt und vice versa.

Ein quantitativer Zusammenhang zwischen dem Kursniveau K (Durchschnittskurs des Statistischen Bundesamtes) als abhängiger Variabler einerseits und den Haupteinflußfaktoren auf das Kursniveau als unabhängigen Variablen andererseits - den antizipierten Nettogewinnen pro Aktie NG/A (gemäß Tabelle 2 bzw. Abb. 9) und der jeweils aktuellen Rentenrendite R (als bereits antizipierter Marktgröße) - läßt sich mit Hilfe der multiplen linearen Regressionsanalyse (Methode der kleinsten Quadrate) ermitteln. Das zahlenmäßige Ergebnis für den Zeitraum von Mitte der 50iger Jahre bis Ende der 80er Jahre ist unter Einbeziehung einer monatlichen Trendkomponente in Abbildung 11 veranschaulicht, wobei die Ergebnisse durch einen gleitenden 12-Monatsdurchschnitt geglättet wurden.[12]

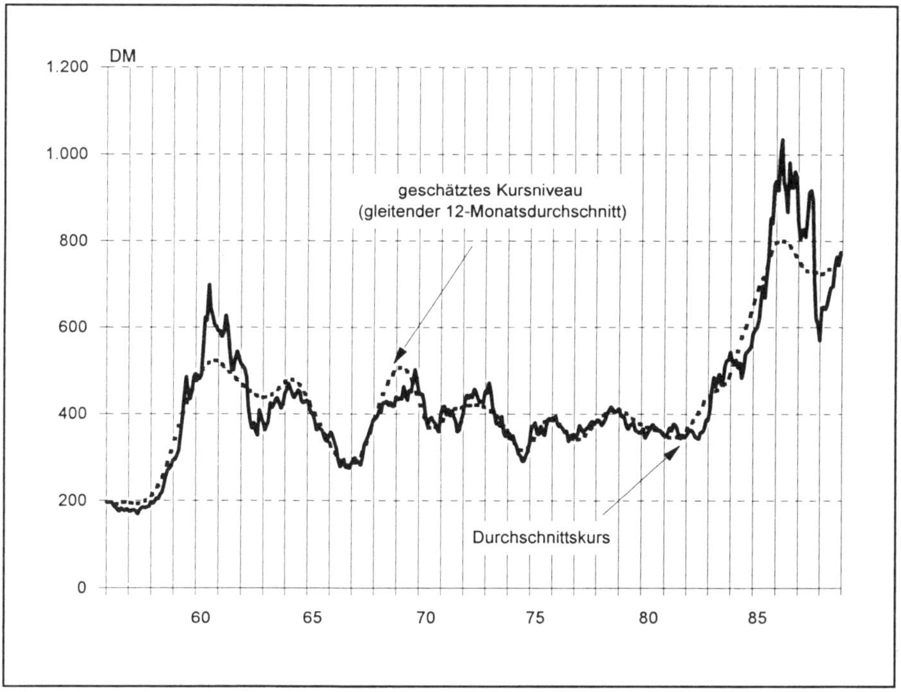

Abb. 11: Tatsächliches und aufgrund der Pro-Aktien-Gewinne und der Rentenrendite geschätztes deutsches Kursniveau von 1956 bis 1986

[12] Zu den Berechnungsmodalitäten der Regressionsgleichung: K = a + b · Nettogewinn pro Aktie + c · Rentenrendite + d · monatliche (Basis-)Trendkomponente vgl. im einzelnen U. Hielscher: Börsen (1988), S. 1051; U. Hielscher: Investmentanalyse (1990), S. 111/112.

Insgesamt stimmt das geschätzte Kursniveau mit dem tatsächlichen Kursniveau so gut überein, daß die Überlegung nahe liegt, die gewonnenen Ergebnisse für Prognosen zu nutzen. Dabei ist jedoch zu berücksichtigen, daß immer noch nicht unbeträchtliche temporäre Abweichungen zwischen dem mittelfristigen, (aufgrund der Pro-Aktien-Gewinne sowie der Rentenrendite) geschätzten und dem tatsächlichen Kursniveau vorkommen. Diese Abweichungen lassen sich allerdings häufig auf den **Einfluß des verfügbaren und anlagebereiten finanziellen Potentials** als zusätzlichem, die Ertrags- und Kapitalisierungskomponenten modifizierenden, insbesondere oftmals verstärkten Faktor zurückführen.[13] Geht man davon aus, daß ökonomische und außerökonomische (insbesondere auch politische) Faktoren nachhaltig immer nur dann auf die Aktienkurse wirken, wenn sie die potentiellen Ertragschancen der Unternehmungen (Gewinne pro Aktie), die aktuelle Kapitalisierungsfaktoren der Erträge (Zinssatz) und die aktuelle finanzielle Bewegungsfreiheit der Marktparteien **(Liquidität)** tangieren, dann sollte ein kurz- bis mittelfristiges, fundamental orientiertes Prognosemodell folgende Grundstruktur aufweisen:

Geschätzter aktueller Index

$$= a + b \cdot NG / A(\text{antizipiert}) + c \cdot R(\text{aktuell}) + d \cdot M1(\text{aktuell}).$$

Im Gegensatz zu langfristigen Betrachtungen spielt die (Basis-)Trendkomponente T bzw. t (vgl. Abschnitt 211) bei kurz- bis mittelfristigen Betrachtungen nur eine untergeordnete Rolle, während die Liquiditätskomponente an Bedeutung gewinnt. Dabei war die **Geldmenge M1** im allgemeinen am aussagefähigsten.

Abbildung 12 zeigt ein Ergebnis entsprechender Berechnungen. Den Gewinnen lagen Schätzungen eines Expertenteams zugrunde, das bereits im Juli die ersten Gewinnschätzungen einzelner AG's für das nächste Geschäftsjahr (Januar/Dezember) lieferte. Im Hinblick auf die Gewinnantizipationen der Börse wurden die neuesten Gewinnvorausschätzungen jeweils unmittelbar und fortlaufend in die maßgeblichen, zu aktualisierenden Gewinndurchschnittswerte pro Aktie eingearbeitet, auch wenn das alte Jahr längst noch nicht abgelaufen war. Dadurch kam es im allgemeinen nicht zu abrupten Trendbrüchen. Lediglich wenn aufgrund bestimmter Entwicklungen die Gewinne des Folgejahres insgesamt, d.h. für alle oder eine Mehrzahl

[13] Vgl. U. Hielscher: Börsen (1980), S. 857-859 und (1988), S. 1052.

der Aktien, wesentlich höher oder niedriger angesetzt werden mußten, kam es zu Sprüngen, die für die Modellberechnungen geglättet werden.[14]

Aus Abbildung 12 ist zu erkennen, daß das tatsächliche deutsche Kursniveau unmittelbar vor dem sog. Crash vom Oktober 1987 beträchtlich über dem berechneten Niveau lag, während nach dem Crash Ende 1987 eine deutliche Übertreibung nach unten vorlag, was tatsächlich durch entsprechende Dispositionen genutzt wurde. Das Verhältnis der Erklärungsbeiträge zum Index in Abb. 12 lag für die Pro-Aktien-Gewinne, die Rentenrendite und für das Geldvolumen Ml bei etwa 5:3:2.

Die skizzierte Vorgehensweise läßt sich z.B. auf den inzwischen etablierten, 30 deutsche Standardwerte enthaltenden Deutschen Aktienindex DAX übertragen. Dazu können als **Prognosebasis** die zugehörigen historischen Werte des Ergebnisses nach DVFA/SG (vgl. Abschnitt 218) für die einzelnen Aktiengesellschaften dienen. In die **Gewinnprognosen** gehen dann beispielsweise wiederum ein:

---

[14] Eingehende Untersuchungen zeigten, daß die optimale Anzahl für solche Schätzprozesse bei fünf bis sieben Gruppenmitgliedern liegt. Zur Abstimmung und Glättung der Gewinnvorausschätzungen existieren verschiedene Methoden der Konsensbildung, die von der Gruppenleitung angewandt werden können: Expertenbefragungen, in deren Rahmen die zusammensitzenden Experten zu einem einheitlichen Urteil bewegt werden sollen; Gruppendiskussionen, die die Konsensbildung in einer offenen, durch den Projektleiter nur hinsichtlich der Zielerreichung unterstützten, Diskussion anstreben; Brainstorming, das eine spezielle Form der Gruppendiskussion ist; die Delphi-Technik, die versucht, über eine strukturierte, in einzelnen Phasen anonyme Gruppenbefragung das gewünschte Resultat zu erzielen. Bei diesen Bemühungen ist vom Projektleiter besonders darauf zu achten, daß die Gruppe keinen Zwang zur Konformität auf einzelne Mitglieder ausübt oder sich nicht Kleinstfraktionen bilden, daß dominierende Persönlichkeiten (Eloquenz, Status) keinen extremen Einfluß auf das Gruppenergebnis haben, daß persönliche Zu- und Abneigungen sich nicht im erzielten Resultat niederschlagen oder gar bewußte Verfälschungen der Prognosen angestrebt werden, um andere Fehler zu kompensieren oder andere spezielle Ziele zu erreichen. Zu Einzelheiten vgl. J. Manke: Gremien im Entscheidungsprozeß (1980); K.P. Schütt: Wahrscheinlichkeitsschätzungen im Computer-Dialog (1981); H. Büning / G. Haedrich / H. Kleinert: Operationale Verfahren der Markt- und Sozialforschung (1981); H. Albach: Informationsgewinnung durch strukturierte Gruppenbefragungen (1970), S. 11-26; K. Brockhoff: Delphi-Prognosen im Computer-Dialog (1979).

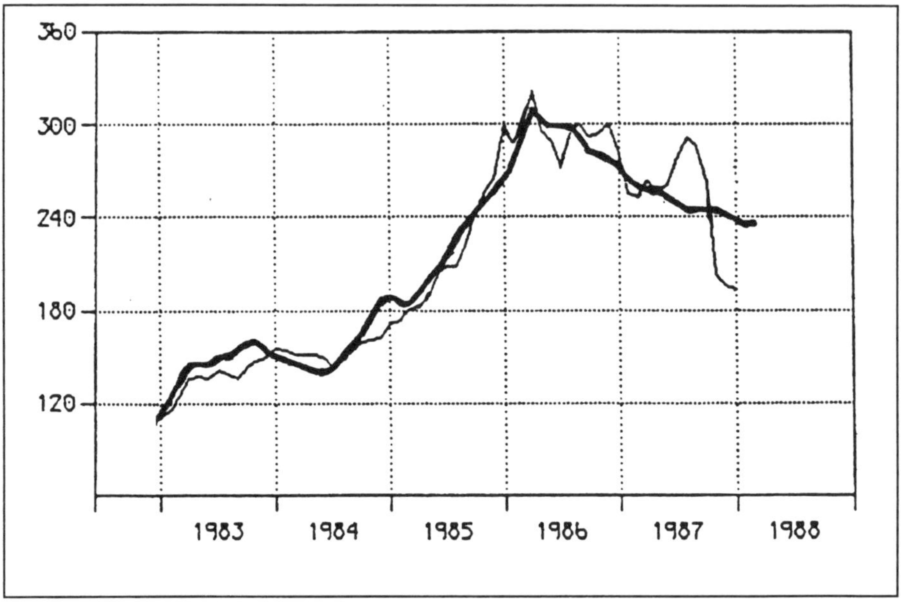

Abb. 12: Aktienindex des Statistischen Bundesamtes (dünner Kurvenzug) und berechneter Aktienindex mit Prognose für das 1. Quartal 1988 (dicker Kurvenzug)

a) Gesamtwirtschaftliche Einflüsse:

- Sozialprodukt (und Details wie privater Verbrauch, Investitionen)
- Preisentwicklung (für Produkte und Einsatzfaktoren)
- Zinsen und Geldmenge
- Auftragseingänge und Produktion
- Währungsentwicklungen
- sonstige internationale Einflüsse

b) Branchenspezifische Aspekte:

- Auftragsbestände und Umsatzentwicklungen
- Kapazitäten
- strukturelle Änderungen
- spezielle Brancheneinflüsse

c) Unternehmensspezifische Einflußfaktoren

- unterschiedliche Strukturen bei Produkten, Produktion, Finanzierung, Kunden, regionale Umsatzaufteilung

- Bilanzielle Einflüsse (Investitionszyklus, Zinssaldo, Verwässerung, Abrechnungszyklus, Personalkosten, Materialkosten)
- neuere Entwicklungen (Produkte, Beteiligungen, Verfahren, strukturelle Änderungen, Rationalisierungen)
- weitere qualitative Faktoren (Image des Unternehmens, Bekanntheitsgrad seiner Produkte, Modetrends)

und anderes mehr.

Je nach der Reihenfolge, in der die vorstehenden Bereiche a) bis c) analysiert werden, unterscheidet man den "Top-Down-Approach" von dem "Bottom-Up-Approach". Beim **Top-Down-Approach** beginnen die Untersuchungen mit der Gesamtwirtschaft und schreiten dann über die Kapitalmärkte und Branchen bis herunter zu den einzelnen Aktiengesellschaften fort. Bei einem **Bottom-Up-Approach** hingegen werden auf der Suche nach unterbewerteten Titeln zunächst eine größere Anzahl einzelner Aktien durchleuchtet und die gesellschaftsspezifischen Einzelergebnisse (z.B. die Gewinne pro Aktie) danach zu Marktdurchschnittsgrößen (ggf. bis hinauf in den internationalen Bereich) aggregiert. In der Praxis sind beide Vorgehensweisen anzutreffen.

218 Ergebnis nach DVFA/SG als Prognosebasis

Der **ausgewiesene Jahresüberschuß** einer Kapitalgesellschaft gibt **Auskunft über den handelsrechtlich verfügbaren Gewinn**, der an die Anteilseigner ausgeschüttet und/oder den Rücklagen zugeführt werden kann. Er schließt alle Vorgänge ein, gleichgültig ob sie laufender, außerordentlicher, aperiodischer oder dispositionsbedingter Natur sind. So wichtig der handelsrechtliche Jahresüberschuß damit für den Anleger auch ist, so notwendig ist es, zusätzlich zu wissen, ob bzw. inwieweit der Jahresüberschuß durch Sonderfaktoren beeinflußt worden ist. Denn die entsprechenden Bilanzierungs- und Bewertungswahlrechte sowie Ermessensspielräume werden von Unternehmen zu Unternehmen und auch im Zeitablauf von einem Unternehmen unterschiedlich genutzt. Nur ein von **Sondereinflüssen** der Unternehmensentwicklung und der unterschiedlichen **Ausübung von Wahlrechten bereinigtes Ergebnis** kann sinnvollerweise zu Ertragsvergleichen und als Ausgangsgrundlage für eine vergleichende Börsenkursentwicklung herangezogen werden. Ziel der DVFA/SG-Ergebnisabgrenzung ist es also, **ausgehend** vom handelsrechtlichen Ergebnis, d.h. **vom ausge-**

wiesenen Jahresüberschuß hypothetisch zu ermitteln, **welches Ergebnis hätte ausgewiesen werden können, falls diese Sonderfaktoren nicht wirksam gewesen wären**.

Das Ergebnis nach DVFA wird seit Ende der sechziger Jahre errechnet, anfänglich ausschließlich von Analysten, später mehr und mehr auch von den Gesellschaften selbst. Das dabei anzuwendende Arbeitsschema wurde kontinuierlich an die veränderte rechtliche Landschaft angepaßt. Das DVFA-Ergebnis je Aktie hat sich über die Jahre hin zu einer insgesamt akzeptierten und wichtigen Kennziffer für die Beurteilung von Aktienkursen deutscher Unternehmen entwickelt. Der Arbeitskreis "Externe Unternehmensrechnung" der Schmalenbach-Gesellschaft - Deutsche Gesellschaft für Betriebswirtschaft (SG) legte 1988 eine eigene Empfehlung zur Ermittlung eines Ergebnisses je Aktie vor. Leitlinie war dabei die Ermittlung vergleichbarer Ergebnisse unter Berücksichtigung unternehmensindividueller Besonderheiten. Demgegenüber stand im DVFA-Ansatz die unternehmensübergreifende Vergleichbarkeit im Vordergrund. Angesichts der Tatsache, daß ein Nebeneinander zweier Empfehlungen am Kapitalmarkt nur zu Irritationen führt, haben DVFA und SG, nach intensiver Diskussion ihrer teilweise unterschiedlichen Standpunkte zu Einzelfragen, einen Kompromiß erarbeitet, der zu einer gemeinsamen Empfehlung geführt hat.

Bei der Erfassung der **ungewöhnlichen** (inkl. a.o. Aufwendungen und Erträge) und der **dispositionsbedingten Sondereinflüsse** ist nach einem vorgegebenen, standardisierten und nach Bilanzpositionen gegliederten Arbeitsschema vorzugehen. Die Ableitung erfolgt in folgenden Schritten:[15]

1. Jahresüberschuß (Konzern)
2. Bereinigung von Ingangsetzungsaufwendungen
3. Bereinigungspositionen im Anlagevermögen
4. Bereinigungspositionen im Umlaufvermögen
5. Bereinigungspositionen in den Passiva
6. Erfassung von Fremdwährungs- und sonstigen Einflüssen
7. Zusammenfassung der zu berücksichtigenden Bereinigungen

---

[15] Wie das Ergebnis je Aktie (Nr. 10) im einzelnen zu ermitteln ist und wie eine zeitlich vergleichbare Reihe von Ergebnissen **je Aktie** bei Veränderungen der Kapitalbasis, z.B. durch Kapitalerhöhungen, zu erreichen ist (Nr. 11 und 12), kann entnommen werden aus: W. Busse von Colbe / K. Geiger / H. Haase / H. Reinhard / G. Schmitt: Ergebnis nach DVFA/SG (1991).

8. Ermittlung des Ergebnisses nach DVFA/SG durch Zusammenfassung der Positionen 1. und 7.
9. Ermittlung des Ergebnisses nach DVFA/SG ohne Anteile Dritter
10. Ermittlung des Ergebnisses nach DVFA/SG je Aktie ("netto" nach Steuern)
11. Ergebnis nach DVFA/SG je Aktie "voll verwässert"
12. Ergebnis nach DVFA/SG je Aktie adjustiert.

Das Ergebnis nach DVFA/SG hat im Rahmen der vergleichenden Aktienkursbeurteilung vornehmlich **Instrumentalfunktion**, nämlich die Relativierung des Börsenkurses am Ergebnis je Aktie (Price-Earnings-Ratio) und vermittelt damit **eine** wichtige Aussage über die Preiswürdigkeit einer Aktie. Es spielt dabei in erster Linie als **Prognosebasis** eine Rolle, denn der Aktionär "bezahlt" die Zukunft, nicht die Vergangenheit.

Aus der Anwendung des deutschen Anrechnungsverfahrens (vgl. Abschnitt 3251) ergeben sich allerdings gewisse zusätzliche Differenzierungsmöglichkeiten bzw. -notwendigkeiten. Für den im Inland steuerpflichtigen und daher anrechnungsberechtigten Aktionär setzt sich das Dividendeneinkommen aus zwei Teilen zusammen: Der Dividende, die von der Gesellschaft gezahlt wird, und dem Steuerguthaben, das dem Aktionär im Rahmen seiner Einkommensteuererklärung zugute kommt. Der nicht anrechnungsberechtigte Aktionär (Ausländer und steuerbefreite Institutionen wie Pensions- und Unterstützungskassen) erhält dagegen lediglich die deklarierte Dividende. Deshalb sind bei den Dividendeneinkommen drei Komponenten (jeweils in DM) zu betrachten:

1. Dividende,
2. Steuerguthaben und
3. Dividende mit Steuerguthaben.

Aus der Sicht des Unternehmens stellt die Steuer auf die Ausschüttung eine echte Belastung dar. Daher kann für alle unternehmensbezogenen Größen als Basis nur das DVFA-Ergebnis ohne Steuerguthaben herangezogen werden. Wegen dieser unterschiedlichen Betrachtungsweisen werden auch bei dem "Ergebnis nach DVFA/SG" je Aktie drei Komponenten (jeweils in DM) berücksichtigt:

1. Ergebnis ohne Steuerguthaben,
2. Steuerguthaben und
3. Ergebnis mit Steuerguthaben.

Im einzelnen stehen damit als Prognosebasis folgende Vergangenheitszahlen zur Verfügung, und zwar jeweils **mit** und **ohne Steuerguthaben**:

- Ergebnis nach DVFA/SG je Aktie,
- Price-Earnings-Ratio,
- Dividende je Aktie und
- Dividendenrendite.

Ein Katalog von Bereinigungspositionen, wie das DVFA/SG-Arbeitsschema, kann allerdings niemals absolut vollständig sein und liefert daher nur Hinweise, worauf besonders zu achten ist. Ferner hat die Erfahrung gezeigt, daß in der überwiegenden Zahl der Fälle das Ergebnis nach DVFA/SG sich nicht ausschließlich anhand der Angaben im veröffentlichten Jahresabschluß ermitteln läßt. Die externen Analysten sind deshalb auf die Bereitschaft der Unternehmen zur Kooperation angewiesen. Die Verwaltungen der Gesellschaften sind überwiegend kooperationsbereit und an einem Ergebnis interessiert, hinter dem die Analysten uneingeschränkt stehen. Zur Vereinheitlichung der von verschiedenen Analysten ermittelten Ergebnisse nach DVFA/SG veröffentlicht die Kommission für Methodik der Finanzanalyse der DVFA seit 1988 für etwa 25 börsenmäßig besonders wichtige Gesellschaften ein einheitliches Ergebnis je Aktie nach DVFA/SG.

22 Technische Aktienanalyse*

221 Grundgedanken sowie historische Entwicklungen und Zusammenhänge

2211 Grundgedanken

Die technische Aktienanalyse umfaßt heute eine nahezu unübersehbare Fülle unterschiedlicher, in der Regel aus der Praxis für die Praxis entwickelter Verfahren. Fast jeder professionell arbeitende Analyst verfügt mittlerweile zusätzlich über selbstentwickelte Varianten. Dennoch weisen die Verfahren einen gemeinsamen Nenner auf: sie beziehen sich auf die **Beobachtung des Handelsablaufes und der Transaktionen unmittelbar an der Börse selbst**. Dabei steht insbesondere die Erfassung der Kurse und Umsätze einzelner Aktien, ihre graphische Darstellung in Schaubildern sowie deren Analyse im Vordergrund. Aus den Grunddaten, nämlich den Börsenkursen und -umsätzen, werden darüber hinausgehend zahlreiche Indizes, Kennzahlen und "ratios" gebildet, aus denen man zusätzliche Schlüsse zu ziehen versucht.

Die Bezeichnung "technisch" bezieht sich auf die Beobachtung der Aktionen an der Börse, im Gegensatz zur Untersuchung der Handelsobjekte der Börsen. Die Analyse der Handesobjekte ist Gegenstand der "fundamentalen" Aktienanalyse, die sich in erster Linie an der Entwicklung der Ertragskraft der Aktiengesellschaften als zentralem Entscheidungskriterium orientiert (vgl. Abschnitte 113, 121 und 214-217). Die Bedeutung der fundamentalen Daten für Angebot und Nachfrage an der Börse wird von den Technikern keineswegs geleugnet. Die technische Analyse geht jedoch zutreffender Weise davon aus, daß die Börsenkurse nicht nur von rational handelnden Investoren bestimmt werden. Sie reflektieren vielmehr genauso mehr oder weniger irrationale Hoffnungen und Stimmungen, Befürchtungen und Vermutungen, also Einflüsse, die einer exakten fundamentalen Analyse unzugänglich sind. Dennoch sind die "technischen" Einflüsse von beträchtlicher Bedeutung und finden letztlich ebenfalls ihren konkreten quantitativen Ausdruck in den Börsenkursen und -umsätzen. Die Akteure benutzen

* Überarbeitete und erweiterte Fassung von U. Hielscher: Technische Aktienanalyse (1995), Sp. 1817-1830.

nämlich häufig die gleichen Informationsquellen und neigen dazu, bestimmte Entwicklungen gleichartig zu interpretieren. Sie beeinflussen und bestärken sich gegenseitig bis hin zu nur noch psychologisch begreifbaren, gleichgeschalteten Verhaltensweisen, wobei sie sich oftmals sogar lediglich von Vermutungen leiten lassen, was andere, gleich ob richtiger- oder unrichtigerweise, vermutlich tun werden. Aus solchen Stimmungen heraus setzen sich Kursbewegungen sehr leicht kumulativ-trendmäßig fort.

Die Techniker versuchen deshalb, durch fortlaufende Beobachtung der Kursentwicklung Trendunterbrechungen möglichst frühzeitig festzustellen. Die richtig verstandene technische Analyse prognostiziert nicht, wie lange bestimmte Bewegungen anhalten werden, sie erstellt vielmehr lediglich "Diagnosen" darüber, in welchem Trend sich eine einzelne Aktie oder der gesamte Markt befindet, ob sich der beobachtete Trend noch fortsetzt oder ob eine Umkehrphase vorliegt. Kontinuierliche aktuelle Marktdiagnosen als Entscheidungsgrundlage für sinnvollerweise zu ergreifende Maßnahmen stehen also im Vordergrund.

Die grundlegende "Philosophie" der technischen Aktienanalyse besteht letztlich darin, Gewinne solange wie möglich wachsen zu lassen, Verluste hingegen zu begrenzen, indem man aussteigt, sobald Konstellationsänderungen dies nahelegen bzw. eine Fehldiagnose erkannt wird. Erfahrungsgemäß ist es einer der verlustträchtigsten Fehler überhaupt, auf einer Aktie sitzen zu bleiben, nur weil man sich scheut, zu tieferen als dem Einstandskurs zu verkaufen. Solche pragmatisch orientierten Heuristiken, also Regeln, die sich aufgrund von Erfahrungen bewährt haben, spielen auch in vielen anderen Lebensbereichen bei unvollkommen überschaubaren Entscheidungssituationen eine Rolle, ohne den Erfolg zu garantieren, z.B. bestimmte Eröffnungsstrategien mit bestimmten Antworten beim Schach und ähnliches.

Im Grunde trägt die technische Analyse damit auch Oskar Morgenstern, dem Mitschöpfer der Spieltheorie, Rechnung, der schon 1928 überzeugend nachwies, daß jedem wirtschaftlichen Handeln lediglich eine recht begrenzte Kenntnis zukünftiger Ereignisse zugrunde liegen kann.[1] Der Philosoph Nicolai Hartmann sieht in der teilweisen Kenntnis des zukünftigen Geschehens sogar die Ursache jeglichen menschlichen Handelns: "In dem Schleier, der ihm (dem Menschen) die Zukunft verhüllt, ist nur ein winziger Riß.

---

1 O. Morgenstern: Wirtschaftsprognose (1928).

Aber der genügt. Ja ... alle Aktivität, alle Initiative, alles Handeln, Eingreifen in das Geschehen, alles Gestalten und Schöpfertum hängt daran."[2] Auch neuere Überlegungen im Rahmen der Durchleuchtung konstitutiver Merkmale hochkomplexer Systeme, wie z.B. marktwirtschaftlicher Systeme oder ihrer besonders hochentwickelten finanziellen Subsysteme (z.B. Börsen), in Kategorien der Informatik führen zu ganz ähnlichen Einsichten.[3] Diese Erkenntnisse verdeutlichen unmittelbar auch die Grenzen jeder richtig verstandenen Finanzanalyse im allgemeinen und der Aktienanalyse im besonderen: Keine ökonomische Prognosetechnik, also auch nicht die fundamentale oder die technische Aktienanalyse, kann Unvorhersehbares prognostizierbar machen. Die Unmöglichkeit, alle Unvorhersehbarkeiten in ein System ökonomischer Zwangsläufigkeiten zu bringen, verhindert andererseits, daß faire Märkte, speziell auch Aktienmärkte, von Minderheiten systematisch ausgeplündert und damit letztlich zerstört werden. Die systemimmanente unvollständige Prognostizierbarkeit sichert somit letztlich die Funktionsfähigkeit gerade auch der Aktienmärkte.

2212 Historische Entwicklungen und Zusammenhänge

Nach wie vor ist die dem "Erfinder" der technischen Aktienanalyse, dem Amerikaner Charles H. Dow, zugeschriebene Aussage völlig aktuell, nämlich: "Averages Discount Everything (except Acts of God)". Damit ist gemeint, daß Indizes als repräsentative Gesamtmarktindikatoren in ihren laufenden Bewegungen alles reflektieren, was bekannt und was überhaupt vorhersehbar ist: sie diskontieren alle Aspekte, die Einfluß auf Angebot und Nachfrage haben. Selbst unvorhersehbare Katastrophen ("Acts of God") werden bekanntlich von den Aktienmärkten im allgemeinen außerordentlich schnell bewertet und ihre Effekte in Kurse umgesetzt (hier ist zweifellos eine Verwandtschaft mit der modernen "efficient market theory" zu erkennen, vgl. auch Abschnitt 127).

Zahlreiche Äußerungen in seinen Leitartikeln im Wallstreet-Journal bis zu seinem Tod im Jahre 1902, legen die Vermutung nahe, daß Dow die von ihm erfundene technische Analyse weniger als Prognoseinstrument sah, sondern eher als Diagnoseinstrument im Sinne eines Barometers der allge-

---

2 N. Hartmann: Das Problem des geistigen Seiens (1948), S. 151.

3 G. Kirsch / J. Kohlas: Der Wert des Unvorhersehbaren (1993), S. 15.

meinen ökonomischen Entwicklung verstand. Dafür spricht auch, daß Dow 1897 als erster versuchte, den allgemeinen Trend bzw. das allgemeine Niveau des Aktienmarktes als Durchschnittspreis einiger ausgesuchter repräsentativer Aktien darzustellen - die heute berühmten "Dow Jones Averages". Zwar war führenden Börsianern bereits vorher geläufig, daß die Kurse großer Gesellschaften dazu tendierten, gemeinsam zu steigen und zu fallen, wenn auch in unterschiedlichem Ausmaß und Tempo. Allerdings fehlte bis zur Entwicklung der Dow Jones Averages der allgemeine Maßstab, mit dem die Unterschiede exakt quantifiziert werden konnten. Dow legte damit u.a. auch die Grundlagen für das später viel benutzte technische Konzept der "Relativen Stärke" - eine Idee, die mehr als ein halbes Jahrhundert später wieder auftauchte, diesmal jedoch nicht in dem traditionellen pragmatischen Gewand der technischen Aktienanalyse, sondern eingebaut in das Konzept der von Harry M. Markowitz und William F. Sharpe begründeten modernen Portfolio- und Kapitalmarkttheorie (vgl. Abschnitt 12), und zwar in Form der Beta-Faktoren und in Verbindung mit dem Benchmark-Konzept in Asset Allocation-Modellen (vgl. Abschnitt 129).

Die richtungsweisenden Vorstellungen Dow's wurden von seinem Nachfolger als Herausgeber des Wallstreet-Journal, William P. Hamilton, bis 1929 weiter verfolgt und in ein System gebracht. Hamilton formulierte schließlich das, was heute unter der Dow-Theorie bekannt ist. In den dreißiger Jahren verfaßte danach Richard W. Schabacker, Mitherausgeber der Finanzzeitschrift "Forbes", einige Bücher, in denen er - angeregt von den Gedanken Dow's und Hamilton's über die Beurteilung der Gesamtmarkttendenz - versuchte, auch einzelne Aktien eingehender zu analysieren. Er wurde dabei von dem Meteorologen Robert D. Edwards unterstützt, der die Arbeiten nach Schabackers Tod fortsetzte und 1948 zusammen mit John Magee das inzwischen klassische Standardwerk "Technical Analysis of Stock Trends" veröffentlichte.[4]

Mit aussichtslosen Bemühungen um immer "perfektere" Methoden und automatisch funktionierende Indikatoren, insbesondere durch Kombinationen zahlreicher Einzelindikatoren sowie diverser Indizes zu Gesamtindikatoren, die mechanisch und ohne jedes Versagen frühzeitig vor Trendänderungen warnen sollten und die dann auch noch als Computerprognosen zu Geld gemacht wurden, geriet die technische Aktienanalyse zeitweilig in Mißkredit, zumal sich gerade in kritischen Situationen besonders komplex

---

[4] R. D. Edwards / J. Magee: Technical Analysis of Stock Trends (1966).

konzipierte Konstruktionen als irreführend erwiesen. Zur Verunsicherung trugen ferner Untersuchungen zur "Random-Walk Hypothese" (vgl. Abschnitt 128) bei. Allerdings haben die meisten Vertreter der RWH wohl übersehen, daß gerade Übertragungen von in den Naturwissenschaften bewährten Methoden auf ökonomische Probleme stets Gefahren unbedachter Analogien in sich bergen. Rein formal können die mathematischen Formulierungen dann zwar einwandfrei erscheinen, im Hinblick auf die tatsächlichen Zusammenhänge dennoch aber unzutreffend sein.[5]

Zusammenfassend läßt sich festhalten, daß in der Realität Marktineffizienzen auftreten. Diese werden allerdings rasch ausgenutzt, weil neu bekannt werdende oder neu erkannte wertbeeinflussende Fakten sehr schnell in neue Preise transformiert werden, was gerade auch der Sinn "fairer" Märkte ist. Je erfolgreicher und schneller aber Ungleichgewichte (Marktineffizienzen) ausgenutzt werden, um so rascher verschwinden sie und sind daher statistisch auch um so weniger erfaßbar. Die Random-Walk-Hypothese versuchte, diese Übergänge mit in den Naturwissenschaften durchaus bewährten Methoden als Zufallsprozeß zu beschreiben. Der Entwicklungspfad der Börsenkurse ist allerdings kein Vorgang, der Naturgesetzen unterliegt, sondern er ist das Resultat der gesamten Marktaktivitäten einer nicht exakt abgrenzbaren, jedoch sehr großen Zahl von kurzfristig handelnden Tradern und langfristig orientierten Anlegern sowie von Hedgern und Arbitrageuren mit den unterschiedlichsten Handlungsmotivationen.[6] Ein bestimmter künftiger Börsenpreis oder die Dauer einer bestimmten Entwicklungsrichtung der Marktpreise (Trend) gehört für den einzelnen zu den konstitutiven Unvorhersehbarkeiten des Aktienmarktes, so daß stets eine Reihe von Marktteilnehmern zu früh, einige gerade rechtzeitig

---

[5] Daß bei verallgemeinernden Aussagen über die Aktienkurse mit Hilfe statistischer Untersuchungen Vorsicht angebracht ist, belegt keineswegs erst die Kehrtwendung von Fama (vgl. Abschnitt 12, Fußnote 24). So orientierten sich in Deutschland schon Schips und Stier mit spektralanalytischen Untersuchungen methodisch an amerikanischen Untersuchungen von Granger und Morgenstern aus den 1960er Jahren und gelangten auch zu ganz ähnlichen Ergebnissen, nämlich daß zumindest auf eine Frist von bis zu einem Jahr die Kursveränderungen ein Zufallsprozeß seien. Conrad und Jüttner orientieren sich hingegen an Überlegungen von Mandelbrot (ebenfalls aus den 1960iger Jahren) und kamen zu dem Resultat, daß die deutschen Kursverläufe sich signifikant von einem Random-Walk unterscheiden. Die Ursache für diese konträren Ergebnisse liegt darin, daß die Ergebnisse nicht nur von der gewählten Stichprobe, sondern auch von dem angewandten statistischen Verfahren abhängen. Vgl. B. Schips / W. Stier: Ergebnisse einer statistischen Analyse (1972); K. Conrad / D. J. Jüttner: Recent Behaviour of Stock Market Prices (1973).

[6] U. Hielscher: Börsen und Börsengeschäfte (1993), S. 1128-1188.

und andere zu spät handeln. Dennoch ist die Börse im Sinne von Dow insgesamt ein empfindlich und auf ökonomische Entwicklungen aktuell reagierendes Stimmungsbarometer. Dieses Barometer "abzulesen" versucht die technische Analyse mit Verfahren, deren elementare Grundgedanken nachfolgend exemplarisch skizziert seien.

222 Verfahren

2221 Übersicht

Zur Erreichung des **Hauptziels** der technischen Analyse, nämlich **Trendverläufe und deren Umkehrpunkte frühzeitig zu diagnostizieren**, wurden zahlreiche Methoden und Verfahren entwickelt, mit denen versucht wird

1) die allgemeine Grundtendenz der Börse (Index) zu erfassen,
2) die Kursverläufe einzelner Aktien zu analysieren und
3) die Beziehungen einzelner Aktienkursverläufe zu Branchenindizes und der allgemeinen Grundtendenz der Börse herzustellen, um eine Verbindung zwischen den beiden erstgenannten Bereichen zu schaffen.

Eine mögliche Übersicht über die Verfahren zur technischen Aktienanalyse gibt die Abbildung 1.

2222 Die Verfahren im einzelnen

a) Gesamtmarktindikatoren

Odd Lots sind an amerikanischen Börsen kleine Börsenaufträge über eine "krumme" Anzahl (1 bis 99) von Aktien, im Unterschied zu **Round Lots** (Aufträge über 100 Stück oder ein ganzzahliges Vielfaches davon), die von Großanlegern stammen. Da die große Masse der Kleinanleger meist schlechter informiert sei als Großinvestoren und die Kleinanleger daher meist "schief" liegen, wird ein starkes Anschwellen von Odd Lot-Kaufaufträgen als Anzeichen für ein bevorstehendes Ende eines Aufwärtstrends interpretiert, während umgekehrt ein starkes Anschwellen von Odd Lot-Verkaufsaufträgen auf ein bevorstehendes Auslaufen eines Abwärtstrends hinweist.

I. **Verfahren zur Erfassung der allgemeinen Börsengrundtendenz (Indexentwicklung)**
   1. Odd Lot- und Short Interest-Statistiken
   2. Advance/Decline-Line
   3. Momentum
   4. Oszillatoren
   5. Sentimentindikatoren
   6. Umsatzvolumen
   7. Chart Reading (s. unter II. 1)
   8. Filterregeln

II. **Verfahren zur Analyse einzelner Aktienkursverläufe**
   1. Chart Reading
      a) mit Bar Charts
         - ❑ Trendlinien-Methode
           - Widerstands- und Unterstützungslinien (bzw. -zonen)
           - Trendlinien und Trendkanäle
         - ❑ Formationen
           - Trendumkehrformation
           - Trendbestätigende Formationen
         - ❑ Gleitende Durchschnitte
      b) neben den verbreitetsten Bar Charts existieren zahlreiche abweichende Darstellungsformen wie Line Charts, Stopping Charts, Pole Charts, Anchor Charts, Candle Charts, Point and Figure Charts (vgl. Abb. 3).
   2. Momentum, einfache Oszillatoren, Filterregeln u. a. für Einzelwerte.

III. **Verfahren zur Analyse der Zusammenhänge zwischen Börsengrundtendenz (Gesamtindexentwicklung) bzw. Branchenentwicklungen (Branchenindizes) und Einzelaktienkursverläufen**
   1. Relative Stärke
   2. Beta-Faktoren

Abb. 1: Verfahren der technischen Analyse

Short Interest-Statistiken dienen der Erfassung von Leerverkäufen. Ein starkes Anschwellen der Leerverkäufe um ein Mehrfaches des Durchschnitts der letzten Zeit (z.B. der letzten 3 Monate) läßt u. U. künftig überdurchschnittliche Eindeckungserfordernisse und damit entsprechende technische Reaktionen erwarten.

Die **Advance/Decline (AD)-Line** wird aus den Kursänderungen aller an einer Börse gehandelter Aktien ermittelt. Die Zahl der im Vergleich zum Vortag mit niedrigeren Kursen schließenden Aktien wird von der Zahl der höher schließenden Aktien abgezogen. Der so gewonnene Saldo wird zum Vortagswert der AD-Linie addiert. Durch Vergleiche des Index mit der AD-Linie erhofft man sich zusätzliche Informationen über die technische Verfassung des Marktes. Wenn etwa die ungewichtete AD-Linie ihre Bewegungsrichtung früher ändert als der (z.B. mit dem Grundkapital gewichtete) Index, dann ist das ein Hinweis, daß der Index nur noch von einigen besonders "schweren" Werten hoch bzw. tief gehalten wird, während der Markt, gemessen an der Mehrzahl der Aktien, bereits gedreht hat.

Bei dem **Momentum** handelt es sich im Prinzip um Wachstumsraten, die die Schwungkraft der Kursbewegung kennzeichnen sollen. Dazu wird in regelmäßigen Abständen die prozentuale Veränderung des aktuellen Kurses zu einem bestimmten historischen Vergleichswert berechnet (z.B. mit 12 Monaten Zeitdifferenz). Da die Zuwachsraten oft erratischen Schwankungen unterliegen, werden sie meist noch durch einen gleitenden Durchschnitt geglättet, der i.d.R. den halben Zeitraum umfaßt. Ein Drehen des Momentums in einem im historischen Vergleich extremen Bereich weist auf eine schwächer werdende Kursdynamik in der bisher vorherrschenden Richtung hin. Mit anderen Worten, dreht das Momentum im unteren Schwankungsbereich nach oben, so wird dies als Kaufsignal interpretiert, umgekehrt als Verkaufshinweis, wenn der Indikator im oberen Bereich nach unten dreht (vgl. Abb. 2).

Oszillatoren sind Indikatoren, die Aussagen über Marktungleichgewichte liefern sollen. Sie sind in der Regel so konstruiert, daß sie um eine Null-Linie (= Markt ist im Gleichgewicht) schwanken. Da sich die Börsenkurse nicht gleichmäßig, sondern in sich überlagernden verschiedenfristigen Trends bzw. Zyklen entwickeln, soll der Oszillator auftretende "Wellenhöhen und -täler" als überkaufte bzw. überverkaufte Situationen anzeigen. Im einfachsten Fall der **Deviation** wird zunächst ein gleitender Durchschnitt gebildet und anschließend die prozentuale Abweichung der aktuellen Kurse von diesem Durchschnitt berechnet. Je höher diese Differenz ist, um so übertriebener ist die Entfernung des aktuellen Kurses von seinem Haupttrend (repräsentiert durch den gleitenden Durchschnitt) bzw. der überkaufte (überverkaufte) Zustand.

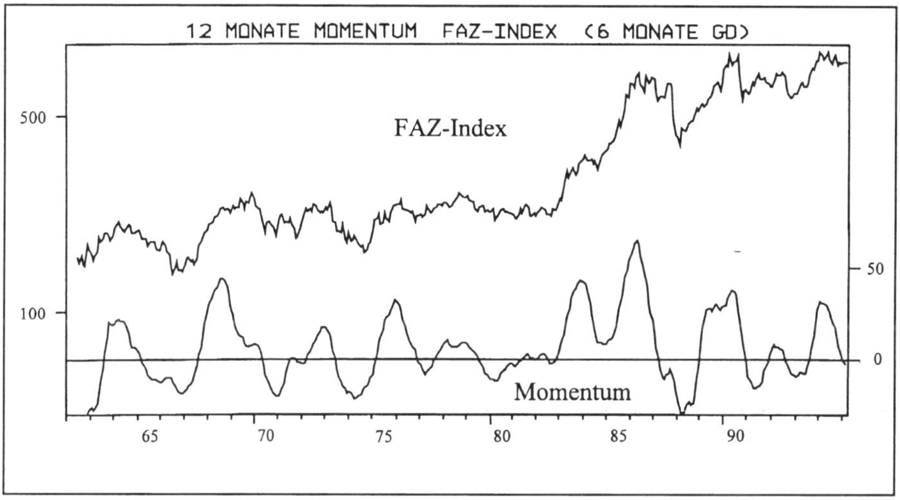

Quelle: BHF-Trust.

Abb. 2: 12 Monats-Momentum und FAZ-Index von 1962 bis 1994

Sentimentindikatoren sollen Rückschlüsse auf die Stimmung und damit auf das Verhalten bestimmter wichtiger Marktteilnehmergruppen ermöglichen. Oftmals basieren diese Verhaltensindikatoren auf dem Konzept der **Contrary Opinion**: Eine erfolgreiche Anlage beruhe darauf, daß die meisten Anleger immer wieder die gleichen Fehler machen. Daher gelte es, sich gerade entgegengesetzt zu verhalten. Ein besonders hoher Pessimismus der Anlegerschaft wird dabei für die zukünftige Tendenz eher positiv gewertet, während umgekehrt ein übertriebener Optimismus für die künftige Kursbewegung negativ zu beurteilen sei. Entsprechende Indikatoren sind beispielsweise die **Put/Call-Ratio** oder der **Investitionsgrad der Investmentfonds**. Für die PC-Ratio, die börsentäglich als Quotient der gehandelten Puts zu den Calls berechnet wird, gilt demzufolge ein hoher Extremwert (übermäßig viele Puts) als Kaufhinweis und umgekehrt ein besonders niedriger Wert als Verkaufssignal. Ein besonders niedriger Investitionsgrad der Investmentfonds (hohe Barreserve) gilt als potentielle Marktunterstützung und ist ein positives Signal für steigende Kurse. Umgekehrt ist ein sehr hoher Investitionsgrad für die künftige Marktentwicklung negativ zu beurteilen, u.a. da das daraus resultierende Nachfragepotential erschöpft ist.

Das **Umsatzvolumen** ist nach Auffassung der klassischen, technischen Aktienanalyse insoweit von **zentraler Bedeutung**, als sich fundierte Aussagen lediglich anhand des Zusammenspiels von Kurs- und Umsatzverläufen machen lassen. Das gilt sowohl für die Gesamtmarkt- als auch für die

Einzelaktienanalyse. Dabei ist weniger die absolute Höhe der Umsätze relevant, als vielmehr ihre zeitliche Entwicklung in Relation zum Kursverlauf. Das Umsatzverhalten liefert Hinweise auf den Verkaufs- bzw. den Kaufdruck hinter einer Kursbewegung. Generell gilt, daß **Parallelität von Kurs- und Umsatzentwicklung** auf eine **technische Marktstärke** hindeutet: Bei einem Aufwärtstrend werden Kurssteigerungen von steigenden Umsätzen unterstützt, zwischenzeitliche Kursrückgänge durch sinkende Umsätze hingegen relativiert ("volume goes with the trend"). Abweichungen von dieser Grundregel kennzeichnen unsichere bzw. schwache Marktverfassungen.

Filterregeln legen z.B. Sicherheitsmargen fest, mit denen "zufällige" von "signifikanten" Kursbewegungen unterschieden werden sollen. Ein Filter kann z.B. festlegen, daß eine Trendänderung erst dann als bestätigt und daher als signifikantes Handlungssignal gelten soll, wenn nach einem Trenddurchbruch eine zusätzliche Sicherheitsmarge von etwa 3 oder 5 Prozent überschritten wird.

b) Chart Reading

Das Chart Reading wird vielfach als Kerngebiet der technischen Aktienanalyse angesehen. Grundlage bilden **grafische Darstellungen der Kurs- und Umsatzverläufe**. Am verbreitetsten sind sog. Bar Charts. Daneben findet man auch Liniencharts (Line Charts), Pole Charts, Anchor Charts, Candle Stick Charts sowie Point and Figure Charts. In Abb. 3 sind die wichtigsten Darstellungsformen veranschaulicht.

In **Liniencharts** werden aufeinanderfolgende Kurse (z.B. die täglichen Kassakurse) durch eine einfache Linie verbunden. Eine Unterform bilden die **Stopping Charts**, bei denen die Schlußkurse (stop by the end of the session) verbunden werden. Der Name der **Pole Charts** leitet sich davon ab, daß eine senkrechte Linie die beiden "Pole" der (z.B. täglichen, wöchentlichen, monatlichen oder jährlichen) Höchst- und Tiefstkurse verbindet (vgl. auch Abb. 4 oben). Pole Charts liefern gegenüber Line Charts insoweit eine Zusatzinformation, als sie nicht nur die Bewegungsrichtung sondern auch das Bewegungsausmaß der Kurse in einem bestimmten Zeitabschnitt veranschaulichen. **Bar Charts** beinhalten eine Kombination von Stopping und Pole Charts, indem die Höchst- und Tiefstkurse durch einen senkrechten Strich und gleichzeitig der Schlußkurs durch einen kurzen waagerechten Strich im gleichen Bild dargestellt werden (vgl. Abb. 4 unten). **Anchor Charts** verdanken ihre Bezeichnung dem ankerähnlichen Aussehen, das aus der zusätzlichen Kennzeichnung des Eröffnungskurses resultiert. Die erweiterte Darstellung "open-high-low-close" visualisiert dabei zusätzlich die Eröffnungs/Schluß-Relation. Die bisher vornehmlich in Japan benutzten **Candle Charts** (vgl. auch Abb. 5) beinhalten eine optisch verfeinerte Darstellung der Anchor Charts. Die Verwendung weißer (Aufwärtsbewegung der Kurse während der zugehörigen Zeitspanne) und schwarzer (Abwärtsbewegung der Kurse) Kerzenkörper erleichtern die visuelle Verarbeitung der zugrundeliegenden Angebots- und Nachfragesituation, insbesondere wenn zusätzlich die technisch wichtige Umsatzentwicklung mit einbezogen wird. Die prinzipielle, fachlich-inhaltliche Interpretation der vorstehend skizzierten verschiedenen Darstellungsarten unterscheidet sich allerdings unter konzeptionellen Gesichtspunkten nicht grundlegend.

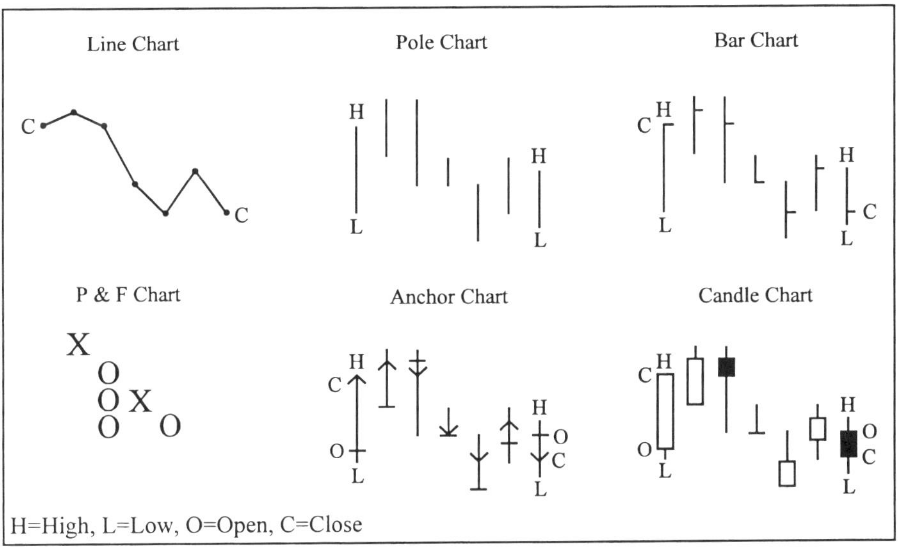

Abb. 3: Prinzip der Kursvisualisierung derselben Kursentwicklung in verschiedenen Chartkonzepten

Im Unterschied zu den vorstehenden Konzepten streben die **Point & Figure Charts** gegenüber den einfachen Liniencharts eine weitere Informationsverdichtung durch Informationsreduzierung an. Bei der P & F-Methode wird nämlich sowohl auf den Zeitbezug als auch auf das Umsatzvolumen verzichtet. Aber auch kleinere Kursveränderungen, die ein bestimmtes Ausmaß nicht überschreiten, bleiben unberücksichtigt. Lediglich "signifikante" positive Kursänderungen werden mit Kreuzen (x) und negative Kursänderungen mit Nullen (0) in ein Chart eingetragen. Eintragungen erfolgen also nur dann, wenn der Kurs die vorherige Notierung über ein vorgegebenes Maß hinausgehend über- oder unterschreitet. Man versucht

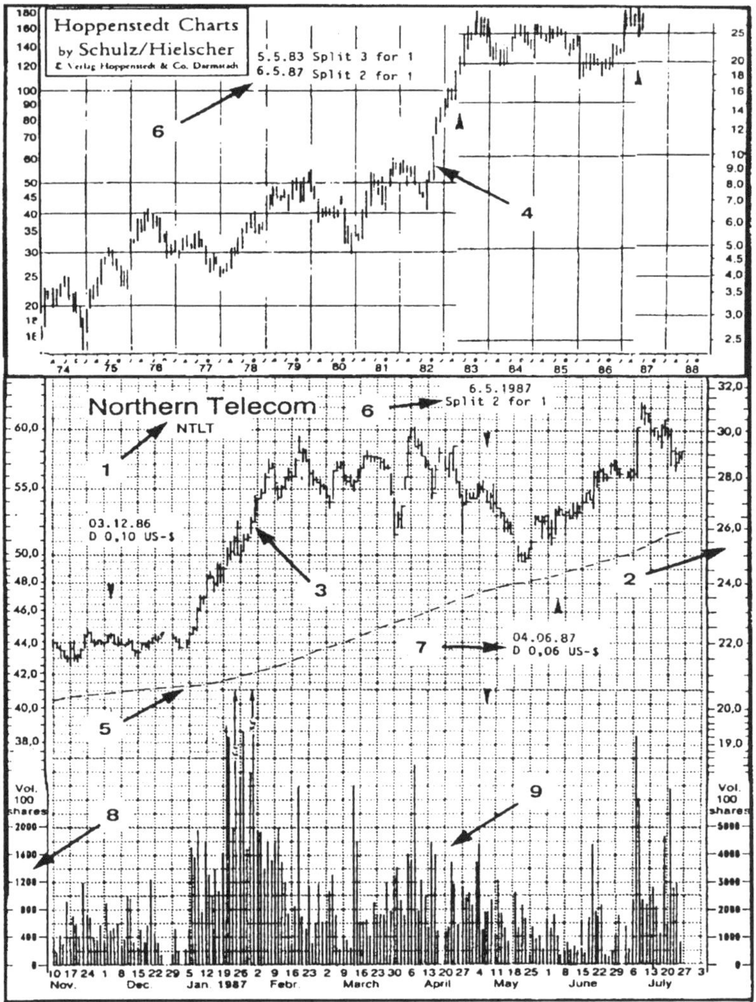

1. Name und Tickersymbol der Aktie
2. Logarithmische Kursskala
3. Tägliche Höchst-, Tiefst- und Schlußkurse (letztere als waagerechte Striche).
4. Monatliche Höchst- und Tiefstkurse
5. Gleitender 200-Tage-Durchschnitt (berechnet aus den letzten 40 Montagskursen).
6. Angaben über Kapitalveränderungen:
7. Ex Dividende, im Beispiel: ex 0.06 can $ Dividende am 4. 6. 87 (der Pfeil kennzeichnet das Datum).
8. Metrische Skala der Börsenumsätze
9. Tagesumsätze an der Hauptbörse.

Quelle: Hoppenstedt Charts by Schulz/Hielscher.

Abb. 4: Beispiel für ein Aktienchart (oben: monatliche Höchst/Tiefst-Kurse als Pole Chart; unten: tägliche Höchst/Tiefst/Schluß-Kurse als Bar Chart mit Umsatzverlauf)

damit insbesondere Trends eindeutiger und übersichtlicher festzustellen. Es ist jedoch kaum vorstellbar, daß die bewußt unvollständige Informationsauswertung zu nachhaltig besseren Aussagen als die anderen Chartanalysen führt. Im Gegenteil vermindert die Vernachlässigung insbesondere des Umsatzvolumens die Diagnosequalität.

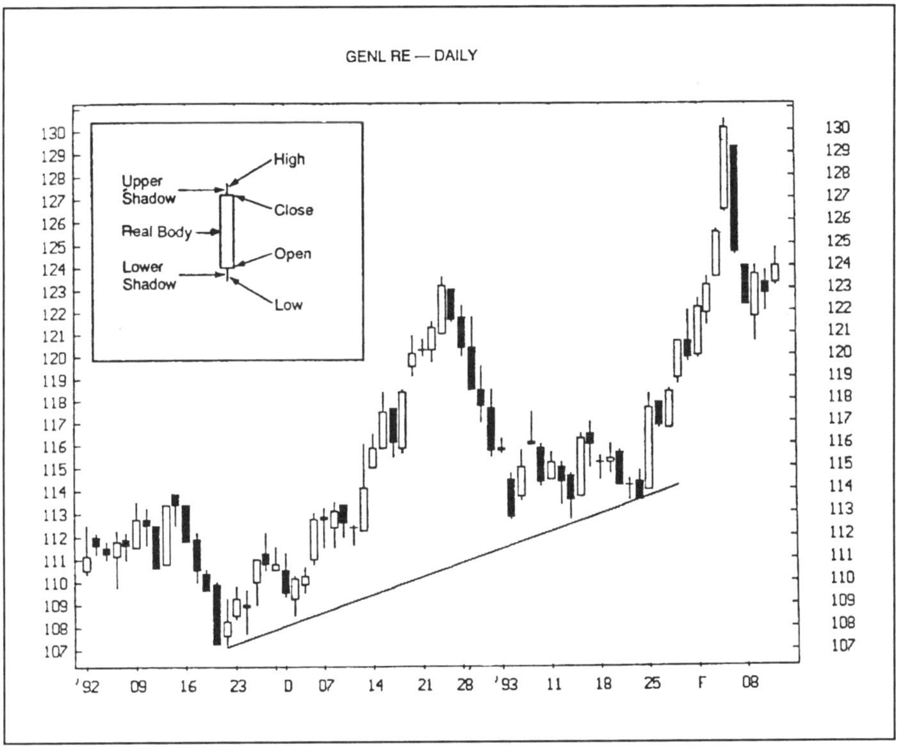

Quelle: S. Nison: Beyond Candlesticks (1994), S. 18 und S. 23.

Abb. 5: Beispiel eines Candle Chart

Zu den wichtigsten grundlegenden **Verfahren des Chart Reading** gehört die **Trendmethode**, die mit Unterstützungs- und Widerstandslinien (bzw. -zonen) sowie mit Trendlinien und Trendkanälen arbeitet.

Unterstützungs (U)- und Widerstandslinien (W) resultieren aus für einzelne Aktien individuell unterschiedlichen Kurshöhen, die über längere Zeiträume nicht über- bzw. unterschritten werden. Dies liegt oft darin begründet, daß bestimmte Kursmarken, z.B. 275, 500 oder historische Höchst- bzw. Tiefstkurse u.ä. "psychologische Barrieren" darstellen, die häufig nur schwer durchbrochen werden. An solchen Grenzen massieren sich vielfach Kauf- bzw. Verkaufslimite. Derartige charakteristische Kursgrenzen können aber auch dadurch auftreten, daß ein Aufkäufer Aktien zu bestimmten Limiten regelmäßig aus dem Markt nimmt, oder umgekehrt, daß ein Großaktionär auf einem bestimmten Niveau laufend Material abgibt. In der Abb. 6 sind einige Unterstützungs- und Widerstands-Linien mit durchgezogenen waagerechten Strichen gekennzeichnet. Im weiteren Sinne spricht man von **Unterstützungs- und Widerstandszonen (areas)**, wenn sich die eben genannten Erscheinungen innerhalb eines relativ engen Schwankungsbereichs der Kurse (ca. 3 bis 10%) abspielen.

Zur Beschreibung eines aufwärtsgerichteten Trends verwendet man beim Chart Reading eine **Trendlinie (T)**, die durch mindestens zwei Kursminima bestimmt ist, die einige Zeit auseinanderliegen. Ein abwärtsgerichteter Trend wird dagegen durch eine Linie gekennzeichnet, die mindestens zwei Maxima verbindet (vgl. die gestrichelten Linien in Abb. 6). Solange bei einem aufwärtsgerichteten Trend das folgende Kursminimum nicht unter die Trendlinie (T) fällt, wird davon ausgegangen, daß sich der alte Trend fortsetzt, und zwar vorläufig mit der gleichen Steigungsrate. Durchbricht jedoch der Kurs die aufwärtsgerichtete Trendlinie von oben nach unten, so gilt dies als Verkaufssignal. Umgekehrt wird es als Kaufsignal gewertet, wenn die Kurse eine abwärtsgerichteteTrendlinie von unten nach oben durchstoßen. Von **Trendkanälen (TK)** spricht man, wenn die Kursentwicklung von zwei parallel verlaufenden steigenden bzw. fallenden Trendgeraden exakt eingegrenzt werden kann. Für Ausbrüche aus einem Trendkanal nach unten bzw. oben (Verkaufs- bzw. Kaufsignal) gelten die gleichen Regeln wie bei Durchbrüchen durch Trendlinien. In Abb. 6 ist von Anfang 1988 bis Mitte 1990 ein solcher Trendkanal zu erkennen, aus dem Mitte 1990 die Kurse bei 700 nach unten (Verkaufssignal!) ausbrachen und danach bis zur Unterstützungslinie bei ca. 500 DM fielen.

Zur zusätzlichen Diagnose von Trendverläufen und als Ergänzung der Trendlinienmethode werden die sog. **Formationen** herangezogen, die als **typische Konstellationen von Kurs- und Umsatzverläufen** in ähnlicher Form immer wieder auftauchen. Im einzelnen unterscheidet man:

- Trendumkehrformationen und
- trendbestätigende Formationen

Nach Ausbildung einer sog. **Umkehrformation** ist es wahrscheinlich, daß der bisher vorherrschende Trend der Kursbewegung seine Richtung ändert, d.h. der Trend kehrt um. Zu den Trendumkehrformationen gehören vor allem die "Saucers" (Untertassen), M/W-Formationen (Doppelspitze bzw. Doppeltief) und die Kopf-Schulter-Formation. Diese Formationen können sowohl in einer oberen als auch in einer unteren Trendumkehr auftreten. Die Kursverläufe sind dann nur spiegelverkehrt. Als **trendbestätigende Formation** bezeichnet man demgegenüber ein Kursbild, bei dem der Trend nur vorläufig seine alte Bewegungsrichtung nicht fortsetzt und die Kursbewegung sich zunächst "konsolidiert". Im Anschluß an diese Konsolidierungs- bzw. Orientierungsphase verläuft der Kurs dann aber in der ursprünglichen Aufwärts- oder Abwärtsrichtung weiter, d.h. der Trend kehrt nicht um. Zu diesen Konsolidierungsformationen zählen u.a. die Dreiecke in verschiedenen Ausprägungsformen, das Rechteck, der Bogen, die Flagge und der Wimpel.

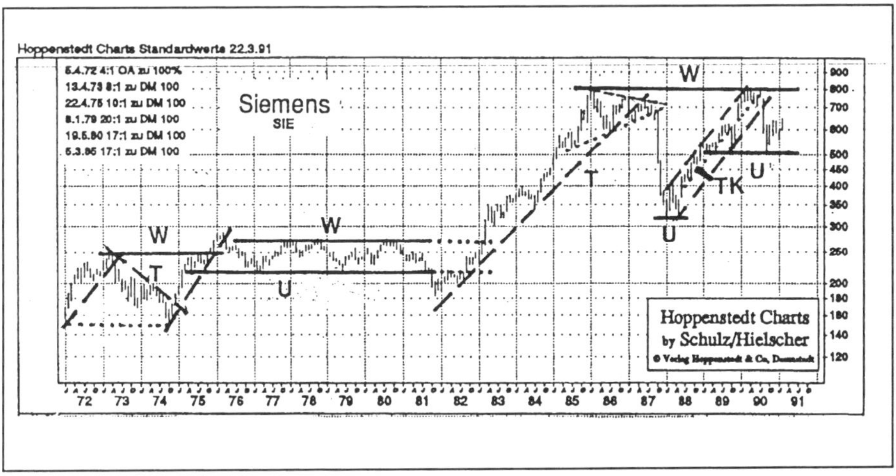

Abb. 6: Unterstützungs- (U) und Widerstandslinien (W), Trendlinien (T) und Trendkanäle (TK) in einem Pole Chart

Die Methode der **gleitenden Durchschnitte** basiert auf dem Zusammenspiel der täglichen oder wöchentlichen Kurskurve und einem gleitenden Kursdurchschnitt für bestimmte Zeitabschnitte (z.B. 60, 90 oder 200 Tage). Die Bildung gleitender Durchschnitte glättet kurzfristige Kursschwankungen und erlaubt so ein besseres Erkennen des zugrundeliegenden Trends. Die Durchschnittswerte werden zusammen mit den Kursen und Umsätzen in einem Chart dargestellt (vgl. Abb. 4). Entscheidend für das zeitliche Disponieren ist der Verlauf der Durchschnittskurve relativ zum aktuellen Kursverlauf. Ein Hinweis zum Kauf liegt vor, sobald die Tageskurse den gleitenden Durchschnitt von unten nach oben durchstoßen. Kurssteigerungen können i.d.R. solange erwartet werden, wie die Tageskurse oberhalb der Durchschnittskurve liegen, was z.B. in Abb. 4 der Fall ist. Ein Signal zum Verkauf würde im weiteren Verlauf gegeben werden, sobald der Kursverlauf den gleitenden Durchschnitt von oben nach unten durchbricht. Solange sich die Tageskurse dann im weiteren Verlauf unterhalb des Durchschnitts bewegen, ist mit weiteren Kursabschlägen zu rechnen.

Daß sich oft klare Schnittpunkte zwischen Kurskurve und gleitenden Durchschnitt ergeben, liegt an der Konstruktion der Durchschnittskurve. Sie ist das arithmetische Mittel, z.B. der letzten 200 zurückliegenden Tageskurse. Das heißt also, der Kursdurchschnitt der letzten 200 Tage wird über bzw. unter dem letzten effektiven Kurs aufgetragen. Dadurch folgt die Durchschnittskurve der täglichen Kursbewegung zwangsläufig mit einer zeitlichen Verzögerung, so daß die Durchschnittskurve bei einem anhaltenden Kursanstieg unterhalb der Tageskurse liegt, während sie umgekehrt bei fortgesetzten Kursrückgängen oberhalb der Tageskurse verläuft. Obwohl die Signale der Durchschnittskurve meist relativ spät kommen, können sie doch als Bestätigung der Ergebnisse der übrigen Trendanalysen gewertet werden. Voraussetzung ist allerdings, daß tatsächlich klare Auf- und Abwärtstrends vorliegen. Bei waagerechtem Kursverlauf ist die Durchschnittskurve dagegen naturgemäß ohne Aussagekraft. Sie ist vor allem dazu konstruiert, stärkere und längerfristige Trendänderungen anzuzeigen.

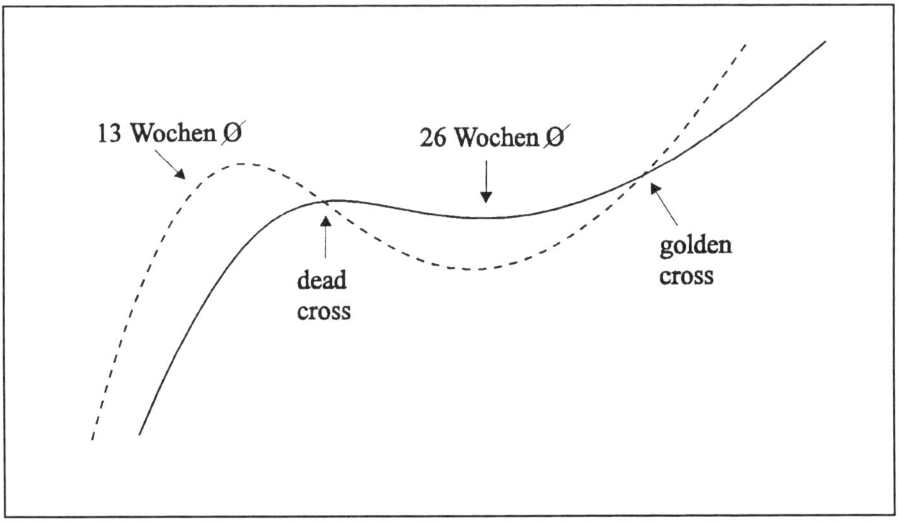

Abb. 7: Dead und Golden Cross

Beliebt geworden sind in den letzten Jahren auch Vergleiche von gleitenden Durchschnitten untereinander, und zwar besonders von kurzfristigen und somit schnell reagierenden Durchschnitten (5-, 9- oder 25-Tage-Durchschnitte) mit längerfristigen, träger reagierenden Durchschnitten (13-, 26-Wochen oder 75- und 200-Tage). Durchbricht der kurzfristige Durchschnitt (in Abb. 7 gestrichelte Linie) den längerfristigen Durchschnitt (durchgezogene Linie) von oben nach unten, so handelt es sich um ein sog. "dead cross" (Verkaufssignal), im umgekehrten Fall um ein "golden cross" (Kaufsignal).

Mit der **Disparität** (auch als Deviation bezeichnet) wird der prozentuale Abstand des aktuellen Kassakurs von verschiedenen gleitenden Durchschnitten gemessen und laufend grafisch über oder unter den Kursen aufgetragen. Ein im historischen Vergleich sehr hoher positiver bzw. negativer Wert eines so gewonnenen Disparitäts-Index soll eine kurzfristig überkaufte bzw. überverkaufte Situation charakterisieren. Die Kombination der Aussagen solcher Indizes mit denen von Candle Charts ist bisher besonders in Japan verbreitet.

c) Relative Stärke

Allgemein versteht man unter **Relativer Stärke** im klassischen technischen Sinn die Kursentwicklung einer einzelnen Aktie im Verhältnis zur Entwicklung der entsprechenden Branche (Branchenindex) oder zum Gesamtmarkt (Gesamtmarktindex), aber auch im Verhältnis zu anderen Einzelwerten in einem abgegrenzten, zurückliegenden Zeitraum. Anhand der Relativen Stärke versucht man, diejenigen Aktien auszuwählen, die in der Vergangenheit im Vergleich zu allen anderen Aktien am stärksten gestiegen bzw. am wenigsten gefallen sind. Dem liegt die Auffassung zugrunde, daß die historisch stärksten Aktien sich auch in einem gewissen zukünftigen Zeitraum relativ am besten entwickeln werden. In einer Aufwärtsbewegung des Marktes werden deshalb nur die bisher relativ stärksten Aktien erworben, während im Abwärtstrend Leerverkäufe bzw. der Kauf von Verkaufsoptionen in den relativ schwächsten Titeln erfolgen. Letztere sind oft schon im Aufwärtstrend relativ schwach und fallen dann im Abwärtstrend besonders rasch zurück. Sofern hingegen ein zurückgebliebener Wert bei einer Börsenhausse aufholt, also im Preis stärker steigt als der Durchschnitt, so ändert sich automatisch seine Relative Stärke, und er wird Kaufkandidat. Vielen Anlegern widerstrebt allerdings diese Vorgehensweise: Sie empfinden es intuitiv als unattraktiv, im Preis schon stärker gestiegene Papiere noch zu kaufen, wo doch andere mit "Nachholbedarf" scheinbar günstiger zu haben sind.

Der **Beta-Faktor** als Steigungsmaß der Regressionsgeraden zwischen den Kursen einer einzelnen Aktie als abhängiger Variable und einem Marktindex als unabhängiger Variable läßt sich ebenfalls als Maß der Relativen Stärke interpretieren. Zu Einzelheiten vgl. die Abschnitte 124 bis 127 und 129.

2223 Grenzen der Verfahren

Bei der Analyse einzelner Kursverläufe, wie sie von der technischen Analyse vorgenommen werden, sollte man sich stets vergegenwärtigen, daß selbst extreme Anhänger der technischen Analyse nicht den Anspruch erheben, stets richtig zu liegen, sondern nur in der Mehrzahl der Fälle. Man kann durchaus auch einmal "schiefliegen". Die grundlegende "Philosophie" der technischen Analyse besteht darin, Gewinne solange wie möglich wachsen zu lassen, Verluste dagegen zu begrenzen, indem man rasch wieder aussteigt, sobald eine Fehldiagnose erkannt wird. Denn auf einer Aktie, die man augenblicklich nicht kaufen würde, sollte man nicht sitzen bleiben, **nur** weil man sich scheut, zu tieferen als dem Einstandskurs zu verkaufen. Trotz aller verfeinerten Techniken bleibt es immer noch der Kunst des einzelnen Analytikers vorbehalten, auftretende Signale frühzeitig und richtig zu diagnostizieren und zu interpretieren. Daher ist auch vor einer einseitigen und isolierten Anwendung einzelner Analysemethoden zu warnen. Nur eine kombinierte Anwendung fundamentaler und technischer Analysemethoden, die sich gegenseitig ergänzen und kontrollieren, ermöglicht brauchbare Aussagen. Dabei kann leider nicht generell gesagt werden, in welcher Reihenfolge und Gewichtung die einzelnen Instrumente anzuwenden sind. Für die richtige Kombination der Instrumente der fundamentalen und technischen Analyse gibt es kein Patentrezept. Sie unterliegt vielmehr einer permanenten Veränderung und muß - basierend auf Erfahrung - in der jeweiligen Situation immer neu entwickelt werden.

23 Nationale und internationale Rentenmärkte*

In enger Wechselwirkung mit dem weltweiten Wachstum der Finanzmärkte und des Kapitalverkehrs vollzogen sich in den letzten Jahren auf den nationalen und internationalen Rentenmärkten grundlegende, eng miteinander verflochtene Änderungen, die sich durch folgende vier Stichwörter kennzeichnen lassen:

1. Deregulierung (Liberalisierung),
2. Globalisierung (Internationalisierung),
3. Securitization und
4. Innovationen.

Im folgenden seien die drei erstgenannten Stichworte im Sinne allgemeiner Tendenzen skizziert (Abschnitt 231). In Anbetracht ihres besonderen instrumentalen Charakters werden die Innovationen im zweiten Abschnitt 232 gesondert behandelt. Diese Ausführungen bilden den Hintergrund für eine Kennzeichnung spezifischer Entwicklungsaspekte der nationalen und internationalen Rentenmärkte im dritten Abschnitt 233 und für einen Ausblick in Abschnitt 234. Sie sind zugleich Grundlage für die Entwicklungsfaktoren des Rating in Abschnitt 241.

231 Allgemeine Tendenzen

Unter **Deregulierung** ist der Abbau staatlicher bzw. bankenaufsichtsrechtlicher Beschränkungen zu verstehen, also von Vorschriften, die z.B. das Bankensystem, den Marktzugang, den Kapitalverkehr, das Emissionsverfahren, die Emission bestimmter Wertpapierarten oder auch nur einzelne ihrer Ausstattungsmerkmale einschränkend regeln.

Ursache nationaler Deregulierungen waren oftmals Befürchtungen, daß Geschäfte an weniger regulierte nationale ausländische oder weitgehend unregulierte internationale Wertpapiermärkte abwandern. Solche Befürchtungen bzw. Reaktionen sind durchaus gerechtfertigt, denn aus Deregulierungen, Liberalisierungen bzw. Entbürokratisierungen folgt i.d.R. eine

* Aktualisierte und ergänzte Fassung des Beitrages U. Hielscher: Nationale und internationale Rentenmärkte (1989), S. 65-80.

gesteigerte Markteffizienz[1] und daraus wiederum resultieren u.a. niedrigere Finanzierungskosten: Schuldner haben niedrigere Kosten, während Gläubiger gleichzeitig höhere Zinsen erzielen können. Darüberhinaus gewinnen Schuldner einen leichteren Marktzugang und können ihre Finanzierungsbedürfnisse spezifischer erfüllen, während die Anleger (Gläubiger) eine größere Anzahl an Anlagemöglichkeiten und häufig auch eine erhöhte Liquidierbarkeit ihrer Anlagen erhalten. Risiken können damit besser auf andere Marktteilnehmer übertragen, gestreut und/oder durch neue Methoden besser abgesichert werden. Last but not least sind florierende Wertpapiermärkte generell der allgemeinen Wirtschaftsentwicklung dienlich.

Andererseits ist unübersehbar, daß z.B. die Banken Gefahr laufen, ihre qualitativ besten Kunden zu verlieren, weil speziell die guten Gläubiger und Schuldner nunmehr direkt in Kontakt treten können. Für eine Bank bedeutet dies eine Qualitätsminderung sowohl der Aktiv- als auch der Passivseite, für die Unternehmen andererseits u.U. eine verminderte Unterstützungsbereitschaft seitens der Banken speziell in Krisenzeiten. Besonders spezifisch ("kundenfreundlich") zugeschnittene Finanzierungsinstrumente weisen darüberhinaus gewöhnlich eine eingeschränkte Liquidierbarkeit auf, was gravierende Folgen haben kann, wie das folgende Beispiel der Floating Rate Notes (variabel verzinsliche Anleihen) vor Augen führt. In den letzten Jahren erfolgten daher gewisse, allerdings übernational orientierte Reregulierungen, um den inzwischen doch ein gewisses Eigenleben entwickelnden Finanzströmen einige flankierende Standards anzulegen.

Die Emission von Floating Rate Notes (FRN) - als Konsequenz des hohen Zinsniveaus zu Beginn der 1980er Jahre - hatte am Euromarkt bei starken Zinsschwankungen und insgesamt dominierenden Zinssenkungstendenzen bis 1985 beträchtlich zugenommen. 1986/87 ging die Emissionstätigkeit stark zurück. Maßgeblich hierfür war zunächst das erreichte niedrige Zinsniveau, das eine Verschuldung zu festen Zinsen attraktiver erscheinen ließ, so daß die klassischen festverzinslichen Anleihen wieder Marktanteile zurückgewannen. Hinzu kamen Probleme diverser Market Maker, die speziell einen funktionsfähigen Sekundärmarkt für FRN ohne Endfälligkeit (sog. ewige FRN) im Gesamtvolumen von immerhin 18 Mrd. US-$, die in manchen Ländern sogar als Haftungskapital-Surrogat zählten, nicht aufrecht erhalten konnten oder wollten. Diese Probleme griffen 1987 auf die übrigen FRN über, mit der Folge, daß die Lage durch zu viele, wenig aktive Marktteilnehmer, zu viele Kreditnehmer und zu wenig Investoren gekennzeichnet

---

[1] J. Süchting: Entwicklungslinien auf den internationalen Finanzmärkten (1988).

war,[2] wodurch der Markt für FRN 1987 praktisch zum Erliegen kam. Den Höhepunkt ihres Marktanteils aus dem Jahre 1985 konnten die FRN bisher auch nicht annähernd wieder erreichen (vgl. auch Abb. 3).

Unter der **Globalisierung** (Internationalisierung) des Finanzsektors ist die weltweite Ausrichtung der Aktivitäten international operierender Schuldner, Investoren und Banken zu verstehen, die eng mit einer Tendenz zu gleichlaufenden Entwicklungen auf den nationalen und internationalen Finanzmärkten verbunden ist. Insbesondere erfolgt eine immer engere Verzahnung von Geld- und Kapitalmärkten. Ein weiterer Aspekt der Globalisierung ist die inzwischen mögliche kontinuierliche Durchführung von Finanztransaktionen "rund um die Uhr", wobei sich die Geschäftstätigkeit im 24-Stunden-Rhythmus geographisch rund um die Erde verlagert.[3] Eine grundlegende Voraussetzung der Globalisierung war die Weiterentwicklung im Bereich der Kommunikationstechnik,[4] durch die die einzelnen Finanzzentren miteinander verbunden wurden. Während es den weltumspannenden Devisenhandel[5] schon seit längerer Zeit gibt, existiert die Internationalisierung im Wertpapierbereich erst seit der Deregulierung des Kapitalverkehrs und der Kapitalmärkte.

Zwei Einschränkungen hinsichtlich der Globalisierung sind allerdings zu erwähnen. Einerseits sind in den "globalen" Finanzmarkt nur die entwickelten Länder in Westeuropa, Nordamerika und Ostasien einbezogen. Für die anderen Länder werden aufgrund der dominierenden Rolle dieser drei Weltregionen im Finanzsektor die Daten gesetzt. Zum anderen besteht trotz des Trends zur Globalisierung auch in der westlichen Welt kein einheitlicher, harmonisierter Finanzmarkt. In einigen Ländern verbliebene unterschiedliche nationale Regulierungen haben einen vollständig integrierten und harmonisierten Finanzmarkt noch nicht entstehen lassen.

Unter **Securitization** ist die Unterlegung von Krediten und Einlagen mit Wertpapieren zu verstehen. Ein entscheidender Aspekt für die Hinwendung der Banken zur Kreditverbriefung war die 1982 offensichtlich werdende internationale Schuldenkrise. Während Direktkredite vor allem an Länder der Dritten Welt einen hohen Abschreibungsbedarf erzeugten, wurden mit

---

2 G. Evans: How to Stop the Eurobond Market Committing Suicide (1988), S. 52; E. Cohen: A Serious Case for Treatment (1987).

3 H. J. Mast: Der 24-Stunden-Handel im Bankgeschäft (1987).

4 U. Hielscher: Electronic Banking (1985).

5 H. Lipfert: Devisenhandel mit Devisenoptionshandel (1988).

der Bedienung von Anleiheschulden bessere Erfahrungen gemacht. Darüber hinaus konnten eingefrorene Direktkredite an lateinamerikanische Entwicklungsländer im Rahmen von Sanierungen zumindest teilweise verbrieft und so, bei genügenden Abschlägen vom Nennwert, wieder aufgetaut werden. Daher wurde das Emissionsgeschäft forciert und der Versuch unternommen, Direktausleihungen wieder mehr auf Industrieländer zu verlagern. Im Unterschied zu den 1970er und den frühen 1980er Jahren erfolgten die Direktausleihungen Ende der 80er Jahre auch nicht mehr vornehmlich an staatliche Stellen sondern an Wirtschaftsunternehmen. So flossen z.B. 1988/89 große Teile der Euro-Konsortialkredite in den Bau des Ärmelkanaltunnels und in die USA zur Finanzierung der bis dato größten jemals durchgeführten Fusionen und Firmenübernahmen.

Die Securitization hatte in den industrialisierten Ländern für die Kreditinstitute, zumindest im Großkundengeschäft, einige unvorhergesehene Konsequenzen. Seit Beginn der 1980er Jahre wurde die Securitization vornehmlich von global operierenden Kreditinstituten forciert, die infolge von Eigenkapitalengpässen ihr Wachstum teilweise statt in der Bilanz "off balance sheet" mit verbrieften Forderungen, zunächst insbesondere in Anleiheform, betrieben. Im Großkundengeschäft führten solche kostengünstigen Direktfinanzierungen zu verstärkten unmittelbaren Kontakten zwischen kapitalnehmenden Industrieunternehmen und den anlagesuchenden Stellen am Euromarkt und gingen damit bald immer mehr an den Banken vorbei (Desintermediation). Die Banken waren zunächst noch beim Verkauf der Wertpapiere sowie mit Stand-By-Linien, Ankaufszusagen u.ä. für den Fall dabei, daß die Plazierung der Anleihen Schwierigkeiten bereitete. Ihre Transformationsfunktion wurde jedoch zunehmend auf Vermittlerfunktionen, verbunden mit zunächst nicht bilanzwirksamen Eventualverpflichtungen, zurückgedrängt.[6] Als 1986 solche Off Balance Sheet-Verpflichtungen deutscher Kreditinstitute von der deutschen Bankenaufsicht via Eigenkapitalunterlegungsvorschriften in die Bankbilanzen zurückgeholt wurden,[7] verlagerten sich die Direktfinanzierungen erster deut-

---

6 W. Kuntze: Securitization (1987); H. Remsperger: Folgen der Verbriefung für das Bankgeschäft (1987); H. Remsperger: Wirtschaftspolitische Folgen der Securitization (1987).

7 Vorausgegangen war die von der Bank von England im April 1985 eingeführte Verpflichtung für alle von ihr beaufsichtigten in- und ausländischen Kreditinstitute, Übernahmeverpflichtungen aus Euronote-Programmen mit 50% in die Berechnung der Risikokapitalquote einzubeziehen. Ähnliche Vorschriften ergingen daraufhin nicht nur in Deutschland, sondern auch in Frankreich, der Schweiz, Japan und in den USA. Vgl. Bank für internationalen Zahlungsausgleich: Jahresbericht 1985/86, S. 114.

scher Industrieadressen auf den Commercial Paper-Markt mit dem Resultat, daß diese Finanzierungen jetzt ganz an den Banken vorbeiliefen.

Insgesamt war der Trend zur Securitization vor allem im internationalen Eurogeschäft der Banken so stark, daß von Mitte der 70er bis Mitte der 80er Jahre aus einem achtzigprozentigen Anteil der Bankkredite ein achtzigprozentiger Anteil verbriefter Forderungen wurde. Auf den meisten nationalen Märkten, mit Ausnahme der USA, die über die leistungsfähigsten Sekundärmärkte verfügen, war dieser Trend allerdings beträchtlich schwächer ausgeprägt. Diese Entwicklungen führten zu einem verschärften Wettbewerb um die verbliebenen guten Kreditkunden, die ihrerseits kostengünstige und maßgeschneiderte Finanzierungen bzw. ganze Finanzierungsprogramme fordern konnten.

232 Innovationen

Der Begriff Finanzinnovation wird zwar häufig verwendet. Die konkrete Frage, wann eigentlich eine Finanzinnovation vorliegt und wann nicht, bleibt jedoch meist unbeantwortet. Sie läßt sich allerdings auch nicht ohne weiteres beantworten. Die folgende charakteristische Definition, nach der Finanzinnovationen "neuartige, bisher an den Geld-, Kredit- und Kapitalmärkten nicht verfügbare oder zumindest in dieser Kombination ihrer Merkmale nicht verfügbare Finanzierungstitel und Finanzdienstleistungen"[8] seien, läßt wie üblich entscheidende Abgrenzungsfragen offen. Zum einen fehlen Aussagen darüber, wie lange eine Leistung noch als neu bezeichnet werden kann. Darüber hinaus kann ein Angebot, das auf einem Markt eine Neuheit darstellt, auf einem anderen Markt bereits zu den etablierten Instrumenten gehören. Letztendlich ist nicht eindeutig bestimmt, in welchem Ausmaß die Merkmale des neuen Angebots sich von denen der vorhandenen Angebote unterscheiden müssen, um als Innovation gelten zu können.[9] Was man somit zu den Finanzinnovationen an den nationalen und internationalen Rentenmärkten zählt, wird daher wohl stets auch von subjektiven Einschätzungen mitbestimmt sein.

Bis zu Beginn der 70er Jahre war die Zahl der längerfristigen Fremdfinanzierungsmöglichkeiten recht begrenzt. Am Kapitalmarkt bestand lediglich die Möglichkeit der Aufnahme von einfachen festverzinslichen Anlei-

---

8 M. J. Matschke: Finanzinnovationen (1987), S. 2.

9 C. Köhler: Finanzplatz Deutschland national und international (1988), S. 9.

hen, von Wandel- und Optionsanleihen sowie von Genußscheinen. Die letzteren sollten es den Unternehmen ermöglichen, neben der Fremdfinanzierung extern haftendes Kapital kostengünstig (oder via Genußscheine für Nicht-Aktiengesellschaften überhaupt erst) zu beschaffen. Mit der zunehmenden Globalisierung der Finanzmärkte verlagerte sich dann das innovative Interesse stärker auf die langfristige Fremdfinanzierung. Daneben gab es auf dem US-amerikanischen Markt bereits seit längerem Commercial Papers, Certificates of Deposit, Bankers Acceptances u.ä., die in Europa erst später als "Innovationen" auftauchten.

Bestehende Regulierungen, insbesondere Zinsbegrenzungen, waren der Anlaß für Bestrebungen, neue Instrumente zu kreieren, mit deren Hilfe solche Regulierungen umgangen werden konnten. Auch steuerliche Aspekte regten die Innovationsphantasie an (vgl. auch Abschnitt 321). Den entscheidenden Anstoß für das Anschwellen der Innovationen auf dem Finanzsektor seit Beginn der 1970er Jahre gaben jedoch wirtschaftliche Turbulenzen, die (ausgelöst u.a. durch amerikanische Handelsbilanzdefizite, permanente Schwäche des US-Dollar, Aufgabe der Goldeinlösungspflicht des US-$ gegenüber ausländischen Notenbanken, zwei Ölkrisen, Verschuldungsprobleme von Ostblock- und Schwellenländern sowie von Ländern der Dritten Welt) zu bis dahin unbekannten enormen Schwankungen bei Währungen und Zinsen führten.[10] Auf Seiten von Banken, Unternehmungen und Investoren entstand daher das Bedürfnis, sich gegen die unkalkulierbaren Preisänderungen durch "hedging" zu schützen. Andererseits waren Spekulanten bereit, bestimmte Risiken zu übernehmen, um die aus den großen Preisschwankungen resultierenden Gewinnchancen zu nutzen. Damit bestand sowohl ein ausreichendes potentielles Angebot als auch eine geeignete Nachfrage nach Innovationen, die auch Arbitrageuren Erfolgschancen eröffneten. Insgesamt vollzog sich die Entwicklung in dem Jahrzehnt von ca. 1975 bis 1985 sehr dynamisch. Laufend entstanden neue Instrumente, z.T. mit phantasievollen Abkürzungen wie Cats und Tigrs, von denen einige sofort wieder verschwanden, während andere zu festen Bestandteilen der Finanzmärkte wurden. So hatten etwa einige Fixed Interest Rate Futures-Kontrakte an den Börsen von Chicago und New York innerhalb weniger Jahre einen so überwältigenden Erfolg, daß sie bereits 1984 umsatzmäßig die klassischen Rentenmärkte überflügelten (vgl. auch Abschnitt 262).

---

10 L. Gleske: Finanzinnovationen aus Sicht der Notenbanken (1986), S. 280; U. Hielscher: Waren- und Finanzterminbörsen (1988), S. 1129 und 1135.

In Abbildung 1 sind die wichtigsten aus der Vielfalt von zwischenzeitlich erfolgten Innovationen zusammengestellt. Variabel verzinsliche Anleihen, gegebenenfalls mit einer Zinsober- (Cap) oder Zinsuntergrenze (Floor) oder sogar mit beiden Begrenzungen (Collar) u.a., standen dabei zunächst im Vordergrund. Sie ermöglichten es, Zinsschwankungen relativ rasch auf die Darlehensnehmer zu überwälzen. Zinsanpassungen erfolgten gewöhnlich alle drei bis sechs Monate, wobei als Referenzzinssatz i.d.R. die London-Inter-Bank-Offered-Rate (LIBOR) diente, auf die noch eine von Marktsituation und Kunden abhängige Marge aufgeschlagen wurde. Die 1980er Jahre waren allerdings durch einen drastischen Margenverfall[11] dergestalt gekennzeichnet, daß erste Adressen bald überhaupt keine Aufschläge mehr zahlten und der Markt 1987 schließlich zusammenbrach (vgl. Abschnitt 231).

Etwa Mitte der 1980er Jahre waren die entscheidenden **Basisinnovationen abgeschlossen**. Die danach einsetzenden Bemühungen zielen darauf ab, die unterschiedlichsten Instrumente aus dem klassischen, langfristigen Kredit- und Emissionsbereich, dem Innovationsbereich und dem kurzfristigen Geldmarktbereich in flexibel nutzbare "optimierte" Pakete zu integrieren.[12] Man kann in diesem Zusammenhang von **Variationsinnovationen** sprechen. Die einzelnen Bestandteile können Euromarktinstrumente und/oder Instrumente aus nationalen Finanzmärkten sein. Bei der Synthese komplexer flexibler Finanzierungspakete spielt die unterschiedliche Integration aller, insbesondere gerade auch der in Abbildung 1 mit erfaßten kurz- und mittelfristigen Schuldverschreibungen in längerfristige Programme eine bedeutende Rolle. Die **immer engere Verzahnung der kurz-, mittel- und langfristigen Fremdfinanzierungsinstrumente** im Rahmen von Paketlösungen **verwischt auch die Grenzen zwischen kurz-, mittel- und langfristigen Märkten**, d.h. zwischen Geld- und Kapitalmärkten. Eine eindeutige Zuordnung zu kurz- bzw. langfristig erscheint deshalb immer problematischer, wenngleich dem einzelnen Instrument, isoliert betrachtet, natürlich nach wie vor eine bestimmte Fristigkeit zuordenbar ist.

Was schließlich die in Abbildung 1 unter Punkt 3 angeführten Ergänzungsvereinbarungen zu Schuldverschreibungen angeht, so gehören diese Instrumente nicht zu den Rentenmärkten im engeren Sinne, denn es werden nicht, wie auf den Kassamärkten, Gläubigereffekten unmittelbar umgesetzt.

---

[11] U. Hielscher: Risikomanagement mit Zinsterminkontrakten (1985).

[12] R. E. Breuer: Ein innovatives Finanzierungspaket am Euromarkt (1987).

Dennoch waren und sind die Märkte für Zusatzvereinbarungen unverzichtbare Ergänzungen zu den Kassamärkten. Im einzelnen handelt es sich dabei um Absicherungsmöglichkeiten, d.h. um Instrumente zur Risikotransformation auf sog. Zukunftsmärkten. Ohne die "Erfindung" entsprechender Swaps (Austausch verschiedener Zinszahlungsverpflichtungen und/oder Währungen, vgl. Abschnitt 2543), Optionen (Abschnitt 13), Forward Rate Agreements[13] und Futures (vgl. Abschnitt 26) wären die aus den erratischen Zinsniveau- und Wechselkursschwankungen der 70er und 80er Jahre resultierenden Zinsänderungs- und Währungsrisiken unkalkulierbar geblieben, so daß die tatsächlich erfolgte Entwicklung der Rentenmärkte ansonsten wahrscheinlich unmöglich gewesen wäre. Das parallele Wachstum von Kassa- und Zukunftsmärkten bedingte einander, d.h. die Weiterentwicklung beider Segmente war untrennbar miteinander verflochten.

---

[13] Bei Forward Rate Agreements handelt es sich um **individuelle** Vereinbarungen zwischen zwei Vertragspartnern über einen für einen bestimmten zukünftigen Zeitraum verbindlichen Zinssatz. Die Zinsen werden dabei auf einen bestimmten Nominalbetrag (ca. 5-100 Mio. DM Gegenwert, z.T. auch mehr) bezogen und verrechnet, ohne daß Kapital zur Verfügung gestellt oder bewegt wird. In Verbindung mit einer Finanzierung kann man so für die betreffende zukünftige Periode den vereinbarten FRA-Zinssatz sichern. Zur Bestimmung des Zinsabsicherungszeitraums werden meist zwei Zahlen angegeben, z.B. für eine in 3 Monaten beginnende 12-Monatsabsicherung 3×15 FRA. Die Zahl 3 kennzeichnet hier die Vorlaufperiode (hier 3 Monate vom Zeitpunkt des Vertragsabschlusses bis zum Beginn der Zinsfestschreibung), die 15 bezieht sich auf die Gesamtlaufzeit (Vorlaufperiode plus Zinsfestschreibungsperiode), so daß die 3×15 FRA eine 15monatige Gesamtlaufzeit, eine 3monatige Vorlaufzeit und eine 12monatige Zinsperiode beinhaltet. Durch Kauf eines FRA (Geldseite) kann das Risiko steigender Zinsen, durch Verkauf eines FRA (Briefseite) das Risiko fallender Zinsen abgesichert werden. Zu Beginn der Zinsperiode wird ein Referenzzinssatz, z.B. LIBOR oder FIBOR, mit dem vertraglich vereinbarten FRA-Zinssatz verglichen. Liegt der Referenzzinssatz über dem FRA-Satz, so erhält der FRA-Käufer die Zinsdifferenz vergütet, im umgekehrten Fall muß er die Differenz erstatten. Eventuelle Ausgleichsbeträge werden üblicherweise schon zu Beginn der Zinsperiode in abdiskontierter Form gezahlt. Für Gesamtlaufzeiten von bis zu 12 Monaten können die Fristen individuell strukturiert werden, darüberhinaus sind nur Vorlaufzeiten im 3-Monats-Rhythmus (z.B. 12, 15 usw. Monate) marktgängig. Als Währungen kommen US-$, DM, Yen, daneben aber auch andere europäische Währungen in Betracht. Die Forwardrates (Zinssätze für zukünftige Teilperioden) bilden sich nicht explizit am Markt, sondern sie sind lediglich implizit in den aktuellen Kassazinssätzen (Spot Rates der Zinsstrukturkurve, vgl. Abschnitt 1152) enthalten. Bezeichnet man den aktuellen Zinssatz für einjährige Anlagen mit ${}_0S_1$ und denjenigen für einen zweijährigen Anlagezeitraum (t = 0 bis t = 2) mit ${}_0S_2$, so gilt für die Forward Rate F für das erste Jahr: ${}_0F_1 = {}_0S_1$. Die Forward Rate für den zweiten Teilzeitraum (t_1 bis t_2) ${}_1F_2$ errechnet sich dann aus dem Ansatz: ${}_0S_2^2 = (1 + {}_0F_1)(1 + {}_1F_2)$, also: ${}_1F_2 = {}_0S_2^2 / (1 + {}_0F_1) - 1$ usw.

1. Lang- und mittelfristige Anleihen
   a) Schuldverschreibungen mit vorfixierten Konditionen
      - "Klassische" festverzinsliche Anleihen (Straight Bonds)
      - Nullkuponanleihen (Zero-Bonds)
      - Doppelwährungsanleihen (Dual Currency Bonds)
   b) Schuldverschreibungen mit Optionsrechten
      - Wandelanleihen (Convertible Bonds)
      - Optionsanleihen (Warrant Bonds)
      - Anleihen mit Kündigungsklauseln (Callable Bonds)
   c) Variabel verzinsliche Anleihen
      - Einfache Floating Rate Notes
      - Sonderformen (Capped-, Collar-, Perpetual FRN u.a.)
2. Mittel- und kurzfristige Schuldverschreibungen (mit flexibler Begebungsmöglichkeit)
   a) garantierte Fazilitäten
      - Certificates of Deposit
      - Euronotes
   b) nichtgarantierte Fazilitäten
      - Euro Commercial Papers
      - Medium Term Notes
3. Neuere Zusatz- bzw. Ergänzungsvereinbarungen (in Verbindung mit Schuldverschreibungen)
   a) Swaps (insbes. Zins-, Währungs- und Equity Linked Swaps)
   b) Optionen (insbes. Währungs- und Zinsoptionen - incl. Caps, Floors u. ä.)
   c) Forward Rate Agreements und Financial (insbes. Interest und Currency) Futures

Abb. 1: Grundformen lang-, mittel- und kurzfristiger Schuldverschreibungen sowie Ergänzungsvereinbarungen zur Risikotransformation

233 Spezielle Entwicklungsaspekte

2331 Nationale Rentenmärkte

Wesentlich für die Grundstruktur eines nationalen Rentenmarktes ist das in dem jeweiligen Land anzutreffende Bankensystem. In dem in Skandinavien, Deutschland, der Schweiz, Österreich, den Niederlanden und Luxemburg vorherrschenden **Universalbankensystem** können die Banken, neben dem kurzfristigen Einlagen- und Kreditgeschäft, im gesamten Wertpapiergeschäft tätig sein, also auch am Emissionsgeschäft teilnehmen und sich am Sekundärmarkt einschließlich des Börsenhandels beteiligen. Typische Beispiele für das **Trennsystem** sind demgegenüber (noch) das US-amerikanische und das japanische Bankensystem. In den USA entkoppelte der Glass-Steagall Act von 1933 das kurzfristige Einlagen- und Kreditgeschäft (heute von den Commercial-Banks betrieben) und das Effektengeschäft (wozu das Effektenkommissionsgeschäft, das Emissionsgeschäft sowie die Abwicklung von Fusionen und Unternehmensverkäufen zählen), das heute von den Investment-Banks und Brokerhäusern betreut wird. In einer weiteren Gruppe von Ländern (Belgien, Frankreich, Italien und Spanien) ist der Handel am Sekundärmarkt von anderen Funktionen im Wertpapierbereich getrennt, während ansonsten Parallelen zum Universalbankensystem bestehen. Generell geht der **Trend** weltweit eindeutig in Richtung **zur Abschaffung des Trennsystems**. Erwähnenswert ist, daß die Finanzmärkte in Trennsystemen innovativer waren als in Ländern mit dem Universalbankensystem. Von den Trennsystemen und den weitgehend unregulierten Euromärkten ausgehend dehnten sich die Innovationen in andere nationale Märkte aus.

Land und Währung	Bruttoemissionsvolumen (in Milliarden Währungseinheiten)										
	1980	1981	1982	1983	1984	1985	1986	1987	1988	1989	1990
USA											
US-$	240	250	350	402	521	709	786	759	756	780	849
Japan											
YEN	36.580	39.992	44.081	53.285	53.621	61.213	72.605	77.791	83.162	91.589	110.907
US-$	161	181	177	224	226	257	430	538	649	664	776
Deutschland											
DM	137	185	211	225	227	260	256	245	208	252	427
US-$	75	82	87	88	80	88	118	136	119	134	264
Frankreich											
FF	112	107	155	194	242	304	345	285	333	327	328
US-$	27	20	24	26	28	33	48	47	57	51	60
Großbritannien											
£-St	16	14	13	17	16	17	17	17	11	5	1,5
US-$	37	28	22	26	22	22	25	26	18	8	3

Quelle: OECD. Bruttoemissionsvolumen gemäß Financial Statistics Monthly Nr. 1/1991 und Nr. 9/1991. Die Umrechnung der nationalen Währungseinheiten in US-$ erfolgte gemäß OECD-National Accounts Main Aggregates 1990, Vol. 1 und OECD-Wirtschaftsausblick Nr. 50, Dezember 1991.

Tab. 1: Größenvergleich wichtiger nationaler Rentenmärkte

Betrachtet man exemplarisch das Brutto**emissionsvolumen** an den nationalen Rentenmärkten der fünf bedeutendsten westlichen Industrieländer (Tab. 1), so zeigt sich, daß sich, abgesehen von Großbritannien, die Emissionsvolumina von 1980 bis 1986 mindestens verdoppelten. Im Anschluß daran kam es in der zweiten Hälfte der 1980er Jahre, nicht zuletzt aufgrund einer etwas verbesserten Disziplin im öffentlichen Sektor, zu einer gewissen Konsolidierung dergestalt, daß sich die Bruttoemissionsvolumina nicht mehr nennenswert erhöhten. In Großbritannien schrumpften sie sogar beinahe auf Null. Eine Ausnahme bildeten Deutschland infolge des Finanzierungsbedarfs der Wiedervereinigung im Jahre 1990 und vor allem Japan, wo sich die Aufblähung des Emissionsvolumens fast ungebremst fortsetzte. Bereits 1988 lag deshalb die Relation von Bruttoemissionsvolumen zu Bruttoinlandsprodukt in Japan bei ca. 50%, in den USA hingegen lediglich bei 20 %.[14]

Innerhalb der Fünfergruppe sind die Unterschiede, wie die zu Vergleichszwecken (mit Hilfe der jeweiligen Jahresdurchschnitte der Wechselkurse) in US-$ umgerechneten Bruttoemissionsvolumina zeigen, beträchtlich. Die bei weitem größten nationalen Rentenmärkte befinden sich in den USA und in Japan. In diesen beiden Ländern lagen 1990 die Bruttoemissionsvolumina, in US-$ gerechnet, fast Kopf an Kopf, obwohl sich die Wirtschaftskraft der USA, gemessen am Bruttoinlandsprodukt oder am Volkseinkommen, fast auf das dreifache belief. Das nationale amerikanische und japanische Emissionsvolumen war 1990 jeweils rund dreimal so groß wie auf dem drittgrößten nationalen Rentenmarkt Deutschland. Markant sind auch die Unterschiede in den europäischen Ländern untereinander. Während sich 1988 das Verhältnis Bruttoemissionsvolumen zu Bruttoinlandsprodukt in Deutschland, wie in den USA, auf ca. 20% belief, ergaben sich für Frankreich 10% und für Großbritannien lediglich ganze 3% (zum Vergleich: die Bruttoinlandsprodukte D : F : GB verhielten sich 1988 wie 1,2 : 1 : 1).

Als Anleiheemittent spielte der Staat in allen Ländern eine bedeutende Rolle (Tab. 2), wobei zu berücksichtigen ist, daß er i.d.R. indirekt auch hinter einem beträchtlichen Teil der durch finanzielle Unternehmen ausgegebenen Anleihen steht. Auffallend ist der verschwindend geringe Anteil von Industrieanleihen in Deutschland. Aus der Rolle fällt bei dieser Strukturbetrachtung erneut Großbritannien. Während 1980 und 1981 das gesamte Bruttoemissionsvolumen vom öffentlichen Sektor absorbiert wurde, resultierte 1990 das auf einen marginalen Rest von 1,5 Mrd. £-St geschrumpfte Emissionsvolumen (vgl. Tab. 1) zu 100 % aus dem Industriesektor.

---

[14] Quellen: Tabelle 1 in Verbindung mit Statistisches Bundesamt: Statistisches Jahrbuch 1991 für das Ausland (1992).

	Anteile am Bruttoemissionsvolumen nach Emittentengruppen (Durchschnittswerte der Jahre 1980-1990 in Prozent)		
Land	öffentlicher Sektor	Finanzsektor	Industriesektor
USA	70	10	20
Japan	50	40	10
Deutschland	30	70	-
Frankreich	35	50	15
Großbritannien	100 (1980)	(-)	100 (1990)

Berechnet auf Basis OECD: Financial Statistics Monthly Nr. 1 und Nr. 9 von 1991.

Tab. 2: Strukturvergleich wichtiger nationaler Rentenmärkte

Beim **Sekundärhandel** mit Wertpapieren sind zwei grundsätzliche Möglichkeiten zu unterscheiden, nämlich der Börsenhandel und der außerbörsliche Handel. **Während Aktien zum größten Teil an Börsen** (zum Börsenbegriff vgl. Abschnitt 261) **umgesetzt werden, erfolgt der überwiegende Teil der Umsätze in Rentenpapieren außerbörslich.** Das Ausmaß des außerbörslichen Handels ist jedoch von Land zu Land verschieden und hängt auch von der Art der Papiere ab. Geldmarktpapiere werden praktisch überhaupt nicht an Börsen eingeführt. Längerlaufende Renten werden zwar meist an Börsen notiert, jedoch werden über die Börse oft nur die erforderlichen Minimalumsätze getätigt. In den USA, dem größten Rentenmarkt der Welt, spielt die Börse für den Handel mit festverzinslichen Wertpapieren fast keine Rolle. Der Handel erfolgt vielmehr direkt zwischen den Büros von Maklern, Händlern, Banken, institutionellen Anlegern usw. über elektronische Kommunikationssysteme.[15]

2332 Internationaler Rentenmarkt

Zu den internationalen Rentenmärkten zählen die **nationalen Märkte für Auslandsanleihen** und die **Euroanleihemärkte**. Die Abgrenzung zwischen Euro- und Auslandsanleihen ist im Einzelfall schwierig, da die Grenzen zwischen beiden Marktsegmenten fließend sind, m.a.W. zwischen ihnen liegt eine breite Grauzone.[16]

---

[15] Zu weiteren Einzelheiten nationaler Märkte vgl. U. Hielscher: Börsen (1988), S. 998-1053; W. Kleiner: Kapitalmärkte und Börsen des Auslands (1988), S. 1054-1076.

[16] O. Finsterwalder / M. Musulin: Internationale Kapitalmärkte (1988), S. 1103-1128.

Prinzipiell sind Auslandsanleihen Anleihen ausländischer Schuldner, die auf einem nationalen Markt in Landeswährung emittiert werden. Merkmale einer typischen **Auslandsanleihe (Foreign Bonds)** sind:

- ❑ Regulierung der Emission durch die nationalen Behörden nach den landesüblichen Vorschriften,
- ❑ Übernahme der Anleihe durch nationale Konsortien.

Demgegenüber gilt für typische **Euroanleihen (Eurobonds)**:

- ❑ keine Emissionskontrollen, keine Regulierungen,
- ❑ Übernahme durch internationale Konsortien.

Die wichtigsten Emissionswährungen waren neben dem seit jeher dominierenden US-$ bisher die Rechnungseinheit ECU, die DM, der YEN, das £-St und der Can-$. Allerdings kann das Gewicht einzelner Währungen in Abhängigkeit von Kurserwartungen, Duldung durch nationale Währungsbehörden und zahlreichen anderen Determinanten teilweise stark schwanken. Notfalls konnten die Emissionsgegenwerte auch durch **Swaps** in andere Währungen getauscht werden.

Der Markt für Auslandsanleihen unterliegt also stärkeren Kontrollen durch die nationalen Überwachungsorgane als der weitestgehend unreglementierte, quasi exterritorialen Status genießende Euromarkt, der direkten Einflußnahmen nationaler Währungsbehörden entzogen ist. Trotz dieser grundsätzlichen Differenzierung ist eine konkrete Zuordnung zu der einen oder anderen Gruppe in der Praxis oftmals problematisch, da viele der gemeinhin als Euroanleihen bezeichneten Emissionen in der Grauzone zwischen dem idealtypischen Eurobond und dem idealtypischen Foreign Bond liegen. Diese Übergangszone ist durch abnehmende (für den Foreign Bond typische) behördliche Regulierungen und zunehmende (für den Eurobond typische) internationale Plazierungen gekennzeichnet. Im folgenden sei deshalb zusammenfassend von **internationalen Anleihen** gesprochen. Dafür spricht auch, daß mit fortschreitender Liberalisierung diverse nationale Märkte für Auslandsanleihen in entsprechenden Euromärkten aufgehen könnten.

Die weltweit bedeutendsten internationalen Finanzplätze sind London, New York und Tokio.[17] Damit ist in den drei führenden Wirtschaftsregionen der Welt, nämlich Europa, Nordamerika und Ostasien, und damit auch in den entsprechenden Zeitzonen, je ein überragendes

---

[17] A. Kollar: Internationale Finanzplätze (1986).

internationales Finanzzentrum vorhanden. Unter diesen drei Plätzen ist London am stärksten international ausgerichtet und das bedeutendste Zentrum des Euromarktes weltweit. Darüber hinaus spielt London eine führende Rolle im Handel mit ausländischen nationalen amerikanischen und japanischen Staatsanleihen außerhalb deren nationaler Geschäftszeiten. Allerdings sind die Londoner Umsätze, z.B. in US-Treasuries, im Vergleich zum US-Markt klein, was sich auch in höheren Londoner Spannen niederschlägt. Die Liste läßt sich mit deutschen, französischen, niederländischen, kanadischen und australischen Papieren fortsetzen. Infolge des vorhandenen "human capital" und der mit der Marktgröße zunehmenden Liquidität bei sinkenden Transaktionskosten entwickelt der Londoner Markt eine Eigendynamik, die es anderen, zurückgefallenen europäischen Finanzplätzen schwer macht, verlorenes Terrain zurückzugewinnen.

Parallel mit der erheblichen Zunahme der internationalen Finanzierungsaktivitäten der Geschäfts- und Notenbanken, von Staaten, institutionellen Investoren, supranationalen Organisationen und Großunternehmen vollzog sich in den 1980er Jahren ein deutlicher Strukturwandel. Während die internationalen Direktkredite (in Form von Konsortialkrediten), deren Volumen Ende der 70er Jahre noch höher war als das der internationalen Anleihen, bis 1985 beständig zurückgingen, legten zunächst die Anleihen und dann auch die Euro Commercial Paper-Finanzierungen sowie die völlig neuen mittelfristigen Notes kräftig zu (Abbildung 2a und b).

Der besondere Erfolg der erst Mitte der 1980er Jahre geschaffenen mittelfristigen Notes (Euro Medium Term Notes), die ihren Marktanteil an den gesamten kurz- bis mittelfristigen Emissionsfazilitäten zwischen 1986 und 1990 auf 35 % (Volumen 25 Mrd.US-$) steigerten, beruhte darauf, daß sie eine Lücke zwischen den kürzer- und längerfristigen Segmenten des Euromarktes schlossen. Gleichzeitig verlagerte sich das Schwergewicht von bankgarantierten (Certificates of Deposit und sonstige Euronotes) zu nicht bankgarantierten (Euro Commercial Papers und Medium Term Notes) Fazilitäten (vgl. auch die Systematisierung in Abb. 1). Dennoch konnten die mittel- und kurzfristigen Euro-Schuldverschreibungen in der zweiten Hälfte der 80er Jahre ihren zuvor erreichten Marktanteil bei weiter wachsendem

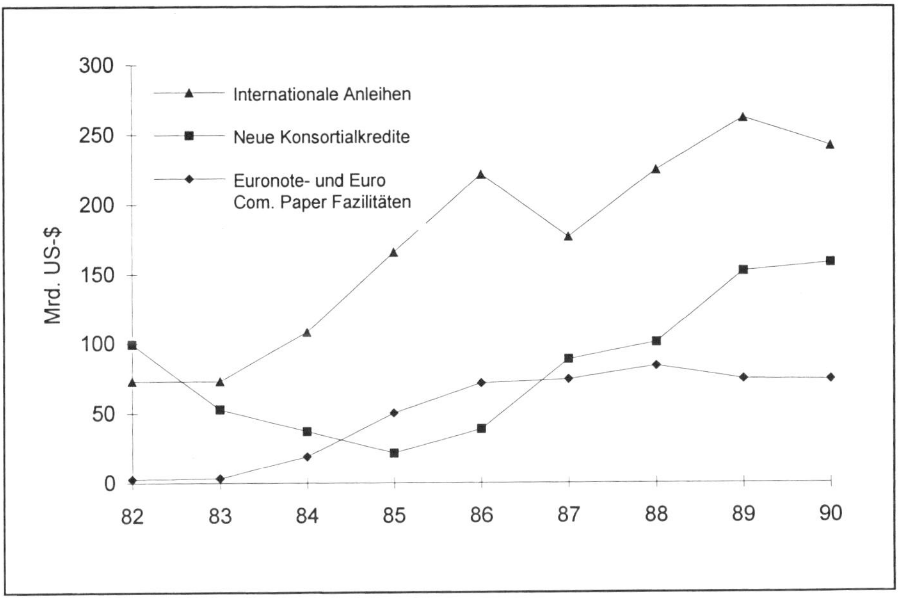

Quelle: BIZ. Jahresberichte Nr. 53 (1982/83) bis Nr. 61 (1990/91).

Abb. 2a: Neubegebungen am Euromarkt (absolut)

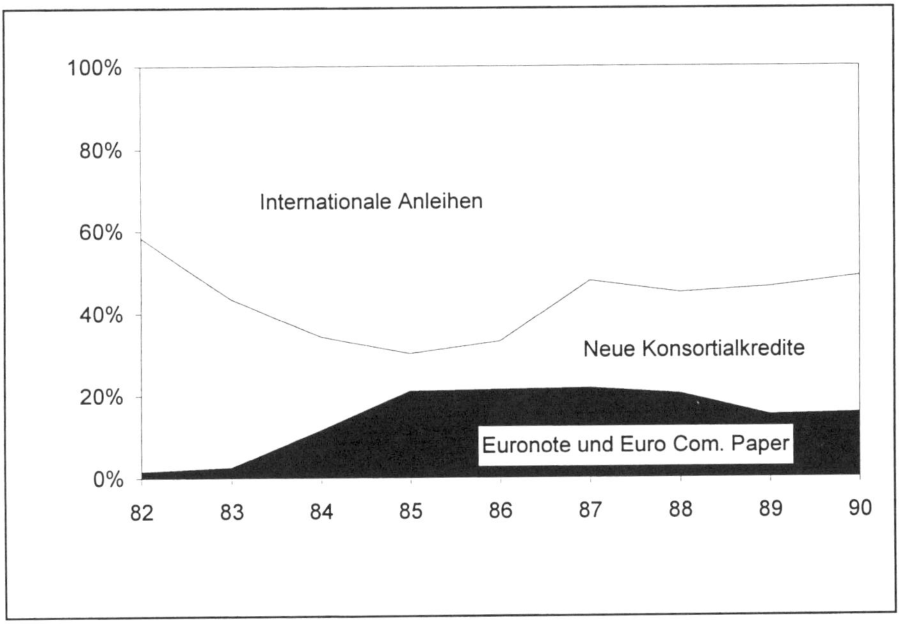

Abb. 2b: Neubegebungen am Euromarkt (prozentual)

Gesamtvolumen des Euromarktes insgesamt nicht ganz behaupten. Demgegenüber stieg zum Ende der 1980er Jahre der Marktanteil der Direktausleihungen wieder auf ca. die Hälfte ihres Anteils vom Beginn des Jahrzehnts, und zwar sowohl zu Lasten der internationalen Anleihen als auch der Euro Commercial Papers (Abbildung 2b). Insgesamt dominieren jedoch weiterhin die klassischen festverzinslichen Anleihen, deren Anteil am Euromarkt seit 1983 nie unter 50 % fiel. Die Floating Rate Notes konnten ihren Marktanteil zu Lasten der Festzinsanleihen zwar von 1982 bis 1985 deutlich ausweiten, doch wurden aufgrund des niedrigen Nominalzinsniveaus bereits 1986 festverzinsliche Papiere wieder attraktiver. Die im Abschnitt 231 skizzierten Sekundärmarktprobleme bei den Floating Rate Notes taten 1986/87 ein übriges, um einen drastischen Rückgang der Emissionen in diesem Marktsegment herbeizuführen (vgl. Abbildung 3).

Im Kontrast dazu stand der 1986 einsetzende und sich bis 1989 erhöhende Anteil der eigenkapitalbezogenen (Wandel- und Options-) Anleihen. Als wichtigste Emittenten traten dabei erstmals die Japaner auf, eine Situation, die der sich seit Anfang 1990 vollziehende Zusammenbruch der japanischen Aktienbörsen beendete, da sich bei stark rückläufigen Aktienkursen Wandel- und Optionsanleihen nicht mehr plazieren lassen.

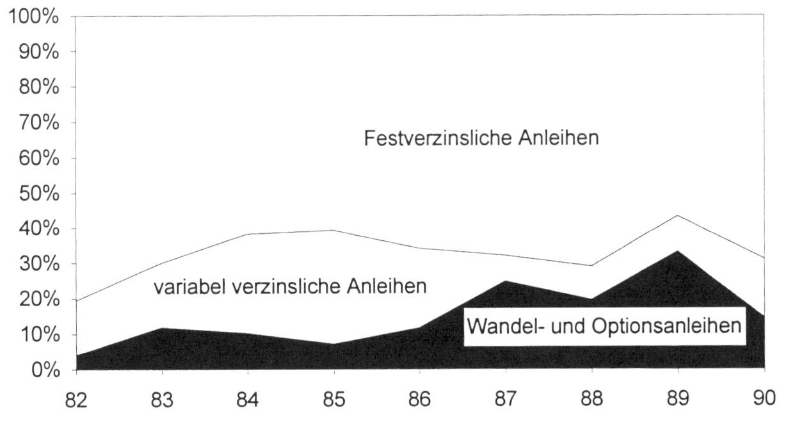

Quelle: BIZ, OECD und eigene Berechnungen.

Abb. 3: Prozentuale Anteile an der Neuemission internationaler Anleihen

Während der exterritoriale Euro-Anleihemarkt stürmisch wuchs, verlief die Entwicklung bei den Neuemissionen klassischer Auslandsanleihen auf nationalen Kapitalmärkten ruhiger. Foreign Bonds, deren Emissionsvolumen Ende der 70er Jahre noch höher war als das der Euroanleihen, verloren beständig an relativer Bedeutung. Ihr Emissionsvolumen lag in den letzten Jahren nur noch bei ca. einem Viertel der Eurobonds.

Die Probleme mit den FRN lenkten die Aufmerksamkeit vieler Investoren wieder auf die **Breite und Tiefe der Sekundärmärkte**. Die Effizienz des Market Maker-Mechanismus, der die Liquidität auf dem internationalen Markt garantieren sollte, und seine Stabilität in Krisenzeiten werden kritischer gesehen. Das Interesse wandte sich daher wieder stärker den **wirklich marktbreiten nationalen Wertpapieren** zu, insbesondere (erstklassigen) **Staatsanleihen**. Eine **Vorrangstellung** nehmen dabei die **US-T-Bonds** ein, deren Marktgängigkeit die Eurobonds nie erreichten. Sekundärmarkt-Transaktionen in der Größenordnung von 5 Mio.US-$, wie sie für Großanleger normal sind, erwiesen sich oft als eine Belastung für den stark segmentierten Euro-Markt: "Liquidity was never the Eurobond market's strong point".[18] Für die Bedürfnisse kleinerer privater Investoren hingegen reicht die Liquidität des Euromarktes grundsätzlich aus.

234 Ausblick

Zu Beginn der 1990er Jahre haben die internationalen Rentenmärkte, an den Wachstumsraten der stürmischen 1980er Jahre gemessen, ruhigere Gewässer erreicht. Im Zuge von Deregulierungs- und Liberalisierungsbemühungen (vgl. Abschnitt 231) wurden Regulierungsunterschiede zwischen zahlreichen EU-Ländern durch den Abbau von Devisenkontrollen deutlich verringert. Nationale Marktorganisationen, Emissions- und Handelsverfahren sowie Usancen haben sich angenähert, nicht mehr zeitgemäße Vorschriften sind weggefallen, z.B. in Deutschland die staatliche Emissionsgenehmigung für Anleihen und die Börsenumsatzsteuer. Nationalstaatliche Grenzen decken sich daher immer weniger mit Marktgrenzen. In Marktsegmenten, in denen die Kapitalverkehrskontrollen abgeschafft wurden, sind die Renditedifferenzen zwischen den nationalen und den internationalen Rentenmärkten so zusammengeschrumpft, daß man von einer zunehmenden Substituierbarkeit nationaler und internationaler Anleihen sprechen kann. International operierenden Anlegern stehen damit liquide nationale Finanzmärkte, auf denen inzwischen auch zahlreiche Finanzinnovationen etabliert sind, ohne

[18] E. Cohen: A Serious Case for Treatment (1987), S. 83.

wesentliche Zugangsschranken offen. Die Erhöhung des Internationalisierungsgrades und die Steigerung der Attraktivität wichtiger nationaler Rentenmärkte waren zweifellos mit ursächlich für die moderatere Entwicklung der internationalen Anleihemärkte Anfang der 90er Jahre.

Auf der anderen Seite ermöglicht der Euromarkt durch neue Syndizierungstechniken, die Festlegung von Handelsregeln und eine in den letzten Jahren erfolgte Standardisierung der Gebühren eine effizientere und kostengünstigere Mittelaufnahme als zuvor. Darüberhinaus wurde durch die nunmehr leistungsfähigeren Clearing- und Settlementsysteme von Euroclear und CEDEL die Handelsinfrastruktur so verbessert, daß die ursprünglich für den internationalen Markt konzipierten Systeme von international operierenden Institutionen inzwischen auch zur Abwicklung von Transaktionen, insbesondere in Staatstiteln, auf wichtigen nationalen Rentenmärkten genutzt werden. Hier bestätigt sich offenbar erneut, daß sich das interessante Geschäft an den Plätzen mit der besten Infrastruktur etabliert und konzentriert. Besondere Wachstumsimpulse könnten für den internationalen Rentenmarkt aus dem Währungsbereich kommen. Sollte sich eine europäische Einheitswährung etablieren, dann wird die internationale Nachfrage nach Anlage- und Verschuldungsinstrumenten in dieser Währung sprunghaft ansteigen - mit massiven Impulsen auch für den internationalen Anleihemarkt, der dann allerdings schon eher als europäischer Inlandsmarkt zu definieren wäre.

24 Rating

241 Begriff, Bedeutung und Entwicklungsfaktoren des Rating

Vor dem Hintergrund der zunehmenden Internationalisierung der Geld- und Kapitalmärkte gewinnen Ratings als ein besonderes Instrument der Investmentanalyse zunehmend an Bedeutung. Da Investoren in wachsendem Umfang über ihren jeweiligen Inlandsmarkt hinaus auch Wertpapiere in ihr Anlagekalkül einbeziehen, die auf ausländischen Finanzmärkten begeben werden (vgl. Abschnitt 23), steigt der Stellenwert von Bonitätsbeurteilungen, die von spezialisierten Instituten auf nationaler und internationaler Ebene in der Form von Ratings veröffentlicht werden. Die hier interessierenden Ratings beziehen sich auf Anleihen, Schuldverschreibungen, private und öffentliche Pfandbriefe, Commercial Papers, Bonds etc., nicht jedoch auf Aktien und ähnliche Beteiligungstitel. Mit dem Ausdruck **"credit rating"** wird der Fremdkapitalcharakter der beurteilten Finanzierungstitel hervorgehoben.[1]

Unter einem **Rating** wird im folgenden eine **durch ein Symbol oder eine semantische Verkettung von Zeichen einer festgelegten Skala ausgedrückte Meinung spezialisierter Institutionen (Ratingagenturen) über die wirtschaftliche Fähigkeit und rechtliche Bindung eines Emittenten** verstanden**, die mit einem bestimmten Finanztitel verbundenen zwingend fälligen Zahlungsverpflichtungen vollständig und rechtzeitig zu erfüllen.** Da sich das Rating nach dieser Definition auf einen spezifizierten Finanztitel bezieht, wird auch von einem **Emissionsrating** gesprochen. Das

---

1 Ratings sind allerdings nicht nur im Rahmen der Investmentanalyse gebräuchlich, sondern werden auch in anderen Wissensbereichen eingesetzt. In der Soziologie und in der Psychologie werden Ratings zur Einstufung von Verhaltensmerkmalen verwendet. Im Absatzmarketing dienen Ratings der Klassifizierung von Produktqualitäten. Die Stiftung Warentest beurteilt Waren nach einer speziellen Skala. Ratings gibt es ferner für Filme, Sportmannschaften, Restaurants, Hotels, Wohnorte, Urlaubsziele, aber auch für Schulen, Universitäten und Professoren. Im Finanzbereich werden Ratings auch für die Klassifizierung der Performance von Investmentfonds verwendet. Es gibt sogar Ratingagenturen, die sich auf die Vergabe "ethischer Ratings" spezialisiert haben; diese Ratings sollen Auskunft über ethische Aspekte der Geschäftspolitik von Unternehmen geben und beziehen beispielsweise Fragen ein, die die Umweltverträglichkeit der eingesetzten Technologien betreffen.

Emittentenrating ist dagegen eine **allgemeine Beurteilung der Zahlungsfähigkeit** einer wirtschaftlichen Einheit.

Ratingagenturen sind Unternehmen, die Analysten beschäftigen, die sich **auf Kreditwürdigkeitsuntersuchungen spezialisiert** haben. Die führenden Agenturen suchen den Kontakt zum beurteilten Emittenten, führen Bonitätsuntersuchungen über das Land, in dem der Emittent domiziliert, sowie über die Branche durch, der er zuzuordnen ist. Beim Emissionsrating werden darüber hinaus auch die Besonderheiten der Ausstattung und Besicherung des betreffenden Wertpapiers in die Urteilsbildung einbezogen. Die Ratiningagenturen betrachten die von einem bestimmten Emittenten begebenen Wertpapiere **aus der Perspektive des Investors**, der danach fragt, mit welcher Wahrscheinlichkeit der Emittent den von ihm eingegangenen Zahlungsverpflichtungen nachkommen wird. Ratingagenturen bilden sich anhand der ihnen zur Verfügung stehenden informationellen Basis eine Meinung über die Kreditwürdigkeit eines Emittenten und die Bonität seiner Wertpapiere und machen ihre **Beurteilung** in der Form eines Rating **als konzise Bonitätsaussage** dem Investor zugänglich.

Die in Abschnitt 23 beschriebenen allgemeinen Tendenzen auf den nationalen und internationalen Rentenmärkten stehen in enger Beziehung zu den **Entwicklungsfaktoren** des Rating als Instrument der Investmentanalyse. Im folgenden seien diese Bezüge kurz aufgezeigt.

Durch Deregulierungsmaßnahmen steigt die Eigenverantwortlichkeit von Marktteilnehmern in bezug auf Eingehung und Vermeidung von Bonitätsrisiken. Seit Januar 1991 besteht in der Bundesrepublik Deutschland die Pflicht zur staatlichen Emissionsgenehmigung nicht mehr. Gleichzeitig wurde die Börsenumsatzsteuer abgeschafft, so daß nun ein Markt für kurzlaufende Wertpapiere wirtschaftliche Lebensfähigkeit erlangen konnte: Der DM-Commercial-Paper-Markt wurde bereits durch zahlreiche Industrieadressen in Anspruch genommen. Da insbesondere institutionelle Investoren, für die DM-Commercial-Papers als Anlagemedium interessant erscheinen, ihre Anlageentscheidung, wie etwa am US-CP- oder Euro-CP-Markt u.a., am Rating ausrichten, entstand ein wachsendes Erfordernis für Ratings auch in diesem Markt.

In engem Zusammenhang mit Deregulierungsmaßnahmen steht auch die **Tendenz zur Securitization**. Durch Unterlegung von Krediten und Einlagen mit verbrieften Finanzinstrumenten steigt die Relevanz von Wertpapiermärkten, auf denen Ratingagenturen die Funktion der Bonitätsbeurteilung übernehmen. Da sich führende Ratingagenturen um eine möglichst vollständige Abdeckung der Wertpapiermärkte mit Ratings bemühen, steigt mit dem Wachstum dieser Märkte auch die Verbreitung des Rating. Die Zahl der Emittenten, die sich einem Ratingverfahren unterziehen, weist einen nachhaltigen Anstieg auf.

Durch Securitization und Deregulierung verlagert sich eine klassische Funktion der Banken, die Risikotransformation, auf die Wertpapiermärkte. **Disintermediation impliziert die direkte Risikoübernahme durch den Anleger** und läßt bei diesem einen **erhöhten Informationsbedarf über Bonitätsrisiken** entstehen. Eine Reihe von Finanzinnovationen[2] rekurrieren implizit oder explizit auf Ratings; so werden beispielsweise Zinsswaps, die auf der Ausnutzung des ricardianischen Prinzips der komparativen Kostenvorteile beruhen (vgl. Abschnitt 2543), oft auf der Basis von Analysen arrangiert, die die Ratings der Swappartner einbeziehen. In den Anleihebedingungen sog. "credit sensitive notes" wird die Höhe der Verzinsung vom Rating abhängig gemacht und substituiert ganz oder partiell das bonitätsbezogene Kapitalrisiko (Kursabschlag aufgrund niedrigerer Bonität) des Anlegers durch das Einkommensrisiko (Reduzierung der Verzinsung). Des weiteren werden gelegentlich spezielle Sicherungsvereinbarungen gegen das "event risk" in den Anleihebedingungen getroffen, die das Rating einbeziehen.

Internationales Portfoliomanagement - soll es professionell betrieben werden - erfordert einen Überblick über zahlreiche Wertpapiermärkte weltweit und über eine schwer überschaubare Zahl von Emittenten. Sprachbarrieren und unterschiedliche Grundsätze der Rechnungslegung entwerten in Fremdsprachen abgefaßte Jahresabschlüsse etc. für eine vergleichende Untersuchung. Ratings bringen die für den Gläubiger relevante Information nach einheitlichen Skalen zum Ausdruck und ermöglichen daher grenzüberschreitende Betrachtungen des Bonitätsrisikos. Zugleich ist eine **zunehmende Institutionalisierung** der Märkte festzustellen, d.h. institutionelle Anleger spielen eine immer gewichtigere Rolle an den Märkten. Institutionelle Investoren etwa in den USA sind zum Teil durch verschiedene Vorschriften an die Beachtung von Ratings gebunden. Emittenten, die diese Anlegergruppen mit ihren Emissionen erreichen wollen, müssen sich daher ein Rating verschaffen.

---

2 H.-E. Büschgen: Finanzinnovationen (1986). Vgl. auch Abschnitte 232, 254 und 26.

Die skizzierten Entwicklungstendenzen begründen die erhöhte Aufmerksamkeit, die Ratings seit einigen Jahren auch in der Bundesrepublik Deutschland genießen.[3] Das Konzept des Rating ist jedoch alt: In den USA wurden schon kurz nach der Jahrhundertwende Anleihen von Unternehmen, später auch von öffentlichen Emittenten, durch Ratings eingestuft.

242 Wesentliche Differenzierungen des Rating

2421 Emissions- und Emittentenrating

Das **Emissionsrating** bezieht sich stets auf einen **genau angegebenen Finanztitel eines bestimmten Emittenten**. Bei der Vergabe eines Emissionsratings werden nicht nur das Länder-, Branchen- und Unternehmensrisiko berücksichtigt, sondern auch die Ausstattung des beurteilten Finanztitels, insbesondere seine Besicherung. Hypothekarische Besicherungen, Negativklauseln, Positiverklärungen, Pari-passu-Erklärungen und speziellere Schutzbestimmungen[4] können den Risikogehalt eines Wertpapiers erheblich beeinflussen und daher ein unterschiedliches Rating erforderlich machen. Beziehen sich Ratings auf die Wertpapiere einzelner Emissionen, dann entsteht nicht unbedingt ein logischer Widerspruch, wenn ein Emittent für seine verschiedenen Emissionen unterschiedliche Ratings erhält. Die Unterschiedlichkeit der Ratings kann auf den abweichenden Ausstattungsmerkmalen der Wertpapiere beruhen.

Das **Emittentenrating** stellt eine **Meinung über die generelle Fähigkeit eines Emittenten** dar, **seinen Zahlungsverpflichtungen uneingeschränkt nachzukommen**. Die in der Praxis oft anzutreffende Bezugnahme auf einen Emittenten als "AAA-Adresse" beruht entweder auf dem Emittentenrating oder auf einer aus den Emissionsratings abgeleiteten, verallgemeinernden Bonitätseinschätzung. Da die zu unterschiedlichen Zeitpunkten erfolgten Emissionen eines Emittenten die gleiche Ausstattung und damit auch den gleichen Bonitätsrisikogehalt aufweisen können, erübrigt sich in vielen Fällen die genaue Bezeichnung der Anleihen, für die die Ratings

---

3 O. Everling: Rating gewinnt in globalen Märkten an Bedeutung (1989), S. 5, sowie gekürzt in: Deutsche Bundesbank: Auszüge aus Presseartikeln, Nr. 59 v. 24.7.1989, S. 5-7.

4 Vgl. z.B. U. Hielscher / H.-P. Ohl: Asset-Backed Securities (1994).

erteilt wurden.

Einige Ratingagenturen vergeben entweder aus geschäftspolitischen Erwägungen oder aus Gründen, die in der Eigenart der von ihnen implementierten Ratingsysteme liegen, lediglich Emittentenratings. Meist werden allerdings sowohl Emittenten- als auch Emissionsratings publiziert.

2422 Kurz- und langfristiges Rating

Eine wichtige Unterscheidung des Rating ist die nach der Laufzeit. **Kurzfristige Ratings** werden für Wertpapiere (oder deren Emittenten) vergeben, die zum Begebungszeitpunkt eine **Laufzeit von weniger als einem Jahr** aufweisen. Dazu rechnen im allgemeinen Ratings für Commercial Paper und Einlagenzertifikate. **Langfristige Ratings** setzen eine Fristigkeit des beurteilten Wertpapiers von **mindestens einem Jahr** voraus. Für die Differenzierung zwischen lang- und kurzfristigen Ratings ist die **ursprüngliche Laufzeit, nicht** aber die **Restlaufzeit** ausschlaggebend. Das Problem, daß formal als langfristig klassifizierte und daher mit einem langfristigen Rating versehene Wertpapiere kurzfristig fällig sein können, wurde von den Rating-

	Langfristige Ratings		Kurzfristige Ratings	
	Moody's	S&P	Moody's	S&P
Investment Grade	Aaa Aa1 Aa2 Aa3 A1 A2 A3 Baa1 Baa2 Baa3	AAA AA+ AA AA- A+ A A- BBB+ BBB BBB-	Prime-1 Prime-2 Prime-3	A-1+ A-1 A-2 A-3
Speculative Grade	Ba1 Ba2 Ba3 B1 B2 B3 Caa Ca C	BB+ BB BB- B+ B B- CCC+ CCC CCC- CC C C- D	Not Prime (N.P.)	B C D

Abb. 1: Ratingskalen

agenturen bisher nicht gelöst. Die Gleichzeitigkeit von kurz- und langfristigen Ratings ermöglicht im Bondresearch jedoch weitere Analysemöglichkeiten (z.B. Bildung einer Rangordnung von Emittenten durch Berücksichtigung von kurz- und langfristigem Rating).

Kurz- und langfristige Ratings werden nach **unterschiedlichen Skalen** ermittelt. Einen Überblick über die Ratingskalen der amerikanischen Agenturen Standard & Poor's (S&P) und Moody's Investors Service (Moody's) gibt Abbildung 1. Die oberste Kategorie wird im langfristigen Bereich durch die Symbole Aaa bzw. AAA zum Ausdruck gebracht, im kurzfristigen Bereich durch die Symbole P-1 bzw. A-1+. Die Skala reicht im langfristigen Bereich bis C bzw. D, im kurzfristigen Bereich bis N.P. bzw. D, und bezeichnet dann ein höchst risikobehaftetes Engagement. Plus- und Minus-Symbole bzw. die Ziffern 1, 2 und 3 beim langfristigen Rating sind als Ratingmodifikatoren zu verstehen, die die relative Stellung eines Emittenten bzw. einer Emission innerhalb seiner Kategorie indizieren.

Zwischen kurz- und langfristigen Ratings konstatieren die Ratingagenturen diverse Beziehungen (vgl. Abb. 2). S&P hält beispielsweise ein kurzfristiges Rating von A-l+ nur mit einem langfristigen Rating von mindestens A+ vereinbar. Moody's ordnet Prime-1 als Kategorie des kurzfristigen Ratings den langfristigen Ratings Aaa bis A3 zu. Grundsätzlich werden als spekulativ bezeichnete Ratings des kurzfristigen Bereichs nur mit ebenfalls spekulativen Ratings des langfristigen Bereichs für vereinbar gehalten.

2423 Weitere Unterscheidungen

Einer nicht von den Ratingagenturen, sondern von Aufsichtsbehörden geprägten Terminologie entsprechend wird zwischen "**investment grade**" und "**speculative grade**" unterschieden (vgl. Abb. 1). Unter erstere fallen solche Anleihen, deren Bonitätsrisiko als relativ gering betrachtet wird. Die spekulativen Kategorien (Bal bzw. BB+ und schlechter im langfristigen, N.P. bzw. B und schlechter im kurzfristigen Bereich) sind für solche Titel vorgesehen, die in keinem Fall als eine sichere Kapitalanlage betrachtet werden können. Aufsichtsbehörden schließen zum Teil für Anleihen der spekulativen Klassen die Anlagewürdigkeit aus. Fällt das Rating einer Anleihe in eine dieser unteren Kategorien, ist sie insbesondere in den USA vom Erwerb durch bestimmte institutionelle Anleger ausgeschlossen.

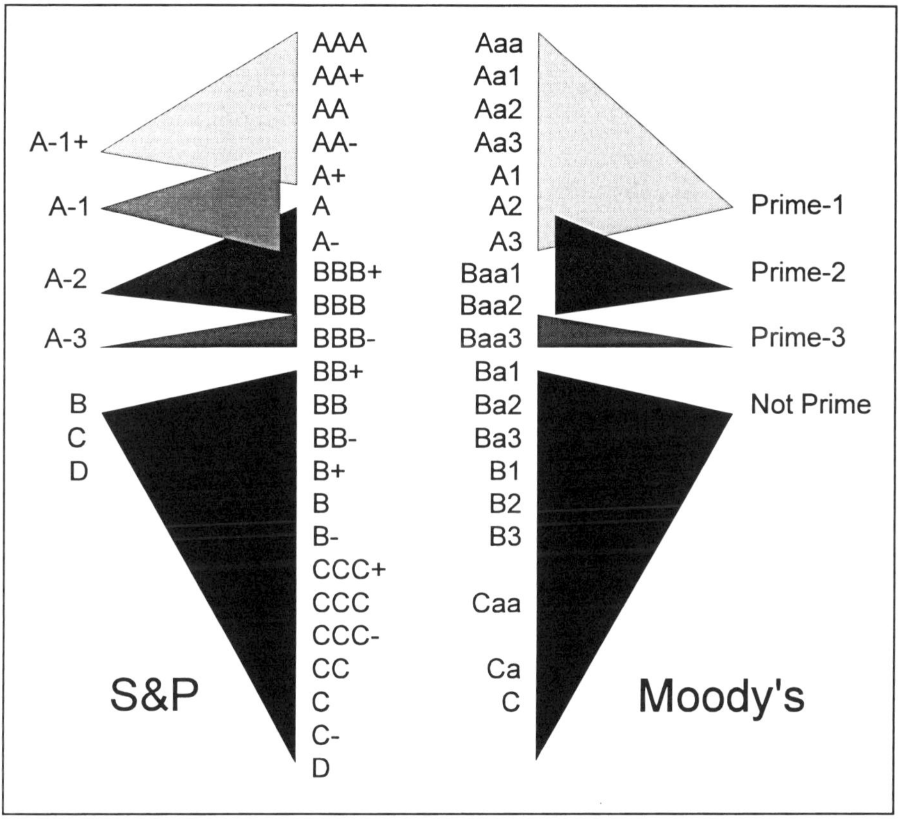

Abb. 2: Beziehungen zwischen kurz- und langfristigen Ratings

Zu unterscheiden sind ferner **implizite** und **explizite Ratings**. Implizite Ratings werden meist für Staaten ermittelt, die kein Rating beantragt haben, und dient als Grundlage der Analyse von Emittenten, die in dem betreffenden Staat ihren Sitz haben. **Provisorische Ratings** werden z.B. erteilt, wenn eine Emission erst geplant ist, der Emittent jedoch bereits über das Rating informiert werden will. Schließlich sind **beantragte** von **nicht beantragten Ratings** zu trennen, die - wie noch gezeigt wird - sich im Informationsgehalt unterscheiden können.

243 Organisation und Leistungsprogramm der Ratingagenturen

Da sich amerikanische Anleger in einem großen Binnenmarkt der Schwierigkeit gegenüber sahen, Bonitätsaussagen über eine große Anzahl von

Emittenten zu erhalten und zu berücksichtigen, wurde in den USA schon frühzeitig ein Bedarf an Ratings erkannt. Der amerikanische Ratingmarkt wird heute von zwei amerikanischen Agenturen - Moody's Investors Service und Standard & Poor's Corporation - dominiert, die zugleich zu den ältesten gehören. Moody's nimmt für sich in Anspruch, schon 1909 die Grundstruktur der noch heute gebräuchlichen Ratingskala geprägt zu haben; S&P vergibt Ratings seit 1923. Beide Agenturen sind inzwischen in Medienkonzerne integriert: 1962 wurde Moody's von The Dun & Bradstreet Corporation, 1966 wurde S&P von McGraw Hill erworben. Eine weitere amerikanische Agentur, Fitch Investors Service, entwickelte 1922 ein Ratingsystem und verkaufte die Rechte an den Ratingsymbolen 1960 an S&P. In den USA wurden bisher neben Moody's und S&P die Agenturen Duff & Phelps, Fitch Investors Service und McCarthy, Crisanti & Maffei als NRSRO ("nationally recognized statistical rating organization") von der U.S. Securities and Exchange Comission anerkannt.[5] Unternehmen außerhalb der USA wurden von den amerikanischen Agenturen zunächst dadurch erfaßt, daß Tochtergesellschaften dieser ausländischen Unternehmen als Emittenten am amerikanischen Rentenmarkt auftraten und sich aufgrund der dortigen Marktusancen ein Rating verschaffen mußten.

Die wichtige Rolle, die Ratings als Funktionsparameter der Finanzmärkte zu spielen vermögen, wurde später auch in anderen Staaten erkannt. Zu Gründungen von Ratingagenturen kam es daher z.B. in Australien, Chile, Hongkong, Indien, Japan, Korea, Kanada, Malaysia und auf den Philippinen. Als erste europäische Ratingagentur kann die 1978 in London gegründete, zunächst auf das Rating von Banken spezialisierte britische Agentur IBCA Limited bezeichnet werden, die für Bankenratings auch in den USA anerkannt ist. Weitere Agenturen - zum Teil mit mangelndem Erfolg - wurden in Frankreich, Schweden, Spanien und Portugal gegründet. Viele dieser Ratingagenturen weisen regionale oder branchenmäßige Spezialisierungen auf. Als international können daher nur Ratingagenturen bezeichnet werden, die ohne nationale Beschränkung Ratings vergeben. Die kanadischen Ratingagenturen Dominion Bond Rating Service und Canadian Bond Rating Service beurteilen z.B. nur Emittenten, die Wertpapiere auf den kanadischen Rentenmärkten begeben haben, und sind daher zur Gruppe der nationalen Agenturen zu rechnen.

Die **(Aufbau-)Organisation der Ratingagenturen** kann überwiegend

---

5 O. Everling: Ratingagenturen weltweit (1991).

durch eine relativ **flache Hierarchie** charakterisiert werden. Determinanten der Detailstruktur werden wesentlich von Umfang und Art der analytischen Tätigkeit und von dem Marktleistungsprogramm der Agenturen geprägt. Typischerweise werden Abteilungen, die sich mit einzelnen Ratings befassen, durch andere unterstützt, die ökonometrische Analysen erarbeiten und Datenbanken pflegen. Ein Beispiel der Organisation einer Ratingagentur zeigt Abbildung 3. Eine besondere Institution, die bei fast allen Ratingagenturen anzutreffen ist, ist das **Ratingkomitee**, das sich meist aus fünf bis zehn besonders erfahrenen Analysten zusammensetzt[6] und das die Entscheidung über das festzusetzende Rating trifft. Das Ratingkomitee ist bei den meisten Agenturen von Weisungen der Agenturleitung unabhängig.

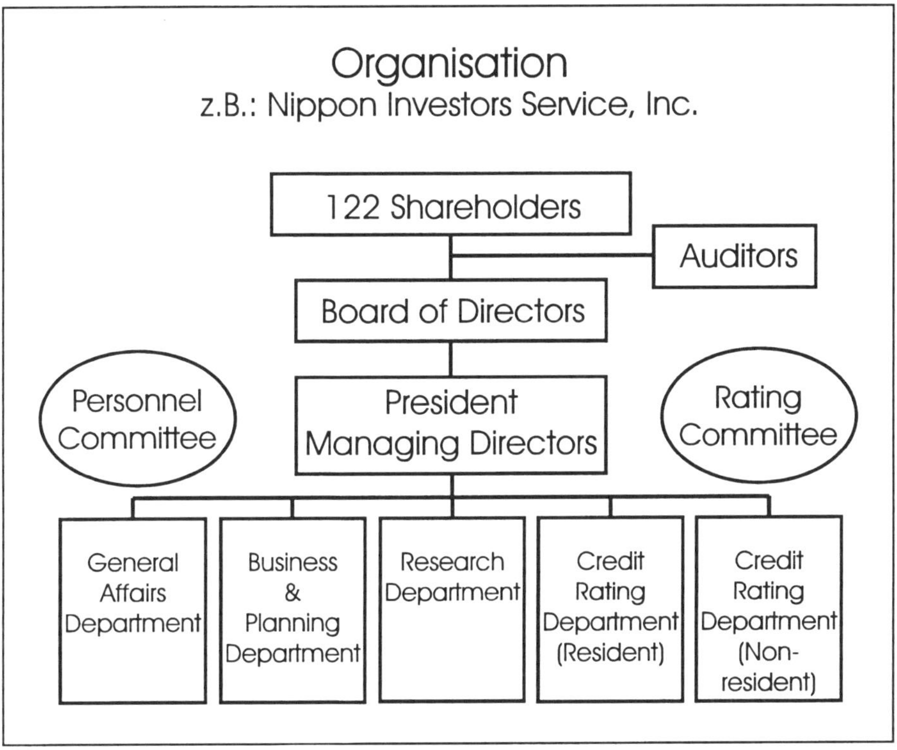

Abb. 3: Aufbauorganisation von Ratingagenturen

Zum **Leistungsprogramm der Ratingagenturen** gehören neben Listen mit Ratings insbesondere zugehörige Analyseberichte und Statistiken. Wird ein neues Rating veröffentlicht, wird meist gleichzeitig eine ausführliche

---

6 Vgl. auch Abschnitt 21, Fußnote 14.

Begründung vorgelegt, die es dem Anleger ermöglicht, zumindest einige der wichtigsten Bestimmungsfaktoren des Rating nachzuvollziehen. Die **Watchlist** dient dazu, mögliche Ratingänderungen anzukündigen. Erscheint die Emission eines Emittenten auf der Watchlist, so besagt dies zunächst nur, daß sich die Analysten der Agentur mit dem Emittenten befassen und eine Ratingänderung für möglich halten. Oft wird jedoch bereits eine Tendenzaussage veröffentlicht, die Anlegern zu Neudispositionen Anlaß geben kann.

Die führenden Agenturen erzielen den überwiegenden Teil ihrer Einnahmen nicht durch den Verkauf von Abonnements ihrer Publikationen, sondern aus den Gebühren, die den Emittenten für das Rating in Rechnung gestellt werden. Kleinere Agenturen sind dagegen meist von den Erlösen ihrer Ratinglisten und sonstigen Veröffentlichungen abhängig. Der denkbare Zielkonflikt, der in der Abhängigkeit der Agentur von den Gebühreneinnahmen gesehen werden kann, blieb bisher von geringer praktischer Bedeutung, da sich eine Agentur langfristig nur dann Akzeptanz im Markt verschaffen kann, wenn sie für die Qualität, Unabhängigkeit und Objektivität ihrer Ratings bekannt ist.

244 Ratingverfahren

Mit "Ratingverfahren" wird die prozessuale Komponente des Rating angesprochen. Das Ratingverfahren bezeichnet die Schritte, die zur Generierung eines Ratingurteils vollzogen werden, und enthält damit einen ablauforganisatorischen Bezug. Ratingverfahren können danach unterschieden werden, inwieweit nicht öffentlich zugängliche Informationen neben bereits publizierten Daten in das Rating einfließen.

2441 Verfahren auf Basis öffentlich zugänglicher und öffentlich nicht zugänglicher Informationen

Zu den Agenturen, die **Ratings allein auf der Basis öffentlich zugänglicher Informationen** ermitteln, gehören die japanische Mikuni & Co. und die amerikanische Lace Financial Corp. Obwohl sich ihre Ratingsysteme unterscheiden, nehmen beide keinen Kontakt zu den von ihnen beurteilten Unternehmen auf, um über bereits veröffentlichte Daten hinausgehende

Informationen zu erhalten. Das Ratingverfahren wird hier entweder durch Anleger, die die Agentur um eine Bonitätsaussage über einen bestimmten Emittenten bitten, oder aus analytischen Gründen oder zum Zwecke der Vervollständigung der Marktabdeckung durch die Agentur selbst initiiert. Die Agentur beschafft sich dann die für die Durchführung des Verfahrens erforderlichen Daten, wertet diese aus und bestimmt das zu veröffentlichende Rating. Das so gewonnene Rating wird dem Emittenten meist nur nach Aufforderung mitgeteilt.

Ratingverfahren, die auf die **Berücksichtigung auch nicht öffentlich zugänglicher Informationen** abstellen, sind von beträchtlich **größerer Bedeutung**. Sie weisen **drei Grundphasen** auf, die in enger Wechselbeziehung zueinander stehen: das **erstmalige Rating**, das **Überwachungsverfahren** und das **besondere Überprüfungsverfahren**.

2442 Erstmaliges Rating

Die **Initiative** zur Durchführung eines Ratingverfahrens geht **meist vom Emittenten** aus, der eine Emission plant und im Interesse ihrer besseren Plazierbarkeit oder aus rechtlichen Gründen ein **Rating beantragt**. Nach Prüfung des Antrags teilt die Ratingagentur dem Emittenten ein Analystenteam zu, das verschiedene Unterlagen vom Emittenten abruft. Der Emittent stellt meistens eine umfangreiche Dokumentation zur Verfügung, die oft eigens für die Ratingagenturen erstellt wird. Nach einer agenturinternen Recherche wird eine Sitzung zwischen Management des Emittenten und Analysten der Agentur arrangiert, die meist ein bis zwei Tage dauert, am Sitz des Emittenten stattfindet und oft mit einer Betriebsbesichtigung, einer Unternehmenspräsentation etc. verbunden ist.

2443 Überwachungsverfahren

Nachdem das Rating festgesetzt wurde, ist die Tätigkeit der Ratingagentur nicht beendet. Die Analysten der Agentur verbleiben vielmehr in ständigem Kontakt mit dem Emittenten, der den Analysten z.B. seine Presseerklärungen, Quartalsberichte und sonstige für die Bonitätsbeurteilung potentiell relevante Unterlagen zuschickt. Aktuelle Branchendaten werden ebenso wie die unternehmensindividuellen Daten in einer Datenbank erfaßt, laufend aktualisiert und computergestützt ausgewertet. Die amerikanischen Agenturen beispielsweise erfassen in ihren Datenbanken Jahresabschlußinformationen der Emittenten, die zu Vergleichszwecken nach einheitlichen Methoden transformiert werden. Abweichende Währungen, Rechnungslegungsmethoden und Inflationsraten, die bei der Analyse ausländischer Unternehmen zu berücksichtigen sind, werden durch entsprechende Umrechnungen mit Angaben über amerikanische Unternehmen vergleichbar gemacht.

Im Rahmen des Überwachungsverfahrens wird mindestens einmal jährlich eine Sitzung mit dem Management des zu beurteilenden Unternehmens angesetzt. Darüber hinaus können Gespräche im Vorfeld weiterer Emissionen, bei einschneidenden geschäfts- oder finanzierungspolitischen Maßnahmen oder bei Veränderungen der ökonomischen und rechtlichen Rahmenbedingungen notwendig werden.

2444 Besonderes Überprüfungsverfahren

Wird aus den im Rahmen des Überwachungsverfahrens gewonnenen Informationen das eventuelle Erfordernis einer Ratingveränderung erkennbar, leitet die Agentur ein besonderes Überprüfungsverfahren ein. Drastische Veränderungen der Nachfrage in einer Branche, das Auftreten neuer Wettbewerber, die Entwicklung innovativer Technologien, staatliche Regulierungen und Deregulierungen können als Determinanten der Bonität eines Emittenten von erheblichem Gewicht sein und daher zu Anpassungen des Rating Anlaß geben. Von besonderer Bedeutung für Ratingänderungen waren in den letzten Jahren Unternehmenszusammenschlüsse und Unternehmensakquisitionen, darunter vor allem "leveraged buyouts", für die die Erhöhung des Verschuldungsgrades und damit einhergehend die Erhöhung des finanziellen Risikos des Unternehmens geradezu begriffskonstituierend sind. Solche Transaktionen können sich auf das kurz- wie auf das langfristige Rating auswirken; beim kurzfristigen Rating sind insbesondere die liquiditätsmäßigen Implikationen zu beachten.

Das besondere Überprüfungsverfahren wird durch einen Vermerk auf der Watchlist angekündigt. Der Eintrag verbindet sich meist mit einer Tendenzaussage (Verschlechterung oder Verbesserung des Rating). Das besondere Überprüfungsverfahren mündet in der Bestätigung des bisherigen Rating oder in der Neufestsetzung des Rating durch das Ratingkomitee. Die Entscheidung wird in den Publikationen der Agentur sowie evtl. zusätzlich durch Pressemitteilungen bekanntgegeben. Der Eintrag in der Watchlist wird gestrichen. Die führenden Agenturen passen in manchen Fällen Ratings allerdings auch unangekündigt an.

245 "Philosophie" der Ratingsysteme

Mit dem Ausdruck "Ratingsystem" wird die taxonomische Komponente des Rating angesprochen. Den hier betrachteten Ratingsystemen liegt eine gemeinsame "Philosophie" zugrunde; die Systeme können dennoch unterschiedlich konzeptioniert sein.

Aufgrund der Zukunftsbezogenheit des Rating konzentrieren sich die vorgenannten Gespräche auf Schlüsselfaktoren des zukünftigen Unternehmenserfolgs. Neben der Diskussion der erwarteten Entwicklung der Vermögens-, Finanz- und Ertragslage des Emittenten werden Aspekte der strategischen Planung erörtert, etwa Wachstumsziele, Marketingstrategien, Investitions- und langfristige Kapitalbedarfsplanung. Das Management wird mit Fragen zu den geplanten Maßnahmen konfrontiert, die zur Vermeidung, Überwälzung, Verteilung, Streuung oder Kompensation zentraler Geschäftsrisiken ergriffen werden sollen.

Das so strukturierte Ratingverfahren bezieht quantitative und qualitative Gesichtspunkte der Bonität eines Emittenten ein und berücksichtigt nicht nur die Informationen, die vom Emittenten bereitgestellt werden, sondern auch solche aus anderen Quellen, insbesondere zur Branchensituation und zur gesamtwirtschaftlichen Entwicklung. Der führende Analyst präsentiert dem Ratingkomitee die im Analystenteam erarbeitete Bonitätsbeurteilung des Emittenten in einem internen Bericht. Da im Ratingkomitee regelmäßig auch Analysten vertreten sind, die sich auf andere Branchen oder Regionen als die des in Frage stehenden Emittenten spezialisiert haben, wird der Meinungsaustausch und die Einheitlichkeit angelegter Beurteilungskriterien sichergestellt.

Nach einer Mehrheitsentscheidung im Ratingkomitee wird das Rating dem Emittenten zur Stellungnahme mitgeteilt. Widerspricht das Rating den Vorstellungen des Emittenten, so kann er durch Bereitstellung zusätzlicher Informationen auf eine Revision der Beurteilung hinwirken. Dem Emittenten wird auch die zu veröffentlichende Begründung vorgelegt, gegen die er gegebenenfalls Einwendungen wegen der Vertraulichkeit der darin enthaltenen Daten geltend machen kann. Legt der Emittent kein Veto ein oder kommt das Ratingkomitee nach einer erneuten Sitzung zu keiner abweichenden Beurteilung, wird das Rating und die zugehörige Begründung veröffentlicht bzw. den Subskribenten der Agentur mitgeteilt.

Die "Philosophie" der Ratingsysteme kann durch die Schlagworte "Zukunftsorientierung", "Risikoorientierung" und "Marktorientierung" genauer umrissen werden. Die Ratingagenturen führen keine retrospektive Performancemessung durch; für das Rating sind Faktoren wie erreichte Unternehmensgröße, bisherige Mitarbeiterzahl, historische Umsatzzahlen etc. nur insoweit bedeutsam, wie aus ihnen Aussagen über die zukünftige Entwicklung des Unternehmens und damit über die Bonität gewonnen werden können. Die Agenturen bemühen sich um **Prognosen**; für diese ist der Bezug auf zukünftige Entwicklungen und Zustände wesensimmanent. Von den möglichen Zukunftslagen eines Emittenten interessieren Ratingagenturen insbesondere solche, die für die Ansprüche von Gläubigern bedeutsam sind. Im Gegensatz etwa zur Aktienanalyse sind beim Rating Wachstumsphantasien nicht maßgebend. **Ausschlaggebend** ist vielmehr die **potentielle Gefährdung der Gläubigerposition**. Die Ratingsysteme der Agenturen sind weiterhin marktorientiert, da sie sich um die bonitätsmäßige Einordnung nur solcher Finanztitel bemühen, für die Bonitätsaussagen von Marktteilnehmern erwünscht werden. In der Regel werden daher u.a. Privatplazierungen nicht unaufgefordert von den Agenturen mit einem Rating versehen.

Eine alternative Differenzierung kann zwischen **quantitativen und qualitativen Ratingsystemen** vorgenommen werden. In der Praxis sind **meist Mischformen** anzutreffen, in denen die qualitativen Aspekte jedoch dominieren.

Quantitative Ratingsysteme beruhen allein auf der Auswertung von quantitativen Daten **mit Hilfe mathematisch-statistischer Modelle**. Die Tätigkeit der Agentur beschränkt sich auf die Konstruktion eines geeigneten Modells, die Beschaffung und Eingabe von Daten sowie die publizistische Verbreitung der durch das Modell ermittelten Ratings. Von wissenschaftlicher Seite wurden eine ganze Reihe von Modellen vorgestellt. Ratingagenturen, die sich lediglich auf mathematisch-statistische Modelle stützten, stellten ihre Geschäftstätigkeit meist bereits nach kurzer Zeit ein (z.B. Keyscan Limited in London). **Qualitative Ratingsysteme** verzichten auf eine explizite Verknüpfung von Ratingkriterien im Gesamturteil und beziehen auch solche Faktoren in die Beurteilung ein, die sich einer exakten Quantifizierung entziehen. Das **Rating** wird nicht durch eine Computerberechnung festgestellt, sondern **von Analysten festgelegt**. Das so bestimmte Rating entzieht sich letztlich der intersubjektiven Überprüfung und stützt sich auf Erfahrungswissen und Intuition der Analysten. Die von den Agenturen implementierten **Ratingsysteme sind überwiegend qualitativen Charakters**, wenngleich allerdings stets auch umfangreiche quantitative Analysen durchgeführt werden, um das Urteil der Analysten zu objektivieren.

246 Ratingkriterien

Ratingkriterien sind die "Prüfsteine", an denen die Bonität von Emittenten bzw. Emissionen zu messen ist. Mit dem allgemeinen Erkenntnisfortschritt ändern sich auch die von den Agenturen angelegten Ratingkriterien, da sich die Agenturen um stete Weiterentwicklung und Verfeinerung ihrer Systeme bemühen.

2461 Länderrisikoanalyse

Die Länderrisikoanalyse ist beim Rating in zweifacher Hinsicht von Bedeutung.[7] Zum einen ist ihr Ergebnis direkt für das **Rating von Staatsanleihen** von Bedeutung. Zum anderen aber stellt das Rating des Staates nach Auffassung führender Agenturen die **Obergrenze möglicher Ratings** dar, die **für Wertpapiere von anderen Emittenten**, die in dem betreffenden Staat domizilieren, vergeben werden können ("sovereign ceiling").

Für **auf ausländische Währungen lautende Anleihen** ist das **Transferrisiko** bedeutsam, das in der Gefahr besteht, daß der Schuldner nicht in der Lage ist, sich rechtzeitig die Devisen zu beschaffen, die zur Begleichung seiner Zahlungsverpflichtung benötigt werden. Das Transferrisiko kann beispielsweise bei mangelnder internationaler Liquidität schlagend werden. Da der Staat durch seinen Eingriff letztlich die Verfügbarkeit ausländischer Währungen bzw. die Währungsreserven kontrollieren und die Zentralbank ermächtigen kann, den Zahlungsverkehr mit dem Ausland zu reglementieren, besitzt der Staat weitreichendere Möglichkeiten, seinen Zahlungsverpflichtungen nachzukommen, als die in seinem Hoheitsgebiet ansässigen Unternehmen. Die Ratingagenturen unterstellen daher, daß das Rating für Staatspapiere eine Obergrenze bildet.

Im Ratingsystem lassen sich gedanklich vier Analysestufen trennen (vgl. Abb. 4). Durch die **Länderrisikoanalyse** wird die **Obergrenze möglicher**

[7] Siehe auch H.-E. Büschgen: Länderrisiken und ihre bankgeschäftspolitische Bedeutung (1979), S. 333-352.

Ratings festgelegt. In der **Branchenanalyse** wird das Spektrum möglicher **Ratings weiter verengt**. In der **Emittentenanalyse** wird die **Stellung des einzelnen Unternehmens** in seiner Branche betrachtet und schließlich in der **Emissionsanalyse** der **Sicherungsgehalt der Anleihebedingungen** etc. überprüft. Aus den Ergebnissen dieser Analysestufen wird das Rating abgeleitet.

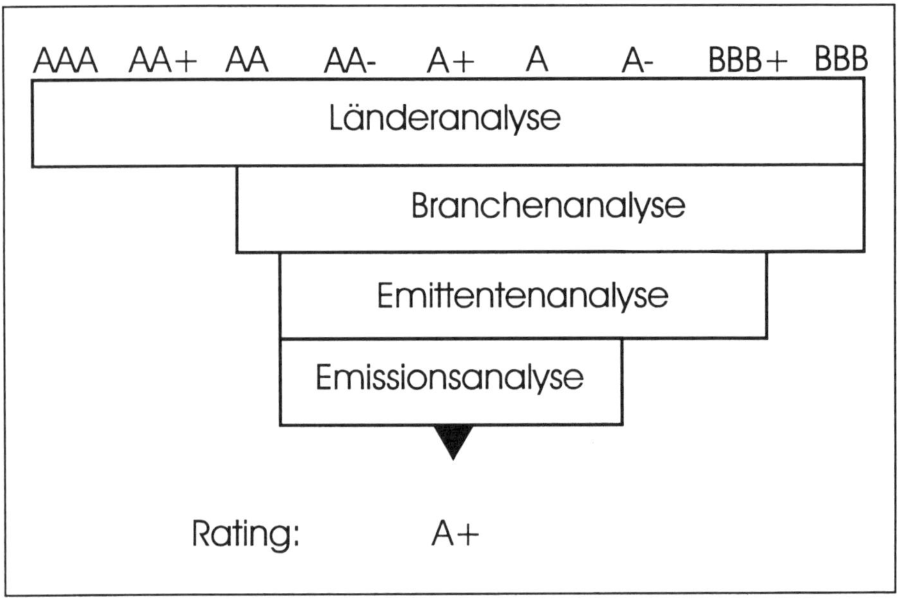

Abb. 4: Analysestufen des Rating

Das **Länderrisiko** wird in hohem Maße von der Auslandsverschuldung determiniert. Je höher die internationalen Zins- und Tilgungsbelastungen eines Landes anzusetzen sind, desto höher ist ceteris paribus die Wahrscheinlichkeit einer Zahlungsstörung. Ausschlaggebend für das "sovereign ceiling" ist jedoch nicht die Gesamtverschuldung eines Staates, sondern die **Höhe der Fremdwährungsschulden**, da der Staat im allgemeinen die Bedienung seiner Verbindlichkeiten in inländischer Währung durch geld- und finanzpolitische Eingriffe sicherstellen kann.

2462 Industrierating

Ein wesentlicher Teil der Ratinganalyse von Industrieunternehmen wird durch die jeweilige **Branchenzugehörigkeit** geprägt. Die marktlichen Bedingungen innerhalb einer bestimmten Branche sind von bestimmendem

Einfluß auf das Geschäftsrisiko, das seinerseits in Verbindung mit dem finanziellen Risiko die Ausfallgefährdung der Gläubigerposition determiniert. Bei Unternehmen, die in **mehreren Branchen** tätig sind, werden die **segmentspezifischen Risikofaktoren individuell analysiert** und ihre Auswirkungen auf die Gesamtrisikoposition abgeschätzt.

In die Bonitätsbeurteilung der führenden Agenturen fließen quantitative wie qualitative Kriterien gleichermaßen ein. Zu den besonders schwer zu quantifizierenden Aspekten gehört die **Qualifikation des Managements** eines Unternehmens, die sowohl am "track record", als auch an Umfang und Konsistenz der strategischen Planung zu messen ist. Ein fehlendes oder mangelhaftes Managementinformationssystem kann die Reaktionsfähigkeit der Unternehmensführung auf unerwartet eintretende Marktentwicklungen vermindern oder proaktives unternehmerisches Gestalten inhibieren.

Die Agenturen beurteilen die **Unternehmensphilosophie** und die **"corporate identity"** im Vergleich zu Wettbewerbern und mit Blick auf die spezielle Situation des betreffenden Unternehmens. Die Ausgaben für Forschung und Entwicklung und damit die Investitionen zur Sicherung der langfristigen Unternehmensentwicklung stehen ebenso auf der Checkliste der Agenturen wie die kurzfristige Erfolgsplanung. **Im Vordergrund** steht dabei stets die **Fähigkeit der Unternehmung, den für die Bedienung des Fremdkapitals notwendigen "cash flow"** unter verschiedenen konjunkturellen Rahmenbedingungen **zu erwirtschaften**. Besondere Aufmerksamkeit wird etwa folgenden Punkten gewidmet:

- Marketing: Gestaltung der kommunikations-, distributions-, kontrahierungs- und sortimentspolitischen Parameter.
- Wachstumstrend: Langfristiges Unternehmenswachstum, Stellung der Produkte im Marktlebenszyklus.
- Diversifikation: Risikogehalt einzelner Geschäftsfelder, Portfolio-Matrix, Ertragsstärken, geographische Schwerpunkte, Kundengruppen.
- Staatliche Unterstützung: Protektionistische Maßnahmen, Subventionen, Deregulierungen/Reregulierungen, Marktaufsicht.
- Wettbewerb: Konkurrenten, Markteintrittsbarrieren, Marktanteil, relative Wettbewerbsstärke.

Die vorstehende Liste nennt nur exemplarisch einige Aspekte, die von den Agenturen untersucht werden. Tatsächlich fließt eine Vielzahl von Gesichtspunkten in die Urteilsbildung der Agenturen ein, so z.B. auch zahlreiche Kennzahlen, die in der Erfolgs- und Bilanzanalyse gebräuchlich sind (Liquiditätsgrade, Bilanzrelationen usw.).

2463 Bankenrating

Im Rahmen der Analyse von Banken wird **in besonderem Maße das politische und ökonomische Umfeld analysiert**, in dem die Banken tätig sind. Aufgrund der besonderen Stellung, die Banken in ihren Volkswirtschaften zum Teil einnehmen, müssen in besonders hohem Maße Struktur, Effizienz und Stabilität des Bankensystems insgesamt berücksichtigt werden. Banken genießen in verschiedenen Rechtsordnungen besondere bilanzierungspolitische Spielräume und im Vergleich zu anderen Unternehmen Privilegien bei der Aufstellung ihrer Jahresabschlüsse, die in der finanzanalytischen Interpretation Beachtung finden müssen. Hier soll es genügen, darauf hinzuweisen, daß von den Ratingagenturen diese Besonderheiten in der Bonitätsbeurteilung von Banken ebenso berücksichtigt werden wie bei Versicherungen oder anderen Unternehmen und Institutionen, deren Bonität durch Sonderfaktoren beeinflußt wird.

247 Instrumentale Funktionen des Rating

Ratings können vielfältige Verwendungen finden. Im folgenden soll kurz auf die Bedeutung des Rating im Recht der Finanzmärkte sowie auf die Funktionen des Rating aus Anleger- und Emittentensicht eingegangen werden.

2471 Rating in nationalen Rechtsordnungen

Durch die Verankerung von Ratings in Gesetzen und sonstigen Vorschriften, die von institutionellen Investoren oder von Emittenten zu beachten sind, kann sich die **Bedeutung von Ratings für Liquidität und Preisbildung beurteilter Wertpapiere** verstärken. In der Bundesrepublik Deutschland machen die Aufsichtsbehörden von Ratings bisher keinen Gebrauch. In Frankreich und Großbritannien, wie auch in Amerika, Asien und Australien wird dem Rating eine besondere Stellung zugewiesen. Beispielhaft seien die Regelungen in den USA und in Japan erwähnt.[8]

a) USA

Die vergleichsweise größte Rolle spielen Ratings in den USA, wo die führenden Ratingagenturen nach der Weltwirtschaftskrise bereits in den 1930er

---

[8] O. Everling: Ratings im Recht nationaler Finanzmärkte (1991).

Jahren die Träger der Aufsichtsfunktionen durch Ratings unterstützten. Ratingagenturen werden in der Gesetzesterminologie als "nationally recognized statistical rating organizations" (NRSRO) bezeichnet, jedoch gibt es keine Legaldefinition des Ausdrucks. Die offizielle Anerkennung wird in einem nicht formal geregelten, langwierigen Verfahren durch die Securities and Exchange Commission erteilt. Mit der "recognition" erschließen sich zahlreiche Anwendungen des Rating.

Der Securities Act von 1933 weist den Ratingagenturen in bezug auf Sorgfaltspflichten bei der Erstellung von Analyseberichten einen Sonderstatus zu. Emittenten werden bei Nachweis eines Rating Registrierungserleichterungen gewährt: Ein Rating innerhalb der "investment grade"-Kategorien bewirkt, daß für den Emittenten teilweise die Verpflichtung zum Nachweis bestimmter Emissionsvoraussetzungen entfällt. Der Securities Exchange Act von 1934 nimmt in unterschiedlichen Regelungsbereichen auf das Rating Bezug. Der Investment Company Act von 1940 ermöglicht Investmentgesellschaften im Rahmen einer Ausnahmeregelung u.a. den Erwerb von kommunalen Schuldverschreibungen, sofern ein Rating mindestens einer NRSRO in den obersten vier (bzw. drei) Kategorien vorgewiesen wird. Darüber hinaus werden bestimmte Vereinfachungsregeln bei der Berechnung der Anteilspreise von Investmentfonds von Ratings abhängig gemacht. 1984 verabschiedete der amerikanische Kongreß ein Gesetz, das sog. "mortgage related securities" an das Rating knüpft, d.h. diese Wertpapiere entstehen erst mit dem Nachweis eines Rating.

Die Federal Deposit Insurance Corporation bindet insbesondere solche Banken, die nicht Mitglied des Federal Reserve Systems sind, in hohem Maße an die Beachtung von Ratings. Das Office of the Comptroller of the Currency und der Federal Reserve Board nehmen von den Anlagemöglichkeiten der National- und Staatsbanken die als spekulativ gerateten Wertpapiere aus. Der Federal Home Loan Bank Board untersagt Savings & Loan Associations (S&L) den Erwerb von Anleihen, die von den Ratingagenturen in die spekulativen Kategorien eingeordnet werden. Das Vermögen einer S&L darf nach diesen Bestimmungen nur in engen Grenzen in Wertpapieren angelegt werden, für die kein Rating vorhanden ist. Ratings finden noch in zahlreichen weiteren Vorschriften einzelner Institutionen Berücksichtigung, z.B. in den Bewertungsvorschriften der National Association of Insurance Commissioners.

b) Japan

Auch in Japan, wo sich Emittenten zur Erfüllung von Emissionsvoraussetzungen auf sechs anerkannte Ratingagenturen berufen können, gibt es kein formal geregeltes Anerkennungsverfahren des (zuständigen) Finanzministeriums. Bisher wurden drei amerikanische Agenturen (S&P, Moody's und Fitch Investors Service) sowie drei japanische Institute (Japan Credit Rating Agency, Japan Bond Research Institute und Nippon Investors Service) anerkannt, nicht aber die 1983 gegründete Agentur Mikuni, die in englischer Sprache Analyseberichte und Ratings insbesondere ausländischen Anlegern anbietet.

Ratings werden als Zulassungsvoraussetzung des Finanzministeriums für die Emission von Commercial Papers und Anleihen eingesetzt. Ratings dienen darüber hinaus der Regelung bestimmter Verhältnisse der treuhänderischen Verwaltung von Vermögen und der Prüfung der Angemessenheit der Kapitalausstattung von Wertpapierhäusern. Ratings werden auch als Qualifizierungsstandard für den Handel unter Wertpapierhäusern und Banken in Japan mit Commercial Papers und Einlagenzertifikaten ausländischer Emittenten benutzt. Anlageberater haben unter bestimmten Bedingungen Einschränkungen des zulässigen Anlagespektrums zu beachten, die durch Ratings definiert werden.

2472 Rating aus Anlegersicht

Ratings leisten einen wichtigen Beitrag zur Fundierung und Präzisierung der an den Geld- und Kapitalmärkten zu beobachtenden Renditestrukturen und Renditedifferenzen. Da Bonitätsrisiken durch Risikoprämien abgegolten werden (vgl. Abschnitte 126 und 127), die wiederum in der Kursbildung reflektiert werden, ist aufgrund von Arbitrageoperationen an den Finanzmärkten eine ständige Tendenz in Richtung auf **Marktrenditen** festzustellen, die **eine statistisch signifikante Abhängigkeit vom Rating** aufweisen. Ein niedrigeres Rating führt zu einem höheren Renditeanspruch des Marktes; prominentes Beispiel dafür ist der Junk Bond. Umgekehrt ist die Nominalverzinsung von Wertpapieren erster Adressen relativ niedrig.

Ratings kommt aus Anlegersicht insbesondere die Funktion der **Information über absolute und relative Bonitäten** zu. So können Investoren z.B. durch Orientierung am Rating gewisse "Güteklassen" festlegen und damit Untergrenzen akzeptabler Bonität bestimmen. Ratings geben insoweit ein absolutes **Urteil über die Fähigkeit eines Emittenten** wieder, **seinen Zahlungsverpflichtungen nachzukommen**. Zum anderen ist durch Ratings die Relation der Qualität einer Emission zu anderen Wertpapieren definierbar. Der Anspruch, über relative Bonitäten zu informieren, läßt sich von den Agenturen leichter erfüllen, da lediglich die **relative Stellung eines Wertpapiers im Vergleich zu anderen**, mit Ratings versehenen Titeln angegeben werden muß, **nicht** aber die **genaue Wahrscheinlichkeit einer Insolvenz**. Für Anleger kommt es oft auch nur auf diese Vergleichsmöglichkeit an: Bei der Auswahl alternativer Wertpapieranlagen ist es entscheidend, z.B. den bei gleichem Preis und sonst gleicher Ausstattung bonitätsmäßig besseren Titel zu kaufen.

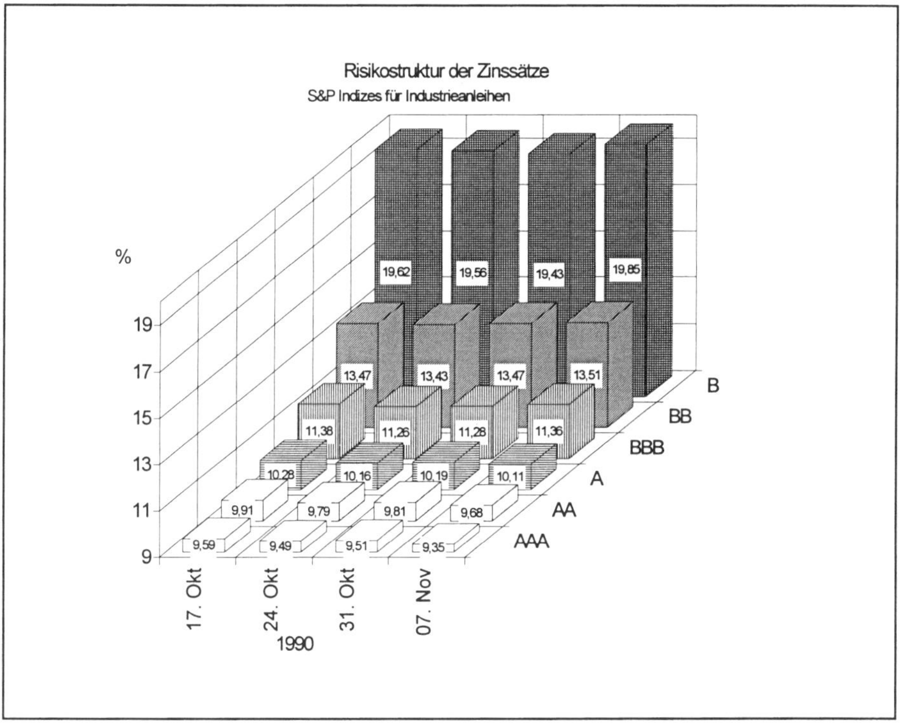

Abb. 5: Risikostruktur der Zinssätze

Durch Ratings werden genaue Vergleiche und zuverlässige Aussagen über diejenige Rendite ermöglicht, die nach einer Ratingänderung in der jeweils neuen Bonitätskategorie zu erzielen ist. Die **Identifikation von Über- oder Unterbewertungen** wird durch Ratings erleichtert, nicht zuletzt weil mit Hilfe von Ratings **Zinsstrukturen in übersichtlicher und anschaulicher Form** dargestellt werden können (vgl. Abb. 5). Schon im Vorfeld einer Ratingveränderung - meist schon zu dem Zeitpunkt, zu dem ein Emittent auf der "Watchlist" der Ratingagentur erscheint - werden in vielen Fällen die zu erwartenden Bewertungsanpassungen durch die Marktteilnehmer eskomptiert.

Das Rating reflektiert als Informationsinstrument den Wandel, den das Bondportfoliomanagement durch seine Abwendung von klassischen Buy-and-hold- und Indexstrategien hin zu aktiven Anlagestrategien vollzieht (vgl. Abschnitt 1295). Jedoch erweist es sich auch für passive Anlagestrategien als ein nützliches Instrument, indem etwa "Mindestratings" die Selektion der zu erwerbenden Wertpapiere vorstrukturieren. Institutionelle Anleger geben mit Hilfe sog. "Buy Lists" ihrer Finanzabteilung diejenigen Titel vor, die im Einklang mit den übergeordneten Zielsetzungen erworben werden dürfen. Ratings werden insbesondere in den USA in großem Umfang als ein schnell überprüfbares Instrument angesehen, um zu bestimmen, **ob der Erwerb eines bestimmten Wertpapiers mit den Anlagezielen eines Investors vereinbar** ist.

2473 Rating aus Emittentensicht

Ratings wird eine hohe Publizität zuteil, nicht nur, weil in den einschlägigen Zeitungen und Zeitschriften regelmäßig über die von den Agenturen vergebenen und geänderten Ratings berichtet wird, sondern auch, da Ratings über elektronische Medien verfügbar sind. Weniger bekannte Emittenten können daher versuchen, mit Hilfe des **Rating zusätzlich Aufmerksamkeit** auf sich zu lenken.[9]

Die Internationalisierung des Portfoliomanagements **institutioneller Anleger** verursacht bei diesen einen Informationsbedarf, der von Emittenten in der Wahl des zur Pflege der Beziehungen zu den Kapitalgebern eingesetzten Instrumentariums berücksichtigt werden muß. Da diesen Investoren oft bereits gesetzlich oder statutarisch vorgeschrieben ist, bei bestimmten Anlageentscheidungen das Rating zu beachten, und sich somit die Verwendung von Ratings im Anlageentscheidungsprozeß nicht nur aus Gründen der Praktikabilität aufdrängt, **verbessern Emittenten durch Ratings ihren Zugang zu dieser Anlegergruppe**. Die Kosten des Ratingverfahrens belasten direkt nur die Emittenten. Da zudem die Agenturen ihre Publikationen zu relativ niedrigen Preisen zur Verfügung stellen, verzichten nicht nur private, sondern auch institutionelle Investoren meist auf eine eigene Abteilung für Credit Research und rekurrieren im wesentlichen auf das Rating der

---

9 O. Everling: Nutzenaspekte des Rating für Emittenten (1991), S. 272-275.

Agenturen. Mithin sind diejenigen Emittenten im Vorteil, die Anlegern durch Zahlung der Ratinggebühren quasi einen Teil der für die Bonitätsanalyse erforderlichen Aufwendungen abnehmen.

Das **Ratingverfahren ist auch für den Emittenten informativ**, da an ihn Fragen gerichtet werden, die sich oft aus Einblicken der Analysten in andere Unternehmen ergeben. Eventuelle Unstimmigkeiten in Plan- und Istergebnissen werden ebenso registriert wie Abweichungen vom Branchentrend, da in den Ratinggesprächen regelmäßig neben der historischen Entwicklung auch die Planungen des Unternehmens erörtert werden und die Analysten den Emittenten über viele Jahre hinweg beobachten.

Der Emittent kann ein Ratingverfahren schon dann durchführen lassen, wenn der zu beurteilende Titel in seinen Ausstattungsmerkmalen bereits definiert, jedoch der Emissionskurs noch nicht festgelegt ist. Das Rating kann ihm dann eine **Stütze beim "pricing" der Emission** bieten: Im Regelfall ist davon auszugehen, daß sich der Emittent beim pricing seiner Emission an der Kursbildung für vergleichbare Papiere anderer Emittenten der gleichen Bonitätsklasse orientieren muß.[10] Die durchschnittlichen Renditen für Titel der verschiedenen Bonitätskategorien werden von den Ratingagenturen regelmäßig ermittelt und veröffentlicht. Dadurch wird eine **marktgerechte Emissionspreisfindung** und das **Ausschöpfen von Bewertungsspielräumen** erleichtert.

Das Rating kann zahlreiche weitere kommunikationspolitische Maßnahmen im Rahmen des Finanzmarketing des Unternehmens entweder ersparen oder in ihrer Wirkung unterstützen. Im Vergleich zu Hochglanzprospekten und aufwendigen "road shows" erscheint das Rating zwar nüchtern, aber umso **glaubwürdiger und überzeugender**, wenn es von einer unabhängigen, anerkannten Ratingagentur vergeben wurde.

---

[10] Allgemeiner zur Bedeutung und Bestimmung von Kapitalkosten vgl. insbesondere U. Hielscher / H.-D. Laubscher: Finanzierungskosten (1989).

25 Instrumente zur Begrenzung von Währungsrisiken*

251 Währungspositionen

Vergegenwärtigt man sich die konkrete Situation vieler Unternehmungen, dann ist zu bedenken, daß diese oftmals in verschiedenen Währungen sowohl Einzahlungen empfangen, als auch Auszahlungen zu tätigen haben, und zwar zu sehr unterschiedlichen Terminen. Ein effizientes Devisenmanagement setzt daher zunächst eine geeignete Planungsgrundlage voraus, d.h. eine systematische Ordnung der Zahlungsein- und -ausgänge. Mit anderen Worten: von zentraler Bedeutung für das Devisenmanagement ist die sog. **Währungsposition** (auch Devisen- oder Valutaposition genannt). Obwohl sich Währungspositionen mit Personal Computern ermitteln lassen,[1] fehlt bei vielen Unternehmungen immer noch diese elementare und grundlegende Voraussetzung.

Die Währungsposition ist der Saldo von Fremdwährungsforderungen und -verbindlichkeiten einer Unternehmung. Diese Position ermöglicht Aussagen über die Gewinne oder Verluste bei Devisenkursänderungen. Hinsichtlich der Valutaposition sind im Detail Einzelpositionen und die Gesamtposition zu unterscheiden.

Eine **Währungs-Einzelposition** erhält man durch die Gegenüberstellung aller auf eine bestimmte ausländische Währung lautender Forderungen und Verbindlichkeiten. Der so gewonnene Saldo wird in Inlandswährung (z.B. DM) umgerechnet. Ist dieser Saldo Null, so besteht in der speziellen Währung zunächst kein Devisenkursrisiko, da sich Gewinne und Verluste aus-

---

* Der Beitrag basiert auf einem Vortrag, den der Verfasser am 25. Oktober 1984 im Rahmen des wissenschaftlichen Kolloquiums anläßlich des 40-jährigen Bestehens des Instituts für Wirtschaftswissenschaft an der TU Clausthal und des 80. Geburtstages seines ersten Direktors, Prof. Dr. Gerhard Krüger, gehalten hat. Die Veröffentlichung der schriftlichen Fassung des Vortrages (in: Betriebswirtschaftliche Forschung und Praxis Heft 6/1985, S. 531-548) ist hier in einer überarbeiteten und erweiterten Fassung wiedergegeben. Dabei stehen allgemeine und grundlegende Aspekte im Vordergrund. Spezialprobleme des Devisenmanagements, etwa devisenrechtliche Probleme oder besondere Probleme bei Zahlungsverzögerungen mit Prolongationserfordernissen, Zahlungsbeschleunigung durch Electronic Banking u. a. werden ausgeklammert.

1 U. Hielscher: Electronic Banking (1985) S. 479/480.

gleichen. Ist die Einzelposition dagegen von Null verschieden, d.h. "offen", dann bestehen Währungsrisiken. Ist die Position aktiv, d.h besteht ein Forderungsüberhang (Plus-Position, Hausse-Position, "long position") und geht die Auslandswährung zurück, dann entstehen Verluste. Steigt die Auslandswährung, so entstehen Gewinne. Bei einer passiven Position, d.h. einem Schuldenüberhang (Minus-Position, Baisse Position, "short position") ist es genau umgekehrt.

Die **Währungs-Gesamtposition** ist die Summe aller Einzelpositionen. Die Gesamtposition gilt im allgemeinen als ausgeglichen, wenn Aktiva und Passiva (in DM gerechnet) gleich groß sind. Andernfalls handelt es sich um eine offene Gesamtposition, die entweder aktiv oder passiv ist. Eine solchermaßen ausgeglichene Gesamtwährungsposition schaltet jedoch keineswegs jegliche Währungsverluste aus, da die Kursveränderungen verschiedener Währungen sehr unterschiedlich ausfallen können. Eine ausgeglichene Gesamtposition schützt also nur dann vor Währungsverlusten, wenn auch jede der darin enthaltenen Einzelpositionen ausgeglichen ist.

Um eine **vollständig ausgeglichene Gesamtposition** zu erhalten, sind allerdings **nicht nur die Beträge, sondern zusätzlich auch die unterschiedlichen Fälligkeitszeitpunkte** der einzelnen Engagements zu berücksichtigen. Die Währungsgesamtposition kann zwar betragsmäßig insgesamt ausgeglichen sein, dennoch aber erhebliche Währungsrisiken implizieren, nämlich dann, wenn die Fälligkeitskongruenz fehlt - denn dann entstehen in der Zukunft temporär offene Positionen. Ein vollständiger Schutz vor Währungsrisiken besteht nur dann, wenn sämtliche Tages-Einzelpositionen über den gesamten Planungszeitraum ausgeglichen sind, d.h. wenn **Betrags- und Laufzeitkongruenz** vorliegen.

Die zweifellos eleganteste und kostengünstigste Methode einer völligen Absicherung gegen Währungsrisiken, nämlich unternehmensintern einen vollständigen Positionsausgleich herbeizuführen, ist in der Praxis fast nie durchführbar, da sowohl Betrags- als auch Laufzeitkongruenz in allen Währungen erforderlich ist. Darüber hinaus ist gerade bei kleineren Unternehmungen häufig eine Aktiv- bzw. Passivposition strukturell vorgegeben - ein Exporteur beispielsweise hat, genau wie ein im Ausland investierender Kapitalanleger, normalerweise einen Forderungsüberhang gegenüber dem Ausland. Als Fazit ist also festzuhalten, daß in der Regel von einem unvollständigen oder gar von einem nicht vorhandenen internen Positionsausgleich auszugehen ist. Zunächst ist daher zu entscheiden, welche Strategie eine

Unternehmung verfolgen will.

252 Kurssicherungsstrategien

Grundsätzlich lassen sich folgende Kurssicherungsstrategien unterscheiden:

- Vollständige Absicherung,
- genereller Absicherungsverzicht oder
- flexible Absicherung.

2521 Vollständige Absicherung

Die Strategie der vollständigen Absicherung jeglichen Risikos geht davon aus, daß die Summe der Kursverluste, vermindert um Kursgewinne, generell größer ist als die Kurssicherungskosten. Sie wird andererseits häufig auch damit begründet, daß ein verantwortungsbewußter Unternehmer seine Gewinne aus der kalkulierten Spanne erziele, nicht jedoch aus Währungsspekulationen. Oft wird diese Strategie allerdings angewandt, weil die Unternehmensleitung schlicht uninformiert ist. Die Strategie der vollständigen Absicherung ermöglicht eine Quantifizierung des Wechselkursrisikos durch die Kurssicherungskosten: Das Währungsrisiko kann dann mittels der Sicherungskosten in der Kalkulation relativ genau berücksichtigt werden - vorausgesetzt natürlich, daß trotz dieser zusätzlichen Kosten (vgl. dazu Abschnitt 254) die eigenen Angebotspreise noch konkurrenzfähig sind.

Die Strategie der vollständigen Absicherung läßt sich differenzieren. So kann einerseits bei Abschluß eines jeden Geschäfts sofort ein entsprechendes risikokompensierendes Kurssicherungsgeschäft erfolgen. Es handelt sich dann um eine **individuelle Einzelgeschäfts-Kurssicherung**, die insgesamt aber recht teuer werden kann. Eine zweite, im allgemeinen sinnvollere Möglichkeit besteht darin, grundsätzlich entweder **jede offene Einzelposition** (in jeder Währung) oder **nur die gesamte Valutaposition** abzusichern (Globalsicherung), wobei das Ausmaß des Sicherungseffekts bei einer globalen Absicherung natürlich geringer ist. Voraussetzung ist selbstverständlich, daß die Position überhaupt bekannt ist.

2522 Genereller Absicherungsverzicht

Die zweite Strategie des generellen Absicherungsverzichts geht von der

Erwartung aus, daß die Kursverluste, vermindert um Kursgewinne, stets kleiner sind als die Kurssicherungskosten. Das kann zu Zeiten fester Wechselkursparitäten durchaus zutreffen. Ein Absicherungsverzicht kann u.U. auch dann vertretbar sein, wenn davon ausgegangen werden könnte, daß sich positive und negative Salden abwechseln und sich dadurch Gewinne und Verluste mittelfristig ausgleichen. In Zeiten floatender Wechselkurse ist eine solche Vorgehensweise jedoch mit großen Risiken verbunden, da es leicht zu totalen "Schieflagen" kommen kann. So waren etwa Anfang der 1970er Jahre gegenüber der DM nahezu alle Währungen schwach. Das gleiche galt beispielsweise für den zu Beginn der 1980er Jahre starken US-$. "Nichts-Tun" kann also ebenso hohe Verluste einbringen wie "aktive" Fehlspekulationen.

2523 Flexible Absicherung

Die dritte Strategie der flexiblen Absicherung beschreitet einen Mittelweg zwischen vollständiger Absicherung und generellem Absicherungsverzicht. **Voraussetzung** für eine sinnvolle flexible Absicherung sind allerdings **gewisse Vorstellungen bezüglich der künftigen Kursentwicklung**. Eine entsprechende, während der 1980er Jahre in Deutschland recht verbreitete Absicherungsstrategie bestand darin, gegenüber dem seit langem stabil gehaltenen österreichischen Schilling sowie gegenüber den in der sog. "Währungs-Schlange" verbliebenen Währungen auf eine Absicherung zu verzichten, während bei allen anderen Währungen, soweit möglich, die offenen Einzelpositionen abgesichert wurden und nicht jedes Einzelgeschäft. Allgemeingültige Aussagen über eine zweckmäßige flexible Absicherungsstrategie lassen sich jedoch leider nicht machen. Die zweckmäßige Strategie hängt in hohem Maße von der Branche und von der unternehmensindividuellen Situation ab und erfordert deshalb ein situationsspezifisch maßgeschneidertes Vorgehen.[2]

---

2 Während es für einen exportorientierten Spezialmaschinenbaubetrieb durchaus sinnvoll sein kann, seine durchweg bedeutenden Einzelgeschäfte individuell abzusichern, gilt dies für einen Rohstoffimporteur, der in US-$ zahlen muß und der die importierten Rohstoffe mit unterschiedlichen Rezepturen zu einer Vielzahl von Konsumgütern verarbeitet, keineswegs. In diesem letzteren Fall bietet sich eine Absicherung lediglich von offenen Positionen an, wobei allerdings ein besonderes Problem darin besteht, abzuschätzen, ob die Konkurrenz eventuelle kurzfristige Währungsgewinne in ihren Preisen weitergibt - ein Verhalten, das sich leicht als ruinös erweisen kann. Bei einem Kurs von ca. 3 DM/$ Ende Oktober 1984 verzichtete demgegenüber eine ganze Reihe deutscher exportorientierter Unternehmungen, deren Kalkulation noch auf den Kursen des Jahres 1983 von ca. 2,30 bis 2,75 DM/$ basierte, angesichts der vorhandenen Sicherheitsmar-

253 Risikopolitische Aktionsmöglichkeiten (Kurssicherungsinstrumente)

Die Risiken eines unvollständigen internen Positionsausgleichs können, im Rahmen der festgelegten Strategie, durch risikopolitische Maßnahmen in ihren Auswirkungen beseitigt bzw. zumindest eingeschränkt werden, und zwar durch risikovorbeugende, risikomindernde und/oder risikokompensierende Maßnahmen, die im Rahmen eines modernen Devisenmanagements alle ihren, wenn auch sehr unterschiedlichen, Stellenwert haben:

I. Risikovorbeugende Maßnahmen
   1. Reservenbildung
   2. Risikozuschläge in der Kalkulation
   3. Streuung des Wechselkursrisikos
   4. Direktinvestitionen im Ausland

II. Risikomindernde Maßnahmen
   1. Durch unternehmerische Anpassung
      a) Interner Devisenpositionsausgleich
      b) Zahlungsverzögerung bzw. -beschleunigung
   2. Durch Vertragsgestaltung des Grundgeschäfts
      a) Fakturierung in Inlandswährung
      b) Kontrahierung in Drittwährungen
      c) Währungsoptionsrechte
      d) Kurssicherungsklauseln
      e) Preisvorbehalt
      f) Vorauszahlungen, Bar- und/oder Teilzahlung
      g) Vereinbarung einer Verlustteilung

III. Risikokompensierende Maßnahmen
   1. Covering
      a) Devisentermingeschäfte
      b) Währungsswaps
      c) Fremdwährungskredite
      d) Wechselkursversicherung (Hermes u.a.)
      e) Forderungsübertragung (Diskontierung von Währungswechseln, Forfaitierung von Exportforderungen, Export-Factoring)

---

ge und in Erwartung eines mittelfristig eher stabilen bis stärkeren Dollars zumindest temporär auf eine Absicherung speziell der DM gegenüber dem US-$. Das brachte ihnen beträchtliche Währungsgewinne.

2. Hedging
   a) Currency Futures
   b) Devisenoptionen

2531 Risikovorbeugende Maßnahmen

Betrachtet man zunächst kurz die risikovorbeugenden Maßnahmen, so stellt der Rückgriff auf vorsorglich gebildete Reserven wohl nur die letzte Notlösung dar, wenn eine Schieflage bereits eingetreten ist. Auch vorsorglichen Risikozuschlägen in der Kalkulation zwecks Reservebildung sind aus Wettbewerbsgründen Grenzen gesetzt. Die Marge von z.B. 2,55 DM/$ Anfang März 1984 bis 3,10 DM/$ Ende September 1984, das sind über 20%, kann wohl kaum jemand in der Kalkulation unterbringen. Der Streuung des Wechselkursrisikos sind ebenfalls enge Grenzen gesetzt - darauf wurde bereits hingewiesen (vgl. Abschnitt 2522). Unter dem Aspekt der Währungsrisikoreduzierung sind Direktinvestitionen im Ausland demgegenüber ein durchaus erwägenswertes Instrument, denn Umsätze, Gewinne, Zinsen, Schulden und deren Tilgung fallen dann in der gleichen Währung an. Allerdings beinhaltet dieses Instrument auch ganz erhebliche sonstige Risiken. In den letzten Jahrzehnten gab es zahlreiche Beispiele für enorm kostspielige Mißerfolge. Andererseits konnten auch, insbesondere bei entsprechenden Dollar-Kursen, Gewinnüberweisungen rechtzeitiger und erfolgreicher Direktinvestitionen die Erfolgsrechnungen deutscher Unternehmungen durchaus zieren.

2532 Risikomindernde Maßnahmen

Unter dem Aspekt des Devisenmanagements i.e.S. spielen die risikomindernden Maßnahmen eine gewichtigere Rolle als die bisher behandelten. Auf die zentrale Rolle der Devisenpositionen und des internen Positionsausgleichs wurde bereits hingewiesen (vgl. Abschnitt 251). Der einfachste Weg einer vollständigen Ausschaltung des Währungsrisikos ist natürlich die Fakturierung in D-Mark. Ob der ausländische Partner das aber akzeptiert, ist eine Frage der Marktposition. Im harten Wettbewerb auf den Auslandsmärkten ist es bekanntlich keineswegs immer möglich, eine Fakturierung in DM durchzusetzen. Vor allem bei Ausfuhren nach Weichwährungsländern sind mitunter die Kosten der Absicherung, beispielsweise durch Devisentermingeschäfte, niedriger als die Abschläge auf den Kaufpreis, die die ausländischen Geschäftspartner bei DM-Fakturierung durchzusetzen versuchen. Die weiteren unter II. 2. b)-g) genannten Vertragsgestaltungsmöglichkeiten des

Grundgeschäfts sind Kompromißmöglichkeiten, sofern sich die Geschäftspartner weder über Fakturierung in D-Mark noch in der fremden Landeswährung einigen können. Selbst diese Möglichkeiten entfallen in der Regel, wenn von den Weltmärkten in US-$ notierte Rohstoffe zu importieren sind.

Ist ein interner Positionsausgleich nicht möglich und lassen sich die Risiken auch nicht durch eine entsprechende Vertragsgestaltung des Grundgeschäfts ausschalten oder wenigstens mindern, dann verbleibt nur noch, den Positionsausgleich extern herbeizuführen, und zwar durch sog. risikokompensierende Maßnahmen.

2533 Risikokompensierende Maßnahmen

Ein risikokompensierender Positionsausgleich ist durch **Covering** oder durch **Hedging** möglich. Die Bezeichnungen stammen aus dem Englischen: to cover: bedecken, vollständig abdecken; hedge = Hecke; to hedge = (mit Hecke) einfassen, einschränken bzw. begrenzen. Unter Covering versteht man dementsprechend eine vollständige, entgeltliche Risikoübertragung auf Dritte. Demgegenüber erfolgt das Hedging durch den zusätzlichen Abschluß eines weiteren risikobehafteten, jedoch genau entgegengesetzt wirkenden Geschäftes, durch das das Risiko des ursprünglichen Geschäftes in etwa kompensiert wird. Weiterhin tauchen im folgenden des öfteren die Begriffe Swap bzw. Swapsatz und Swapgeschäft auf, die sich aus dem englischen to swap = tauschen ableiten. **Swapsatz** bedeutet also **Tauschsatz** bzw. Tauschrate und **Swapgeschäft Tauschgeschäft**.

254 Wichtige risikokompensierende Kurssicherungsinstrumente im einzelnen

2541 Devisentermingeschäfte

Unter **Covering** versteht man eine entgeltliche **Risikoübertragung** - also eine Art Versicherung gegen Risiken. Kennzeichnend ist, daß das Absicherungs- und das ursprüngliche Geschäft in aller Regel **effektiv erfüllt** werden. Ein typisches Beispiel ist das Devisentermingeschäft: Wenn z.B. ein Exporteur in 6 Monaten den Eingang von 1 Mio. US-$ erwartet, dann kann er diese Million bereits heute an seine Bank verkaufen. Der Exporteur muß dann in 6 Monaten eine Mio. US-$ liefern und erhält dafür den fest vereinbarten DM-Gegenwert (Terminkurs · Fremdwährungsbetrag), unabhängig davon, wie sich inzwischen der Kassakurs verändert hat. Den Absicherungsmechanismus bei einem Devisentermingeschäft möge folgendes Beispiel veranschaulichen.

Es soll heute eine in 6 Monaten fällige Forderung von 1.000.000 US-$ abgesichert werden, da eine Abschwächung des US-$ erwartet wird. Die heutigen Marktdaten lauten:

Kassamittelkurs	3,0000 DM/$	
Euro-$-Zinsen	12%	
Euro-DM-Zinsen	8%	
Zinsdifferenz	4%	
Terminabschlag[1] (6-Monats-Swap)	6 Pf/$	
Termin(mittel)kurs	(3,0000–0,0600) DM/$	= 2,9400 DM/$
Ankaufskurs[2] (Geldterminkurs der Bank)	(2,9400–0,0040) DM/$	= 2,9360 DM/$
Erlös aus 1 Mio. US/$:	1 Mio. $ · 2,936 DM/$	= 2.936.000DM

[1] Zinsdifferenz aus deutscher Sicht – 4 % p.a. Daraus ergibt sich ein 6-Monats-Swap (= Abschlag (Deport) auf Kassakurs in DM/$) von: 6/12 · 4 % von 3,0000 DM/$ = 0,02 · 3,0000 DM/$ = 0,06 DM/$ = 6 Pf/$.

[2] Die Bankenspanne wird hier mit 40 Stellen = 0,4 Pf/$ angenommen.

Der Exporteur erhält also, völlig unabhängig davon, wo der US-Dollar in 6 Monaten steht, in einem halben Jahr 2,936 Mio. DM. Dieser Betrag stellt also den künftigen Wert von 1 Mio. $ = 3 Mio. DM dar, pro rata temporis, d.h. linear diskontiert mit der aktuellen Zinsdifferenz zwischen Euro-$ und Euro-DM. Lägen die DM-Zinsen höher als die des $ (Zinsdifferenz aus deutscher Sicht + X % p.a.), dann ergäbe sich für den Terminkurs des $ ein Report (Aufschlag). Das bei der Bank verbleibende Währungsrisiko kann diese z.B. durch ein Interbanken-Devisenswapgeschäft und ein gleichzeitiges Devisen-Kassageschäft ($-Kassaverkauf) eliminieren.

Hervorzuheben ist, daß der Swap (im obigen Beispiel der Terminabschlag) **ausschließlich von den Zinsdifferenzen** zwischen den Euro-$- und Euro-DM-Sätzen abhängt. Damit hängt auch der Terminkurs nur vom augenblicklichen Kassakurs und vom Swapsatz ab (Terminkurs = Kassakurs – Swapsatz). Erwartungen über den künftigen $-Kurs spielen also für den Terminkurs - entgegen verschiedentlich fälschlich erhobener Behauptungen keine Rolle.

Devisentermingeschäfte sind bis maximal 5 Jahre möglich. Wesentlich ist ferner, daß Termingeschäfte für die meisten gängigen Währungen und in maßgeschneiderten, auch kleinen Beträgen (ab ca. 10.000 $) abgeschlossen werden können, wobei sich in anderen Währungen als dem US-$ die Bankenspanne infolge der Handelstechnik ungefähr verdoppelt. Je nach Bonität und Geschäftsumfang des Bankkunden sind die Spannen allerdings durchaus verhandlungsfähig. Demgegenüber erlauben die im folgenden behandelten Currency-Futures ökonomisch sinnvolle Absicherungen der DM z.Z. nur gegen den US-$ und nur in ganzen Kontrakten (1 Kontrakt i.d.R. 125.000 DM, an der Philadelphia Stock Exchange 62.500 DM).

2542 Currency Futures

Die Technik des **Hedging** mittels Currency Futures basiert auf einem völlig anderen Prinzip als das Devisentermingeschäft. Hier trägt, um bei dem vorstehend behandelten Beispiel zu bleiben, der Exporteur das Risiko eines Dollarrückgangs über die 6 Monate voll weiter. Allerdings wird dieses **bei ihm verbleibende Risiko** durch ein **zusätzliches, jedoch entgegengesetzt wirkendes risikobehaftetes Geschäft** - aus deutscher Sicht durch den börsenmäßigen Kauf (zur Absicherung der Fremdwährungsforderung) oder den Verkauf (zur Absicherung einer Verbindlichkeit) von Currency Futures-Kontrakten - mehr oder weniger **kompensiert**. Sinkt der Kassakurs, dann kann z.B. der Inhaber einer Dollarforderung die daraus resultierenden Verluste durch die gleichzeitig entstehenden Börsengewinne bei den Financial Futures weitgehend kompensieren und vice versa. Es handelt sich also um eine **Risikoeinengung**. Der Absicherungsmechanismus mit Hilfe von Currency Futures sei ebenfalls an einem Beispiel erläutert:

Abzusichern ist wiederum eine Forderung in Höhe von 1 Mio. US-$ auf 6 Monate, wobei unterstellt ist, daß der Kassakurs innerhalb der 6 Monate von 3,- DM/$ auf 2,50 DM/$ fällt. In diesem Fall erhält der Exporteur am Kassamarkt für die 1 Million $ statt der ursprünglich erhofften 3 Mio. DM nur noch 2,5 Mio. DM. Er realisiert also am Kassamarkt einen massiven Verlust von 500.000,- DM. Dieser zwangsläufige Verlust kann jedoch durch Eingehen einer Long-Position am Currency Futures-Markt wie folgt durch einen Gewinn in Höhe von rund 495.000 DM nahezu vollständig kompensiert werden: Zur Absicherung der erwarteten Verluste infolge des Dollar-Rückgangs werden 24 DM-Kontrakte à 125.000 DM gekauft (24 · 125.000 DM = 3 Mio. DM):

(1)	Kauf der Kontrakte heute zu	0,3333 $/DM	(= 3,0000 DM/$)
(2)	Verkauf der Kontrakte nach 6 Mon. zu	0,4000 $/DM	(= 2,5000 DM/$)
(3)	Ergebnis		
	Gewinn pro DM:		
	0,4000-0,3333		= 0,0667 $/DM
	Gewinn pro Kontrakt:		
	0,0667 $/DM · 2,5000 DM/$ · 125.000 DM		= 20.843,75 DM
	Gewinn auf 24 Kontrakte:		
	20.843,75 DM · 24		= 500.250,00 DM

Von dem Betrag von 500.250 DM sind noch die Broker-Gebühren abzuziehen. Die "brokerage fee" pro "round turn" und Kontrakt belaufen sich auf 30 $ (bei allererster Bonität und umfangreichem Geschäft) bis 100 $. Bei 24 Kontrakten belaufen sich die Broker-Gebühren somit auf ca. (30 – 100) $ · 24 = (720 – 2.400) $ = (720 – 2.400) · 3 DM = (2.160 – 7.200) DM. Setzt man als Mittelwert der Gebühren ca. 5.000 DM an, so verbleibt ein Gewinn von ca. 495.000 DM.

Anzumerken ist, daß die Currency Futures-Kurse mit den Kassakursen in der Regel nicht identisch sind. Sie haben gegenüber den Kassakursen, je nach **Zinsdifferenz** (z.B. zwischen DM und Dollar) und **Restlaufzeit** der Kontrakte, i.d.R. entweder einen Abschlag (Deport) oder einen Aufschlag (Report). Zu weiteren diesbezüglichen Einzelheiten vgl. die Ausführungen zu den Cost of Carry in Abschnitt 264. Die **Differenz zwischen Kassa- und Currency Futures-Kurs** wird auch als **Basis** bezeichnet und entspricht damit dem Swapsatz bei den klassischen, im Interbankengeschäft getätigten Devisentermingeschäften (den sog. Forwardgeschäften[3]).

Obwohl sich beim Hedging mit Futures die Gewinne und Verluste im Endeffekt i.d.R. weitgehend kompensieren, resultieren aus der sog. **Nachschußpflicht** (vgl. Abschnitt 2631) u.U. dennoch erhebliche zwischenzeitliche Risiken.

---

[3] Zu den Forwardgeschäften zählen insbesondere auch die **Forward Rate Agreements (FRA)**, die, ganz analog wie die Devisentermingeschäfte zur Festschreibung von Devisenkursen, zur Festschreibung künftiger Zinssätze dienen. Bei FRA handelt es sich um **individuelle Vereinbarungen** zwischen zwei Vertragspartnern über einen für einen bestimmten zukünftigen Zeitraum verbindlichen Zinssatz (vgl. auch Abschnitt 232, insbesondere Fußnote 13).

Bei den Financial Futures wird in normalen Zeiten nämlich von den Börsen als Sicherheit zunächst nur ein Einschuß von ca. 3% des Volumens der abgeschlossenen Currency Futures Kontrakte verlangt (z.B. 1.500 $ pro Kontrakt). In dem vorstehenden Beispiel von 24 Kontrakten macht das 36.000 $ aus. Dieser Betrag wird als Einschuß ("initial margin") bezeichnet. Entstehen durch die eingegangenen Currency Futures-Kontrakte Gewinne, dann kann über diese nach den amerikanischen Usancen jederzeit sofort frei verfügt werden. Wenn allerdings im Verlauf einer verlustbringenden Entwicklung der Einschuß einen bestimmten festgesetzten Betrag unterschreitet, dann wird ein sofortiger Nachschuß ("variation margin") bis zur Initial Margin zwingend notwendig (sog. No Debt System). Die festgelegte untere Grenze, die sog. "maintenance margin", liegt bei ca. 70 % der "initial margin". D.h. bereits eine Dollarkursänderung von ca. 1 % löst die Nachschußpflicht aus.

Daher verlangen Broker bzw. Banken von ihren Kunden, sofern diese nicht allererste Adressen darstellen, im allgemeinen gewisse zusätzliche Sicherheiten ("additional margin"), aus denen sog. "Bonitätsmangelkosten" resultieren. Die Sicherheitsforderungen können sich auf bis zu 20% belaufen - meist werden in diesem Umfang die Kreditlinien belastet. Die Nachschußbeträge können sich bereits bei ganz "normalen" Kursschwankungen auf ein Vielfaches des Einschusses addieren.[4] Aus der Unsicherheit über die künftigen Futures-Kursbewegungen resultieren also u.U. durchaus gravierende Liquiditätsplanungsprobleme - es sei denn, es gelingt mit dem Argument der kompensatorischen Wirkung des Futures-Geschäftes z.B. die Hausbank von vornherein zur Kreditierung eventueller Nachschüsse zu bewegen.

2543 Währungsswaps

Ein Swapgeschäft ist ein **Tauschgeschäft**. Für die Swappartner stehen dabei gemeinsam zu erzielende **komparative (Kosten-)Vorteile** im Mittelpunkt der Erwägungen, d.h. Vorteile, die die Partner jeder für sich allein nicht erlangen könnten. Solche Vorteile entstehen beispielsweise dann, wenn sich für die beteiligten Unternehmen auf bestimmten nationalen oder internationalen Märkten unterschiedlich hohe Kostenvorteile oder -nachteile gegen-

---

[4] Zu einem entsprechenden empirischen, keineswegs extremen Beispiel vgl. U. Hielscher: Instrumente zur Begrenzung von Währungsrisiken (1985), S. 541-542 und S. 547-548 bzw. U. Hielscher: Waren- und Finanzterminbörsen., (1988), S. 1137-1140.

über den "marktüblichen" Sätzen ergeben, z.B. aufgrund des Bekanntheitsgrades, von Marktzutrittsschranken oder auch nur infolge des jeweiligen Ausmaßes der Marktinanspruchnahme. Sind solche komparativen Kostenvorteile der Swappartner in verschiedenen Märkten vorhanden, so ermöglicht der Swap den beteiligten Parteien diese auszunutzen, um z.B. die jeweiligen Finanzierungskosten zu senken. Die hierfür verfügbaren Swapkonstruktionen sind zwar außerordentlich vielfältig, jedoch lassen sie sich prinzipiell auf wenige Grundformen reduzieren.

Die Urform ist der **Zinsswap**, bei dem in der **gleichen Währung** bestehende Zinsverpflichtungen zwischen den Partnern getauscht werden. Das bereits klassische Beispiel ist der **Tausch von Zahlungen zu einem festen Zinssatz**, z.B. einer begebenen Anleihe, **gegen Zahlungen eines variablen Zinssatzes**, beispielsweise aus einem Roll-Over-Kredit. Gegenstand des Swapvertrages ist beim Zinsswap nur die Höhe der auszutauschenden Zinszahlungen bzw. der entsprechende Spitzenausgleich. Das zugrundeliegende Kapital (der nominelle Kapitalbetrag) wird nicht getauscht. Wesentlich ist, daß der Swapvertrag in keiner Weise Einfluß auf die ursprünglich eingegangenen juristischen Verpflichtungen der Swappartner gegenüber dem jeweiligen Dritten hat. Swaps sind davon rechtlich unabhängige Geschäfte, die Wirksamkeit nur hinsichtlich der Zahlungen zwischen den Swappartnern haben.

Eine zweite Grundform ist der **Zins-Währungsswap** (Cross Currency Interest Swap), bei dem nicht nur **die in unterschiedlichen Währungen bestehenden Zinszahlungen**, sondern auch **die zugrundelegenden Kapitalbeträge über einen bestimmten Zeitraum getauscht** werden. Wie bei den Zinsswaps gelten auch bei den Währungsswaps die Swapvereinbarungen nur unter den Swappartnern. Ein Währungsswap läßt sich gedanklich in drei Schritte aufteilen:

1. Tausch der Kapitalbeträge in den zugrundeliegenden Währungen bei Vertragsabschluß zum aktuellen Kassakurs.
2. Tausch der Zinsbeträge auf die gemäß 1. getauschten Kapitalbeträge während der Laufzeit.
3. Rücktausch der Kapitalbeträge am Ende der Laufzeit zum ursprünglichen Wechselkurs (aktueller Kassakurs gemäß Punkt 1.), ohne Rücksicht auf zwischenzeitlich erfolgte Devisenkursänderungen.

Der entscheidende Unterschied zwischen Währungsswap und Devisentermingeschäft liegt darin, daß beim Termingeschäft die Zinsdifferenzen durch Auf- bzw. Abschläge vom Kassakurs sofort bei Geschäftsabschluß ausgeglichen werden. Die Zinsdifferenzen werden also als eine Art Diskont gehandhabt. Bei Währungsswaps hingegen werden die Zinsdifferenzen zwischen beiden Währungen während der Laufzeit des Swaps über effektive, z.B. jährliche Zahlungen ausgeglichen, ohne jeden unmittelbaren Auf- oder Abschlag. Deshalb ist es auch möglich, das Austauschverhältnis, also den Wechselkurs für den Rücktausch bereits bei Vertragsabschluß in Form des aktuellen Kassakurses festzulegen. Der Hin- und Rücktausch zum selben Kurs hat verschiedene Vorteile, u.a. daß keine bilanziellen Auf- und Abwertungen von Investments infolge von Wechselkursänderungen erforderlich werden.

Um die Zins- und Währungskurs-Änderungsrisiken (Swap-Risiken) durch Ausfall des Swappartners zu minimieren, steht der Währungsswapmarkt nur bonitätsmäßig allerersten Adressen offen, wobei der Teilnehmerkreis weiterhin von der Mindestgrößenordnung der Einzeltransaktion (1 Mio. US-$ Gegenwert) begrenzt wird. Eine Obergrenze existiert demgegenüber nicht. Die Laufzeiten betragen bis zu 15 Jahre. Der Swapmarkt weist heute eine große Detaillierung und ein sehr großes Volumen auf, so daß entsprechende Geschäfte inzwischen praktisch in allen gängigen Währungen, Zinssätzen und Fristigkeiten möglich sind.

Swaps eignen sich u.a. zur Schließung von Devisenpositionen,[5] zur Realisierung von Fremdwährungsgewinnen aus bestehenden (z.B. noch nicht kündbaren) Positionen und zur Absicherung des Cash Flows bei Exportfinanzierungen. Sie können auch durch ein Gegengeschäft über die Restlaufzeit des Ursprungsswaps (zu aktuellen Marktkonditionen) kompensiert werden. Insbesondere dienen Swaps heute dazu, den Zinscharakter von Bilanzpositionen zu verändern, ohne die zugrundeliegende Bilanzposition selbst zu ändern. Speziell die Zinsswaps sind inzwischen zu den Klassikern des **bilanzneutralen Zinsmanagements von Kreditinstituten** geworden. Dabei stehen heute "Liability-Swaps" (zinswirksame Umstrukturierungen der Passivseite) und "Asset-Swaps" (Tauschgeschäfte auf der Aktivseite) gleichwertig nebeneinander.

Aus der Darstellung des Swapgeschäftes folgt, daß ein an einer Swap-

---

5 Eine offene US-$ Devisenposition eines deutschen Exporteurs läßt sich z.B. schließen, indem DM in $ geswapt und die erhaltenen $ sofort per Kasse wieder in DM getauscht werden. Die verbleibende $-Lieferpflicht am Ende des Swapgeschäftes kann später mit den $-Exporterlösen erfüllt werden.

vereinbarung interessiertes gewerbliches Unternehmen einen Partner mit möglichst exakt entgegengesetzen Interessen benötigt. In der Regel wird deshalb die vermittelnde Tätigkeit eines spezialisierten Finanzinstituts notwendig sein. Allerdings dürfte ein Industrieunternehmen nur in Ausnahmefällen bereit oder in der Lage sein, die auf dem für sie recht unübersichtlichen internationalen Swapmarkt auftretenden Risiken selbst zu tragen. Die Kreditinstitute treten daher in solchen Fällen nicht nur als Arrangeur sondern oft als selbständige Zwischenpartei auf, die unter Risikoübernahme unabhängige Swapverträge schließt.

2544 Fremdwährungskredite

Neben der Diskontierung von Fremdwährungswechseln, der Forfaitierung u.ä. können in bestimmten Fällen Fremdwährungskredite weitere Absicherungsalternativen darstellen. Zur Absicherung einer Forderung kann z.B. ein Fremdwährungskredit aufgenommen und dieser Währungsbetrag sofort in D-Mark konvertiert werden. Damit ist das Kursrisiko eliminiert. Der Kredit wird später mit der eingehenden Fremdwährungsforderung getilgt. Was dieses klassische Sicherungsinstrument angeht, so lassen sich allerdings nur schwer allgemeine Aussagen machen, da die zugehörigen Geschäfte, im Vergleich zu den Currency Futures und Termingeschäften, überhaupt nicht standardisiert sind. Ob der Fremdwährungskredit, etwa gegenüber dem Termingeschäft, ein konkurrenzfähiges Instrument ist, hängt in hohem Maße von den individuell erzielbaren Konditionen ab. Entscheidend sind also auch hier die Zinsdifferenzen und Provisionen. Konkurrenzfähige Konditionen sind i.d.R. nur bei größeren Beträgen zu erlangen. Devisentermingeschäften ist der Fremdwährungskredit jedoch immer dann überlegen, wenn die Sicherung über lange Laufzeiten erfolgen soll, für die Termingeschäfte nicht abgeschlossen werden können.

2545 Devisenoptionen

Eine weitere Absicherungsalternative stellen Devisenoptionen dar. Insbesondere bei schwebenden Auslandsgeschäften war früher die Entscheidung, ob ein Exporteur schon bei Angebotsabgabe seine potentielle Forderung absichern sollte oder aber erst bei Vertragsunterzeichnung seine dann konkret vorhandene Forderung, oft mehr oder weniger ein Vabanquespiel gewesen. Erfolgte eine Absicherung des erwarteten Exporterlöses bei Angebotsabgabe mittels Termin- oder Currency Futures-Geschäft und blieb das Angebot erfolglos, dann bestand eine risikobehaftete offene Position. Ohne eine solche Absicherung bestand andererseits die Gefahr, daß die Kurse bis zur Angebotsannahme durch den Kunden davonliefen. Devisenoptionen können hier Abhilfe schaffen.

Eine Devisenoption räumt ihrem Erwerber das Recht ein, ohne ihn dazu zu verpflichten, einen bestimmten Währungsbetrag oder einen Currency Futures-Kontrakt zu einem bestimmten, im voraus fest vereinbarten Preis bis zu einem bestimmten Ablauftag zu kaufen (Calloption) bzw. zu verkaufen (Putoption). Bei steigendem Kurs der Fremdwährung kann der Exporteur dann z.B. eine erworbene Option einfach verfallen lassen und damit voll von den steigenden Notierungen profitieren, während im umgekehrten Fall sinkender Kurse der Verlust maximal auf die Prämie beschränkt ist. Wird die Option vom Exporteur bereits bei der Angebotsabgabe gekauft, dann ist das Risiko auf die Optionsprämie (eventuell zuzüglich Brokerprovisionen) beschränkt, gleich ob das Angebot erfolgreich ist oder nicht. Die Gewinnchance bleibt auf jeden Fall erhalten. Optionen weisen also, im Gegensatz etwa zu Financial Futures, eine asymmetrische Risikoverteilung auf, denn nach der Zahlung der Prämie hat der Optionskäufer nur noch Rechte aber keine Verpflichtungen mehr.

Zu Beginn der 1980er Jahre waren allerdings die meisten deutschen Kreditinstitute im allgemeinen nicht besonders am Abschluß von Optionsgeschäften mit ihrer Kundschaft interessiert, da das Schreiben von Optionen beträchtliche, kaum absicherbare Risiken beinhaltete. Unternehmen waren daher i.d.R. auf börsenmäßig gehandelte Optionen angewiesen (vgl. Abschnitt 13). Inzwischen hat sich die Situation gewandelt, denn durch in den USA entwickelte, neue Hedge-Modelle ist es nunmehr möglich, alle heute üblicherweise mit griechischen Buchstaben von Delta bis Rho bezeichneten Optionsrisiken (vgl. Abschnitt 136) des Stillhalters zu hedgen. Im Prinzip ist heute auf jedes Termininstrument mit symmetrischer Risikoverteilung eine Option darstellbar. Ein bekanntes Beispiel ist die sog. Swaption (Option auf einen Swap, i.d.R. von Festsatz in variablen Zinssatz).

26 Commodity und Financial Futures

261 Börsenbegriff

Futures sind börsenmäßig zustande gekommene Termingeschäfte. Da der Einzug der elektronischen Datenverarbeitung in die Börsen der Welt in den letzten Jahren deren Geschäftsgestaltung z.T. nachhaltig beeinflußt hat, erscheint vorab eine kurze aktualisierte Abklärung des **Börsenbegriffs**[1] geboten. Unter Börsen sind staatlich genehmigte Einrichtungen zu verstehen, die den Zweck verfolgen, zugelassene, einem bestimmten Regelwerk unterworfene Mitglieder durch Bereitstellung geeigneter Organisationsstrukturen in die Lage zu versetzen, regelmäßig persönlich oder telekommunikativ als Anbieter bzw. Nachfrager nicht am Börsen- bzw. Handelsort befindliche vertretbare Handelsobjekte (Waren, Wertpapiere, Aktienindizes, Devisen, Futures oder Optionen auf diese Handelsobjekte) öffentlich zu standardisierten Vertragsbedingungen zu handeln.

Nach dem Grad der Automation lassen sich klassische, manuell arbeitende Präsenzbörsen einerseits und vollautomatische Computerbörsen andererseits unterscheiden. Zwischen diesen beiden Polen existieren zahlreiche **Übergangsformen**, die man als **computerunterstützte Börsen** kennzeichnen könnte. **Nach dem Handelsverfahren** ist weiterhin **eine Differenzierung zwischen Auktionsbörsen** (z.B. die deutsche amtliche Kursfeststellung durch Kursmakler mittels "open outcry") **und Handelsbörsen** nach dem anglo-amerikanischen **Market Maker-System** möglich.

Auktionsbörsen sind neben der deutschen amtlichen Notiz auch die beiden größten Aktienbörsen der Welt, die New York Stock Exchange (NYSE) und die Tokyo Stock Exchange (TSE). An den Auktionsbörsen treffen Angebot und Nachfrage zu bestimmten Zeitpunkten gesammelt direkt aufeinander. Die Kursfeststellung erfolgt durch die Vermittlung von spezialisierten Maklern, die Angebot und Nachfrage eines bestimmten Marktsegments durch geeignete Kursbestimmungsverfahren nach dem Meistausführungsprinzip zum Ausgleich zu bringen versuchen. Demgegenüber kommen an sog. Handelsbörsen Abschlüsse nach dem

---

1 Vgl. z.B. U. Hielscher: Börsen und Börsengeschäfte (1993), S. 1128 und S. 1134 ff.; U. Hielscher: Fischer Börsenlexikon (1992), Stichwort Börsenarten.

Market Maker-Prinzip zustande. Market Maker sind, im Gegensatz zum amtlichen deutschen Kursmakler, der i.d.R. nur als Vermittler fungiert, Händler auf eigene Rechnung, die sich verpflichtet haben, in den Papieren, für die sie zuständig sind, ständig verbindliche An- und Verkaufspreise zu stellen, um so einen ständigen Markt aufrechtzuerhalten. Auf dem Market Maker-System basieren z.B. die International Stock Exchange (ISE) in London, die Deutsche Terminbörse (DTB) und der amerikanische Freiverkehr in Aktien (NASDAQ). Da einem Market Maker unbekannt ist, ob sein nächster Abschluß ein Kauf oder ein Verkauf sein wird, muß er, anders als ein nur vermittelnder Makler, häufiger Papiere in den eigenen Bestand nehmen. Ein Market Maker benötigt daher ein bedeutendes Eigenkapital, was in der Vergangenheit schon zu Problemen führte (vgl. die entsprechenden Ausführungen zu den Floating Rate Notes in Abschnitt 231 und 2332).

Sowohl ein Auktions- als auch ein Market Maker-System kann in unterschiedlichem Ausmaß computerisiert sein, so daß man an den Weltbörsen **z.Zt. beide Handelsverfahren in den verschiedensten Automatisierungsstufen** vorfindet. Typische **Kennzeichen des Börsenhandels** sind allerdings nach wie vor, daß die Geschäftsabwicklung in **standardisierten Handelsobjekten** zu **standardisierten Vertragsbedingungen** erfolgt und Angebot und Nachfrage **öffentlich** sind in dem Sinne, daß sie allen Börsenteilnehmern gleichzeitig zugänglich sind, sei es durch "open out-cry" auf dem Börsenparkett oder durch gleichzeitige Einspielung in zahlreiche Computer-Terminals. Zum börsenmäßigen Handel zählt daher auch der Terminhandel mit Futures. **Diesen standardisierten Geschäften stehen individuelle, privat vereinbarte Terminabschlüsse gegenüber**, die zur Unterscheidung als **Forward-Geschäfte** bezeichnet werden, z.B. das klassische Devisen-Termingeschäft (Abschnitt 2541) oder die sog. Forward Rate Agreements (Abschnitt 232 Fußnote 13).

Hinsichtlich börsenmäßiger Termingeschäfte mit Futures ist es zweckmäßig zwischen Warenterminbörsen und -geschäften (**Commodity Futures**) einerseits sowie Finanzterminbörsen bzw. -geschäften (**Financial Futures**) andererseits zu unterscheiden, obwohl zwischen beiden Bereichen enge Verwandtschaften bestehen.

262 Waren- und Finanzterminbörsen

Warenterminbörsen (Commodity Futures Exchanges) sind keine "neue"

Erfindung. Die grundlegenden Techniken wurden vielmehr schon vor rund 200 Jahren entwickelt. **Fungibilisierung** der Handelsobjekte und **Standardisierung** der Geschäftsabwicklung waren Voraussetzungen für Termingeschäfte. Letztlich verdanken die Warenterminbörsen jedoch ihre Existenz der Tatsache, daß Nahrungsmittel- und Rohstoffpreise seit jeher außerordentlich **starken Schwankungen** unterliegen. Auf seiten der Produzenten und Verarbeiter von solchen Rohstoffen bestand daher das Bedürfnis, sich gegen die **unkalkulierbaren Preisänderungen**, quasi durch Zahlung einer Art Versicherungsprämie, zu schützen. Andererseits waren Spekulanten bereit, diese Risiken, ebenfalls gegen Zahlung einer Prämie, zu übernehmen, um die aus den großen Preisschwankungen resultierenden Gewinnchancen zu nutzen. Damit bestand sowohl ein ausreichendes Angebot als auch eine geeignete Nachfrage, die sich marktmäßig über Börsen ausgleichen ließen.[2]

Warenterminbörsen als staatlich genehmigte Veranstaltungen verfolgen den Zweck, regelmäßig spezialisierte Marktteilnehmer zusammenzuführen, die als Anbieter bzw. Nachfrager nicht am Börsenort befindliche, u.U. sogar noch nicht einmal existierende, vertretbare, weltweit in großem Umfang verbrauchte Naturprodukte zu standardisierten Vertragsbedingungen handeln. Wichtige, in größerem Umfang gehandelte Warenarten sind in Tabelle 1 angeführt.

Edelmetalle	Gold, Silber, Platin, Palladium
NE-Metalle	Aluminium, Blei, Kupfer, Nickel, Zink, Zinn
Fleisch	Jung- und Mastrinder, Schweine und Schweinebäuche
Getreide/Hülsenfrüchte	Gerste, Hafer, Mais, Roggen, Weizen, Soja (Bohnen, Mehl, Schrot), Flachs- und Rapssaat
Weichwaren	Baumwolle, Kaffee, Kakao, Kautschuk, Wolle, Zucker
Öl/Ölderivate	Rohöl, Heizöl, Benzin

Tab. 1: Beispiele für auf Termin gehandelte Waren

Die wirtschaftlichen Turbulenzen der 1970er Jahre (riesige amerikanische Handelsbilanzdefizite, abwechselnde Schwäche und Stärke des US-$, zwei Ölkrisen, Verschuldungsprobleme von Ostblock- und Schwellenländern sowie von Ländern der Dritten Welt) führten zu ähnlich großen Schwankungen auch bei Währungen und Zinsen. Damit bestanden die Voraussetzungen für das Entstehen von Finanzterminbörsen (Financial Futures

2 U. Hielscher: Börsen (1988), insbes. S. 998-1006.

Exchanges). An den bisherigen Zentren des Warenterminhandels (Chicago, New York und London) entwickelten sich folgerichtig ab 1972 zunächst Terminbörsen für Währungen (Currency Futures), ab 1975 für Zinsen (Fixed Interest Rates Futures, kurz Interest Futures genannt) und ab 1982 auch solche für Aktienindizes (Stock Index Futures).

Sieht man von einigen ausgeklügelten Verfeinerungen und Modifikationen ab, so zeigt sich, daß die Finanztermingeschäfte im wesentlichen durch Transformation von an Warenterminbörsen bewährten Techniken auf Finanzmärkte entstanden sind. An diesen Börsen werden mittlerweile nicht nur Terminkontrakte, sondern auch Optionen auf diese Kontrakte (vgl. Abschnitt 1323) gehandelt. Insgesamt vollzog sich die Entwicklung seit Anfang der 1970er Jahre sehr dynamisch. Laufend wurden neue Kontrakte geschaffen, von denen einige sofort wieder verschwanden, während andere zu festen Bestandteilen im Angebot der Terminbörsen wurden. Einige Financial Futures Kontrakte hatten innerhalb weniger Jahre einen so überwältigenden Erfolg, daß sie umsatzmäßig die bedeutendsten Commodity Kontrakte von der Spitze verdrängten (Vgl. Tabelle 2). Sie bestätigen damit eindrucksvoll den Bedarf an solchen Instrumenten.

		Volumen (Mio. Kontrakte)		
Kontrakt	Börse[1]	1986	1987	1988
US-T-Bonds	CBOT	52,6	66,8	70,3
Eurodollar	CME	10,8	20,4	21,7
Rohöl	NYME	8,3	14,6	18,9
Sojabohnen	CBOT	6,1	7,4	12,5
S & P-500-Index	CME	19,5	19,0	11,4
Mais	CBOT	6,2	7,3	11,1
Gold	COMEX	8,4	10,2	9,5
Japanischer Yen	CME	4,0	5,4	6,4

[1] CBOT = Chicago Board of Trade; CME = Chicago Mercantile Exchange; COMEX = New York Commodity Exchange; NYME = New York Mercantile Exchange

Quelle: M.B. Horat: Financial Futures und Optionen (1989), S.46.

Tab. 2: Die meistgehandelten US-Kontrakte

Im folgenden sei lediglich der Grundmechanismus und die elementare Konstruktion einiger im Detail sehr kompliziert aufgebauter Geschäfte exemplarisch skizziert. Auf die Darstellung spezieller Einzelheiten wird verzichtet.

263 Warentermingeschäfte

Warentermingeschäfte sind Geschäfte über qualitäts- und mengenmäßig **standardisierte Einheiten (Kontrakte)** von in großem Umfang verbrauchten **Naturprodukten**, vornehmlich Erzeugnisse der Landwirtschaft und des Bergbaus, die nicht sofort bei Vertragsabschluß, sondern erst zu einem **späteren Termin erfüllt** werden müssen. Die **börsenmäßigen Warentermingeschäfte** sind **in Einheitsverträgen** so weit **standardisiert**, daß bei Vertragsabschluß lediglich noch der Preis, zu dem das Geschäft später zu erfüllen ist, und der i.d.R. ebenfalls weitgehend standardisierte Erfüllungstermin zu vereinbaren sind. Einige Beispiele für Warenterminkontrakte sind in Tabelle 3 zusammengestellt.[3]

Ware	Börse[1]	Kontrakt-umfang[2]	Preis[3]	Liefer-termin	Kontrakt-wert[3] (KW)	Einschuß[4]
Weizen	CBOT	5.000 bu	2,49 $/bu	Dez. 86	12.450 $	750 $
Roggen	WCE	100 m to (Round lot)	-	-	-	100 Can $
		20 m to (Job lot)	96,5 Can$/to	Okt. 86	1.930 Can $	20 Can$
Jung-rinder	CME	40.000 lb	60,15 cts/lb	Okt. 86	24.060 $	800 $
Silber	COMEX	5.000 oz	5,6400 $/oz	Dez. 86	28.200 $	1.700 $
	LME	10.000 oz	5,8370 $/oz	3 Monate	58.370 $	5-6% v.KW
Gold	COMEX	100 oz	427,0 $/oz	Okt. 86	42.700 $	2.100 $
	CBOT	1 kg=33,2 oz	427,0 $/oz	Okt. 86	14.176 $	500 $
Kupfer	COMEX	25.000 lb	61,25 cts/lb	Dez. 86	15.313 $	700 $
	LME	25 m to	961,0 £/to	3 Monate	24.025 £	5-6% v.KW
Nickel	LME	6 m to	2.657 £/to	3 Monate	15.942 £	5-6% v.KW
Rohöl	NYME	1.000 bbl	14,45 $/bbl	Nov. 86	14.450 $	2.000 $

1 LME = London Metal Exchange; WCE = Winnipeg Commodity Exchange; sonstige Abk. s. Tab. 2.

2 Maße: 1 bu (Bushel = Scheffel) Weizen = 60 lb = 27,215 kg; 1 lb (Pound) = 453,6 g; 1 m to (metrische Tonne) = 1.000 kg = 2.204,6 lb; 1 oz (Troy Ounce = Feinunze) = 31,1035 g; 1 bbl (Barrel = Faß) = 40 Gallonen = 159 Liter.

3 Schlußkurse für Freitag den 26.9.1986.

4 Stand 24.9.1986; KW = Kontraktwert.

Quelle: U. Hielscher: Warenterminbörsen (1989), Sp. 2227/8.

Tab. 3: Beispiele für Warenterminkontrakte

3 Dazu und zum folgenden vgl. U. Hielscher: Warenterminbörsen (1989), Sp. 2226 ff.; U. Hielscher: Waren- und Finanzterminbörsen (1988), S. 1130 ff.

2631 Trading

Da Warentermingeschäfte nicht schon bei Vertragsabschluß, sondern erst zu dem vereinbarten späteren Termin zu erfüllen sind, eignen sie sich gut zu **Spekulationsgeschäften**. Erwartet ein Marktteilnehmer steigende Preise der Ware, so wird er entsprechende Kontrakte kaufen (er geht damit eine sog. "long-position" ein), um die Waren später mit Gewinn wieder zu veräußern. Erwartet er fallende Preise, dann wird er umgekehrt solche Kontrakte verkaufen ("short-position"). Bei einem Short braucht der Verkäufer bei Vertragsabschluß über die Ware nämlich noch nicht zu verfügen, da er erst zum späteren Liefertermin erfüllen muß. Sinken die Preise dann tatsächlich, so kann sich der Spekulant die zu liefernde Ware zu Preisen beschaffen, die u.U. erheblich unter seinem Verkaufspreis liegen und so einen Differenzgewinn realisieren.

Als Sicherheitsleistung ist bei Vertragsabschluß nicht der gesamte Preis, sondern lediglich ein **Einschuß (initial margin)** zu entrichten, der nur einen Bruchteil des Gesamtvertragswertes beträgt. Dadurch beinhalten Warentermingeschäfte eine beträchtliche **Hebelwirkung (leverage)** dergestalt, daß etwa bei einem Einschuß von 10 % bei einem Terminkauf aus einer Preisänderung der Ware um nur 10 % nach oben (unten) ein Gewinn (Verlust) von 100 % - bezogen auf den Einsatz - resultiert. Daher überwachen eigens eingerichtete **Clearing-Houses** die Abwicklung aller Kontrakte. Sie sorgen insbesondere dafür, daß Parteien, zu deren Ungunsten sich die Preise entwickeln, bei Unterschreiten einer bestimmten **unteren Sicherheitsgrenze (maintenance margin)**, die z.B. bei 50% des Einschusses liegen kann, sofort zusätzliche **Nachschüsse** in bar leisten. Dadurch soll der durch Verluste verminderte Einschuß wieder auf die ursprüngliche Höhe gebracht werden. Sofern keine Nachschüsse geleistet werden (können), erfolgt eine Zwangsliquidierung der betreffenden Kontrakte. Durch diese rigorose Regelung konnte seit Bestehen der amerikanischen Clearing-Houses die Erfüllung aller Kontrakte auch in Krisenzeiten garantiert werden.

Eine beträchtliche Verfeinerung und Effizienzsteigerung des Warenterminhandels resultiert daraus, daß Verträge zwar effektiv erfüllt werden können, aber nicht effektiv erfüllt werden müssen. Unter **effektiver Erfüllung** ist die physische Lieferung bzw. Abnahme der Ware zwecks Vertragserfüllung zu verstehen. Ein Spekulant ist jedoch gewöhnlich nicht daran interessiert, sich z.B. pro Blei-Kontrakt 25 Tonnen Blei von der London Metal Exchange nach Deutschland ausliefern zu lassen. Er wird sich der effektiven Erfüllung i. d. R. durch die Möglichkeit des Abschlusses eines **Gegenge-**

schäfts entziehen. Dazu braucht er als ursprünglicher Käufer (Verkäufer) eines Kontraktes während der Kontraktlaufzeit lediglich zu einem beliebigen Zeitpunkt zusätzlich als Verkäufer (Käufer) eines Kontraktes auf die gleiche Ware, auf den gleichen Erfüllungstermin und auf den gleichen Lieferort aufzutreten. Zwar handelt es sich dabei juristisch um zwei unabhängige Geschäfte, mengenmäßig gleichen sie sich jedoch aus. Abschließend verbleibende wertmäßige und in bar auszugleichende Differenzen sind gewöhnlich geringfügig. Entstandene Verluste mußten nämlich bereits zuvor durch Nachschüsse ausgeglichen werden, während Gewinne, zumindest nach den amerikanischen Usancen, jederzeit abgezogen werden konnten. Sind in diesem Sinne sämtliche Verpflichtungen aus allen Geschäften wirtschaftlich kompensiert, dann hat eine sog. **"nicht effektive" Erfüllung** stattgefunden. Die während der Kontraktlaufzeit jederzeit mögliche **Glattstellung** durch nicht effektive Erfüllung mit Hilfe von Gegengeschäften wird in der Praxis ausgiebig genutzt. Der Anteil nicht effektiver Erfüllung beläuft sich je nach Ware durchschnittlich auf ca. 97 bis 99,5 Prozent des Gesamtumsatzes (bei Finanztiteln auf ca. 95 bis 99,9%).

Die in Tabelle 4 wiedergegebenen empirischen Daten des Comex-Silber-Kontraktes bilden die Grundlage für die zur Veranschaulichung der angesprochenen Sachverhalte dienenden Beispiele 1 und 2.

Börse	Ware	Umfang eines Kontraktes	Liefer-termin	Preis	am	Kontrakt-wert	Spesen/ Kontrakt*	Ein-schuß
New York (Comex)	Silber	5000 troy oz (à 31,1035 g)	März 1979	$ 5,85/oz	15.11.78	$ 29.250	$ 55 + 1,50 fee	$ 1750
				$ 6,15/oz	24.11.78	$ 30.750		
				$ 5,99/oz	12.12.78	$ 29.900		
			Mai 1979	$ 5,95/oz	15.11.78	$ 29.750	* Die Spesen schließen die Kosten für das Gegengeschäft ein	
				$ 6,20/oz	24.11.78	$ 31.000		

Quelle: U. Hielscher: Waren- und Finanzterminbörsen (1988), S. 1131.

Tab. 4: Empirische Daten des Comex-Silberkontraktes Ende 1978

Beispiel 1 : Am 15.11.1978 kostete an der NewYork Commodity Exchenge (Comex) 1 Unze Silber, Liefertermin März 1979, $ 5,85 pro Unze. Da ein Kontrakt 5000 Unzen umfaßt (vgl. Tabelle 4), belief sich der Kontraktwert auf US-$ 29.250. Als Einschuß beim Broker (dem Vermittler des Termingeschäfts) waren zu dieser Zeit pro Kontrakt $ 1.750 zu leisten. Am 24.11.1978 kostete der gleiche Kontrakt über März-Silber $ 6,15 pro Unze, der Kontraktwert war damit auf $ 30.750 gestiegen. Statt nun weiter bis März 1979 zu warten und sich dann die rund 156 kg Silber nach Deutschland ausliefern zu lassen und neben den Bearbeitungs-, Fracht- und Versicherungskosten noch $ 27.500 ($ 29.250 – 1.750 Einschuß) des Kaufpreises nachzuzahlen, hätte man den Kontrakt auch am 24.11.1978 verkaufen können. Die Erfolgsrechnung sähe dann wie folgt aus:

Kauf am 15.11.: Kontraktwert	29.250,00 $
Verkauf am 24.11.: Kontraktwert	30.750,00 $
Überschuß	1.500,00 $
Spesen (gem. Tab. 4):	56,50 $
Gewinn	1.442,50 $

Der Gewinn, bezogen auf den Einschuß, beträgt rund 80% (in 9 Tagen!). Die gleiche Hebelwirkung, allerdings mit negativen Vorzeichen, tritt natürlich ein, wenn der Börsenpreis sinkt. Da ein Kontrakt Silber 5.000 Unzen umfaßt, resultiert aus einer Änderung des Unzenpreises um nur 1 Cent ein absoluter Gewinn bzw. Verlust von $ 50,00. Ein Preisrückgang um nur 35 Cent pro Unze, in unserem Beispiel also um 6%, hätte einen Totalverlust des Einschusses von $ 1.750 zur Folge gehabt.

Wie die hohen Quoten nicht effektiver Erfüllung zeigen, ist die auf den ersten Blick scheinbar naheliegende **Funktion der Warenterminbörsen**, die **Warenvermittlung**, keineswegs die wichtigste. Von ungleich größerer Bedeutung ist die **Preisbildungsfunktion**, die zwar bei Effektivgeschäften auch vorhanden ist, durch Termingeschäfte jedoch erheblich verfeinert wird. Da beim Eingehen von Gegengeschäften keine Effektiverfüllung notwendig ist, ist eine ausgesprochen rasche Börsengeschäftsabwicklung möglich. Die schnelle Abwicklung und die Möglichkeit des jederzeitigen Kaufs bzw. Verkaufs von Verträgen, führt neben hohen Umsätzen zu einer ungewöhnlich raschen Reaktion des Börsenhandels auf veränderte Bedingungen, zumal die modernen Terminbörsen über vorzügliche, weltumspannende Nachrichtensysteme verfügen. Damit ist eine ausgeprägte Preisbildungsfunktion möglich. Erhebliche tendenzielle Abweichungen der Preise auf dem Terminmarkt und dem Effektivmarkt sind langfristig nicht zu befürchten, da dem die Möglichkeit der Effektiverfüllung abgeschlossener Verträge entgegensteht. Beide Märkte gleichen sich aufgrund der hohen Markttransparenz preismäßig tendenziell an. Dies wird bei der Arbitrage mit sog. Spread-Geschäften ausgenutzt.

2632 Arbitrage

Die preisausgleichende Wirkung von Arbitragegeschäften ist eng mit der skizzierten Preisbildungsfunktion verknüpft. Arbitragegeschäfte sind zwischen zwei Börsenplätzen, zwischen Gegenwart und Zukunft, sowie zwischen substitutiven Waren möglich.[4]

4 U. Hielscher: Arbitrage (1995), Sp. 22-26.

Bestehen an zwei Börsenorten ungleiche Preise für gleichartige Kontrakte, so kann diese Differenz sofort zu einem gewinnbringenden Handel ausgenutzt werden, indem die Ware am billigeren Ort gekauft (z.B. long Dezember-Weizen Kansas-City) und gleichzeitig am Platz mit dem augenblicklich höheren Preis wieder verkauft wird (z.B. short Dezember-Weizen Chicago). Es handelt sich hier um einen sog. Inter-Markt-Spread bzw. um Platzarbitrage. Nachdem sich durch diesen Mechanismus nach meist kurzer Zeit eine Preisangleichung vollzogen hat, kann die Gesamtposition durch zwei entsprechende Gegengeschäfte glattgestellt werden. Solche Geschäfte sind also immer dann gewinnbringend, wenn sich nur, unabhängig von der Entwicklung des Preisniveaus, die **Preisdifferenz** (**Spread**) tatsächlich verringert. Dies wird aber mindestens soweit der Fall sein, als sich die Geschäfte lohnen, d.h. die Preisdifferenz alle Transaktionskosten (**Cost of Carry**, vgl. auch Abschnitt 264) überkompensiert. Dadurch wird ein überregionaler Preisausgleich herbeigeführt.

Ähnlich wie bei der geschilderten Platzarbitrage können unterschiedliche Börsenpreisentwicklungen am Terminmarkt durch Zeitarbitrage (Inter-Lieferungs-Spread) gewinnbringend ausgenutzt werden, wodurch Preisschwankungen ebenfalls nivelliert werden.

Beispiel 2: Ein Arbitrageur stellt am 15.11.1978 an der NY Comex fest, daß Silber Liefertermin März 1979 augenblicklich $ 5,85/Unze und Silber Mai 1979 $ 5,95/Unze kostet. Er rechnet bis Ende Februar mit einer überdurchschnittlichen Nachfrage nach März-Silber und erwartet daher, daß sich die Differenz von $ 0,10/Unze bis dahin reduzieren wird und schließt folgende Kontrakte ab.

15.11.1978	Kauf Silber März	$ 5,85 pro Unze
	Verkauf Silber Mai	$ 5,95 pro Unze
	Überdeckung	$ 0,10 pro Unze

Bereits am 24.11.1978 hatte sich die Differenz tatsächlich verkleinert (vgl. Tabelle 4), so daß folgende Gegengeschäfte möglich gewesen wären:

24.11.1978	Verkauf Silber März	$ 6,15 pro Unze
	Kauf Silber Mai	$ 6,20 pro Unze
	Unterdeckung	$ 0,05 pro Unze

Damit wäre ein Überschuß von $ 0,05 pro Unze, bzw. von $ 250 pro Kontrakt zu erzielen gewesen. Da das Risiko beim Spread lediglich in einer Veränderung der Preisdifferenz besteht, somit also meist erheblich geringer ist als beim einfachen Termingeschäft, lag auch der Einschuß beim Broker mit $ 200 wesentlich niedriger. Damit ergibt sich folgende Erfolgsrechnung: Der Überschuß von $ 250 abzüglich $ 63 Spread-Spesen (incl. $ 3 fee, d.h. Bearbeitungsgebühren der Börse) ergibt einen Gewinn von $ 187, d.h. bezogen auf den Einschuß rund 94% in 9 Tagen.

Ähnliche Arbitragegeschäfte lassen sich auch mit eng verwandten, z.T. substitutiven Waren (z.B. Schweine- versus Rindfleisch) durchführen. Voraussetzung für solche Arbitragegewinne ist lediglich, daß sich die räumlichen, zeitlichen bzw. interwarenmäßigen Preisdifferenzen nach Einleitung der Arbitragegeschäfte tatsächlich reduzieren. Dies wird aber häufig der Fall sein, denn ungleiche Preise können nämlich zu weitgehend risikolosen Gewinnen ausgenutzt werden, indem beispielsweise die Ware am billigeren Ort gekauft und gleichzeitig am teureren Ort verkauft wird. Die sich dadurch herausbildende Angebots- und Nachfragekonstellation sorgt i.d.R. nach kurzer Zeit für steigende Preise am ursprünglich billigeren Ort, während die Notierungen am zuvor teureren Börsenplatz nachgeben. Nach dieser Preisangleichung läßt sich die Gesamtposition des Arbitrageurs durch zwei entsprechende Gegengeschäfte gewinnbringend glattstellen.

2633 Hedging

Während der Warenterminspekulant eine Prämie (in Form von Spesen) für das Tragen eines Risikos (als Äquivalent für seine Gewinnchance) zahlt, entrichtet ein Hedger gleichfalls eine Prämie, hier allerdings quasi als Versicherungsprämie für die **Vermeidung von Risiken**, die für ihn aus den Preisänderungen resultieren. Beide tragen damit zur Finanzierung der sie gleichermaßen interessierenden Veranstaltung der Warenterminbörse bei.

Rohstoffe, gleichgültig ob landwirtschaftliche Produkte, Metalle oder Öl usw., unterliegen - wie bereits dargelegt - seit jeher starken Preisschwankungen, seien dafür Witterungseinflüsse, Lagerdispositionen, Produktionsstörungen, politische Wirren o.ä. verantwortlich. Spekulanten benötigen solche Preisschwankungen zur Gewinnerzielung. Rohstoffproduzenten und Weiterverarbeiter hingegen sind tendenziell eher an stabilen Preisen interessiert, da sie auf eine berechenbare Kalkulationsbasis angewiesen sind. Die letzteren bedienen sich daher des sog. Hedging, um Verluste aus extremen Preisveränderungen zu vermeiden. In der **Absicherungsmöglichkeit gegen extreme Preisschwankungen** liegt somit eine weitere zentrale ökonomische Funktion des Warenterminhandels. Mit anderen Worten: Die Dämpfung der Auswirkungen von Warenpreisschwankungen mit Hilfe von Termingeschäften sichert Hedgern die Kalkulationsgrundlagen und angemessene Gewinnspannen. Allerdings verzichten Hedger damit zugleich auf hohe Gewinnchancen, die sie auf die Spekulanten übertragen.

Weiterverarbeitern geht es also primär darum, Vorratslager gegen Preiseinbrüche auf den Rohstoffmärkten abzusichern. Sinkt, um nur ein Beispiel zu nennen, etwa der Weltmarktpreis für Rohkaffee deutlich, so resultieren daraus für einen Kaffeeröster beträchtliche Verluste aus dem bereits gekauften und bei ihm physisch gelagerten Rohkaffee. Diese Verluste können durch vorsorgliche Terminverkäufe von Kaffee kompensiert werden. Da der Terminpreis i.d.R. annähernd im gleichen Ausmaß sinkt wie der (Kassa-) Preis der physisch gelagerten Ware, kann das Gegengeschäft des Terminverkaufs später zu so niedrigen Preisen erfolgen, daß der Wertverlust des physischen Lagers durch die Gewinne aus den Termingeschäften zumindest näherungsweise kompensiert wird. Kaffeeproduzenten wiederum können sich gleichermaßen gegen einen Preisverfall dadurch absichern, daß sie beispielsweise bereits im Juni Kontrakte im Umfang ihrer erwarteten Ernte per Termin Dezember des gleichen Jahres verkaufen.

Zusammenfassend kann man also feststellen, daß das Wesen des Hedging darin besteht, ein Geschäft auf dem Effektivmarkt durch ein gleichzeitiges Geschäft auf dem Terminmarkt zu kompensieren. Dabei gleicht ein Terminkauf einen Effektivverkauf aus und ein Terminverkauf einen Effektivkauf, je nachdem, ob per Termin sinkende oder steigende Preise erwartet werden. Termingeschäfte können bis zu einer Dauer von 18 Monaten abgeschlossen werden. Allerdings nimmt die Umsatztätigkeit mit der Laufzeit des Kontraktes beträchtlich ab, so daß es bei langlaufenden Kontrakten schwieriger ist, Kontrahenten zu finden. Ein entsprechendes Zahlenbeispiel für das Hedging (mit Currency Futures) findet sich in Abschnitt 2542.

264 Finanztermingeschäfte

Finanztermingeschäfte (Financial Futures) sind **börsenmäßige Geschäfte** über mengen- und gattungsmäßig **standardisierte Einheiten (Kontrakte)** von **Währungen, verzinslichen Anlagen** oder **Aktienindizes**, die nicht sofort bei Vertragsabschluß, sondern erst zu einem, im ebenfalls **standardisierten Einheitsvertrag** bestimmten, **späteren Termin erfüllt** werden müssen. Der **Preis**, zu dem ein Geschäft später zu erfüllen ist, wird **bereits bei Vertragsabschluß vereinbart.**

Die Handlungsmotivationen der Teilnehmer an den Financial Futures-Börsen sind denen an den Commodity Futures-Börsen ganz ähnlich. Auch bei den Financial Futures gibt es Trader, Arbitrageure und Hedger. Wie bereits dargelegt, sind darüber hinaus die Finanztermingeschäfte im wesentlichen durch Transformation von an Warenterminbörsen bewährten Techniken auf Finanzmärkte entstanden. Daher ähneln sich auch die prinzipiellen Mechanismen, wenngleich sich natürlich in Abhängigkeit von den Handelsobjekten die Kontraktspezifikationen, die Form der Preisangaben und die Erfüllungsmodalitäten unterscheiden. Einer besonderen begrifflichen Anpassung bedarf es allerdings für die Cost of Carry.

Der Begriff **Cost of Carry** entstammt dem Warenterminbereich und umfaßt die **bei Warengeschäften** anfallenden **Transaktionskosten**, insbesondere Transport-, Lager- und Versicherungskosten. Die Cost of Carry eines **Finanztermingeschäftes** sind seine **Nettofinanzierungskosten (=Haltekosten)** bis zu seiner Glattstellung oder Erfüllung. Die Cost of Carry sind insbesondere Ursache des Auseinanderfallens von Kassa- und Terminkursen. Fallen für die Laufzeit des Kontraktes **Finanzierungskosten**, insbesondere **Zinskosten**, an, dann liegt der **theoretische Terminkurs** (bei börsennotierten Termingeschäften = Futurekurs) in diesem Ausmaß **über dem Kassakurs** (Futurekurs = mit den Finanzierungskosten **aufgezinster** Kassakurs). Wirft ein Kassainstrument umgekehrt einen bestimmten **Ertrag** (z.B. Zinsen oder Dividenden) ab, dann liegt der theoretische Futurekurs in diesem Ausmaß **unter dem Kurs des Kassainstruments** (Futurekurs = mit dem Ertrag **diskontierter** Kassakurs). Diese Zusammenhänge leiten sich unmittelbar aus der Überlegung ab, daß Kassa- und Futurekurse bzw. -geschäfte prinzipiell gleichwertige finanzielle Investments sind, abgesehen davon, daß bei einem Futuresengagement das Geld, das bei einem Kassakauf gebunden würde, anderweitig zur rentablen Anlage, z.B. in risikolosen Geldmarkttiteln, verfügbar wäre. Andererseits entgehen dem Futureinhaber z.B. Dividenden oder Zinserträge, die i.d.R. dem Halter des Kassaportefeuilles zufließen.

Beispiel: Entweder Kauf eines Aktienindex-Future oder Kauf der dem Index zugrundeliegenden Aktien am Kassamarkt unter Kreditaufnahme zum Geldmarktzins und Vereinnahmung der Dividenden (die in einem Kursindex-Future nicht enthalten sind). Die Nachteile (Zahlung von Kreditzinsen) und Vorteile (Dividendenzufluß) werden durch Auf- bzw. Abzinsung ausgeglichen. Im Unterschied zu einem Kursindex sind in einem sog. Performanceindex hingegen die Dividenden bereits eingerechnet, so daß es keiner zusätzlichen Verrechnung bedarf.

Ist das **Nettoergebnis** der Kosten- und Ertragsfaktoren (= Haltekosten = Finanzierungskosten der Kassaposition minus Erträge der Kassaposition) **positiv**, dann sind die Nettofinanzierungskosten und damit die **Cost of Carry positiv** und vice versa. Bei Termingeschäften sind dementsprechend Kassakurs S (von engl. Spot Price) und Futureskurs F eines Asset

(Underlying) in der Regel nicht identisch. Bei **börsenmäßig** getätigten Termingeschäften (Futures) wird die **Differenz (F-S)** als **Basis** bezeichnet. Die Basis nimmt mit abnehmender Restlaufzeit ab und wird am Ende gleich Null. Zwischen tatsächlicher Basis (= Value Basis = tatsächlicher Futurekurs minus Kassakurs) und theoretischer Basis (= Cost of Carry = theoretischer Futurekurs minus Kassakurs) kann es in der Praxis infolge von Marktineffizienzen zu Abweichungen kommen (Basisrisiko), was gewinnbringende Arbitragemöglichkeiten eröffnet.[5]

Ziel des Arbeitens mit Finanztermingeschäften ist das Management von Risiken, die aus Währungsparitätenänderungen (Currency Futures), Gesamtaktienmarktschwankungen (Stock Index Futures) oder aus Änderungen des Zinsniveaus (Fixed Interest Rate Futures) resultieren.

2641 Currency Futures

Bezüglich der Currency Futures sei auf die Ausführungen von Abschnitt 2542 verwiesen.

2642 Stock Index Futures

Aktienindizes werden wie ganz "normale" Waren an Futures Börsen gehandelt. Die allgemeine Terminologie, Handelszeiten, Einschußpflichten (Margins) usw. entsprechen denen bei Warentermingeschäften. Liefertermin für die drei bekanntesten amerikanischen Aktienterminindizes, den New York Stock Exchange Composite Index, den S & P 500 (Börse: Index and Option Market, Chicago) und den Value Line Composite Average Index (Börse: Kansas City Board of Trade) sind die Monate März, Juni, September und Dezember. Allerdings, dies ist eine Besonderheit aller per Termin handelbarer Aktienindizes, findet in keinem Fall eine effektive Lieferung statt. Der Index ist ein künstlicher Wert (in der neueren Terminologie spricht man von einem sog. **synthetischen Instrument**), der nicht oder nur mit unverhältnismäßigem Aufwand wie eine klassische Ware angedient werden kann. Sofern bis zum Fälligkeitstermin kein kompensierendes Gegengeschäft abgeschlossen wurde, kommt es zu einem sog. **Cash Settlement**, d.h. derjenige, dessen Margin-Account am Liefertermin einen negativen Saldo aufweist, muß den Buchausgleich durch sofortige Barzahlung herbeiführen.

---

[5] U. Hielscher: Arbitrage (1995), Sp. 24.

Der Kontraktwert der per Termin handelbaren Aktienindizes ergibt sich durch Multiplikation des Indexstandes mit einem konstanten Faktor. Die oben genannten amerikanischen Indizes, der NYSE Composite, der S & P 500 und der Value Line Composite werden jeweils mit dem Faktor 500 multipliziert (s. Beispiel 3). Auf Basis des aus 30 Standardwerten während der Börsenzeit laufend berechneten Deutschen Aktienindex (DAX, Wertpapierkennummer 846900) wurde 1990 an der Deutschen Terminbörse (DTB) ein Futurekontrakt mit einem Faktor von 100 eingeführt. Neben einer Option auf den DAX wird an der DTB inzwischen auch eine Option auf den DAX-Future gehandelt.

Beispiel 3: Der S & P 500 stand am 9.10.1989 bei 360 Punkten, so daß sich der Kontraktwert auf 360 · 500 = 180.000 $ belief. Am 16.10. lag der S & P 500 bei 330 Punkten und der Kontraktwert bei 330 · 500 = 165.000 $. Ein Spekulant mit einer Long-Position hätte also innerhalb von 1 Woche 15.000 $ Verlust eingefahren.

Das Hedging von Aktienportfolios, d.h. die Kompensation des Risikos von Wertverlusten durch Gegengeschäfte mit Hilfe von Aktienindex-Kontrakten, läßt sich nur dann risikofrei durchführen, wenn die Struktur des abzusicherenden Portefeuilles exakt der Struktur des dem Future zugrundegelegten Index entspricht (full replication, vgl. Abschnitt 1295). Sofern diese Bedingung erfüllt ist, errechnet sich die Anzahl der zu verkaufenden Kontrakte bei Erwartung eines Indexrückganges aus dem Quotienten (Wert des Portfolios: Wert eines Kontraktes). Entspricht hingegen die Portfoliostruktur nicht der Struktur des Index, dann ist zu erwarten, daß eine Änderung des Index eine proportional zum Beta-Faktor des Portefeuilles größere bzw. kleinere Wertänderung des Portfolios nach sich zieht, je nachdem ob der Betafaktor größer oder kleiner eins ist (vgl. dazu Abschnitt 124 bis 127). Es verbleibt also eine offene Position im Betrag von $|\beta - 1|$ · Portefeuillewert. Eine weitgehende Absicherung eines diversifizierten Portefeuilles, dessen Struktur nicht der Struktur eines als Terminkontrakt handelbaren Index entspricht, ist nur dann möglich, wenn sich für den abzusichernden Zeitraum ein stabiler Beta-Faktor angeben läßt und die Eigenvolatilität des Portefeuilles vernachlässigbar ist (vgl. dazu Abschnitt 1232). Die Anzahl der erforderlichen Kontrakte ergibt sich dann aus:

(Wert des Portefeuilles: Wert eines Kontraktes) · Beta-Faktor des Portefeuilles (bezogen auf den dem Kontrakt zugrundeliegenden Index).

2643 Fixed Interest Rate Futures

Ein Zinsfuture basiert auf der Verpflichtung, einen Standardbetrag eines Geldtitels (in Form einer Einlage oder eines Wertpapiers) zu standardisierten Konditionen und zu einem börsenmäßig zustande gekommenen Preis zu kaufen oder zu verkaufen. Der Grundmechanismus von Zinsfutures beruht dabei auf der bekannten, bei zinstragenden Titeln bestehenden Abhängigkeit zwischen Marktrendite und Kurs des Zinstitels: Bei steigendem Zinsniveau sinkt der Kontraktwert und vice versa. Verluste z.B. aus einem Rentenportefeuille (long position) infolge eines steigenden Zinsniveaus können durch den Verkauf entsprechender Interest Rate Future-Kontrakte kompensiert werden (hedging) usw. Im Vergleich etwa zu den Währungen bei Currency Futures, deren Einheiten schon ihrem Wesen nach völlig standardisiert sind, erfordert die Standardisierung der Fixed Interest Rate-Kontrakte allerdings einige "Kunstgriffe". Die folgenden Ausführungen mögen dies in Verbindung mit den Tabellen 5, 6 und 7 veranschaulichen.

Zinstermingeschäfte können in einer Vielzahl von Währungen mit unterschiedlichen Laufzeiten durchgeführt werden (vgl. Tabelle 5). In Tabelle 7 ist exemplarisch die Kontraktspezifikation der CBOT für den wichtigen langfristigen Kontrakt US Treasury Bond Future (kurz "US-T-Bond" genannt) angeführt. Der US Treasury Bond Future basiert auf 20jährigen 8-prozentigen US-Staatsanleihen und war der erfolgreichste Kontrakt seit seiner Markteinführung im Jahre 1977 (vgl. Tab. 2). Der Bund Future (Tabelle 6), der auf 8,5-10jährigen 6-prozentigen deutschen Staatsanleihen basiert, wurde erstmals im September 1988 an der LIFFE eingeführt, während die DTB den Handel im Bund-Future am 23.11. 1990 aufnahm.

Die Quotierung der mittel- und langfristigen Zinskontrakte erfolgt in Prozenten von pari, wobei die Notierung dezimal oder in 32-stel vorgenommen wird. 95-16 entspricht demnach einem Kurs von 95,5%. Bei der Erfüllung mittel- und langfristiger Zinskontrakte ist, sofern nicht vor Fristablauf ein Gegengeschäft erfolgt, die **physische Andienung** (physical settlement) üblich.

Termingeschäfte mit dem Bund-Future an der DTB basieren auf einer idealtypischen Schuldverschreibung des Bundes oder der Treuhandanstalt mit einer Nominalverzinsung von 6%. Bei der physischen Erfüllung hat der Kontraktkäufer das Recht, aus einem von der DTB vorgeschriebenen Katalog von Bundesanleihen und Schuldverschreibungen der Treuhandanstalt

Zinsinstrument	Kontraktwert	erforderl. Restlaufzeit bei Andienung	Börse[2]
kurzfristiger Bereich (bis zu einem Jahr)			
13-week U.S. Treasury Bills	US-$ 1.000.000	90-92 Tage	IMM, NYFE, AMEX, MIDAM, COMEX
FIBOR-Future	DM 1.000.000	3 Monate	DTB
Three Months Eurodollar[1]	US-$ 1.000.000	3 Monate	IMM, SIMEX, LIFFE
Three Months Euromark[1]	DM 1.000.000	3 Monate	LIFFE, MATIF
Three Months Euro-Sterling[1]	£ 500.000	3 Monate	LIFFE
3-Monats-ECU Interbankeneinlage[1]	ECU 1.000.000	3 Monate	LIFFE
90-Tage Bank Bills	Aust-$ 500.000	85-95 Tage	SFE
91-Tage Kanadischer Treasury	Can-$ 1.000.000	84-92 Tage	TFE
90-Tage Bon du Tresor	FF 5.000.000	90 Tage	MATIF
Mittelfristiger Bereich (ein bis zehn Jahre)			
German Government Bond (Bund)	DM 250.000	8,5-10 Jahre	DTB, LIFFE
Short Gilt Future	£ 50.000	3-4,5 Jahre	LIFFE
Medium Gilt Future	£ 50.000	7-10 Jahre	LIFFE
National Bond	FF 500.000	7-10 Jahre	MATIF
Ten Year Treasury Notes	US-$ 100.000	6,5-10 Jahre	CBOT
Langfristiger Bereich (über zehn Jahre)			
U.S. Treasury Bonds	US-$ 100.000	mind. 15 Jahre	CBOT, NYFE, SFE, MIDAM, SIMEX
BUXL-Future	DM 250.000	15-30 Jahre	DTB
Canadian Bonds	Can-$ 100.000	15 Jahre	TFE
Long Gilt	£ 50.000	15-25 Jahre	LIFFE

1 Bei diesen Kontrakten ist Cash-Settlement vorgeschrieben.

2 IMM = International Monetary Market, Chicago; CBOT = Chicago Board of Trade; NYFE = New York Futures Exchange; LIFFE = London International Financial Futures Exchange; COMEX = New York Commodity Exchange; AMEX = American Stock Exchange, New York; MIDAM = Midamerica Commodity Exchange, Chicago; TFE = Toronto Futures Exchange; SFE = Sydney Futures Exchange; SIMEX = Singapore International Monetary Exchange; MATIF = Marché à Terme d'Instruments Financiers, Paris; TSE = Tokio Stock Exchange; DTB = Deutsche Terminbörse, Frankfurt/M.

Tab. 5: Beispiele für Fixed Interest Rate Futures 1995

Gehandelte Einheit	DM 250.000 Nennwert, idealtypische Schuldverschreibung des Bundes oder der Treuhandanstalt mit einer Nominalverzinsung von 6%
Liefermonate	März, Juni, September, Dezember
Liefertag/ Abrechnungstag	Liefertag ist der 10. Kalendertag des Liefermonats. Ist dieser Tag kein Börsentag, dann ist der Liefertag der nächstfolgende Börsentag. Börsentage sind dabei Handelstage an der Frankfurter Wertpapierbörse
Letzter Handelstag	Letzter Handelstag ist der zweite Börsentag vor dem jeweiligen Liefertag. Handelsschluß ist 12.30 Uhr des letzten Handelstages
Mindestkursveränderung (Tick: Größe und Wert)	0,01 (DM 25)
Handelszeiten	9.00 bis 17.00 Uhr MEZ
Kontraktnorm: Bundesanleihen oder börsennotierte, von der Bundesrepublik Deutschland uneingeschränkt und unmittelbar garantierte Schuldverschreibungen der Treuhandanstalt mit einer Restlaufzeit von 8 1/2 bis 10 Jahren. Die DTB führt eine Liste der lieferbaren Anleihen. Die Lieferung wird über den Kassamarkt und das Kassenvereinssystem abgewickelt.	
Abrechnungspreis der Börse bei Lieferung: Als Abrechnungspreis gilt der Durchschnitt der Preise innerhalb der letzten Minute der Handelszeit vor 12.30 des letzten Handelstages an der DTB. Sind in der letzten Minute weniger als 5 Abschlüsse zustande gekommen, so wird der Durchschnitt der letzten 5 Handelspreise als Abrechnungspreis herangezogen. Der Rechnungsbetrag, den der Käufer eines Futures an den Verkäufer zu bezahlen hat, ist bei jeder Anleihe unterschiedlich. Er basiert auf dem Schlußabrechnungspreis, muliplizierte mit einem Preisfaktor (Konversionsfaktor). Zusätzlich werden Stückzinsen berücksichtigt.	

Quelle: DTB: Bund-Futures, Informationsschrift, 3. Auflage, Stand Juli 1992.

Tab. 6: Kontraktspezifikation der DTB für den Bund-Future

mit einer Restlaufzeit von 8,5 bis 10 Jahren eine bestimmte seiner Wahl zu liefern (Problem des cheapest to deliver). Abweichungen der gelieferten Anleihe in Kupon und Restlaufzeit von der idealtypischen Anleihe werden durch entsprechende Korrekturen des Abrechnungspreises ausgeglichen. Dies geschieht in der Praxis durch Multiplikation des Schlußabrechnungs-

Gehandelte Einheit	Eine idealtypische US-Staatsanleihe mit einem Nominalwert von 100.000 $ (bzw. ein Vielfaches davon) und einem Zinssatz von 8 %
Liefermonate	März, Juni, September, Dezember
Liefertag/ Abrechnungstag	Jeder Arbeitstag des Liefermonats.
Letzter Handelstag	7 Arbeitstage vor dem letzten Arbeitstag des Liefermonats an der CBOT
Notierung	1 Punkt = 1.000 $
Mindest-kursveränderung (Tick: Größe u. Wert)	1/32 Punkt ($ 31,25)
Tägliches Preislimit	3 Punkte (3.000 $ pro Kontrakt) über dem vortägigem Settlement-Price, das Limit kann auf 4 1/2 Punkte erhöht werden. Limite sind zwei Arbeitstage vor dem ersten Arbeitstag des Liefermonats aufgehoben
Handelszeiten	7.20 bis 14.00 Uhr Chicago Zeit Montag bis Freitag 17.20 bis 20.05 Uhr CST Sonntag bis Donnerstag
Kontraktnorm: US-Staatsanleihen mit mindestens 15-jähriger Restlaufzeit. Die Anleihen müssen in Einheiten über 100.000 $ geliefert werden. Die Lieferung erfolgt über das Federal Reserve book-entry wire-transfer system (FedWire).	
Abrechnungspreis der Börse bei Lieferung: Der Abrechnungspreis besteht aus dem Produkt von Settlement-Price des Futures und einem Konversionsfaktor sowie den angefallenen Stückzinsen.	

Quelle: 1994 Contract Specifications CBOT/MIDAM, S. 17/18.

Tab. 7: Kontraktspezifikation der CBOT für den T-Bond-Future

preises (= Exchange Delivery Settlement Price) mit einem für die jeweilige Anleihe ermittelten Preisfaktor **(Konversionsfaktor)**. Der Preisfaktor errechnet sich aus folgenden Angaben des zu liefernden Papiers: Kupon, Anzahl der Jahre zur Fälligkeit der Anleihe, Anzahl der vollen Monate bis zur nächsten Kuponzahlung. Mit anderen Worten, der Faktor errechnet sich aus dem theoretischen Kurs der Anleihe, der sich bei ihrem individuellen Kupon sowie ihrer tatsächlichen Restlaufzeit bei einer Marktrendite von 6% ergeben würde, dividiert mit 100.

Der **Rechnungsbetrag**, den der Kontraktkäufer für die Lieferung der vom Kontraktverkäufer gewählten Anleihe zu zahlen hat, errechnet sich dann nach folgender Gleichung:

$$\text{Rechnungsbetrag} = \left(\frac{\text{Exchange Delivery}}{\text{Settlement Price}} \cdot \text{Price Factor} \cdot 2500 \right) + \text{Stückzinsen}$$

Wertpapier-Kennummer	Wertpapiername	Fälligkeitstag	Konversionsfaktor		
			März '95	Juni '95	Septemb. '95
113491	6,00 % Bund	15/09/2003	0,999563		
109006	6,00 % Treuhand	12/11/2003	0,999613		
109007	6,25 % Treuhand	04/03/2004	1,016446	1,016117	
109008	6,75 % Treuhand	13/05/2004	1,051453	1,050504	1,049126
113493	6,75 % Bund	15/07/2004	1,051997	1,051220	1,050019
109009	7,50 % Treuhand	09/09/2004	1,105043	1,103150	1,101140
113495	7,50 % Bund	11/11/2004	1,107179	1,104385	1,103150
113496	7,375 % Bund	03/01/2005	1,098923	1,096881	1,095080

Quelle: DTB - Reporter März 1995.

Tab. 8: Konversionsfaktoren für Bundesanleihen und Anleihen der Treuhandanstalt, lieferbar zur Erfüllung der März '95, Juni '95 und September '95 Bund-Futures

Eine Stückzinsberücksichtigung ist erforderlich, wenn die Zeitpunkte von Kuponauszahlung und Liefertermin des Kontraktes auseinanderfallen. Zu beachten ist ferner, daß der Abrechnungspreis (Exchange Delivery Settlement Price) nicht dem zuletzt gehandelten Kurs entspricht. Er wird vielmehr nach bestimmten Richtlinien der jeweiligen Börse festgelegt (vgl. Tab. 6). Der Faktor 2500 resultiert aus dem Kontraktwert von 250.000 DM.

Beispiel 4: Am 12.3.1995 liefert der Kontraktverkäufer in Erfüllung seiner Verpflichtung die von ihm ausgewählte 6,0% Bundesanleihe mit der WKN 113491, fällig am 15.09.2003. Der Settlement-Price sei 91,12. Gemäß Tabelle 8 ist der Konversionsfaktor mit 0,999536 anzusetzen. Der Gegenwert (Rechnungsbetrag), den der Kontraktkäufer an den physisch Erfüllenden zu zahlen hat, errechnet sich dann wie folgt:

$$S = \frac{K \cdot N \cdot T}{360 \text{ Tage}}$$

mit:
S = Stückzinsen
K = Kupon
N = Nennwert des Kontraktes
T = Anzahl der Tage vom Beginn des laufenden Zinszahlungsjahres (hier 15.09.94) bis zum Liefertag (hier 12.3.95)

Daraus folgt:

$$S = \frac{0{,}06 \cdot 250000\ \text{DM} \cdot 147\ \text{Tage}}{360\ \text{Tage}} = 6125{,}00\ \text{DM}$$

Rechnungssumme = (Exchange Delivery Settlement Price · Price Factor · 2.500) + Stückzinsen

= (91,12 · 0,999563 · 2.500) + 6125,00 DM

= 233825,45 DM

Auch das **Lieferungsverfahren** der Anleihen ist im Einzelnen geregelt. Die Marktteilnehmer bzw. die zuständigen Clearing-Mitglieder mit offenen Short-Positionen müssen am letzten Handelstag (Notification Day) der Clearing Stelle anzeigen, welche Bundesanleihen sie liefern. In der nächtlichen Datenverarbeitung nach dem Notification Day ordnet die Clearingstelle mittels Zufallsverfahren die zur Lieferung anstehenden Papiere den offenen Long-Positionen zu. Im Anschluß daran wird der Rechnungsbetrag ermittelt. Am nächsten Tag werden alle Lieferungs- und Zahlungsinformationen den Mitgliedern zur Verfügung gestellt. Die effektive Regulierung erfolgt dann am 2. Börsentag nach dem Notification Day zwischen den Clearing-Mitgliedern.

Die **Notierung kurzfristiger Instrumente** erfolgt in folgender Form:

"100 % - rate of interest p.a."

Eine Notierung von beispielsweise 92,63 bedeutet also eine Verzinsung von 7,37% p.a. Die "rate of interest p.a.", d.h. die Differenz aus Nennwert und Kursnotierung, wird auch als **Diskont** bezeichnet und stellt den **Ertrag auf Jahresbasis** dar. Um den tatsächlichen Wert eines kurzfristigen Instruments zu ermitteln, ist der auf ein Jahr bezogene Ertrag pro rata temporis auf die Restlaufzeit umzurechnen. D.h.:

$$\text{Tatsächlicher Wert} = \text{Nennwert} \cdot (1 - \text{Diskont} \cdot \frac{\text{Restlaufzeit}}{360\ \text{Tage}})$$

Beispiel 5: Der Rechnungsbetrag, den der Kontraktkäufer an den physisch Erfüllenden z.B. für die Lieferung eines 13 Week U.S. Treasury Bill mit 90 Tagen Restlaufzeit zu zahlen hat, beläuft sich bei einer Kursnotierung von 92,63 (das entspricht einem Diskont p.a. von 7,37 $ pro 100 $ nominal bzw. 7,37 %) auf:

$$\text{Rechnungsbetrag} = 1000000 \cdot (1 - 0{,}0737 \cdot \frac{90}{360}) = 981575\ \$$$

Wie aus Tabelle 5 hervorgeht, ist für **nicht verbriefte Einlagen** (z.B. 3 Monats Euro-Dollar-, -DM-, -Sterling-Einlagen sowie ECU-Interbankeneinlagen) ein **Cash-Settlement** vorgesehen, d.h. etwaige Differenzen zwischen dem Settlement-Price und der Termin-Notierung bei Vertragsabschluß sind durch Barzahlungen auszugleichen, da lieferbare Wertpapiere nicht existieren.

265 Die Marktmechanismen im Zusammenhang

Von zentraler Bedeutung bei Terminbörsen ist die Preisbildungsfunktion. Ihr gegenüber tritt die Funktion der physischen Vermittlung der Handelsobjekte in den Hintergrund, was der hohe Anteil der nicht effektiven Erfüllungen belegt.

Mit Hilfe einer weitestgehenden Standardisierung von Handelsverträgen, Geschäftsabwicklungen und Handelseinheiten sowie durch Sicherung der Geschäftsabwicklung und -erfüllung durch die Clearing-Houses wurden die Voraussetzungen für eine hohe Fungibilität (Marktgängigkeit) der Kontrakte geschaffen. Darüber hinaus ermöglichen nicht effektive Vertragserfüllungen eine äußerst rasche, rein buchmäßige Geschäftsabwicklung, bei der die Handelsobjekte weder besichtigt noch geprüft, noch physisch transportiert oder versichert werden müssen. Die elektronischen Nachrichtenverbindungen, die hohe Markttransparenz, die jederzeitigen Kauf- bzw. Verkaufsmöglichkeiten und die schnellen Reaktionsmöglichkeiten auf veränderte Bedingungen führen zu hohen Umsätzen. Die jederzeitige Handelbarkeit infolge der hohen Umsätze fördert ihrerseits keineswegs nur die Spekulationsmöglichkeiten, sondern über den risikomindernden Effekt des Hedgings auch die Bereitschaft der Produzenten zur Erzeugung und die der Weiterverarbeiter zur effektiven Lagerung von Waren, bzw. die Bereitschaft der Banken zur Hereinnahme von Festzinsdarlehen und der Herauslegung von Festzinskrediten usw. Dies wiederum wirkt sich positiv sowohl auf Angebot als auch auf Nachfrage nach marktmäßig über Börsen ausgleichbaren Kontrakten aus.

Verfeinert wird die Preisbildungsfunktion durch die preisausgleichende

Wirkung von Arbitragegeschäften, die professionelle Börsenteilnehmer insbesondere zwischen verschiedenen Börsenplätzen (Platzarbitrage) oder zwischen Gegenwart und Zukunft (Zeitarbitrage) durchführen. Letztlich sind im allgemeinen auch keine erheblichen langfristigen tendenziellen Abweichungen der Preise zwischen Termin- und Kassa(Effektiv)-Markt zu befürchten. Dem steht nämlich i.d.R. die Möglichkeit der Effektiverfüllung von Termingeschäften entgegen.

Die Regeln und Mechanismen der Terminbörsen sind also im Hinblick auf eine sich tendenziell selbstregulierende, preisnivellierende Wirkung konzipiert. Regelverstöße besonders kapitalkräftiger Größtspekulanten bedürfen allerdings nach wie vor korrigierender Eingriffe der Börsenaufsicht.

Insgesamt gesehen beruht die Funktionsfähigkeit der Terminbörsen auf einer komplexen, sich wechselseitig ergänzenden und bedingenden Interessenverknüpfung zahlreicher Marktteilnehmer mit unterschiedlichen Handlungsmotivationen. Eine effiziente Preisbildungs- und Vermittlungsfunktion setzt ständig hohe Umsätze und eine große Zahl handlungsbereiter Marktteilnehmer voraus. Das gleiche gilt für die Unterbringung von Arbitrage- und Hedgegeschäften. Da aber z.B. ein Hedger weniger an Termingeschäften anderer als vielmehr lediglich an der Unterbringung seiner eigenen Geschäfte interessiert ist, wird er nur sporadisch an der Börse tätig sein. Daher bedarf es anderer, stets handelsbereiter Marktteilnehmer, insbesondere der Trader und der Arbitrageure. Diese bilden die sog. **Kulisse**, aus deren ständigem Gewinnstreben wiederum die Aufnahmefähigkeit des Marktes resultiert. Arbitrage- und Spekulationsgewinne lassen sich allerdings nur durch schnelles Handeln realisieren. Längere Verhandlungen u.ä. ließen Gelegenheiten verstreichen. Voraussetzung für den eingespielten Mechanismus ist daher die weitestgehende Geschäftsstandardisierung, so daß nur noch der Preis (und ggf. der Liefertermin) Verhandlungsgegenstand zu sein brauchen - womit sich der Kreis zum Beginn dieses Abschnittes schließt, der mit Überlegungen zur Preisbildungsfunktion und zur Standardisierung begann.

3. Teil
Juristische und steuerliche Aspekte der Vermögensplanung

31 Der zivil- und strafrechtliche Ordnungsrahmen bei der Empfehlung von Kapitalanlagen*

311 Einleitung

Einem Kapitalanleger eröffnen sich mannigfaltige Möglichkeiten, sein Kapital zu investieren. Dabei bestehen Chancen, eingesetztes Kapital zu vermehren, aber auch das Risiko des teilweisen oder gesamten Verlustes. Je nach Ausgestaltung der Investition besteht darüber hinaus auch die Gefahr, für Verbindlichkeiten zu haften, die das investierte Kapital des Anlegers bei weitem übersteigen.

Oftmals erfüllen Kapitalanlagen die Erwartungen, die Anleger in sie setzen, nicht; auf dem freien Kapitalmarkt sollen nach Schätzung in gar 75 % aller Fälle Erwartungen der Anleger bzw. Versprechungen der Anbieter nicht eintreten (vgl. A. Worms, Anlegerschutz durch Strafrecht (1987), S. 6 m.w.N.). Im Zusammenhang mit Warentermingeschäften wird geschätzt, daß mehr als 90 % der Anleger ihr eingesetztes Kapital vollständig verlieren. Verluste sind jedoch nicht nur dem freien Kapitalmarkt immanent. Eine Vielzahl von gerichtlichen Verfahren zwischen Anlegern und "klassischen" Vermögensverwaltern, wie etwa Banken, dokumentieren eine erhebliche Diskrepanz zwischen dem Erwartungshorizont der Anleger einerseits und den Chancen und Risiken andererseits, die eine Kapitalanlage nun einmal bietet. Dabei ist es für einen Anleger oftmals schwierig, sich ein richtiges und vollständiges Bild zu machen. Dies liegt zum einen an der Komplexität der Materie, zum anderen jedoch auch oft an der Unerfahren-

---

* Aktualisierte Version des gleichnamigen Beitrages von D. K. Eckart (1989).

heit der Anleger.

Die erheblichen Verluste auf der Anlegerseite haben der Rechtsprechung Gelegenheit gegeben, gewisse Grundsätze bei der Empfehlung von Kapitalanlagen herauszuarbeiten. Sie haben aber auch den Gesetzgeber gefordert, aus präventiven Gründen die strafrechtliche Sanktion zu verbessern. Die nachfolgende Darstellung versteht sich in diesem Sinne als kursorischer Überblick zur Prävention. Sie kann demjenigen, der Kapitalanlagen empfiehlt, einen Überblick über bestehende Haftungsrisiken und etwaige Anlegeransprüche geben. Sie muß in ihrer Kürze auf Vollständigkeit ebenso wie auf eine vertiefende Behandlung von Sachfragen verzichten.

312 Zivilrecht

3121 Anlagevermittlung, Anlageberatung und Umfang der Aufklärungspflichten

Bei der Empfehlung von Kapitalanlagen ist zwischen der reinen "Ver-mittlung" und der "Beratung" zu unterscheiden. In der Praxis führt die Abgrenzung häufig zu Schwierigkeiten.

a) Einfache Anlagevermittlung

Von einem Anlagevermittler kann der Anleger regelmäßig nur Auskünfte erwarten, wobei der **werbende und anpreisende Charakter** der Information sowie der geringere Erwartungshorizont des Anlageinteressenten im Vordergrund stehen. Demgemäß nimmt die Rechtsprechung einen - meist stillschweigend geschlossenen - Vertrag auf Auskunftserteilung an, der den **Vermittler zu richtiger und vollständiger Information über die für den Anlageentschluß wesentlichen tatsächlichen Umstände verpflichtet**. Eine Bewertung dieser Umstände ist jedoch nicht erforderlich (BGH vom 22.3.1979 - BGHZ 74, 103; BGH vom 25.11.1981 - WM 1982, 90; BGH vom 4.3.1987 - WM 1987, 532; BGH vom 13.5.1993 - NJW-RR 1993, 1114 f.).

Bei der Anlagevermittlung hat der Vermittler für eine bestimmte Emission im Interesse des Kapitalsuchenden und auch im Hinblick auf die ihm von diesem versprochene Provision den Vertrieb übernommen. Der Vermittlungsvertrag verpflichtet also nicht zu individueller Beratung, sondern nur zur richtigen und vollständigen Auskunftserteilung. Dem Anleger wird damit das wirtschaftliche Risiko der Anlage nicht abgenommen. Er soll aber die Möglichkeit erhalten, das Risiko seiner Investition zu erkennen und zu übersehen. Demgemäß ist auch das Unterlassen gebotener Information Schlechterfüllung.

Je nachdem, wie weit im Einzelfall das schutzwürdige Vertrauen des Informationsempfängers auf die Richtigkeit der Angaben geht, hat der Vermittler Nachforschungen anzustellen. Soweit einem Anlagevermittler nicht die erforderlichen Angaben und Unterlagen für die von ihm zu vertreibende Kapitalanlage zur Verfügung stehen, ist er verpflichtet, sich diese zu beschaffen und seine Tätigkeit ggf. davon abhängig zu machen. Diese umfassende Aufklärungspflicht wird von der Rechtsprechung mit der wirtschaftlichen Bedeutung und den Risiken einer Anlageentscheidung begründet. In aller Regel hat der Anleger im Gegensatz zum Vermittler meist keine oder nur geringe Überprüfungs- bzw. Wertungsmöglichkeiten. Den Vermittler trifft deshalb - als Bringschuld - die Pflicht zur Aufklärung. Dadurch soll dem Interessenten die Möglichkeit eröffnet werden, bestehende Chancen und Risiken richtig einschätzen und bewerten zu können.

Ein Anlagevermittler genügt im übrigen nicht schon dadurch seiner Aufklärungspflicht, wenn er seinem Kunden schriftliche Unterlagen überläßt, aus denen dieser dann die erforderlichen Erkenntnisse entnehmen kann. Eine Aufklärung anlagerelevanter Tatsachen erschöpft sich also nicht in der Überlassung von Material zur eigenen Durchsicht. Vielmehr erwartet der Anleger eine Erläuterung dieses Materials. Der Vermittler hat also ergänzend aufzuklären und etwa vorhandene Widersprüche zu erläutern, soweit diese für den Investitionsentschluß relevant sein können. Die Grenzziehung zwischen Tatsachen, die für den Anlageentschluß von wesentlicher Bedeutung sind und der Bewertung solcher Tatsachen ist in der Praxis nicht immer einfach.

Kommt zwischen dem Anlageinteressenten und dem Vermittler ein **Auskunftsvertrag** zustande, führt ein Verstoß gegen die daraus resultierenden Pflichten zum Schadenersatzanspruch (BGH vom 8.2.1978 - BGHZ 70, 356; BGH vom 4.3.1987 - NJW 1987, 1815; D. Hoegen: Einzelfragen zur Haftung (1985), S. 247 ff.). Aber auch ohne den Abschluß eines Vermittlungsvertrages und ohne die Vereinbarung eines Entgelts mit dem Anlageinteressenten nimmt die Rechtsprechung regelmäßig einen **stillschweigend abgeschlossenen Auskunftsvertrag** an (BGH vom 22.3.1979 - BGHZ 74, 103;

BGH vom 28.1.1985 - WM 1985, 381; BGH vom 27.6.1984 - WM 1984, 1075; BGH vom 4.3.1987 - NJW 1987, 1815; BGH vom 6.7.1993 - NJW 1993, 2433), wenn

- die Auskunft für den Empfänger erkennbar von erheblicher Bedeutung ist und diese zur Grundlage wesentlicher Entschlüsse oder Maßnahmen dient,
- der Auskunftsgeber sachkundig erscheint oder
- der Auskunftsgeber ein eigenes wirtschaftliches Interesse hat.

Die Erklärung, eine Auskunft sei unverbindlich ("ohne unser Obligo") schließt in der Regel die Annahme eines Auskunftsvertrages nicht aus, sondern bedeutet - sofern überhaupt zulässig - allenfalls eine Freizeichnung von der Haftung (BGH vom 6.3.1972 - WM 1972, 583). Auch die in Nr. 10 Abs. 3 AGB-Banken enthaltene Haftungseinschränkung, wonach eine Bank bei anderweitigen Auskünften und Raterteilungen sowie bei sonstigen Hinweisen und bei deren Unterlassung nur für grobes Verschulden haftet, ist dann unwirksam, wenn sich aus einem - auch konkludent - zustande gekommenen Vermittlungsvertrag eine vertragswesentliche Verpflichtung zur Auskunftserteilung ergibt, der für den Anleger eine besondere Bedeutung zukommt (LG Stuttgart vom 24.2.1987 - WM 1988, 620; LG Hamburg vom 10.1.1992 - WM 1993, 201).

b) Qualifizierte Anlagevermittlung

Die Haftung des Anlagevermittlers verschärft sich, wenn dieser in **erheblichem Maße persönliches Vertrauen in Anspruch nimmt oder den Eindruck besonderer Sachkunde erweckt** hat (BGH vom 10.4.1978 - WM 1978, 611; BGH vom 17.10.1989 - NJW 1990, 506). Dieser Eindruck kann z.B. entstehen, wenn der Anlagevermittler nach eigener Aussage

- erfahren und erfolgreich im Vertrieb von Kapitalanlagen ist oder

eine Darstellung als

- branchenerfahrenes Finanz- und Wirtschaftsbetreuungsunternehmen oder
- internationale Anlageberatung und Vermögensplanung

wählt. Ein adäquater Vertrauenstatbestand entsteht, wenn eine Bank Kapitalanlagen in ihr Programm aufnimmt und vermittelt, da dies den Anschein besonderer Seriosität erweckt (OLG Nürnberg vom 17.4.1985 - WM 1986, 124; BGH vom 4.3.1987 - NJW 1987, 1815). Dieser Vertrauenstatbestand wird noch verstärkt, wenn ein Kreditinstitut werbend "bankgeprüfte Beteiligungen" anbietet (BGH vom 12.2.1986 - WM 1986, 517).

c) Anlageberatung

Einen Anlageberater treffen weitergehende Verpflichtungen. Von ihm werden nicht nur **objektive und vollständige Informationen** über das Anlageobjekt erwartet. Er hat das Anlageobjekt vielmehr **auf die persönlichen Verhältnisse des Anlegers zugeschnitten fachkundig zu bewerten und zu beurteilen** (BGH vom 25.11.1982 - NJW 1982, 1095; OLG Oldenburg vom 1.12.1986 - WM 1987, 169; BGH vom 6.7.1993 - NJW 1993, 2433).

In diesem Zusammenhang führt der BGH aus: "Der Kapitalanleger, der einen Berater in dem Bewußtsein heranzieht, daß er selbst keine ausreichenden wirtschaftlichen Kenntnisse und erst recht keinen genügenden Überblick über wirtschaftliche Zusammenhänge hat, daß er auch nicht in der Lage ist, sich selbst Beurteilungsunterlagen zu verschaffen und diese richtig einzuordnen, wird in der Regel ebenso an der Mitteilung von Tatsachen interessiert sein wie an deren fachkundiger Bewertung und Beurteilung. Er wünscht eine auf seine persönlichen Verhältnisse zugeschnittene Beratung. Häufig zahlt er dafür auch ein besonderes Honorar unmittelbar an den Berater. In seinem mit diesem abgeschlossenen Geschäftsbesorgungsvertrag ist die Beratung Hauptpflicht des Beraters. In einem solchen Vertragsverhältnis hat der Berater besonders weitgehende Pflichten gegenüber dem von ihm betreuten Kapitalanleger. Er hat als individueller Berater, dem ein weitreichendes persönliches Vertrauen entgegengebracht wird, in größerem Rahmen für Vertrauensschutz zu sorgen. Deshalb muß er auch besonders differenziert und fundiert beraten."

Derartige umfangreiche Beratungspflichten können auch Kreditinstitute treffen, wenn zwischen diesen und dem Anleger ein **Beratungsvertrag** - ggf. **auch stillschweigend** - zustandekommt. Der Bundesgerichtshof hat klargestellt, daß für die Beziehung und den Umfang der Beratungspflicht zwischen Anlageinteressent und Kreditinstitut die gleichen Grundsätze gelten wie für den "freien Anlageberater" (BGH vom 4.3.1987 - WM 1987, 495): "Es ist kein Grund dafür ersichtlich, warum andere Grundsätze gelten sollen, wenn der Anlageinteressent in gleicher Weise an ein Kreditinstitut herantritt, zumal, wenn bereits mit diesem vertragliche Beziehungen bestehen. Aber auch das Fehlen sonstiger vertraglicher Beziehungen zwischen dem Anlageinteressenten und der Bank schließt das Zustandekommen eines solchen Vertrags mit Haftungsfolgen keineswegs aus."

d) Umfang der Aufklärungspflichten

Der Umfang der Aufklärungspflichten hängt im wesentlichen von den Umständen des Einzelfalles ab. Dies gilt vor allem auch im Hinblick auf Nachforschungspflichten über die Verläßlichkeit dem Anlageberater erteilter Informationen. Eine Beratung kann etwa dadurch falsch sein, daß dem Anleger Tatsachen nicht offenbart werden, die den erteilten Rat als bedenklich erscheinen lassen würden (BGH vom 18.1.1973 - WM 1973, 164; BGH vom 4.3.1987 - NJW 1987, 1815).

Eine besondere Sorgfaltspflicht trifft denjenigen Anlageberater, der in besonderem Maße persönliches Vertrauen in Anspruch nimmt, das sich auf seine vielfältige Berufserfahrung und Sachkunde oder auf seine besondere persönliche Zuverlässigkeit gründet, so daß er eine zusätzliche Gewähr für die Richtigkeit der Angaben bietet. In diesem Fall muß der Anlageberater **eigene Ermittlungen** anstellen und darf die Angaben Dritter keinesfalls ungeprüft übernehmen oder weitergeben. Dem Anleger dürfen grundsätzlich nur solche Auskünfte gegeben werden, von deren Richtigkeit, Vollständigkeit und Zuverlässigkeit der Anlageberater oder Auskunftserteilende sich selbst aufgrund einer eigenen, sorgfältigen Prüfung überzeugt hat.

Wenn z.B. eine Sparkasse ein Anlageobjekt (z.B. Immobilienfonds) in ihre Angebotspalette aufnimmt, dann darf sie ihr gegebene Auskünfte bzw. ihr überlassene Prospekte nicht ungeprüft übernehmen, sondern muß sie durch eigene sachverständige und kritische Durchsicht auf Plausibilität prüfen (BGH vom 4.3.1987 - WM 1987, 495). In der gleichen Entscheidung hat der BGH auch klargestellt, daß sich eine Bank von dem Vorwurf der Pflichtwidrigkeit nicht dadurch befreien kann, daß ein Prospekt einen Hinweis enthält, eine Wirtschaftsprüfungsgesellschaft habe den Prospekt geprüft und einen "Bestätigungsvermerk" nach den Grundsätzen ordnungsgemäßer Durchführung von Prospektprüfungen (sogenannte "IdW-Richtlinien", ZIP 1983, 752) erteilt. Auch ein Bestätigungsvermerk kann die Prüfung auf Plausibilität nicht ersetzen.

Es ist indes **nicht** Aufgabe eines Anlageberaters, darüber zu wachen, daß sein Kunde sich wie ein konservativer Anleger verhält. Es ist auch nicht Aufgabe des Anlageberaters, dem Kunden von spekulativen Engagements abzuraten. Demgemäß kann und soll der Anlageberater das einer Investitionsentscheidung ggf. innewohnende Risiko dem Kunden auch nicht abnehmen. Ansprüche gegen ihn bestehen dann nicht, wenn er seinem Kunden richtig und vollständig alle Informationen näher bringt, damit dieser sich ein sachgerechtes Urteil über die intendierte Investition machen kann.

3122 Vermögensverwaltung

In der Bundesrepublik Deutschland existieren z.Zt. etwa 12 Millionen Wertpapierdepots mit einem Wert von rd. 2,5 Billionen Deutsche Mark. Der größte Teil dieser Depots wird von Banken betreut, deren vermögensverwaltenden Tätigkeiten Vermögensverwaltungsverträge zugrunde liegen, die die Rechte und Pflichten der Vertragsteile regeln. Pflichtverletzungen aus solchen Verträgen führen zu Schadensersatzansprüchen. Zwar liegt das Substanz- und Ertragsrisiko stets beim Depotinhaber, so daß Verluste im Normalfall nicht zu einer Haftung des Vermögensverwalters führen, den gleichwohl Sorgfaltspflichten treffen.

a) Anlagepolitik:
Es ist Aufgabe des Vermögensverwalters, gemeinsam mit dem Anleger auf der Grundlage der jeweiligen Vermögensverhältnisse Anlageziele zu definieren und eine angemessene Anlagepolitik abzuleiten. Schadensersatzansprüche gegen einen Vermögensverwalter sind dann gegeben, wenn er eine für den Anleger ungeeignete Anlagepolitik verfolgt. So ist etwa zu differenzieren zwischen vermögenden Anlegern, die Verluste aus spekulativen Geschäften weniger hart treffen als Anleger, die darauf angewiesen sind, laufende Erträge aus einer Vermögensanlage zur Bestreitung ihres Unterhalts zu erwirtschaften. Letzteren darf regelmäßig eine spekulative Anlagestrategie nicht empfohlen werden, will sich der Vermögensverwalter nicht dem Risiko von Schadensersatzansprüchen aussetzen.

b) Risiko:
Ein Vermögensverwalter hat sich ausnahmslos an die mit dem Anleger vereinbarte Risikostufe zu halten. Ist etwa eine "konservative Anlagepolitik" vereinbart, "die auf Substanzsicherung und kontinuierlichen Wertzuwachs ausgerichtet ist", liegt ein zum Schadensersatz verpflichtender Verstoß des Vermögensverwalters vor, wenn überwiegend Standardaktien im Depot gehalten werden (OLG Düsseldorf vom 13.6.1990 - WM 1991, 94). In der vorliegenden Entscheidung war das Gericht der Ansicht, daß eine Beimischung von Standardaktien nur bis zur Höhe von 30 % des Depotwertes hätte erfolgen dürfen.

c) Risikostreuung:
Schadensersatzansprüche gegen einen Vermögensverwalter sind auch denkbar, wenn dieser Grundsätze der Risikostreuung mißachtet.

3123 Abwicklung von Effektengeschäften

Gegenseitige Verträge erfordern gegenseitige Rücksichtnahme und die Verpflichtung der Vertragsparteien, wechselseitige Vermögensinteressen zu wahren. Demgemäß hat eine Bank bei der Abwicklung von Effektengeschäften nachfolgende Grundsätze zu berücksichtigen:

a) Klare Vereinbarungen:
Grundlage von Effektengeschäften sollen stets klare Vereinbarungen sein, die keine Zweifel aufkommen lassen. Soweit der Anleger eine unlimitierte Order erteilt, hat der Erwerb regelmäßig billigst zu erfolgen.

b) Weisungen:
Bei der Abwicklung von Wertpapiergeschäften sind Weisungen des Anlegers streng zu berücksichtigen. Denkbar sind Schadensersatzansprüche deshalb schon dann, wenn der Anleger den Erwerb von ausländischen Investmentanteilen mit quartalsmäßiger Gewinnausschüttung wünscht und stattdessen Anteile mit jährlicher Ausschüttung erworben werden. So hat der BGH eine Bank in einem solchen Falle zum Schadensersatz verurteilt (BGH vom 15.12.1975 - WM 1976, 630). Auch die Mißachtung von vereinbarten Stop-Loss-Orders führt zum Schadensersatz, wenn dadurch der rechtzeitige Verkauf versäumt wird (BGH vom 11.5.1981 - WM 1981, 712).

c) Allgemeines:
Nach dem Erwerb von Wertpapieren ist eine Bank im Rahmen eines Verwahrungsvertrages nicht verpflichtet, den Anleger über den Kursverlauf oder Umstände, die geeignet sind, den Kurs zu beeinflussen, unaufgefordert zu unterrichten. Anderes gilt, sofern die Unterrichtungspflicht zum Gegenstand des Verwahrungsvertrages gemacht wurde. Die Sorgfalt der ausführenden Bank muß sich an der Schutzbedürftigkeit des konkreten Anlegers orientieren. Erkennbar unerfahrene Kunden sind über Risiken aufzuklären und im Bedarfsfalle vor dem Eingehen risikoreicher Geschäfte zu warnen. Dadurch soll dem Anleger nicht das Risiko künftiger Entwicklungen abgenommen werden. Ziel der Aufklärung soll jedoch sein, dem Anleger ein zutreffendes Bild über immanente Risiken zu zeichnen.

3124 Allgemeine und spezialgesetzliche Prospekthaftung

Häufig werden Kapitalanlagen auch mittels Prospekten angeboten. Derartige Prospekte können ebenfalls Grundlage von Ansprüchen geschädigter Anleger sein. Die **zivilrechtliche Prospekthaftung** beruht auf dem rechtlichen Institut des **Verschuldens bei Vertragsverhandlungen** und ist eine Schöpfung der Rechtsprechung, die vom dogmatischen Ansatzpunkt her kritisiert wurde, im Ergebnis aber allgemein anerkannt ist (H. D. Assmann, Prospekthaftung (1985)).

a) Allgemeine Prospekthaftung

Entwickelt wurde die "allgemeine" Prospekthaftung von der Rechtsprechung in Anlehnung an spezielle gesetzliche Vorschriften der §§ 45, 46 BörsG, §§ 19, 20 KAGG und § 12 AuslInvestmG als **eigenständige Anspruchsgrundlage** (BGH vom 24.4.1978 - BGHZ 71, 284; BGH vom 16.11.1978 - BGHZ 72, 382; BGH vom 26.9.1991 - BGHZ 115, 217). Nach der Rechtsprechung des Bundesgerichtshofs bildet ein Prospekt eine wesentliche Entscheidungsgrundlage für den interessierten Kapitalanleger und muß deshalb alle für die Entschließung des Anlegers wesentlichen Angaben enthalten (BGH vom 13.3.1980 - BGHZ 76, 231; BGH vom 25.5.1980 - BGHZ 77, 172; LG Frankfurt vom 6.10.1992 - WM 1992, 1770).

Hinsichtlich des Prospektinhalts sind zwei Postulate zu erheben:

- Richtigkeit und
- Vollständigkeit.

Inwieweit diesen Anforderungen genügt wird, ist stets eine Frage des Einzelfalls. Hinweise, welche Angaben in der Regel in einem Prospekt enthalten sein müssen, geben die Grundsätze ordnungsgemäßer Durchführung von Prospektprüfungen des wirtschaftswissenschaftlichen Fachausschusses im Institut der Wirtschaftsprüfer (sogenannte IdW-Richtlinien 1/1987). Die Deutsche Finanzdienstleistungs-Institut DFI GmbH, Oberursel, hat darüber hinaus einen "Prospektinhaltskatalog" entwickelt, der zwischenzeitlich eine weite Verbreitung gefunden hat und auf dem Wege ist, "Branchen-Standard" zu werden.

Die Beurteilung der Frage, ob ein Prospekt vollständig und richtig ist, richtet sich auch danach, welcher Adressatenkreis angesprochen wird. Kapitalanlagen werden regelmäßig keinem bestimmten Personenkreis, der etwa eine besondere Fach- oder Sachkunde besitzt, sondern der Allgemeinheit angeboten. Zu Recht wird deshalb der jeweilige Prospektinhalt als marktbezogene öffentliche Erklärung angesehen. Aus diesem Grund muß der **Prospektinhalt** so verständlich sein, daß er **vom Durchschnittsbürger bzw. vom durchschnittlichen Anleger verstanden werden kann**, wobei die Sprache jedoch fachbezogen sein darf.

Es entspricht der allgemeinen Meinung, daß der **Prospektinhalt zum Zeitpunkt der Herausgabe richtig und vollständig sein muß**. Üblicherweise kann einem Haftungsadressaten nicht zugemutet werden, alle bei einer Abwicklung denkbaren Risiken zu prognostizieren. Die Rechtsprechung stellt regelmäßig darauf ab, ob eine negative Entwicklung der Kapitalanlage im Zeitpunkt der Prospektherausgabe bei gehöriger Sorgfalt erkennbar war oder nicht. Nur wenn letzteres der Fall ist, scheiden diesbezüglich Ansprüche aus.

Der Kreis der Haftungsadressaten bei der Prospekthaftung ist groß. Vorliegend ist von Bedeutung, daß die Rechtsprechung in einer Vielzahl von Entscheidungen klargestellt hat, daß auch Anlagevermittler und/oder Anlageberater zum Kreis potentiell Anspruchsverpflichteter zu zählen sind (BGH vom 10.4.1978 - WM 1978, 611; BGH vom 25.11.1981 - WM 1982, 90; BGH vom 12.2.1986 - WM 1986, 517; BGH vom 31.3.1992 - NJW 1992, 879; BGH vom 16.6.1992 - NJW 1992, 2149). Je nach Ausgestaltung der dem Vermittler/Berater obliegenden Verpflichtungen orientiert sich dessen Haftung.

Im Falle einer "einfachen" Vermittlungstätigkeit wird der Vermittler für die Richtigkeit und Vollständigkeit eines Prospektes dann nicht einzustehen haben, wenn er seine Kunden darauf hinweist, daß er die Richtigkeit und Vollständigkeit des Prospekts nicht überprüft hat und sich Prospektangaben demgemäß auch nicht zu eigen machen kann. Etwas anderes gilt bereits dann, wenn der Vermittler besondere Erfahrung oder Sachkunde für sich in Anspruch nimmt. Dann wird man von ihm fordern müssen, einen Prospekt zumindest auf Plausibilität zu untersuchen und zu überprüfen, ob der Kapitalanlage ggf. immanente Risiken auch dargestellt sind. Dies gilt um so mehr beim Anlageberater und insbesondere dann, wenn im Zusammenhang mit der Beratungstätigkeit auch persönliches Vertrauen in Anspruch genommen wird. In diesem Fall hat der Anlageberater regelmäßig für die Richtigkeit und Vollständigkeit von Prospektangaben einzustehen, wenn er diese zur Grundlage seiner Beratungstätigkeit macht.

b) Spezialgesetzliche Prospekthaftung

Prospekthaftungsansprüche sind hinsichtlich verschiedener spezieller Kapitalanlagen darüber hinaus auch spezialgesetzlich geregelt.

1) §§ 45, 46 BörsG
Sind in einem Prospekt, aufgrund dessen Wertpapiere zum Börsenhandel zugelassen sind, Angaben, welche für die Beurteilung des Werts erheblich sind, unrichtig, so haften diejenigen, die den Prospekt erlassen haben, sowie diejenigen, von denen der Erlaß des Prospekts ausgeht, wenn sie die Unrichtigkeit erkannt haben oder ohne ein grobes Verschulden erkennen hätten müssen. Gleiches gilt, wenn der Prospekt infolge Fortlassung wesentlicher Tatsachen unvollständig ist und die Unvollständigkeit auf börslichem Verschweigen bzw. böslichem Unterlassen beruht. Die Vorschrift des § 45 BörsG ist in vielen Einzelpunkten veraltet. So wird in der Regel der Anlagevermittler/-berater einen solchen Prospekt nicht "erlassen", d.h. herausgegeben haben.

Die neuere Rechtsprechung (BGH vom 12.7.1982 - NJW 1984, 2823; OLG Düsseldorf vom 5.4.1984 - WM 1984, 592) bemüht sich um Aktualisierung. Für die Richtigkeit des Prospekts ist danach, außer den Einzeltatsachen, der dem (nicht besonders sachkundigen) Durchschnittsanleger vermittelte Gesamteindruck entscheidend. §§ 45, 46 BörsG haben im Hinblick auf das im Zuge der Rechtsvereinheitlichung auf dem Europäischen Kapitalmarkt in Kraft getretene **Wertpapierverkaufsprospektgesetz** und die **Wertpapierverkaufsprospektverordnung** weiter an Bedeutung gewonnen. Werden danach Wertpapiere angeboten, ohne daß ein Verkaufsprospekt vorliegt, kann gegen den Anbieter eine Geldbuße bis zur Höhe von DM 50.000,- verhängt werden. Enthalten Prospekte unrichtige oder unvollständige Angaben, führt dies nach § 13 Wertpapierverkaufsprospektgesetz in Verbindung mit §§ 45, 46 BörsG zum Schadensersatz.

Neben der börsenrechtlichen Prospekthaftung steht jedoch die allgemeine Prospekthaftung, die in soweit erheblich weiter geht und spezialgesetzliche Vorschriften des Börsengesetzes ergänzt.

2) § 20 KAGG
Nach § 1 des Gesetzes über Kapitalanlagegesellschaften (KAGG) handelt es sich um solche Unternehmen, deren Geschäftsbereich darauf gerichtet ist, bei ihnen angelegtes Geld im eigenen Namen für gemeinschaftliche Rechnung der Einleger in Wertpapieren oder Grundstücken sowie Erbbaurechten gesondert vom eigenen Vermögen anzulegen und über die sich hieraus ergebenden Rechte der Einleger (Anteilinhaber) Urkunden (Anteilscheine) auszustellen.

Bei einem derartigen Angebot besteht eine Prospektpflicht. Der Verkaufsprospekt muß alle Angaben enthalten, die im Zeitpunkt des Erwerbs für die Beurteilung der Anteilscheine von wesentlicher Bedeutung sind. Hierzu gehören nicht nur Angaben über die Firma, Rechtsform, Sitz und Eigenkapital der Kapitalanlagegesellschaft, sondern auch ein Rechenschaftsbericht, dessen Stichtag nicht länger als 15 Monate zurückliegen darf und, wenn der Stichtag länger als 9 Monate zurückliegt, auch ein Halbjahresbericht.

3) § 12 AuslInvestmG
Auch das Gesetz über den Vertrieb ausländischer Investmentanteile und über die Besteuerung der Erträge aus ausländischen Investmentanteilen (AuslInvestmG) enthält eine Prospektpflicht. Sind in einem Verkaufsprospekt Angaben, die für die Beurteilung der ausländischen Investmentanteile von wesentlicher Bedeutung sind, unrichtig oder unvollständig, kann derjenige, der aufgrund des Verkaufsprospektes Investmentanteile gekauft hat, die Übernahme der Investmentanteile gegen Erstattung des von ihm bezahlten Betrages verlangen.

3125 Deliktsrechtliche Haftung

Neben den vorstehend skizzierten Ansprüchen aus Verstoß gegen Auskunfts- oder Beratervertrag, aus Verschulden bei Vertragsverhandlungen oder Prospekthaftung sind auch **Ansprüche aus unerlaubter Handlung** denkbar. Danach kämen etwa Ansprüche gem. § 823 Abs. 2 BGB i.V. m. Schutzgesetz in Betracht, wenn das Vermögen eines anderen unter Verletzung eines Schutzgesetzes geschädigt wurde. Schutzgesetze sind u.a. alle Normen des Strafrechts, die zumindest auch dem Schutz des einzelnen dienen. In diesem Zusammenhang relevant können sein § 263 StGB (Betrug), § 266 StGB (Untreue), § 264a StGB (Kapitalanlagebetrug) u.a.m.

Letztlich ist auch auf **Ansprüche aus vorsätzlich sittenwidriger Schädigung** nach § 826 BGB zu verweisen. Gerade in der letzten Zeit haben die Gerichte diese Vorschrift zunehmend im Bereich von Warentermingeschäften angewandt und einen sehr strengen Maßstab an den Umfang von Aufklärungspflichten angelegt. In diesem Zusammenhang wurde es z.B. nicht als ausreichend angesehen, in Prospekten etwa auf das Risiko eines Totalverlustes hinzuweisen. So hat der BGH in diesem Zusammenhang wiederholt entschieden, daß ein gewerblicher Vermittler von Londoner Warenterminoptionen, die gegen eine Inklusivprämie verkauft werden, aufgrund eines vorvertraglichen Vertrauensverhältnisses verpflichtet ist, dem Kaufinteressenten die Londoner Optionsprämie zu nennen und auf ihre Bedeutung und die wirtschaftlichen Zusammenhänge hinzuweisen (BGH vom 16.2.1981 - BGHZ 80, 80; OLG München vom 5.4.1989 - KaRS 1990, 491; BGH vom 6.6.1991 - NJW-RR 1991, 1243). Ebenso ist etwa auch Aufklärung darüber zu fordern, daß jeder Aufschlag auf die am Markt geforderte Prämie die Gewinnchancen des Investors mindert (BGH vom 5.4.1984 - NJW 1986, 123; OLG Düsseldorf vom 5.12.1989 - KaRS 1990, 206).

313 Strafrecht

3131 § 263 StGB (Betrug)

Beim Betrug verschafft sich der Täter einen rechtswidrigen Vermögensvorteil dadurch, indem er eine Täuschungshandlung vornimmt, die beim Getäuschten einen Irrtum hervorruft und zu einer Vermögensverfügung Veranlassung gibt, die das Vermögen schädigt.

3132 § 266 StGB (Untreue)

Den Tatbestand der Untreue erfüllt, wer durch vorsätzliches Handeln die Pflicht zur Betreuung fremder Vermögensinteressen verletzt und dadurch dem anderen einen Nachteil zufügt. Die Vorschrift beinhaltet mithin zwei verschiedene Handlungsalternativen, nämlich den Mißbrauch- und den Treuebruchtatbestand.

3133 § 264a StGB (Kapitalanlagebetrug)

Die Anwendung der beiden vorstehenden Vorschriften hat in der Praxis wegen ihrer Komplexität teilweise Schwierigkeiten bereitet. Das 2. Gesetz zur Bekämpfung der Wirtschaftskriminalität hat deshalb das Inkrafttreten einer weiteren Strafvorschrift, des § 264a StGHB, zum 1.8.1986 gebracht. Darin wird eine **Täuschungshandlung durch falsche, vorteilhafte Angaben oder das Verschweigen nachteiliger Tatsachen in Prospekt oder Darstellungen oder Übersichten über den Vermögensstand** im Zusammenhang mit dem Vertrieb von Wertpapieren, Bezugsrechten oder von Anteilen, die eine Beteiligung an dem Ergebnis eines Unternehmens gewähren sollen, unter Strafe gestellt.

Sanktioniert wird also "massenhafter" Vertrieb mit Prospekten oder ähnlichen Verbreitungsmethoden. Zur Darstellung zählen auch solche auf Bild- und Tonträgern, namentlich auch Btx oder Werbefilme (W. Schmidt-Lademann: Neuer Straftatbestand (1987), S. 99). Nach Ganderath (Das zweite Gesetz (1986), S. 6) soll unter den Begriff der Darstellung auch mündlicher Vortrag einzuordnen sein, so daß in Einzelfällen Telefonaktionen von § 264a StGB erfaßt sein können. Als Täter kommt jeder in Frage, der die Angaben macht. Dazu zählen Anlagevermittler ebenso wie Anlageberater.

Mit der Einführung von § 264a StGB hat der Gesetzgeber einen entscheidenden Schritt zur Verbesserung des Anlegerschutzes getan. Da eine **Strafbarkeit bereits dann vorliegen kann, wenn ein Schaden nicht oder noch nicht eingetreten** ist, sind potentiell Betroffene gezwungen, im Vorfeld, d.h. also, bevor die Investitionsentscheidung des Anlegers getroffen wird, richtig und vollständig aufzuklären.

3134 § 4 UWG (unwahre Werbung)

Im Zusammenhang mit § 264a StGB wurde häufig der Anwendungsbereich diskutiert. Einen gegenüber § 264a StGB weiteren Anwendungsbereich kennzeichnet die Vorschrift des § 4 UWG (Gesetz gegen den unlauteren Wettbewerb). Bei dieser Vorschrift handelt es sich um ein strafrechtliches Nebengesetz, das - schon wegen der geringen Strafdrohung von bis zu einem Jahr Freiheitsstrafe - in der Praxis bisher keine große Rolle gespielt hat. Nach § 4 UWG ist strafbar, wer in der Absicht, den Anschein eines besonders günstigen Angebots hervorzurufen, in öffentlichen Bekanntmachungen oder in Mitteilungen, die für einen größeren Kreis von Personen bestimmt sind, über geschäftliche Verhältnisse wissentlich unwahre und zur Irreführung geeignete Angaben macht.

§ 4 UWG behandelt mithin die **strafrechtlichen Folgen unwahrer Werbung**. Auf den ersten Blick fällt demgemäß das Verschweigen anlagerelevanter Tatsachen nicht unter diese Strafdrohung. Dem ist jedoch nicht so. Auch durch Verschweigen eines wesentlichen Umstandes kann eine Angabe unwahr werden. Wer durch Weglassung wesentlicher Umstände eine unwahre Angabe macht, handelt in der Regel primär durch positives Tun. Das Unterlassungselement tritt zurück (Kammergericht Berlin, GR 73, 601).

Freilich erfordert eine Strafbarkeit nach § 4 UWG einen doppelten Vorsatz. Zum Nachweis der Absicht, den falschen Eindruck eines besonders günstigen Angebots hervorzurufen, genügt regelmäßig das Bewußtsein des Täters, seine unwahre Bekanntmachung könne als besonders günstiges Angebot gesehen werden. Hieraus erfolgt der Zweck, eine solche Auffassung hervorzurufen. Bedingter Vorsatz reicht diesbezüglich also nicht aus. Ausreichend ist der bedingte Vorsatz jedoch, soweit die Kenntnis des Täters unwahre und zur Irreführung geeignete Angaben betrifft.

3135 § 89 BörsG (Verleitung zur Börsenspekulation)

Die Strafdrohung des § 89 BörsG trifft denjenigen, der **andere unter Ausnutzung ihrer Unerfahrenheit zu Börsenspekulationsgeschäften verleitet**. § 89 BörsG findet auch auf solche Spekulationsgeschäfte Anwendung, die nicht an der Börse stattfinden oder mit einem Terminmarkt an der Börse in Verbindung stehen. Auch vorgetäuschte Börsenspekulationsgeschäfte werden von der Strafdrohung erfaßt. Ausreichend ist, daß Geschäfte darauf gerichtet sind, aufgrund intertemporärer Preisunterschiede Gewinn zu erzielen. In der amtlichen Begründung des Deutschen Bundestages (Bundestagsdrucksache 10/318) ist klargestellt, daß **Hedge-Geschäfte nicht** mehr vom Begriff "Börsenspekulationsgeschäft" erfaßt werden.

314 Sonstige gesetzliche Vorschriften

3141 § 13a UWG (Rücktrittsrecht)

Am 1.1.1987 neu in das UWG eingefügt wurde § 13a. Dieser sieht ein **Rücktrittsrecht** eines Abnehmers vor, wenn er durch eine unwahre und zur Irreführung geeignete Werbeangabe im Sinne von § 4 UWG, die für den Personenkreis, an die sie sich richtet, für den Abschluß von Verträgen wesentlich ist, zur Abnahme bestimmt worden ist. Nach der amtlichen Begründung ist als Werbeangabe jede Angabe zu verstehen, die für den Vertragsschluß wesentliche Umstände enthält (Bundestagsdrucksache 10/4741, S. 18).

Nach seinem Wortlaut scheint § 13 UWG nur Warenabnehmer zu erfassen. Demgegenüber ergibt sich aus § 2 UWG, daß das Gesetz auch den lauteren Wettbewerb im Dienstleistungsbereich schützen will. Demgemäß sind auch Verträge über Dienstleistungen oder gesellschaftsrechtliche Beteiligungen von § 13a UWG umfaßt. Bei der Darstellung von unwahren und zur Irreführung geeigneten Eigenschaften eines Beteiligungsangebotes wäre demgemäß ein Rücktrittsrecht gegeben. Allgemeine Ausführungen, z.B. zur wirtschaftlichen Lage, die etwa den Eindruck vermitteln, ein Objekt verspreche Erfolg, sind von der Sanktion des § 13a UWG nicht umfaßt.

Ein Rücktrittsrecht besteht nicht nur dann, wenn die Angaben vom Veräußerer selbst stammen, sondern auch dann, wenn die Werbung mit der Angabe von einem Dritten ausgeht. In diesem Falle steht dem Abnehmer das Rücktrittsrecht dann zu, wenn der andere Vertragsteil (Veräußerer) die Unwahrheit der Angabe und die Eignung zur Irreführung kannte oder kennen mußte oder sich die Werbung mit dieser Angabe durch eigene Maßnahmen zu eigen gemacht hat. Entgegen dem ersten Anschein hat diese Regelung indes für Kapitalanlageangebote kaum Bedeutung. Der hier regelmäßig auftretende Vermittler ist nämlich nicht "Dritter" im Sinne des Gesetzes: seine Werbung wird dem Anbieter unmittelbar zugerechnet (R. Sack: Das Rücktrittsrecht (1987), S. 8).

3142 § 1 HausTWG (Widerrufsrecht)

Hierin hat das Gesetz zugunsten des Verbrauchers in § 1 Abs. 1 des Gesetzes über den Widerruf von Haustürgeschäften und ähnlichen Geschäften (HausTWG) ein **Widerrufsrecht** vorgesehen. Danach können Verträge von Kunden innerhalb einer Woche widerrufen werden, wenn diese zum Vertragsschluß durch mündliche Verhandlungen an ihrem Arbeitsplatz oder in ihrer Privatwohnung geworben wurden. Rechtstechnisch orientiert sich das Widerrufsrecht an §§ 1b) bis 1d) des Gesetzes über Abzahlungsgeschäfte (AbzG), das zum 1.1.1991 durch das Verbraucherkreditgesetz (VerbrKrG) abgelöst wurde, dessen § 7 den Widerrufsvorschriften des AbzG nachgebildet ist. Anders jedoch als das VerbrKrG erfaßt das HausTWG auch Dienst-, Werk- oder Maklerverträge jedweder Art, auch Bausparverträge oder Darlehensverträge (Palandt-Putzo: BGB, 48. Auflage (1989), vor § 1 Rn. 5 HausTWG).

Das Recht zum Widerruf setzt voraus, daß der **Vertragsschluß aufgrund einer mündlichen Verhandlung in der Privatwohnung oder am Arbeitsplatz** erfolgt ist. Ob auch telefonisch zustande gekommene Verträge - so die meisten Warentermingeschäfte - dem Attribut der mündlichen Verhandlung entsprechen, ist bisher noch nicht entschieden worden. Ulmer (Direktvertrieb Haustürwiderrufsgesetz (1986), S. 445, 450) geht davon aus, daß auch Telefongespräche als mündliche Verhandlungen unter das HausTWG fallen. Nach überwiegender Ansicht fallen Telefonate jedoch nicht in den Anwendungsbereich des HausTWG. Dies wird damit begründet, daß der psychische Druck auf die Entschließungsfreiheit des Kunden bei persönlicher Anwesenheit erheblich größer ist als am Telefon. So äußert sich auch die amtliche Begründung zur Einführung des Gesetzes (Bundestagsdrucksache 10/2876).

Als **Widerrufsfrist** nennt § 1 Abs. 1 HausTWG eine Woche seit Vertragsschluß. Diese Frist gilt jedoch nur, wenn der Anleger eine drucktechnisch deutlich gestaltete schriftliche Belehrung über sein Recht zum Widerruf einschließlich Namen und Anschrift des Widerrufsempfängers ausgehändigt erhalten hat. Unterbleibt eine solche Widerrufsbelehrung, erlischt das Widerrufsrecht des Kunden erst einen Monat nach beiderseits vollständiger Erbringung der Leistung. Dies kann - insbesondere dann, wenn eine Einlage über Jahre in Raten zu erbringen ist - von Bedeutung sein.

Erfüllt ein Geschäft i.S. von § 1 Abs. 1 HausTWG zugleich die Voraussetzungen eines Geschäfts nach dem VerbrKrG, nach § 11 AuslInvestmG oder § 23 KAGG, sind die Widerrufsvorschriften dieser Gesetze anzuwenden (§ 5 Abs. 2 HausTWG). Ein Widerrufsrecht ist ausgeschlossen, wenn der Besuch des Vermittlers auf eine vorherige Bestellung des Kunden zurückzuführen ist (§ 1 Abs. 2 Nr. 1 HausTWG).

315 Zusammenfassung

Bei der Empfehlung von Kapitalanlagen treffen den Vermittler/Berater weitgehende Aufklärungs- und Sorgfaltspflichten. Ein Verstoß hiergegen kann zu Ansprüchen geschädigter Anleger gegen den Vermittler/Berater selbst, wenn die Beratung im Namen von Dritten, z.B. also auch im Namen eines Dienstherren erfolgt, zu Ansprüchen gegen diesen führen. Der Umfang dieser Verpflichtungen richtet sich stets nach dem Einzelfall. Er ist an der Aufklärungsbedürftigkeit des jeweiligen Anlegers zu orientieren.

Neben zivilrechtlichen Konsequenzen kann ein Verstoß gegen derartige Verpflichtungen auch zu strafrechtlichen Sanktionen führen.

Falsche und irreführende Angaben können im übrigen auch unter bestimmten Voraussetzungen zum Rücktritt berechtigen. Eine Berechtigung zum Rücktritt kann sich auch dann ergeben, wenn der Vertragsabschluß ohne vorherige Bestellung in Privaträumen oder am Arbeitsplatz erfolgt ist.

32 Steuerliche Aspekte der privaten Vermögensplanung

321 Systematisierung

Das Schwergewicht der folgenden Ausführungen liegt auf einkommensteuerlichen Aspekten der privaten Vermögensplanung (Abschnitte 321 bis 325). Auf die vermögensteuerliche Behandlung des privaten Effektenbesitzes wird kurz in Abschnitt 326 eingegangen.

Das deutsche Einkommensteuergesetz unterteilt die zu versteuernden Einkünfte in zwei Gruppen:

1. **Gewinneinkünfte** (§ 2 Abs. 2 Nr. 1 EStG). Dazu zählen Einkünfte aus Land- und Forstwirtschaft, Gewerbebetrieb und selbständiger Arbeit.
2. **Überschußeinkünfte** (§2 Abs. 2 Nr. 2 EStG), d.h. Überschüsse der Einnahmen über die Werbungskosten. Dazu zählen Einkünfte aus nichtselbständiger Arbeit, aus Kapitalvermögen, aus Vermietung und Verpachtung sowie sonstige Einkünfte i.S. des § 22 EStG.

Die Gewinneinkünfte orientieren sich an der **Reinvermögenszugangstheorie**, die Überschußeinkünfte hingegen an der **Quellentheorie**. Keine der beiden Theorien hat sich also als "rechtsdogmatisches Konzept für alle Einkunftsarten"[1] durchgesetzt.[2] Vielmehr wurde vom Gesetzgeber in § 2 EStG eine pragmatisch orientierte, abschließende Aufzählung von **sieben Einkunftsarten** gewählt. Da die Quellentheorie und nicht die Reinvermögenszugangstheorie Grundlage der Besteuerung der Einkünfte aus Kapitalvermögen geworden ist, sind **Vermögensmehrungen nur dann als Einkünfte aus Kapitalvermögen steuerbar, wenn sie aus einer Nutzungsgewährung resultieren**. Diese liegt vor, wenn der Nutzwert des Kapitals temporär auf den Schuldner übertragen wird und das Kapital beim Gläubiger für gerade diese Zeit ausscheidet. Wesentlich für das Entstehen von Einkünften aus Kapitalvermögen ist also der ursächliche Zusammenhang zwischen Nutzwertübergang und Entgelt.

---

1 K. Tipke / J. Lang: Steuerrecht (1994), S. 212.

2 Die Rechtsdogmatik **aller** Einkunftsarten wird durch die Markteinkommenstheorie bestimmt, nach der nur das am Markt erwirtschaftete Einkommen der Einkommensteuer unterworfen ist, m.a.W. "Einkünfte, die durch eine Erwerbstätigkeit mit der Absicht, einen Überschuß von Einnahmen / Erträgen über Aufwendungen zu erzielen, erwirtschaftet worden sind." K. Tipke / J. Lang: Steuerrecht (1994), S. 213.

Der Begriff **Einkünfte aus Kapitalvermögen** wurde vom Gesetzgeber nicht allgemein definiert. Dieser hat sich vielmehr im § 20 Abs. 1 und 2 EStG auf eine abschließende Aufzählung steuerpflichtiger Kapitalerträge beschränkt. Nach herrschender Meinung werden alle Einnahmen als Einkünfte aus Kapitalvermögen gemäß § 20 EStG behandelt, die der Gläubiger vom Schuldner über die Rückzahlung des Kapitalvermögens hinaus erhält und die sich daher als Nutzenentgelt für die Kapitalüberlassung darstellen lassen. **Die Kapitalüberlassung zur Nutzung ist somit Grundtatbestand des § 20 EStG**. Er beinhaltet eine Rückzahlungsgarantie des Kapitalvermögens zum Nominalwert.[3] Kapitalhergaben ohne diese Rückzahlungsgarantie erfüllen demnach nicht den Tatbestand des § 20 EStG. Bei Kapitalanlagen i.S. des § 20 Abs. 1 Nr. 1 EStG (Überlassung von Risikokapital) ist nach herrschender Meinung der Grundtatbestand der entgeltlichen Kapitalüberlassung zur Nutzung erfüllt, wenn die Nutzung auf das nominale Kapital bezogen wird.

Die gesamten erzielbaren Erfolge aus Kapitalvermögen teilen sich in zwei Sphären:

a) in Einkünfte aus Wertänderungen des Kapitalstamms und
b) in die Kapitalerträge (Einkünfte aus Kapitalvermögen).

Nur die **Früchte des Kapitals**, d.h. die **Kapitalerträge**, werden **durch § 20 EStG erfaßt**, während das Kapitalvermögen als solches lediglich eine Voraussetzung für die Anwendung des § 20 EStG darstellt. Die wertmäßige Höhe des Kapitalvermögens ist dabei irrelevant, da der Kapitalstamm der von der ESt nicht erfaßten Vermögenssphäre zugerechnet wird. Dennoch können Wertsteigerungen oder -minderungen des Kapitals und Gewinne oder Verluste aus Veräußerungen nach anderen Vorschriften der Besteuerung unterliegen. Möglich ist eine Erfassung als Einkünfte aus Gewerbebetrieb (§ 15 EStG), aus Veräußerung von Anteilen an Kapitalgesellschaften bei wesentlicher Beteiligung (§ 17 EStG) oder aus Spekulationsgeschäften (§ 23 EStG). Auf die Frage der gewerblichen Einkunftserzielung bzw. der Zuordnung von Kapitalvermögen in den unternehmerischen bzw. privaten Bereich wird daher in Abschnitt 322 und auf Probleme der Spekulationsgeschäfte sowie der Spekulationsfrist in Abschnitt 323 eingegangen.

Für die Besteuerung von Einkünften aus Kapitalvermögen ist § 2 Abs. 1 EStG in Verbindung mit § 20 EStG Rechtsgrundlage. Danach sind

---

[3] H. Häuselmann / T. Wiesebart: Erträge aus Finanzinnovationen (1993), S. 752.

- Einkünfte aus der Überlassung von Risikokapital (Abschnitt 3251) und
- Zinsen und Erträge aus Geldforderungen (Abschnitt 3252)

zu unterscheiden. § 20 EStG enthält jedoch lediglich eine nichterschöpfende Aufzählung wirtschaftlich und steuerlich bedeutsamer Kapitalanlagen, wobei die in § 20 Abs. 2 EStG neu eingefügte Nr. 4 die Umschreibung von steuerlich relevanten Veräußerungstatbeständen wesentlich erweitert hat. Wird das Kapitalvermögen allerdings unternehmerisch eingesetzt, so liegen nach § 20 Abs. 3 EStG keine Einkünfte aus Kapitalvermögen vor, sondern die Einkünfte sind denjenigen aus Land- und Forstwirtschaft, aus Gewerbebetrieb, selbständiger Arbeit oder aus Vermietung und Verpachtung zuzurechnen, je nachdem, zu welcher dieser Einkunftsarten die Erträge gehören.

Da der Begriff der Einkünfte aus Kapitalvermögen vom Gesetzgeber nicht umfassend definiert wird, bleibt es der Fantasie und Kreativität von Finanzexperten freigestellt, immer neue "**Finanzinnovationen**" zu erfinden, die eine **Umgehung der Steuerpflicht oder Stundung der Steuerschuld** ermöglichen.[4] Nach dem Scheitern der Einführung einer deutschen Quellensteuer im Jahre 1989 wurde zur Durchsetzung der durch das Urteil des Bundesverfassungsgerichtes vom 27.6.1991 (BStBl. II 1991, S. 652) geforderten Steuergerechtigkeit zum 1.1.1993 der sog. Zinsabschlag eingeführt, auf den im Abschnitt 324 eingegangen wird. In seiner Einführung wird oft eine weitere Motivation für ein umfangreiches Angebot neuer oder neu belebter Kapitalanlagemodelle gesehen. Im Wesentlichen beinhalten diese Finanzinnovationen den **Versuch, wirtschaftliche Vorteile aus der steuerpflichtigen Ertragssphäre in die nicht steuerpflichtige Vermögenssphäre des Investors zu verlagern.**[5] Um dieser Entwicklung entgegenzuwirken, wurden mit dem Mißbrauchsbekämpfungs- und Steuerbereinigungsgesetz (StMBG) vom 21.12.1993 (BGBl. I 1993, S. 2310 = BStBl. I 1994, S. 50) steuerliche Neuregelungen für Finanzinnovationen gefunden, die in Abschnitt 3253 behandelt werden.

322 Effektenanlagen im Betriebs- versus im Privatvermögen

Betriebs- und Privatsphäre sind zwei steuerlich getrennt zu behandelnde

---

[4] J. Giloy: Zur Besteuerung von Kapitalanlagen (1992), S. 607.

[5] V. Sarrazin: Bekämpfung unerwünschter Steuergestaltungen (1994), S. 289-295.

Bereiche. Ein Kaufmann kann also Effekten[6], die zu seinem Privatvermögen gehören, in sein Betriebsvermögen überführen und umgekehrt. Das ESt-Recht beläßt bei der Zurechnung von Effekten zum Betriebs- oder Privatvermögen einen relativ weiten Spielraum, so daß die zweckmäßige Ausnutzung der sich hierbei ergebenden Möglichkeiten zu beträchtlichen Steuereinsparungen führen kann. Für **Effekten des Betriebsvermögens**[7] gelten verschiedene Bewertungsmaßstäbe, die dazu führen, daß sich Kursschwankungen steuerlich auswirken können bzw. müssen.[8] Ein daraus resultieren-

---

6 Die folgenden Ausführungen beziehen sich auf **Effekten,** also auf fungible, am Kapitalmarkt, insbesondere an Wertpapierbörsen gehandelte, vertretbare Kapitalwertpapiere, speziell Aktien und Anleihen. Zu den Effekten zählen hingegen nicht Geld- und Warenwertpapiere.

7 Effekten, die ausschließlich und unmittelbar betrieblichen Zwecken dienen, gehören stets zum **notwendigen Betriebsvermögen**. Dazu zählen z.B. Schachtelbeteiligungen an Unternehmen der gleichen Branche, um Einfluß nehmen zu können. Zum notwendigen Betriebsvermögen gehören in der Regel aber auch Beteiligungen an Personen- und Kapitalgesellschaften, wenn dadurch die Förderung des eigenen Unternehmens bezweckt wird. Andererseits gehören Effekten (außer bei Kapitalgesellschaften) nicht allein schon deshalb zum notwendigen Betriebsvermögen, weil sie mit betrieblichen Mitteln erworben wurden oder zur Sicherung betrieblicher Kredite dienen. Effekten, die nicht notwendiger Weise als Betriebsvermögen gelten, können als **gewillkürtes Betriebsvermögen** in der Bilanz ausgewiesen werden, wenn sie in einem gewissen objektiven Zusammenhang mit dem Betrieb stehen und ihm zu dienen oder zu fördern bestimmt und geeignet sind. Das gilt z.B. für aus Betriebsmitteln erworbene Effekten, die im Betriebsvermögen belassen werden. Entsprechendes gilt bei der Einlage von Effekten, wenn sie zur Finanzierung der Anschaffung von Betriebsgegenständen dienen oder das Betriebsvermögen aus anderen Gründen stärken sollen. Desgleichen können zur Besicherung von Betriebskrediten verpfändete Effekten als gewillkürtes Betriebsvermögen behandelt werden. Zur Bildung von gewillkürtem Betriebsvermögen ist allerdings eine eindeutige Behandlung erforderlich, wobei die buchmäßige Behandlung der wichtigste Anhaltspunkt ist: Die Gewinnermittlung muß durch Betriebsvermögensvergleich (Bilanzierung) erfolgen.

8 Effekten des Betriebsvermögens sind für steuerliche Zwecke zunächst mit den Anschaffungskosten anzusetzen, gleichgültig, ob sie zum Anlage- oder Umlaufvermögen gehören. Die Anschaffungskosten umfassen dabei sowohl den bezahlten Kurswert, als auch die Nebenkosten des Erwerbes, insbesondere die Provisionen und Maklergebühren. Anstelle der ursprünglichen Anschaffungskosten kann bei gesunkenem Börsenkurs der niedrigere Teilwert angesetzt werden. Beim Anlagevermögen besteht ein Zwang zur Abschreibung auf den niedrigeren Teilwert (beizulegender Wert) erst dann, wenn die Wertminderung nach den Verhältnissen am Bilanzstichtag voraussichtlich von Dauer ist (§ 253 Abs. 2 Satz 3 HGB). Gehören die Effekten hingegen zum Umlaufvermögen, so sind die niedrigeren Kurswerte des Bilanzstichtages zwingend anzusetzen (§ 253 Abs. 3 HGB). Ein einmal angesetzter niedrigerer Wert darf dabei auch an zukünftigen Bilanzstichtagen beibehalten werden, selbst wenn die Gründe für die Teilwertabschreibung nicht mehr bestehen (§ 253 Abs. 5 HGB). Gegebenenfalls ist also die Bildung stiller Reserven möglich. Nach § 280 Abs. 1 HGB ist für Kapitalgesellschaften bei späteren

der **Veräußerungsgewinn** bzw. -verlust wirkt sich, unabhängig von der jeweiligen Besitzdauer, **stets erfolgswirksam** aus. Der Gewinn oder Verlust ist dabei die Differenz von Buchwert und Veräußerungserlös. Auf den Buchgewinn entfällt Gewerbeertrag- und Einkommen- bzw. Körperschaftsteuer. Veräußerungsgewinne bei **Effekten des Privatvermögens unterliegen nur dann der ESt, wenn** es sich um die Veräußerung von **wesentlichen Beteiligungen** (§ 17 EStG) **oder** um **Spekulationsgeschäfte** (vgl. Abschnitt 323) handelt. Ansonsten werden bei Effekten des Privatvermögens Wertänderungen grundsätzlich nicht von der ESt erfaßt.

Die **Entnahme von Effekten aus dem Betriebsvermögen** ist nicht möglich, wenn die Wertpapiere notwendiges Betriebsvermögen sind. Effekten des gewillkürten Betriebsvermögens können dagegen jederzeit entnommen werden. Es muß allerdings eine eindeutige Entnahmehandlung (Ausbuchung) vorliegen. Die Entnahme wirkt sich steuerlich in dem Zeitpunkt aus, in dem sie tatsächlich erfolgt, d.h. eine Rückbeziehung wird steuerlich grundsätzlich nicht anerkannt. **Beispiel**: Ein Steuerpflichtiger habe seinem Betrieb per Konto "Wertpapiere" vor mehreren Jahren Aktien zugeführt, die er für DM 400.000 gekauft und zu diesem Betrag zunächst auch bilanziert hat. In Anpassung an gefallene Kurse wurden die Aktien dann auf DM 250.000 abgeschrieben. Da der Börsenwert der Aktien inzwischen jedoch wieder auf DM 500.000 gestiegen ist, kann der Steuerpflichtige die Aktien nicht mehr zum Buchwert von DM 250.000 entnehmen. Er kann sie auch nicht zum Anschaffungswert, sondern er muß sie zum Teilwert am Entnahmezeitpunkt, d.h. zum Kurswert von DM 500.000, entnehmen. Dadurch ergibt sich aus steuerlicher Sicht eine Gewinn"realisierung" von DM 500.000 minus DM 250.000 = DM 250.000. Steuern werden also fällig, obwohl ein **konkreter Geldzufluß fehlt**. Umgekehrt entstehen natürlich steuerlich Verluste, wenn der Kurswert am Entnahmezeitpunkt unter dem Buchwert liegt. Die steuerlichen Konsequenzen von Entnahmen sind also rechtzeitig abzuwägen.

Kurswertsteigerungen der Wertpapiere ein Wertaufholungsgebot (Zuschreibungsgebot) vorgesehen, das gemäß § 280 Abs. 2 HGB allerdings zum Wahlrecht wird. Dort ist nämlich vorgesehen, daß von einer Zuschreibung abgesehen werden kann, wenn der niedrigere Wert bei der steuerlichen Gewinnermittlung beibehalten werden darf. Gemäß § 6 Abs. 1 Nr. 2 EStG besteht ein solches steuerliches Aufwertungswahlrecht für Wertpapiere des Anlage- und Umlaufvermögens, so daß handelsrechtlich das Zuschreibungsgebot ebenfalls zum Wahlrecht wird, das z.B. die Legung stiller Reserven oder sonstige bilanztaktische Maßnahmen ermöglicht. Die ursprünglichen Anschaffungskosten dürfen bei einer Zuschreibung allerdings nicht überschritten werden, d.h. die Zuschreibung darf höchstens mit dem Betrag der früheren Abschreibung erfolgen.

Bei **Einbringung von Effekten aus dem Privatvermögen in das Betriebsvermögen** sind diese ebenfalls mit dem Teilwert zum Zeitpunkt der Überführung in das Betriebsvermögen, d.h. in der Regel zum Kurswert, anzusetzen. Davon gibt es zwei Ausnahmeregelungen:

1. Wirtschaftsgüter, die innerhalb der letzten **drei Jahre** vor dem Zeitpunkt der Einlage angeschafft wurden und
2. Anteile an Kapitalgesellschaften, deren Nennbetrag zusammen mit den übrigen Anteilen des Steuerpflichtigen mindestens 25 % des Grund- bzw. Stammkapitals betragen.

Diese dürfen bei ihrer Einlage in das Betriebsvermögen höchstens mit den Anschaffungskosten angesetzt werden. Die beiden Ausnahmen sollen verhindern, daß etwa Wertpapiere im Privatvermögen in der Absicht einer späteren betrieblichen Verwendung angeschafft und nur deshalb nicht sofort dem Betriebsvermögen zugeführt werden, weil in nächster Zeit mit erheblichen Wertsteigerungen gerechnet wird. Zugleich wird vermieden, daß während der dreijährigen Zugehörigkeit der Wertpapiere zum Privatvermögen eingetretene Wertminderungen den Betriebsgewinn reduzieren, denn in diesem Fall muß mit dem niedrigeren Teilwert eingelegt werden. Der Gesetzgeber wollte damit Vorsorge dagegen treffen, daß Wertpapiere in mißbräuchlicher Ausnutzung betriebswirtschaftlicher Gestaltungsmöglichkeiten spekulativ zwischen Betriebs- und Privatvermögen hin- und hergeschoben werden. In die gleiche Richtung zielt, daß die betriebliche Veranlassung und damit die steuerliche Anerkennung der Einlage von Wertpapieren in das Betriebsvermögen ausgeschlossen ist, wenn bereits zum Zeitpunkt der Einlage erkennbar und wahrscheinlich war, daß die Einlage dem Betrieb keinen Nutzen, sondern nur Verluste bringen würde (BFH-Urteil vom 15.11.1978, BStBl. II 1979, S. 257).

323 Spekulationsgeschäfte

3231 Berechnung von Spekulationsgewinnen

Befinden sich Wertpapiere im Privatvermögen, so unterliegt im Falle des Verkaufs von Wertpapieren der Unterschied zwischen Anschaffungspreis und Verkaufserlös (Veräußerungsgewinn) nicht der Einkommensteuer. Ausgenommen davon sind die Veräußerung wesentlicher Beteiligungen i.S. des § 17 EStG und Spekulationsgeschäfte.

Spekulationsgeschäfte im Sinne des § 23 EStG liegen vor, wenn bei

Wertpapieren des Privatvermögens **zwischen Anschaffung und Veräußerung** des Wertpapiers **ein Zeitraum von nicht mehr als 6 Monaten** liegt. Sind auch Spekulationsverluste innerhalb einer 6-Monatsfrist entstanden, so dürfen diese mit den im gleichen Kalenderjahr erzielten Spekulationsgewinnen verrechnet werden. Liegen nur Spekulationsverluste vor oder sind diese höher als die erzielten Spekulationsgewinne, darf eine Minderung des steuerpflichtigen Einkommens nicht erfolgen. Die Spekulationsfrist von 6 Monaten gilt auch für Anteile an offenen Immobilienfonds und geschlossenen Immobilienfonds in der Rechtform einer KG. Der Veräußerungsgewinn mindert sich um die bei Anschaffung und Veräußerung entstehenden Kosten (Provisionen, Maklercourtage usw.), während sich ein Verlust um diese Aufwendungen erhöht. Bei Spekulationsgeschäften sind auch während der Besitzzeit aufgewendete Schuldzinsen als Werbungskosten berücksichtigungsfähig, wenn zum Erwerb der Papiere Kredite aufgenommen wurden, allerdings maximal bis zur Höhe der im Jahr erzielten Spekulationsgewinne.

Erfolg des Spekulationsgeschäftes (+ = Gewinn, – = Verlust)		steuerpflichtig bei	
Ehemann	Ehefrau	Ehemann	Ehefrau
+ 999	+ 999	0	0
+ 1.000	0	+ 1.000	0
+ 1.500	+ 400	+ 1.500	0
+ 2.000 – 1.100 + 900	+ 1.000	0	+ 1.000
– 900	+ 1.800	0	+ 1.800

Tab. 1: Freigrenzen bei Spekulationsgeschäften

Belaufen sich die Gewinne eines Steuerpflichtigen aus Spekulationsgeschäften im Kalenderjahr auf insgesamt weniger als DM 1.000, so bleiben sie steuerfrei. Übersteigen die Spekulationsgewinne die Grenze von DM 999,99, dann tritt eine volle Steuerpflicht ein, da es sich um eine **Freigrenze** und nicht um einen Freibetrag handelt. Erzielen Ehegatten Spekulationsgewinne, so steht die Freigrenze von DM 999,99 jedem der Ehegatten für seinen Spekulationsgewinn zu. Die Freigrenze erhöht sich also nicht generell auf DM 1.999. Die Tabelle 1 veranschaulicht die Auswirkungen der Freigrenze.

Weiterhin sind ggf. die **Sonderregelungen** bezüglich des **Emissionsdisagios beim Ersterwerb festverzinslicher Wertpapiere** zu beachten. Zur Regelung der Frage, wie bei der Emission festverzinslicher Wertpapiere der Ersterwerber einer zu einem unter ihren Nominalbetrag emittierten Anleihe steuerlich zu behandeln ist, wenn die Anleihe später zu einem höheren Kurs getilgt wird, hat das Bundesfinanzministerium mit Erlaß vom 24.11.1986 (BStBl. I 1986, S. 539), der durch das Urteil des BFH vom 13.10.1987 (BStBl. II 1988, S. 252) bestätigt wurde, eine Stellungnahme abgegeben, die im folgenden gekürzt widergegeben wird:

1. Ein bei der Emission eines festverzinslichen Wertpapiers gewährtes Disagio stellt einen Abschlag vom Nennwert dar, mit dem der Emittent vornehmlich auf eine Erhöhung des Kapitalmarktzinses in der Zeit zwischen dem Antrag auf Genehmigung der Emission und der Ausgabe der Emission auf dem Kapitalmarkt reagiert (sog. Feineinstellung des Zinses). Davon zu unterscheiden ist der Emissionsdiskont. Dieser Abschlag vom Nennwert beinhaltet wirtschaftlich ganz oder teilweise (wenn daneben ein deutlich unter dem Kapitalmarktzins für Wertpapiere gleicher Laufzeit liegender laufender Zins gewährt wird) den Ertrag des Wertpapiers, wenn dieses am Ende seiner Laufzeit zum Nennwert eingelöst wird (sog. Abzinsungspapier).

2. Für die einkommensteuerrechtliche Behandlung der genannten Abschläge und Unterschiedsbeträge bei den Einkünften aus Kapitalvermögen gilt bei festverzinslichen Wertpapieren, die zu einem Privatvermögen gehören, folgendes:

   a) Aufgrund seiner Funktion als Feineinstellung des Zinses stellt ein Emissionsdisagio grundsätzlich einen der Einkommensteuer zu unterwerfenden Kapitalertrag dar. Ebenso stellt ein Emissionsdiskont, da er wirtschaftlich ganz oder teilweise den Ertrag des Wertpapiers beinhaltet, grundsätzlich einen der Einkommensteuer zu unterwerfenden Kapitalertrag dar. Aus Vereinfachungsgründen wird ein Emissionsdisagio oder ein Emissiondiskont jedoch steuerlich nicht erfaßt, wenn diese folgende Prozentsätze des Nennwertes in Abhängigkeit von der Laufzeit nicht übersteigen:

Laufzeit	Disagio in v.H.
bis unter 2 Jahre	1
2 Jahre bis unter 4 Jahre	2
4 Jahre bis unter 6 Jahre	3
6 Jahre bis unter 8 Jahre	4
8 Jahre bis unter 10 Jahre	5
ab 10 Jahre	6

   Werden die oben genannten Vonhundertsätze überschritten, ist das gesamte Emissionsdisagio steuerpflichtig. Zur Berechnung des Kapitalertrages ist das BMF-Schreiben vom 24.01.1985 - IV B 4-S 2252 -4/85

(BStBl. I, 1985, S. 77) während der gesamten Laufzeit der Emission anzuwenden. Das gilt auch, wenn nach den Emissionsbedingungen ein Agio zum Nennwert, das bei der Rückzahlung des Kapitals gewährt wird, allein oder zusammen mit einem Emissionsdisagio die oben in Abhängigkeit von der Laufzeit genannten Vonhundertsätzen überschreitet.

Wird bei der Emission von festverzinslichen Wertpapieren dem Erwerber ein Abschlag vom Emissionskurs deshalb eingeräumt, weil er eine größere Menge von Wertpapieren erwirbt, handelt es sich insoweit stets um einen steuerpflichtigen besonderen Vorteil im Sinne des § 20 Abs. 2 Nr. 1 EStG.

b) Demgegenüber stellt der umlaufbedingte Unterschiedsbetrag zwischen Marktpreis und höherem Nennwert wirtschaftlich eine Abwertung des Kapitalstamms dar, der in der Regel durch eine seit dem Zeitpunkt der Emission eines festverzinslichen Wertpapiers eingetretene Steigerung des Kapitalmarktzinses bedingt ist. Der Unterschiedsbetrag gehört deshalb im Falle der Veräußerung oder bei Einlösung des Wertpapiers nicht zum Kapitalertrag, sondern zur einkommensteuerrechtlich unbeachtlichen Vermögensebene; dasselbe gilt für den Fall, daß der Marktpreis eines festverzinslichen Wertpapiers umlaufbedingt den Nennwert infolge einer seit dem Zeitpunkt der Emissison eingetretenen Senkung des Kapitalmarktzinses übersteigt.

3. Werden unverzinsliche Schatzanweisungen vor Einlösung durch die Bundesbank an einen Dritten veräußert, gehört der Diskont, der rechnerisch auf die Zeit entfällt, während der der Veräußerer die Titel gehalten hat, bei diesem zu den Einkünften aus Kapitalvermögen im Sinne des § 20 Abs. 1 Nr. 7 EStG. Veräußerungserlöse, die den rechnerisch auf die Zeit der Innehabung entfallenden Betrag über- oder unterschreiten, bleiben als der Vermögensebene zugehörige Beträge außer Ansatz.

Unabhängig von den gesetzlich geregelten Befreiungen liegt **kein steuerpflichtiges Spekulationsgeschäft** vor, wenn der Veräußerer die **Wertpapiere unentgeltlich**, etwa durch **Erbschaft** oder **Schenkung**, erworben hat. Jedoch muß der Erbe bzw. der Beschenkte das Datum der Anschaffung durch den Erblasser bzw. Schenker gegen sich gelten lassen: Ein bei der Veräußerung von geerbten Aktien erzielter Gewinn ist nur dann steuerfrei, wenn seit der Anschaffung durch den Erblasser (nicht seit dem Todestag) insgesamt mindestens 6 Monate verstrichen sind (entsprechendes gilt, wenn Wertpapiere aus dem Betriebsvermögen in das Privatvermögen des Steuerpflichtigen überführt werden). Hinsichtlich der Spekulationsfrist kommt es nur auf die **Gesamtbesitzdauer** an.

3232 Berechnung der Spekulationsfrist

Die Spekulationsfrist beträgt für Wertpapiere 6 Monate (§ 23 Abs. 1 Nr. 1b EStG). Sie beginnt mit dem rechtswirksamen Abschluß des schuldrechtlichen Vertrages und ist damit grundsätzlich unabhängig von dem Erfüllungszeitpunkt des Geschäftes, z.B. der Lieferung der Wertpapiere. Nach BGB kommt ein **Vertrag durch Angebot und dessen Annahme** zustande. In der Regel geht das Angebot zum Vertragsabschluß von einem Bankkunden aus. Das Kauf- bzw. Verkaufsangebot kann dabei mündlich am Bankschalter, telefonisch, schriftlich oder elektronisch erteilt werden.

Der Eingang des Kauf- bzw. Verkaufsauftrages bei dem Kreditinstitut ist allerdings noch nicht mit der Annahme des Angebotes zum Abschluß des Vertrages gleichzusetzen. Selbst wenn das Kreditinstitut den Auftrag ausgeführt hat (Schlußtag), ist noch kein rechtswirksamer Vertrag zustande gekommen, denn die Ausführung des Auftrages beinhaltet zwar eine Annahme des Vertragsangebotes des Kunden durch das Kreditinstitut, zur Entfaltung ihrer Rechtswirkungen bedarf die Vertragsannahme jedoch des Zugangs beim Kunden. Die Vertragsannahme durch das Kreditinstitut und damit der Kauf- bzw. Verkaufsvertrag wird daher erst mit dem **Zugang der Abrechnung beim Kunden wirksam**, es sei denn, der Kunde erfährt ausnahmsweise vorher, z.B. anläßlich eines Telefongespräches, daß sein Auftrag ausgeführt wurde. Im Rahmen der **Vermögensverwaltung** ist als Zeitpunkt des rechtswirksamen Zustandekommens des Kauf- bzw. Verkaufsvertrages allerdings der **Schlußtag maßgebend**, d.h. der Tag, an dem das Kreditinstitut den Auftrag ausgeführt hat. Bei der Vermögensverwaltung handelt es sich nämlich um eine Vollmachtsverwaltung für den Kunden, so daß der Vertrag bereits mit dem für den Kunden getätigten Kauf bzw. Verkauf wirksam zustande gekommen ist, ohne daß es noch des Zugangs einer Ausführungsanzeige beim Kunden bedarf.

Die Berechnung der 6-Monatsfrist richtet sich gemäß § 108 AO nach §§ 187 Abs. 1 und 188 Abs. 2 BGB. Nach § 187 Abs. 1 BGB ist bei der Berechnung einer Frist, für deren Anfang ein "Ereignis" maßgebend ist, der Tag nicht mitzurechnen, in den das Ereignis fällt. Für den Beginn der Spekulationsfrist stellt das rechtswirksame Zustandekommen des Kaufvertrages ein solches "Ereignis" dar. Dieser Ereignis-Tag, z.B. bei der Vermögensverwaltung der Schlußtag, zählt für die Fristberechnung nicht mit, so daß der Fristanfang der Beginn (0 Uhr) des darauffolgenden Tages ist. Nach § 188 Abs. 2 BGB endet eine Frist, die nach Monaten (hier: 6 Monate) bemessen ist, im Falle des § 187 Abs. 1 BGB mit dem Ablauf (24 Uhr) desjenigen

Tages des letzten Monats der Frist, welcher durch seine Zahl dem Tage entspricht, in den das Ereignis gefallen ist. Ein Spekulationsgeschäft liegt also dann nicht mehr vor, wenn der Zeitraum zwischen Anschaffung und Veräußerung mehr als 6 Monate beträgt (Merkregel: "Nach 6 Monaten + 1 Tag"). Allerdings ist in diesem Zusammenhang ergänzend § 188 Abs. 3 BGB zu beachten. Fehlt nämlich bei einer nach Monaten bestimmten Frist im letzten Monat der für den Fristablauf maßgebende Tag, dann endet die Frist immer mit dem Ablauf (24 Uhr) des letzten Tages des betreffenden Monat (z.B. Ereignis 31.05., Fristende 30.11., 24 Uhr). In der folgenden Übersicht sind zum besseren Verständnis zwei Zahlenbeispiele angeführt, wobei als "Ereignis" der Schlußtag i.S. der Vermögensverwaltung gewählt wurde. Fällt das Fristende auf einen Samstag, Sonntag oder gesetzlichen Feiertag, so läuft die Frist erst mit Ablauf des nächsten Werktages ab (§ 108 Abs. 3 AO).

Schlußtag (Kauf)	22.08.1994	31.08.1994
Fristbeginn	23.08.1994 - 00.00 Uhr	01.09.1994 - 00.00 Uhr
Fristende	22.02.1995 - 24.00 Uhr	28.02.1995 - 24.00 Uhr
Steuerfreier Verkauf ab	23.02.1995 - 00.01 Uhr	01.03.1995 - 00.01 Uhr

3233 Sonderprobleme bei der Wertpapierverwahrung und bei Kapitalerhöhungen/ Bezugsrechten

Die gängigste Verwahrform von Wertpapieren ist heute die **Girosammelverwahrung**. Besitzt ein Steuerpflichtiger mehrere Wertpapiere gleicher Gattung, die zu unterschiedlichen Zeitpunkten und zu verschiedenen Kursen angeschafft wurden, kommt hinsichtlich der Spekulationsfrist naturgemäß der Bestimmung der Reihenfolge, mit der Wertpapiere einem Depot entnommen werden, große Bedeutung zu. Früher ging, auf Grundlage der Rechtsprechung des RFH (RStBl. 1928, S. 328), die Finanzverwaltung bei der Berechnung grundsätzlich von der Lifo-Methode (last in first out) aus, nach der das zuletzt angeschaffte Papier als zuerst verkauft gilt. Die Lifo-Methode kann jedoch zu Härten führen, wenn nur ein Teilbestand von den teilweise vor und teilweise nach der 6-Monatsfrist angeschafften Wertpapieren veräußert werden soll.

Diese alte, ländereinheitliche Verfahrensweise der Finanzverwaltung wurde dann auch vom BFH in dem Urteil vom 24.11.1993 (vgl. DB 1994, S.

509) verworfen. In dem Urteil ist eine zweigeteilte Vorgehensweise vorgesehen. Danach wird zunächst bei jeder Veräußerung die Anzahl der betreffenden Wertpapiere festgestellt, die außerhalb der Spekulationsfrist erworben wurden. Diese scheiden für eine Besteuerung aus. Für die verbleibende Anzahl veräußerter Papiere, denen Käufe innerhalb der Spekulationsfrist gegenüberstehen, wird der Durchschnittsanschaffungswert ermittelt, der dann zur Bestimmung des Spekulationsgewinns bzw. -verlustes dient. In der Literatur wird der zweite Schritt aus Praktikabilitätsgesichtspunkten und auch deshalb kritisiert, weil es ihm an einer gesetzlichen Grundlage ermangele. Verschiedene Autoren schlagen daher inzwischen ein Wahlrecht des Steuerpflichtigen bezüglich der als veräußert anzusehenden Wertpapiere im Sammeldepot vor, das ihrer Ansicht nach auch eine rechtliche Grundlage in § 23 EStG findet.[9]

Abweichend von den vorstehenden Grundsätzen hat die Finanzverwaltung den **Identitätsnachweis** zugelassen. Wenn die Identität des veräußerten Wertpapiers mit einem bestimmten angeschafften Wertpapier nummernmäßig nachgewiesen wird, können auf Antrag die Spekulationsfrist nach dem Anschaffungs- und dem Veräußerungszeitpunkt des einzelnen Wertpapiers berechnet sowie der Veräußerungserlös den tatsächlichen Anschaffungskosten gegenübergestellt werden. Dadurch ist es u.U. möglich, Spekulationsgewinne zu vermindern. Der Steuerpflichtige muß dann entweder die Wertpapiere selbst verwahren oder sie bei einem Kreditinstitut in Einzelverwahrung **(Streifbanddepot)** geben, was allerdings verwaltungstechnisch aufwendig und kostenintensiv ist. Aus Vereinfachungs- und Billigkeitsgründen wurde bei der Girosammelverwaltung darüber hinausgehend ein **beschränkter Identitätsnachweis** anerkannt. Die zu verschiedenen Zeiten und zu unterschiedlichen Kursen angeschafften gleichartigen Wertpapiere müssen dazu auf verschiedene Wertpapierkonten (Unterdepots) verteilt werden. Der Steuerpflichtige kann dann entscheiden, aus welchem Depot er Wertpapiere veräußert, um das Entstehen bzw. die Höhe eines Spekulationsgewinnes (-verlustes) zu beeinflussen. Bei größeren und breiter gestreuten Portefeuilles ist allerdings auch diese Vorgehensweise unter Verwaltungs- und Kostenaspekten problematisch.

Ähnliche Probleme der Ermittlung der Spekulationsfrist und der Höhe

---

9 C. Witt: Spekulationsgeschäfte (1994), S. 1644-1646; R. Jansen: § 23 EStG (1993), Rdn. 125. Bei sammelverwahrten Wertpapieren gleicher Art des Betriebsvermögens ist zur Berechnung des steuerpflichtigen Gewinns der Durchschnitt der Anschaffungskosten anzusetzen.

der Anschaffungskosten können bei zwischenzeitlichen **Kapitalerhöhungen** entstehen, sofern im Anschluß daran alte Aktien, junge Aktien oder Bezugsrechte verkauft werden.

Erfolgt die Kapitalerhöhung durch Ausgabe von **Gratisaktien** (Kapitalerhöhung aus Gesellschaftsmitteln nach dem KapErhStG), so ist der beim Verkauf der Gratisaktien erzielte Gewinn nur dann steuerpflichtig, wenn die Veräußerung vor Ablauf der Spekulationsfrist von 6 Monaten seit Erwerb der Altaktien stattfindet. In diesem Fall ist allerdings trotz fehlender Aufwendungen für die Gratisaktien nicht der gesamte Erlös als Spekulationsgewinn anzusehen. Dem Verkaufserlös sind nämlich "fiktive" Anschaffungskosten gegenüberzustellen, indem die tatsächlichen Anschaffungskosten der Altaktien rechnerisch auf alle (alte und junge) Aktien verteilt werden. Dies gilt analog für eine nach der Kapitalerhöhung innerhalb der Spekulationsfrist liegenden Veräußerung der Altaktien.[10]

Meist wird im Rahmen von Kapitalerhöhungen den Aktionären jedoch das Recht eingeräumt, in einem bestimmten Verhältnis zu der Anzahl alter Aktien und zu einem festgesetzten Preis junge Aktien zu erwerben **(ordentliche Kapitalerhöhung)**. Da die jungen Aktien in Deutschland in der Regel zu einem unter dem Börsenkurs liegenden Preis begeben werden, gewinnt das **Bezugsrecht** einen materiellen Wert. Bezüglich der Ermittlung des **rechnerischen Wertes** eines Bezugsrechts sei auf die einschlägige Literatur verwiesen.[11] Verkauft ein Privatmann seine Bezugsrechte und liegt der Erwerb der Altaktien noch keine 6 Monate zurück, dann besteht ein steuerpflichtiges Spekulationsgeschäft. Das gilt auch, wenn Altaktien ex Bezugsrecht innerhalb von 6 Monaten seit Erwerb oder im Falle der Ausübung des Bezugsrechts die Jungaktien vor Ablauf von 6 Monaten seit dem Tag der Bezugsrechtsausübung verkauft werden. Bei der Ermittlung des Spekulationsgewinnes bzw. -verlustes ist der für die alten Aktien, die jungen Aktien bzw. für die Bezugsrechte erzielte Erlös mit den dafür jeweils aufgewendeten Anschaffungskosten zu vergleichen. Dabei gilt folgende Überlegung: Bis zu seiner Abtrennung war das Bezugsrecht Teil der in der

---

10 In analoger Weise ist vorzugehen, wenn sich die Aktien im **Betriebsvermögen** des Steuerpflichtigen befinden. Die Anschaffungskosten bzw. der möglicherweise niedrigere Buchwert der Altaktien sind im Verhältnis der Nennbeträge auf die Alt- und Neuanteile aufzuteilen, um bei einen späteren Verkauf nach dem Grundsatz der Einzelbewertung zum richtigen Buchgewinn oder -verlust zu gelangen, der sich steuerlich unabhängig von der Besitzdauer auswirkt (vgl. Abschnitt 322).

11 Vgl. z.B. U. Hielscher: Fischer Börsenlexikon (1992), Stichworte "Bereinigung" und "Bereinigungsfaktor".

alten Aktie verbrieften Eigentumsrechte. Sein Anschaffungswert war daher in den Erwerbskosten der Altaktie enthalten. Nach Abtrennung des Bezugsrechts erfährt die alte Aktie eine entsprechende Substanzminderung, die durch einen Abschlag in Höhe des Bezugsrechtes von den Anschaffungskosten zu berücksichtigen ist. Anschaffungskosten für das Bezugsrecht sind daher dessen rechnerischer Anteil an den gesamten Anschaffungskosten (hier: der Altaktien). Beim Bezug junger Aktien aufgrund von Bezugsrechtsausübungen umfassen die Anschaffungskosten sowohl den Ausgabekurs (einschließlich Nebenkosten) als auch den Wert der benötigten Bezugsrechte, da der Erwerb junger Aktien natürlich auch insoweit entgeltlich ist, als Bezugsrechte einzusetzen sind.

324 Zinsabschlag

Nach der 1989 gescheiterten Einführung einer deutschen Quellensteuer wurde zu Jahresbeginn 1993 eine Variante in Form des Zinsabschlages[12] eingeführt. Ziel dieser Zinsabschlagsteuer war es, eine Realisierungslücke in der Besteuerung von Kapitalerträgen zu schließen. Zuvor erfolgte mit der Kapitalertragsteuer im wesentlichen ein 25 %iger Abschlag auf Beteiligungserträge (insbesondere Dividendenzahlungen). Die Zinsabschlagsteuer nimmt nunmehr auch einen Abschlag auf Erträge aus Forderungstiteln vor. Den Anstoß dafür lieferte das Urteil des BVerfG vom 27.6.1991 (BStBl. II 1991, S. 654), das den Gesetzgeber aufforderte, für eine "gerechte" Besteuerung aller Kapitaleinkünfte, also für eine steuerliche Lastengleichheit zu sorgen.

3241 Steuerobjekt und Steuersubjekt

Steuerobjekt sind nach § 20 Abs. 1 Nr. 7 EStG **Erträge aus sonstigen Kapitalforderungen jeder Art**. Unterschieden wird gem. § 43 Abs. 1 Satz 1 Nr. 7 EStG zwischen:

a) in- und ausländischen Kapitalerträgen aus **verbrieften Forderungstiteln und öffentlichen Schuldbuchforderungen** (z.B. Bundes- oder Länderanleihen, Industrieobligationen, Pfandbriefe, Auslandsanleihen)

---

[12] Im Gesetz zur Neuregelung der Zinsbesteuerung vom 9.11.1992 (BGBl. I 1992, S. 1853 = BStBl. I 1992, S. 682) wird zwar weiterhin von Steuerabzug vom Kapitalertrag bzw. Kapitalertragsteuer gesprochen. Der Begriff "Zinsabschlag" wird lediglich in § 43a Abs. 1 Nr. 4 EStG in Klammern genannt. Dennoch hat sich die Bezeichnung Zinsabschlag (-steuer) inzwischen eingebürgert.

und

b) Kapitalerträgen, die nicht unter a) fallen und deren **Schuldner ein inländisches Kreditinstitut** ist (z.B. Sichteinlagen mit mehr als 1 % Verzinsung, Termineinlagen und Festgelder, Spareinlagen, Bausparguthaben, Schuldscheindarlehen von Kreditinstituten).

Ebenso werden gem. § 43 Abs. 1 Satz 2 EStG Erträge i.S. des § 20 Abs. 2 EStG einem Zinsabschlag unterworfen[13], und zwar als besondere Entgelte und Vorteile Einnahmen aus der Veräußerung von **Zinsscheinen** ohne die dazugehörigen Wertpapiere, **Stückzinsen** sowie Kapitalerträge aus der Veräußerung **ab- oder aufgezinster Wertpapiere**. Ferner werden gem. § 43 Abs. 1 Satz 1 Nr. 2 EStG Zinsen aus inländischen **Wandelanleihen**, **Gewinnobligationen** und **Genußrechten** sowie Erträge aus **Anteilen an Investment-Sondervermögen** (als Einnahmen im Sinne des § 20 Abs. 1 Nr. 1 EStG, vgl. auch §§ 37a bis 45 KAGG) vom Zinsabschlag erfaßt.[14]

Bei der Zinsabschlagsteuer ist der **Abführungsmodus**, entgegen dem klassischen, auch bei der Kapitalertragsteuer auf Dividenden angewandten Prinzip der Abführung durch den Schuldner der Kapitalerträge (vgl. Abschnitt 3251), geändert worden. Die Zinsabschlagsteuer setzt bei der auszahlenden Stelle (Zahlstelle) an (§ 44 Abs. 1 Satz 1 EStG) und nicht beim Emittenten des Wertpapiers.[15] Sie wird daher auch als **Zahlstellensteuer** bezeichnet. **Steuerschuldner (Steuersubjekt)** ist aber i.d.R. der **Gläubiger der Kapitalerträge**. Als Zahlstellen gelten alle inländischen Kreditinstitute, die den Kapitalertrag gutschreiben oder ihn bei Tafelgeschäften auszahlen.[16]

---

13 R. Keßler: Zinsabschlag (1993), S. 185, R. Hamacher: Finanzinnovationen (1993), S. 14.

14 Durch das Gesetz zum Föderalen Konsolidierungsprogramm (FKPG) werden ab 1.7.1993 durch Einführung des neuen § 18a in das Auslandsinvestmentgesetz auch Ausschüttungen ausländischer Investmentfonds dem Zinsabschlag unterworfen. Einzelheiten zu den Erträgen der Sondervermögen, die kapitalertragsteuerpflichtig sind, finden sich bei R. Keßler: Zinsabschlag (1993), S. 186.

15 Auch wenn das Wertpapier in einer Wertpapiersammelbank (Deutscher Kassenverein) gelagert wird, ist die auszahlende Stelle i.S. des § 44 Abs. 1 EStG das depotführende Kreditinstitut. BMF-Schreiben vom 26.10.1992, (BStBl. I 1992, S. 693).

16 Industrie-Schuldverschreibungen, deren Zinsen nicht über ein Kreditinstitut ausgezahlt werden, unterliegen daher nicht dem Zinsabschlag. Bei vollständig oder teilweise ausschüttenden inländischen Investmentfonds wird die KapSt vom ausgeschütteten Betrag ebenfalls von der auszahlenden Stelle einbehalten (§ 38b Abs. 1 und 2 KAGG). Bei vollständig thesaurierenden Fonds führen die Investmentgesellschaften die KapSt vom thesaurierten Betrag selbst ab (§ 38b, Abs. 3 KAGG). Bei Freistellungsanträgen oder Nicht-Veranlagungsbescheinigungen wird der Zinsabschlag von der Kapitalanlagegesellschaft erstattet (§ 39b KAGG).

Während inländische Niederlassungen ausländischer Kreditinstitute ebenfalls als Zahlstellen gelten, sind ausländische Kreditinstitute oder ausländische Niederlassungen deutscher Kreditinstitute nicht zur Vornahme des Zinsabschlags verpflichtet. Entscheidend ist nämlich der **Ort des Ertragszuflusses** und nicht das Herkunftsland. Die auszahlende Stelle muß bis zum 10. des folgenden Monats die einbehaltenen Steuern abführen, so daß ihr der Steuerbetrag maximal 40 Tage zinsfrei zur Verfügung steht (§ 44 Abs. 1 EStG).

3242 Steuertarif und Steuerbefreiungen

Die Abschlagsteuer ist eine anrechenbare Vorauszahlung auf die Einkommensteuerschuld und somit keine endgültige Abgeltungssteuer. Gemäß § 43a EStG beträgt der **Abschlag auf Zinsen aus Kapitalforderungen 30 %, bei Tafelgeschäften generell 35 %**. Für **Beteiligungswerte** bleibt es weiterhin bei einem Kapitalertragsteuer-Abschlag von **25 %**. Eine zuvor gegebenenfalls im Ausland gezahlte Quellensteuer wird nicht berücksichtigt, d.h. der Abschlag wird auf den Brutto-Kapitalertrag erhoben. Der Abschlag erfolgt, wenn die Zinsen bzw. der Kapitalertrag **zufließen**.

Eine Befreiung vom Zinsabschlag ist durch Freistellungsaufträge in Höhe des **Sparerfreibetrages** (gem. § 20 Abs. 4 EStG DM 6.000 für Ledige/DM 12.000 für zusammenveranlagte Ehepaare) zuzüglich der **Werbungskosten-Pauschale** (DM 100/200) bis zu kumulierten Kapitalerträgen von DM 6.100 bzw. DM 12.200 pro Jahr möglich. Die Befreiung durch Vorlage einer **Nicht-Veranlagungsbescheinigung** (vgl. Abschnitt 3251) ist weiterhin möglich. Bei Freistellung von Dividendenausschüttungen erfolgen beide **inklusive** des Körperschaftsteuer-Guthabens, d.h. die Summe aus Bardividende und Körperschaftsteuer-Guthaben wird auf den Freibetrag angerechnet.

Kapitalerträge aus Kapitalvermögen von **Steuerinländern**, das im Ausland gehalten wird, unterliegen **keinem Zinsabschlag, wenn die Erträge im Ausland ausgezahlt** werden. Auch Filialen deutscher Banken im Ausland behalten keinen Abschlag ein. **Steuerausländer** sind **vom Zinsabschlag ausgenommen**. Bei Tafelgeschäften in Deutschland unterliegen aber auch sie dem erhöhten Zinsabschlag. **Entscheidend ist** - wie bereits erwähnt - der **Ort des Ertragzuflusses** und nicht das Herkunftsland der Kapitalforderung. Vom Zinsabschlag **befreit** sind ferner Zinseinnahmen aus **Girokonten** mit einer Verzinsung von nicht mehr als 1 % und **Bagatellbeträge** bis zu DM 20 p.a. pro Konto, ferner unter bestimmten Bedingungen Zinsen aus **Bausparguthaben**[17]. **Ausgenommen** von der KapSt und dem Zinsabschlag bleiben weiterhin:[18]

- Zinsen aus Hypotheken und Grundschulden sowie Renten aus Rentenschulden (i.S. des § 20 Abs. 1 Nr. 5 EStG),
- Diskontbeträge von Wechseln und Anweisungen (i.S. des § 20 Abs. 1 Nr. 8 EStG),
- Veräußerungserträge von Dividendenscheinen, wenn die dazugehörigen Aktien bzw. Anteile nicht mitveräußert werden (i.S. des § 20 Abs. 2 Satz 1 Nr. 2a EStG),
- Einnahmen aus Lebens- und Rentenversicherungen, wenn sie die steuerliche Mindestlaufzeit von 12 Jahren einhalten.

3243 Stückzinsen und Zwischengewinne

Festverzinsliche Wertpapiere akkumulieren zwischen zwei Zinszahlungsterminen Zinsansprüche. Wird die Schuldverschreibung während dieser Periode veräußert, so hat bei nachschüssiger Verzinsung der Erwerber (bei vorschüssiger Verzinsung der Veräußerer) die aufgelaufenen zeitanteiligen Zinsansprüche zu vergüten. Dies kann auf zwei Arten geschehen. Entweder zahlt der Erwerber gesondert in Rechnung gestellte **Stückzinsen** oder er zahlt ein höheres Entgelt für das Wertpapier (sog. **flat-Handel**). Beide Kapitalerträge sind nach § 20 Abs. 2 Nr. 3 bzw. Nr. 4c EStG steuerpflichtig. Dabei ist es unerheblich, ob die Zinszahlungen verbrieft sind, so daß die Verfahren auch bei nicht verbrieften Schuldbuchforderungen (z.B. Bundesobligationen) anwendbar sind.

Eine analoge Behandlung erfahren **Zwischengewinne**[19] **bei Transaktio-**

---

[17] Bei Bausparguthaben ist Bedingung, daß im laufenden Jahr eine Arbeitnehmer-Sparzulage oder im vorangegangenen bzw. laufenden Jahr eine Wohnungsbauprämie gewährt wurde, oder nicht mehr als 1 % p.a. Zinsen auf das Bausparguthaben gezahlt wurden. B. Neufang: Zinsabschlag und Beratungspraxis (1993), S. 23.

[18] Abgesehen von Kapitallebensversicherungen mit einer Mindestlaufzeit von 12 Jahren wird damit jedoch die Einkommensteuerpflichtigkeit dieser Erträge nicht aufgehoben. Der Zinsabschlag wird nach § 43 Abs. 4 EStG auch von Kapitalerträgen im Betriebsvermögen vorgenommen. Für gewisse Spezialfälle von Kapitalerträgen im Betriebsvermögen bestehen Befreiungsmöglichkeiten bzw. Sonderregelungen, die u.a. in einigen BMF-Schreiben enthalten sind, z.B. BMF-Schreiben vom 26.10.1992 (BStBl. I 1992, S. 693) und vom 18.12.1992 (BStBl. I 1993, S. 58). Vgl. R. Keßler: Zinsabschlag (1993), S. 192 f. und F. Scheurle: Zinsabschlag (1993), S. 1594-1596.

[19] Der Begriff Zwischengewinn wurde mit dem StMBG (Artikel 9) in das Gesetz über

nen mit Investmentanteilen. Der Zwischengewinn stellt die noch nicht ausgeschütteten zeitanteiligen Kapitalerträge abzüglich der Verwaltungskosten des Fonds pro Fondsanteil dar. Er wird immer dann gezahlt, wenn eine Veräußerung zwischen zwei Ausschüttungsterminen vorgenommen wird und der Fonds nicht thesaurierend ist. Bei Thesaurierungsfonds werden dem Anleger die entsprechenden Beträge allerdings ebenfalls als Kapitalertrag zugerechnet, wenn er die Anteile veräußert oder einlöst. Die Sondervermögensverwaltungsgesellschaften sind zur börsentäglichen Veröffentlichung der Zwischengewinne verpflichtet (§ 41 Abs. 4 KAGG).

Durch die Änderungen im Rahmen des zweiten Finanzmarktförderungsgesetzes wurde der Abzug verausgabter Stückzinsen und Zwischengewinne von zugeflossenen Kapitalerträgen im Rahmen des Zinsabschlages geregelt. Danach ist seit dem 1.8.1994 eine **Saldierung bestimmter Positionen** möglich, bevor eine Anrechnung auf die Freistellungsgrenze oder ein Zinsabschlag vorgenommen wird. Wichtig ist jedoch der zeitliche Eingang der Stückzinsen oder Zwischengewinne. Damit sie aufrechenbar sind, müssen sie vor der Vereinnahmung der Kapitalerträge verausgabt worden sein. Voraussetzung für die Einbeziehung folgender Kapitalerträge in diese **Topflösung** ist ferner, daß Erwerb, Veräußerung und Ertragszuflüsse über ein Depot erfolgen. Einbeziehbar sind im wesentlichen:

- Zinsen aus ausländischen Wandelanleihen und Gewinnobligationen sowie Zinsen aus sonstigen in- und ausländischen Teilschuldverschreibungen, Wertrechten, Schuldbuchforderungen und evtl. erhaltene Defektivzinsen[20],
- vereinnahmte Stückzinsen aus Veräußerungen oder Abtretung von Zinsforderungen sowie auch besitzanteilige Erträge aus Zero-Bonds, Floater-Anleihen u.ä. i.S. des § 20 Abs. 2 Nr. 2b, 3 und 4 EStG,
- besondere Entgelte oder Vorteile aus den vorstehenden Kapitalanlagen oder anstelle von Zinsen i.S. des § 43 Abs. 1 Satz 2 EStG sowie
- zinsabschlagspflichtige Erträge aus Investmentanteilen, d.h. Ausschüttungen und vereinnahmte Zwischengewinne.[21]

Kapitalanlagegesellschaften (§ 39 Abs. 1a KAGG) neu eingeführt und definiert.

20 Sog. Minus-Stückzinsen für den Zeitraum zwischen Kauftag und Beginn des festgelegten Zinslaufs, die beim Verkauf von Teilschuldverschreibungen vor Beginn des festgelegten Zinslaufs vereinnahmt werden.

21 Aus der Aufstellung ergibt sich, daß Dividenden aus Aktien oder genossenschaftlichen Guthaben, Erträge aus Genußrechten, inländischen Wandel- oder Gewinnobligationen, Gewinnanteile aus stillen Beteiligungen ferner Erträge aus Spar- und Festgeldguthaben sowie Sparbriefen nicht verrechenbar sind. R. Philipowski: Verausgabte Stückzinsen und gezahlte Zwischengewinne (1994), S. 1596 ff., der auch weitere Spezialfälle bezüglich der Topflösung behandelt.

Gezahlte Stückzinsen und Zwischengewinne können als **negative Einnahmen** im Jahr des Abfließens geltend gemacht werden. Damit sind auch negative Einnahmen aus Kapitalvermögen, die mit anderen positiven Einnahmen (Zinsen) verrechnet werden können, oder ggf. ein **Verlust aus Kapitalvermögen möglich**. Ein positiver Saldo aus positiven und negativen Einnahmen kann dann noch um den Sparerfreibetrag und die Werbungskosten-Pauschale gemindert werden. Wesentliche **Voraussetzung** für den Abzug von verausgabten Stückzinsen oder Zwischengewinnen ist die **Absicht, mit der Kapitalanlage auf Dauer Überschüsse (positive Einkünfte) zu erzielen**. Liegt diese Absicht erkennbar nicht vor, können die negativen Einnahmen steuerlich auch nicht abgesetzt werden (BMF-Schreiben vom 15.3.1994, BStBl. I 1994, S. 230), mit anderen Worten, die Verluste aus einer solchen Anlage sind einkommensteuerlich unbeachtlich, da keine der sieben Einkunftsarten vorliegt.

Daneben bestehen noch Vorschriften für Spezialfälle, die hier nur angedeutet seien. Berechnete **Vorschußzinsen** für das vorzeitige Abheben von nicht gekündigten Spareinlagen können für die Bestimmung des Zinsabschlages mit den Habenzinsen saldiert werden. Wird demgegenüber ein **Zinsabschlag auf Kontokorrentzinsen**, die mehr als 1 % p.a. betragen, vorgenommen, muß der Abschlag von den Habenzinsen berechnet werden, eine Saldierung mit etwaigen Sollzinsen ist also nicht möglich. Fließen zinsabschlagpflichtige Kapitalerträge in **Fremdwährung** zu, so werden sie zum **Devisengeldkurs** des Zuflußtages in DM umgerechnet. Gleiches gilt für Stückzinsen oder Zwischengewinne.

325 Ertragsteuerliche Behandlung ausgewählter Einkünfte aus Kapitalvermögen

3251 Einkünfte aus der Überlassung von Risikokapital

Einnahmen aus der Überlassung von Risikokapital sind Gewinnanteile und damit zusammenhängende Einnahmen. Dazu gehören Gewinnausschüttungen von Gesellschaften, deren Gesellschafter nicht als Mitunternehmer anzusehen sind, z.B. Dividenden, Ausbeuten, sonstige Bezüge aus Aktien (z.B. Boni), Kuxen, Genußrechten oder GmbH-Anteilen. Gewinnanteile aus Mitunternehmerschaften (z.B. OHG, KG, GbR) führen dagegen nach § 15 Abs.

1 Nr. 2 EStG zu Einkünften aus Gewerbebetrieb.

Bei Kapitalgesellschaften (insbesondere AG, KGaA und GmbH) besteht keine Mitunternehmerschaft. Der Gewinn von Kapitalgesellschaften unterliegt gem. § 1 Abs. 1 Nr. 1 KStG der Körperschaftsteuer. Das steuerpflichtige Einkommen **unbeschränkt körperschaftsteuerpflichtiger inländischer Kapitalgesellschaften** unterliegt, soweit nicht Steuerbefreiungen oder Steuerermäßigungen in Betracht kommen, einer **Tarifbelastung von 45 v.H.** Werden voll tarifbelastete Einkommensteile ausgeschüttet, vermindert sich die darauf liegende Tarifbelastung von 45 v.H. auf **30 v.H. (Ausschüttungsbelastung)**. Werden jedoch steuerbefreite Gewinne ausgeschüttet, die bei der ausschüttenden Körperschaft bisher nicht mit Körperschaftsteuer belastet wurden, so muß i.d.R. die Ausschüttungsbelastung von der ausschüttenden Kapitalgesellschaft durch Erhöhung der Körperschaftsteuer herbeigeführt werden. Die Anteilseigner (z.B. Aktionäre) erhalten somit grundsätzlich Gewinnanteile, die der Ausschüttungsbelastung von 30 v.H. unterworfen sind (§ 27 Abs. 1 KStG). Eine Ausnahme gilt seit 1994 für steuerbefreite Erträge aus dem Ausland. Bei Ausschüttung von Gewinnen, die gemäß § 28 Abs. 3 KStG aus solchen Auslandserträgen stammen, wird keine Ausschüttungsbelastung hergestellt (§ 40 Nr. 1 KStG).

Ausschüttungen inländischer Kapitalgesellschaften unterliegen darüber hinaus nach § 43 Abs. 1 Nr. 1 EStG der **Kapitalertragsteuer**. Diese beträgt bei Aktien 25 v.H. der Dividende, wenn sie der Gläubiger (Aktionär) trägt, und 33 1/3 v.H. des tatsächlich ausgezahlten Betrages, wenn der Schuldner (ausschüttende Gesellschaft) die Kapitalertragsteuer übernimmt (§ 43a Abs. 1 Nr. 1 EStG). Die Kapitalertragsteuer entsteht in dem Zeitpunkt, in dem die Kapitalerträge dem Aktionär zufließen. Dividenden fließen an dem Tag zu, der im Hauptversammlungsbeschluß festgelegt wurde, in Ermangelung eines solchen HV-Beschlusses gilt als Zuflußzeitpunkt der Tag nach der Beschlußfassung (§ 44 Abs. 2 EStG). Zu diesem Zeitpunkt hat die ausschüttende Gesellschaft den Steuerabzug für Rechnung des Aktionärs vorzunehmen und jeweils bis zum 10. des folgenden Monats bei ihrem zuständigen Finanzamt abzuführen. Damit ergibt sich die Bardividende bei Vernachlässigung von Solidaritätszuschlägen o.ä. gemäß der Rechnung in Tabelle 2.

Neben der Bardividende (Tabelle 2, Zeile 5) gehört die anrechenbare Körperschaftsteuer (Zeile 8) zu den Einkünften aus Kapitalvermögen (§ 20 Abs. 1 Nr. 1 und 3 EStG). Durch die Ausschüttungsbelastung von 30 % und die Kapitalertragsteuer in Höhe von 17,5 % wird insgesamt eine Vorbe-

(1)	Steuerpflichtiger Gewinn der AG vor KSt	100,00
(2)	– Körperschaftsteuer (45 % von 1)	45,00
(3)	Zur Thesaurierung oder Ausschüttung verwendbar	55,00
(4)	+ Körperschaftsteuerminderung bei Ausschüttung (3/11 von 3)	15,00
(5)	Bardividende	70,00
(6)	– Kapitalertragsteuer (25 % von 5)	17,50
(7)	Dividendengutschrift	52,50
(8)	Anrechnungsguthaben (2-4)	30,00

Tab. 2: Berechnung der Bardividende und der Dividendengutschrift

lastung mit 47,5 % erreicht, so daß bei der Einkommensteuerveranlagung nur bei hoher ESt-Belastung zusätzliche Nachzahlungen entstehen. In vielen Fällen führt die Einbeziehung der Kapitalerträge in die Einkommensteuererklärung rechnerisch zu einer Überzahlung, die die Steuerschuld aus anderen Einkünften mindert, oder aber erstattet wird (Tabelle 3).

Bardividende	70			
+ anrechenbare KSt	30			
zu versteuernde Bruttodividende	100			
ESt-Satz des Ausschüttungsempfängers	0	25	40	53
anrechenbare KSt	30	30	30	30
Kapitalertragsteuer	17,5	17,5	17,5	17,5
Erstattungsanspruch	47,5	22,5	7,5	-
Nachzahlung ESt	-	-	-	5,5

Tab. 3: Anrechnungsverfahren

Das Anrechnungsverfahren dient zur Vermeidung einer Doppelbelastung ausgeschütteter Gewinne bei Kapitalgesellschaft und Gesellschaftern. Zwar wird beim Aktionär die von der ausschüttenden Gesellschaft aus der Bruttodividende gezahlte Körperschaftsteuer als Einnahme erfaßt. Dennoch wird der ausgeschüttete Gewinn im Endeffekt nur noch mit dem **individuellen Steuersatz des Gesellschafters** belastet. Dies wird, wie in Tabelle 3 dargestellt, dadurch erreicht, daß die von der Kapitalgesellschaft gezahlte Körperschaftsteuer in Höhe der Ausschüttungsbelastung und die Kapitalertragsteuer auf die Steuerschuld des Ausschüttungsempfängers angerechnet wird.

Bei sog. **Stockdividenden** (Aktienzuteilungen ohne Gegenleistungen anstatt einer Barausschüttung) fehlen die Voraussetzungen des KapErhG (Umwandlung von Rücklagen in Nennkapital), weil der Gewinn direkt in Nennkapital umgebucht wird, so daß es sich bei Stockdividenden um einkommensteuerpflichtige Kapitalerträge handeln würde. Stockdividenden sind nach deutschem Aktienrecht allerdings unzulässig.

Soweit die vorstehenden Kapitalerträge zu den Einkünften aus Land- und Forstwirtschaft, aus Gewerbebetrieb, aus selbständiger Arbeit oder aus Vermietung und Verpachtung gehören, sind sie nach § 20 Abs. 3 EStG diesen Einkünften zuzurechnen (ggf. gemindert um Betriebsausgaben, für die analog die folgenden Ausführungen zu den Werbungskosten gelten). Sind die Einkünfte hingegen den Einkünften aus Kapitalvermögen zuzuordnen, können nachgewiesene oder glaubhaft gemachte **Werbungskosten** von den Einnahmen abgesetzt werden. Dabei handelt es sich nach § 9 EStG um alle Aufwendungen zur Erwerbung, Sicherung und Erhaltung der Einnahmen, d.h. sie müssen **durch die Einnahmeerzielung**, nicht aber durch Erwerb und Erhalt des Vermögens, **veranlaßt** sein. Zu den Werbungskosten zählen beispielsweise Bankspesen für Verwahrung und Verwaltung, Depotgebühren, Safemiete für die Aufbewahrung der Wertpapiere, Schuldzinsen für Kredite zur Finanzierung der Kapitalanlage (soweit auf die Dauer des Haltens der Kapitalanlage ein Überschuß der Einnahmen über die Schuldzinsen zu erwarten ist), Gebühren für Erträgnisaufstellung und Jahressteuerbescheinigung. Sofern keine Werbungskosten nachgewiesen oder glaubhaft gemacht werden, sind DM 100 bei Alleinstehenden bzw. DM 200 bei zusammenveranlagten Ehegatten als **Werbungskosten-Pauschbetrag** abziehbar. Die nach Abzug der Werbungskosten bzw. der Pauschale verbleibenden Einkünfte sind bis zum **Sparerfreibetrag** in Höhe von DM 6.000 (zusammenveranlagte Ehegatten DM 12.000) steuerfrei. Allerdings dürfen der Werbungskosten-Pauschbetrag bzw. der Sparerfreibetrag nicht zu negativen Einkünften aus Kapitalvermögen führen (§ 9a Satz 2 EStG).

Sofern ein unbeschränkt einkommensteuerpflichtiger Aktionär seinem Kreditinstitut mit einer Bescheinigung seines Wohnsitzfinanzamtes nachweist, daß für ihn eine Einkommensteuerveranlagung voraussichtlich nicht in Betracht kommt (**Nicht-Veranlagungsbescheinigung**), dann wird ihm die anrechenbare Körperschaftsteuer vergütet (§ 36 EStG) und die Kapitalertragsteuer (§ 44b EStG) sofort erstattet, d.h. das Kreditinstitut zahlt die Dividende ohne Abzug von Kapitalertragsteuer und das Körperschaftsteuerguthaben aus. Das Kreditinstitut finanziert damit allerdings die Körperschaftsteuer und die Kapitalertragsteuer vor. Ihm werden daher diese Beträge in einem Sammelantragsverfahren durch das Bundesamt für Finanzen wieder zurückerstattet. Dabei sind dem Bundesamt für Finanzen NV-Nummer, Name und Adresse des Aktionärs mitzuteilen, so daß die Finanzverwaltung eine Kontrollmöglichkeit hat, ob die NV-Bescheinigungen rechtmäßig erteilt wurden. Der Computer des Bundesamtes für Finanzen fertigt automatisch Kontroll-Mitteilungen an die Wohnsitzfinanzämter, wenn die Einnahmen aus Kapitalvermögen einen bestimmten Betrag pro Kalenderjahr überschreiten.

Erträge aus ausländischen Wertpapieren unterliegen in der Regel in dem jeweiligen ausländischen Staat einem Steuerabzug (**Quellensteuer**), so daß der in Deutschland ansässige Eigentümer ausländischer Wertpapiere seine daraus fließenden Erträge meist um einen ausländischen Steuerabzug vermindert erhält. In Deutschland werden die Erträge aus ausländischen Wertpapieren allerdings grundsätzlich mit ihrem Bruttobetrag (vor Abzug der ausländischen Quellensteuer) zur Einkommen- oder Körperschaftsteuer veranlagt. Daraus resultiert eine Doppelbesteuerung, die entweder durch bestehende **Doppelbesteuerungsabkommen** oder - falls die Abkommen keine entsprechenden Regelungen enthalten[22] - durch § 34c EStG bzw. § 26 KStG beseitigt bzw. gemildert wird. Eine im Ausland verbleibende, nicht erstattungsfähige Quellensteuer wird auf die deutsche Einkommen- bzw. Körperschaftsteuer angerechnet **(Anrechnungsmethode)** oder auf Antrag bei der Ermittlung des Gesamtbetrages der Einkünfte **wie Werbungskosten** abgezogen, wobei der Anleger die für ihn günstigere Methode wählen kann. Die ausländische Quellensteuer ist maximal bis zur Höhe der deutschen Steuer anrechenbar, die auf die Einkünfte aus ausländischen Wertpapieren entfällt. Diese Höchstgrenze (Anrechnungsgrenze) berechnet sich wie folgt:

$$\text{Anrechnungsgrenze} = \begin{pmatrix} \text{deutsche Steuer auf} \\ \text{den Gesamtbetrag} \\ \text{der Einkünfte} \end{pmatrix} \cdot \frac{\text{ausländische Einkünfte}}{\text{Gesamtbetrag der Einkünfte}}$$

Ausländische Aktionäre (ohne Wohnsitz oder gewöhnlichen Aufenthalt im Inland) sind mit der erhaltenen Dividende in Deutschland beschränkt einkommensteuerpflichtig (§ 49 Abs. 1 Nr. 5 EStG). Die Einkommensteuer gilt mit dem Abzug der Ausschüttungs-KSt und der Kapitalertragsteuer als

22 Eine Befreiung vom Quellensteuerabzug oder eine Ermäßigung bzw. Erstattung der Quellensteuer ist nur möglich, wenn dies in Doppelbesteuerungsabkommen (DBA) zwischen der Bundesrepublik Deutschland und dem ausländischen Staat (Quellenstaat) explizit vorgesehen ist. Dazu hat der inländische Besitzer ausländischer Wertpapiere einen Antrag auf besonderen Vordrucken an die jeweilige ausländische Steuerverwaltung zu stellen. Da das für den inländischen Wertpapierbesitzer zuständige deutsche Finanzamt auf dem entsprechenden Vordruck eine Wohnsitzbestätigung anbringen muß, hat der inländische Anleger - sofern er in den Genuß der DBA-Bestimmungen kommen will - seinen ausländischen Wertpapierbesitz dem inländischen Fiskus zu offenbaren.

abgegolten. In den Genuß des Steuerguthabens und des Werbungskostenabzugs gelangen ausländische Aktionäre deshalb nicht. Sofern die Bundesrepublik Deutschland jedoch mit einem ausländischen Vertragsstaat die Besteuerung von Dividenden gem. Artikel 10 des OECD-Musterabkommens vereinbart hat, gilt in der Regel, daß Dividenden, die eine in einem Vertragsstaat ansässige Gesellschaft (Deutschland) an eine im anderen Vertragsstaat (Wohnsitzstaat) ansässige Person zahlt, in dem anderen Staat besteuert werden können. Die Dividenden können jedoch auch in dem Vertragsstaat, in dem die die Dividenden zahlende Gesellschaft ansässig ist (Deutschland) nach dem Recht dieses Staates besteuert werden. Die Steuer (Kapitalertragsteuer) darf dann aber 15 % des Bruttobetrages der Dividenden nicht übersteigen. Der Satz ermäßigt sich auf 5 % des Bruttobetrages bei Schachteldividenden (der Nutzungsberechtigte ist eine Kapitalgesellschaft, die unmittelbar mindestens 25 % des Kapitals der dividendenzahlenden Gesellschaft hält). Dem ausländischen Aktionär wird daher auf Antrag i.d.R. die deutsche Kapitalertragsteuer in Höhe von 10 % der Bruttodividende vom Bundesamt für Finanzen in Bonn-Bad Godesberg erstattet, wobei der Antrag mit einer Wohnsitzbescheinigung des zuständigen ausländischen Finanzamtes versehen sein muß.

3252 Zinsen und Erträge aus Geldforderungen

Zinsen und Erträge aus Geldforderungen bilden die zweite große Gruppe der Kapitalerträge, die als Einkünfte aus Kapitalvermögen zu versteuern sind. Unerheblich ist dabei, ob die Verzinsung gesetzlich vorgeschrieben oder vertraglich geregelt ist und ob laufende, periodische oder einmalige Zahlungen erfolgen.

Nach § 20 Abs. 1 Nr. 5 EStG gelten **Zinsen aus Hypotheken und Grundschulden** ebenso als Einkünfte aus Kapitalvermögen wie **Renten** aus Rentenschulden. Da Hypotheken und Grundschulden i.d.R. zur Sicherung von Darlehen bestellt werden, die Zinsen aus Darlehen aber nach § 20 Abs. 1 Nr. 7 EStG der Besteuerung unterliegen, ist die praktische Bedeutung von Nr. 5 gering. § 20 Abs. 1 Nr. 6 EStG regelt die Behandlung rechnungsmäßiger und außerrechnungsmäßiger **Zinsen aus Sparanteilen von Kapitallebensversicherungen.** Diese unterliegen der Besteuerung, wenn die Laufzeit des Versicherungsvertrages nicht mindestens 12 Jahre beträgt.[23] Eine analo-

[23] § 20 Abs. 1 Nr. 6 EStG i.V.m. § 10 Abs. 1 Nr. 2b, dd EStG. Die Steuerfreiheit der Erträge bleibt aber gem. § 10 Abs. 2 Satz 2 EStG i.d.R. nur dann erhalten, wenn keine

ge Anwendung finden diese Regelungen nach § 20 Abs. 1 Nr. 6 Satz 4 EStG auf **fondsgebundene Kapitallebensversicherungen,** obwohl diese ausdrücklich nicht als begünstigte Versicherungen im Sinne des § 10 Abs. 1 Nr. 2 Satz 2 EStG (Sonderausgaben) anzusehen sind. **Diskontbeträge** aus Wechseln und Anweisungen (incl. Schatzanweisungen) werden nach § 20 Abs. 1 Nr. 8 EStG ebenfalls als Zinsen betrachtet.

Nach § 20 Abs. 1 Nr. 7 EStG werden **alle Erträge aus sonstigen Kapitalforderungen** als **Einkünfte aus Kapitalvermögen** angesehen, die nicht schon durch einen anderen Tatbestand des § 20 Abs. 1 EStG erfaßt werden (Auffangtatbestand). Voraussetzung ist, daß die Rückzahlung des Kapitalvermögens oder ein Entgelt für die Überlassung des Kapitalvermögens zur Nutzung zugesagt oder gewährt worden ist. So kann auch eine langfristige Kaufpreisstundung, ohne daß eine Zinszahlung explizit vereinbart wurde, in einen Zinsanteil und den Kaufpreis geteilt und der Zinsanteil als Zinszahlung behandelt werden, selbst wenn eine Verzinsung ausdrücklich ausgeschlossen wurde.

Durch das StMBG hat § 20 Abs. 1 Nr. 7 EStG eine deutliche Erweiterung seines Wirkungsbereiches erfahren. Die Bezeichnung "Zinsen" wurde in "Erträge" umgewandelt. Nach dem BVerfG-Urteil vom 27.12.1991 (BStBl. II 1992, S. 212) ist lediglich der "bewirkte wirtschaftliche Erfolg" für die steuerliche Behandlung relevant, unabhängig von der Bezeichnung oder zivilrechtlichen Ausgestaltung der Kapitalanlage. Damit werden auch folgende Formen bei den Einkünften aus Kapitalvermögen erfaßt:

- Verzinsliche Kapitalanlagen mit **gleichmäßiger** (z.B. klassische festverzinsliche Wertpapiere) oder **ungleichmäßiger** Verzinsung (z.B. Kombizins-, Gleitzins- oder Step-up-Anleihen) sowie
- Kapitalanlagen mit **ungewissem Kapitalertrag, aber garantierter Rückzahlung** oder mit **festen Ertrag, aber nicht garantierter Rückzahlung** des überlassenen Kapitalvermögens (z.B. Indexanleihen, deren Kapitalertrag oder deren Rückzahlungsbetrag an einen Index gekoppelt ist).
- Unter bestimmten Bedingungen Anlagemodelle auf der Basis von Optionen (z.B. "Capped Warrants").

Beleihung vorgenommen wird. Damit wurde durch das Steueränderungsgesetz von 1992 eine kreditfinanzierte Lebensversicherung nach dem sog. Zinsaufblähungsmodell unterbunden. Vgl. hierzu und zu den Schwierigkeiten in der Anwendung V. Sarrazin: Bekämpfung unerwünschter Steuergestaltungen (1994), S. 292 und die dort aufgeführten BMF-Schreiben (Fn. 10).

Ziel von **Kombizins-, Gleitzins- und Step-up-Anleihen** u.ä. ist die steuerstundende Wirkung durch **zeitliche Verschiebung der Zinseinnahmen:** Geringe oder nicht existierende Zinszahlungen in den ersten Jahren werden durch höhere Zinszahlungen in späteren Jahren kompensiert. Die Zinsen sind zu versteuernde Einkünfte aus Kapitalvermögen i.S. des § 20 Abs. 1 Nr. 7 EStG. Für die steuerliche Behandlung eines **Zwischenveräußerungsertrages** durch den **Ersterwerber** infolge eines **umlaufbedingten** Agios oder Disagios gilt, daß solche Erträge nicht steuerbar sind, weil sie nicht auf der Leistung des Schuldners beruhen (vgl. auch Abschnitte 321 und 3231), sondern auf Kursveränderungen durch Marktzinsschwankungen zurückgehen. Die in realisierten Kursgewinnen enthaltenen Kapitalerträge können durch die Emissionsrendite oder die Marktrendite (vgl. Abschnitt 3253) nachgewiesen werden. Hält der Ersterwerber die Anleihe dagegen bis zur **Endfälligkeit**, erzielt er bei Einlösung der Anleihe einen Kapitalertrag nach § 20 Abs. 1 Nr. 7 EStG. Ein **zweiter oder jeder weitere Erwerber** unterliegt bei der Einlösung der gleichen Besteuerung wie bei der Veräußerung (Nachweis der Emissions- oder Marktrendite). Der Anleger kann so durch alle drei Anlageformen bei der Einlösung steuermindernde negative Einkünfte aus Kapitalvermögen erzielen. Voraussetzung ist eine überdurchschnittlich hohe Nominalverzinsung am Ende der Laufzeit, die dann beim Zwischenerwerb zu einem höheren Entgelt führt als die Rückzahlung zum Nennbetrag bei Einlösung ausmacht.

Capped Warrants stellen immer eine Kombination von Call- und Put-Optionen (vgl. auch Abschnitte 13 und 3254) dar. Put und Call haben unterschiedliche Basispreise und jeweils einen Cap in Höhe des Basispreises der anderen Option. Diese Kombination sichert dem Anleger einen vorausberechenbaren **sicheren** Kapitalertrag. Zu unterscheiden ist, ob Call und Put getrennt erworben oder nur in Kombination erhältlich sind. Im ersten Fall erreicht der Anleger eine ertragreiche Position durch Kombination zweier unabhängiger riskanter Verträge - ein Kapitalertrag i.S. des § 20 EStG kann daher nicht vorliegen. Beim kombinierten Erwerb von Call und Put steht das Geschäft hingegen den festverzinslichen Wertpapieren mit garantierter Rückzahlung des eingesetzten Kapitals gleich.[24]

[24] Zu Einzelheiten vgl. BMF-Schreiben vom 30.4.1993 (BStBl. I 1993, S. 343) sowie R. Hamacher: Finanzinnovationen (1993), S. 19 f.; D. Carl: Neuregelung der Zinsbesteuerung (1994) und F. Scheurle: Mißbrauchs- und Steuerbereinigungsgesetz (1994).

3253 Weitere Einkünfte aus Kapitalvermögen

Zu den Einkünften aus Kapitalvermögen zählen nach § 20 Abs. 2 EStG auch **besondere Entgelte oder Vorteile**, die neben den Einkünften i.S. des § 20 Abs. 1 EStG oder an deren Stelle gewährt werden, z.B. Agien oder Zahlungen aufgrund von Kurs- oder Dividendengarantien (vgl. die Begriffsbestimmung der Einnahmen gemäß § 8 Abs. 1 EStG durch das BFH-Urteil vom 23.10.1985, BStBl. II 1986, S. 178). Ferner sind hier **Zwischengewinne** aus der Veräußerung von Investmentfondsanteilen steuerlich relevant (vgl. auch Abschnitt 3243). Die Vorschriften des § 20 Abs. 2 erfassen gleichfalls **Kapitalerträge aus der Veräußerung oder Abtretung von bestimmten Wertpapieren und Kapitalforderungen**. Das ist besonders bei Schuldverschreibungen, Schuldbuchforderungen oder sonstigen Kapitalforderungen relevant,

a) die ab- oder aufgezinst sind (z.B. Zero Bonds),

b) die ohne Zinsschein veräußert oder abgetreten werden bzw. Zinsscheine, die ohne Stammrecht veräußert oder abgetreten werden (z.B. Stripped Bonds),

c) deren Höhe der Kapitalerträge von einem ungewissen Ereignis abhängt (z.B. Floater),

d) deren Kapitalerträge in unterschiedlicher Höhe oder für unterschiedlich lange Zeiträume gezahlt werden (z.B. Gleitzinsanleihen).

Entsprechende Abgrenzungen gelten für die Einlösung der Kapitalforderungen durch den zweiten oder jeden weiteren Erwerber.

Als **Ertrag bei Zwischenerwerb und -veräußerung** wird die **Emissionsrendite** zugrunde gelegt. Wird diese nicht nachgewiesen, gilt die Differenz aus Entgelt für den Erwerb und Einnahmen aus der Veräußerung/Abtretung/Einlösung (**Marktrendite**) als steuerpflichtiger Kapitalertrag, der dann allerdings auch Kursschwankungen enthält. Die Emissionsrendite ist zwar nicht gesetzlich definiert, jedoch klärt das Schreiben des BMF vom 30.4.1993 (BStBl. I 1993, S. 343) diesen Begriff wie folgt: "Bei der Kapitalüberlassung zur Nutzung ist für das Vorliegen von Kapitalertrag entscheidend, daß bei der Ausgabe des Papiers von vornherein eine Rendite versprochen wird, die bei Einlösung mit Sicherheit erzielt werden kann (Emissionsrendite). Diese schlägt sich im Kurs des Papiers und damit bei Zwischenveräußerung im Kaufpreis nieder. Lediglich marktzinsbedingte Kursschwankungen während der Laufzeit sind der Vermögenssphäre zuzuordnen, so daß bei Zwischenveräußerung oder -erwerb nur die besitzanteilige Emissionsrendite als Kapitalertrag anzusehen ist." Der Steuerpflichtige hat eigenständig den Unterschied zwischen steuerfreier Vermögenssphäre (Markteinflüsse) und steuerpflichtiger Ertragssphäre (Emissionsrendite) nachzuweisen.

Zur Veranschaulichung sei der **Unterschied zwischen Emissionsrendite und Marktrendite am Beispiel eines Zero Bond** dargestellt. Der steuerpflichtige Ertrag eines Zero Bond nach der Methode der Marktrendite lautet:

$$S_m = K_2 - K_1 \qquad (1)$$

Nach Gleichung (3) von Abschnitt 1121 beläuft sich die Emissionsrendite (interne Verzinsung) eines Zero Bond auf:

$$r_e = \sqrt[n]{\frac{K_n}{K_0}} - 1 \qquad (2)$$

so daß sich der steuerpflichtige Ertrag S_e über die Emissionsrendite ergibt:

$$S_e = K_0\left[\left(1 + r_e\frac{t_2}{360}\right)(1+r_e)^{n_2} - \left(1 + r_e\frac{t_1}{360}\right)(1+r_e)^{n_1}\right] \qquad (3)$$

mit:

r_e = Emissionsrendite
r_m = Marktrendite
S = steuerpflichtiger Ertrag
n = Gesamtlaufzeit des Wertpapiers
n_1 = Laufzeit des Wertpapiers bis zur Anschaffung (ganze Jahre)
n_2 = Laufzeit des Wertpapiers bis zur Veräußerung (ganze Jahre)
t_1 = unterjähriger Laufzeitanteil des Wertpapiers bis zur Anschaffung (Tage)
t_2 = unterjähriger Laufzeitanteil des Wertpapiers bis zur Veräußerung (Tage)
K_0 = Emissionswert des Wertpapiers
K_n = Rücknahmewert des Wertpapiers am Laufzeitende
K_1 = Erwerbspreis
K_2 = Veräußerungserlös

Da dem Anleger der Nachweis der Emissionsrendite obliegt, hat er eine Wahlmöglichkeit bei der Berechnung der steuerpflichtigen Kapitalerträge:

1. Er weist den Kapitalertrag durch die exakte Berechnung der Emissionsrendite nach. Eine Differenz zwischen Anschaffungswert und Verkaufserlös, die über den mit der Emissionsrendite errechneten Kapitalertrag hinaus geht, ist steuerfrei. Voraussetzung ist, daß kein Spekula-

tionsgeschäft i.S. des § 23 EStG vorliegt (vgl. Abschnitt 323).

2. Er verzichtet auf den Nachweis der Emissionsrendite und bestimmt seine Kapitalerträge nach der Marktrendite. Diese Alternative wird er dann wählen, wenn seine Rendite während der Besitzzeit die Emissionsrendite nicht erreicht hat.

Beispiel: Ein Zero Bond mit Nennwert DM 1.000 wird bei der Emmision zu 100 gekauft. Die Rückzahlung erfolgt nach 4 Jahren zu 136. Die Emissionsrendite beträgt 7,99 % ($[136 / 100]^{1/4} - 1 = 0{,}0799$). Nach $2\frac{1}{2}$ Jahren wird zu 121 verkauft:

Kapitalertrag nach Marktrendite:

$$S_n = 1210 - 1000 = \underline{\underline{210 \text{ DM}}}$$

Kapitalertrag nach Emmissionsrendite:

$$S_e = 1000 \cdot [1 + 0{,}0799 \cdot 180 / 360] \cdot (1{,}0799)^2 - 1000$$
$$= 1212{,}77 - 1000 = \underline{\underline{212{,}77 \text{ DM}}}$$

Der Anleger wird also auf den Nachweis der Emissionsrendite verzichten und den steuerpflichtigen Kapitalertrag nach der Marktrendite bestimmen. Läge der Verkaufskurs bei 125 (statt wie oben unterstellt bei 121), dann könnte er durch Nachweis der Emissionsrendite einen steuerfreien Kursgewinn von DM 37,23 (= 250 – 212,77) realisieren.

Ein Erwerber, der Zero Bonds bis zur Endfälligkeit behält, versteuert den gesamten Kapitalertrag aus der Einlösung erst am Ende der Laufzeit, sofern ein höherer Emissionsabschlag vom Nennwert erfolgte, als der in der Staffel des BMF (vgl. Abschnitt 3231) vorgesehen. Bei der Zwischenveräußerung oder Abtretung von Zero Bonds wird besitzzeitanteilig nach der Emissions- oder Marktrendite versteuert. Da der Ertrag dem Erwerber gem. § 11 Abs. 1 EStG erst dann zugerechnet wird, wenn ihm die Geldbeträge zufließen, läßt sich für Kapitalanleger individuell u.U. eine interessante Steuerstundung bzw. ein Progressionseffekt erzielen.

Durch die Trennung handelbarer Zinsscheine von ihrem Stammrecht (Mantel) entstehen aus Festzinsanleihen sog. **Stripped Bonds** (vgl. Abschnitt 1143). Das isolierte Handeln von Mantel und Zinsscheinen läßt **"künstliche" Zero Bonds** entstehen. Steuerlich ist zwischen Ersterwerber und Zweiterwerber bzw. weiteren Erwerbern zu unterscheiden[25]:

1. Ersterwerber

a) Durchhaltung durch den Erwerber:

[25] F. Scheurle: Mißbrauchsbekämpfungs- und Steuerbereinigungsgesetz (1994), S. 449.

Der Ersterwerber hat die sich aus den Zinsscheinen ergebenden Kapitalerträge nach § 20 Abs. 1 Nr. 7 EStG zu versteuern. Aus dem zum Nennbetrag erworbenen und nicht weiterveräußerten Stammrecht ergibt sich kein Kapitalertrag.

b) Veräußerung durch den Ersterwerber:
Bei der Veräußerung von Zinsscheinen durch den Ersterwerber wird der Ertrag nach § 20 Abs. 2 Nr. 2b EStG erfaßt. Unerheblich ist, ob der Veräußerer auch Inhaber des Stammrechtes ist. Wird das Stammrecht abgezinst veräußert, so wird die Vermögenssphäre berührt. Die Differenz zwischen Nennwert und abgezinstem Preis des Mantels kann nicht als negative Einnahme durch den Steuerpflichtigen angesetzt werden.

2. Zweiter bzw. jeder weitere Erwerber:
Wenn bereits der Emittent die Trennung von Mantel und Zinsschein vorgenommen hat, wird der Kapitalertrag aus Veräußerung, Abtretung oder Einlösung des Stammrechts steuerlich durch § 20 Abs. 2 Nr. 4a EStG erfaßt. Trennt hingegen der Erwerber Mantel und Zinsschein, wird dies von den Vorschriften des § 20 Abs. 2 Nr. 4b EStG erfaßt. Danach ist die Veräußerung oder Abtretung des Zinsscheines zum auf- oder abgezinsten Preis durch den zweiten oder jeden weiteren Erwerber steuerpflichtig. In Verbindung mit § 20 Abs. 2 Nr. 4 Satz 4 EStG gilt dies auch für die Einlösung. Für das isoliert gehandelte Stammrecht gilt entsprechendes. Der zweite oder jede weitere Erwerber des Stammrechts kann, im Gegensatz zum Ersterwerber, eine negative Differenz zwischen Einlösebetrag und Erwerbspreis als negative Einnahme steuermindernd geltend machen.

Erträge aus der Veräußerung von **Floatern** werden von den Vorschriften der § 20 Abs. 2 Nr. 4c EStG (Kapitalertrag abhängig von ungewissem Ereignis) und § 20 Abs. 2 Nr. 4d EStG (Kapitalerträge in unterschiedlicher Höhe) erfaßt. Da gewöhnlich Floater durch die regelmäßige Zinsanpassung nur geringen Kursveränderungen unterliegen, wird i.d.R. nur eine Besteuerung nach § 20 Abs. 2 Nr. 3 EStG (Stückzinsen) erfolgen.[26]

Optionsanleihen verbinden eine Schuldverschreibung mit einem Optionsrecht. Beide können jedoch auch getrennt existieren, d.h. die beiden Wirtschaftsgüter sind trennbar und getrennt kalkulierbar (vgl. das Duplizierungsprinzip in Abschnitt 1143). Für Optionsanleihen greift also die Zwei-Wirtschaftsgüter-Theorie, im Unterschied zu Wandelanleihen, bei denen die Anleihe bei Ausübung des Wandlungsrechtes untergeht. Der Käufer einer Optionsanleihe erwirbt i.d.R. eine niedrigverzinsliche Anleihe mit einem hohen Emissionsdiskont (Disagio) und ein Optionsrecht, dessen Preis sich als Differenz zwischen dem rechnerischen Ausgabekurs der Anleihe ohne

[26] F. Schäfer / J. Zimmermann: Besteuerung von Floatern (1994), S. 2208 f.

Optionsrecht und dem gezahlten Preis für die Optionsanleihe ergibt.[27] Es muß also von einer stark abgezinsten Anleihe ausgegangen werden, die nach § 20 Abs. 1 Nr. 7 EStG (Zinserträge) bzw. § 20 Abs. 2 Nr. 4 EStG (Zwischenveräußerung) steuerbar ist.[28] Die Berechnung des Ausgabekurses des Anleiheteils einer Optionsanleihe **ohne** das Optionsrecht erfolgt gemäß Abschnitt 111 und 1142:

$$K_0 = (z \cdot 100) \frac{(1+i)^n - 1}{i(i+1)^n} + \frac{K_n}{(1+i)^n}$$

mit:
K_0 = gesuchter Wert des Anleiheteils
K_n = Rückzahlungskurs
i = gegebener Kapitalmarktzinssatz
z = Nominalzinssatz der Optionsanleihe
n = Laufzeit in Jahren

Zur weiteren Behandlung von Optionsrechten sei auf den folgenden Abschnitt 3254 verwiesen.

3254 Optionen, Financial Futures und Swaps

Inwieweit **Optionen, Optionsrechte bzw. Optionsprämien** (vgl. dazu auch Abschnitt 13) einen steuerlichen Kapitalertrag darstellen, war lange umstritten. Mittlerweile wird die Optionsprämie nicht mehr als Entgelt für die Kapitalüberlassung angesehen, sondern zutreffend als Entgelt für eine Risikoübernahme durch den Stillhalter, das endgültig vereinnahmt wird. Es liegt also keine Kapitalüberlassung vor, sondern die Bindung an ein Kaufangebot gegen Entgelt wird beim Prämienempfänger als Entgelt für eine sonstige Leistung gewertet.[29]

Das BMF hat in seinem Schreiben vom 10.11.1994 (DB 1994, S. 2315-2317) die "einkommensteuerliche Behandlung von Options- und Finanztermingeschäften an der Deutschen Termin Börse (DTB) und von anderen als Optionsscheine bezeichneten Finanzinstrumenten beim Privatanleger" neu erläutert. In einigen Punkten wurde darin der vielfältigen Kritik aus der Literatur nachgegeben. Z.B. war vorher eine Aufrechnung der gezahlten und erhaltenen Prämien bei Glattstellung (Doppelgeschäft) nicht möglich. Jetzt gilt folgendes:

---

27 R. Pöllath / A. Rodin: Niedrig verzinsliche Optionsanleihen (1986), S. 2094.

28 R. Hamacher: Finanzinnovationen (1993), S. 27.

29 C. Fiedler: Wertpapieroptionsgeschäfte (1994), S. 582; R. Hamacher: Finanzinnovationen (1993), S. 20.

1. Kauf einer Kaufoption
   Die Optionsprämie stellt Anschaffungskosten für den Käufer dar. Beim Verfall der Option hat die Prämie hingegen keine steuerliche Wirkung. Wird die Position glattgestellt (Closing Vermerk), kann die Differenz aus gezahlter und vereinnahmter Optionsprämie lediglich als Spekulationsgewinn oder -verlust i.S. und unter den Voraussetzungen des § 23 EStG angesehen werden.

2. Kauf einer Verkaufsoption
   Die Zahlung der Optionsprämie stellt einen Vorgang auf der Vermögensebene dar und ist steuerlich unbeachtlich. Nur bei der Ausübung kann sie als Werbungskosten i.S. § 23 Abs. 4 Satz 1 EStG bei der Berechnung des Spekulationsgewinns angesetzt werden. Die Glattstellung wird steuerlich wie beim Kauf einer Kaufoption behandelt.

3. Verkauf einer Kaufoption
   Die erhaltene Stillhalterprämie wird als Entgelt für eine sonstige Leistung i.S. des § 22 Nr. 3 EStG versteuert. Bei Ausübung innerhalb der Spekulationsfrist i.S. des § 23 Abs. 1 Satz 1 Nr. 1b EStG kann die Optionsprämie nicht bei der Berechnung des Spekulationsgewinns angesetzt werden. Verluste aus dem Optionsgeschäft können auch nicht als Werbungskosten von den Einkünften aus § 22 Nr. 3 abgezogen werden. Bei Glattstellung der Position wird die zu zahlende Optionsprämie als Aufwendung zur Befreiung von der Stillhalterbindung und zur Sicherung der vereinnahmten Optionsprämie angesehen. Sie kann demnach als Werbungskosten von den Einkünften aus § 22 Nr. 3 EStG abgezogen werden.

4. Verkauf einer Verkaufsoption
   Die Stillhalterposition in Geld wird analog zum Stillhalter der Kaufoption behandelt.

5. Optionen auf Namensaktien und den DAX
   Da bei diesen Optionen lediglich ein Anspruch auf Barausgleich besteht, liegt kein steuerpflichtiges Spekulationsgeschäft vor. Bei der Glattstellung werden sie aber wie andere Optionen behandelt. Da die Prämie auch hier endgültig durch den Stillhalter vereinnahmt wird, liegt keine Kapitalüberlassung vor, d.h. es entstehen keine Einkünfte aus Kapitalvermögen i.S. des § 20 EStG.

6. Kombinationsgeschäfte
   Die Kombinationsgeschäfte aus rechtlich selbständigen Grundgeschäften (z.B. Spreads, Straddles, Strangles) werden steuerlich getrennt nach den Regelungen für diese Grundgeschäfte behandelt.

Differenzgeschäfte zielen darauf ab, durch zwei gegenläufige Geschäfte eine Gelddifferenz zu bestimmen, die der "Verlierer" des Geschäftes dem "Gewinner" zu zahlen hat. Die Differenz wird festgelegt, indem die Beteiligten zunächst als Käufer bzw. Verkäufer des Kontraktgegenstandes und zu einem späteren Zeitpunkt umgekehrt als Verkäufer bzw. Käufer desselben

Kontraktes auftreten. Kursdifferenzen zu den beiden Zeitpunkten führen dann zu einer Gelddifferenz. Wichtig für das Bestehen eines Differenzgeschäftes ist, daß nicht nur eine wirtschaftliche Abdeckung einer offenen Position durch ein Gegengeschäft vorgenommen wird, sondern daß ein Verrechnungs- und Schuldaufhebungsvertrag zustande kommt, der die Position löscht. Voraussetzung dafür ist, daß in das Gesamtgeschäft rechtlich nur zwei Parteien involviert sind.[30] Dies ist z.B. durch Glattstellung bei Futures (vgl. Abschnitt 2631) der Fall. Weitere Vorgänge mit Differenzgeschäfts-Eigenschaften sind z.B. Zins- und Währungs-Swaps (vgl. auch Abschnitt 2543).

Financial Futures-Geschäfte sind nicht einkommensteuerbar, sofern ihnen der Leistungsaustausch i.S. des § 20 Abs. 1 Nr. 7 EStG fehlt. Ein Gegengeschäft, das auf einen Differenzgewinn zielt, ist auch nicht als steuerpflichtiges Spekulationsgeschäft anzusehen. Kommt es dagegen zur Lieferung der Assets, z.B. von Bundesanleihen beim Bund Future (vgl. Abschnitt 2643), kann für Käufer und Verkäufer ein Spekulationsgeschäft nach § 23 Abs. 1 Satz 1 Nr. 1b bzw. Nr. 2 EStG vorliegen. Beim DAX-Future ist eine Lieferung des Basisobjektes nicht möglich, Gewinne oder Verluste aus der Glattstellung bzw. im Rahmen des Barausgleichs sind daher steuerlich unbeachtlich (BMF-Schreiben vom 10.11.1994, Rdn. 20-21; DB 1994, S. 2315).

Ein **Währungs-Swap** ist durch den jeweiligen Austausch zweier unterschiedlicher Währungen zu zwei zeitlich auseinanderliegenden Zeitpunkten gekennzeichnet. Keiner der beiden Swap-Partner überträgt jedoch temporär Kaufkraft an den anderen gegen Entgelt, da zu beiden Zeitpunkten wirtschaftlich gleich hohe Beträge übertragen werden, so daß eine wechselseitige Darlehensgewährung nicht unterstellt werden kann. Beim **Zinsswap** tauschen die Swap-Partner periodisch Zinsbeträge aus, ohne jedoch die Kapitalsummen, die die Bemessungsgrundlage der Zahlungen bilden, auszutauschen. Folglich ermangelt es Währungs- und Zinsswaps an der Voraussetzung der Kapitalüberlassung zur Nutzung, daher resultieren aus ihnen auch keine Kapitalerträge und damit keine Steuerpflicht.[31]

---

[30] R. Hamacher: Finanzinnovationen (1993), S. 19.

[31] R. Hamacher: Finanzinnovationen (1993), S. 16 f. H. Heuer: Ertragsbesteuerung aktienbezogener Einkünfte im Privatvermögen (1992), S. 322.

326 Besteuerung von Effekten mit Vermögensteuer

Aufgrund eingehender Analysen sämtlicher bekannter Rechtfertigungsansätze der Vermögensteuer gelangt Tipke zu dem Ergebnis, daß es für eine Vermögensteuer neben der Einkommen- und Umsatzsteuer letztlich "keine durchschlagenden Rechtfertigungsgründe"[32] gebe. Dennoch hat sich der deutsche Gesetzgeber bisher nicht einmal zur Beseitigung der **Vermögensteuer-Doppelbelastung** durchringen können.[33] "Die Kapitalgesellschaften haben ihr Vermögen zu versteuern, die Anteilseigner (Teilhaber) aber dasselbe Vermögen in Form der Anteile noch einmal."[34] **Steuersubjekte** sind nämlich nach § 1 Abs. 1 VStG **natürliche Personen und** die **Steuersubjekte des Körperschaftsteuerrechts**. Lediglich das **Schachtelprivileg** gemäß § 102 BewG sorgt dafür, daß bei Kapitalgesellschaften, die an einer anderen Kapitalgesellschaft mit mindestens 10 v. H. beteiligt sind, aus der Doppelbelastung keine Mehrfachbelastung wird.

Bemessungsgrundlage (Steuerobjekt) bei **unbeschränkt Vermögensteuerpflichtigen** ist das **Gesamtvermögen (Weltvermögen)** i.S. der §§ 114 bis 120 BewG. Unbeschränkt vermögensteuerpflichtig sind:

1. Natürliche Personen, die im Inland einen Wohnsitz oder ihren gewöhnlichen Aufenthalt haben (§ 1 Abs. 1 Nr. 1 VStG), und
2. Körperschaften, Personenvereinigungen und Vermögensmassen, die im Inland ihre Geschäftsleitung oder ihren Sitz haben (§ 1 Abs. 1 Nr. 2 VStG).

Nach § 18 BewG umfaßt das Gesamtvermögen folgende **Vermögensarten**:

1. Land- und forstwirtschaftliches Vermögen,
2. Grundvermögen,
3. Betriebsvermögen und
4. sonstiges Vermögen.

Effekten (zum Begriff vgl. Abschnitt 322) gehören zum **sonstigen Vermögen** (§ 110 Abs. 1 Nr. 1 und 3 BewG), soweit sie nicht einer der übrigen Vermögensarten zuzurechnen sind (vgl. auch Abschnitt 322).

---

[32] K. Tipke / J. Lang: Steuerrecht (1994), S. 475.

[33] Im Unterschied zur sog. Doppelbelastung Körperschaftsteuer / Einkommensteuer durch das Anrechnungsverfahren (vgl. Abschnitt 3251).

[34] K. Tipke / J. Lang: Steuerrecht (1994), S. 475.

Verschiedene Vermögensarten werden vom Gesetzgeber nicht nur mit unterschiedlichen Steuersätzen (§ 10 VStG) belastet, sondern es erfolgt teilweise auch eine unvollständige Erfassung ihres (Verkehrs-)Wertes (§§ 115-117a BewG), d.h. in den Steuersätzen und Bewertungsvorschriften sind unterschiedliche Befreiungen versteckt. Für natürliche Personen beträgt der **Steuersatz** im Regelfall 1 v. H. des steuerpflichtigen Vermögens (§ 10 Nr. 1 VStG). Dieser Satz gilt u.a. für verzinsliche und unverzinsliche Kapitalforderungen jeder Art, also insbesondere auch für festverzinsliche Wertpapiere. Für Wirtschaftsgüter i.S. des § 110 Abs. 1 Nr. 3 BewG, also für Aktien, Anteilsscheine, Kuxe, Geschäftsanteile, andere Gesellschaftseinlagen und Geschäftsguthaben bei Genossenschaften beläuft sich der Vermögensteuersatz hingegen lediglich auf 0,5 v. H. § 110 Abs. 2 BewG gewährt für das sonstige Vermögen gemäß § 110 Abs. 1 Nr. 1 bis 3 BewG (Kapitalforderungen, Spareinlagen, Bankguthaben, Bargeld, Aktien, Anteilsscheine u.ä.)[35] einen **Freibetrag** von 10.000 DM. Dieser Freibetrag vervielfacht sich bei Veranlagungsgemeinschaften (z.B. Ehepartnern mit Kindern) proportional zur Anzahl der zusammen veranlagten Steuerpflichtigen (§ 110 Abs. 3 BewG).

Nach § 11 in Verbindung mit § 112 BewG sind **amtlich notierte** sowie im **geregelten Markt** und im **Freiverkehr gehandelte Wertpapiere und Anteile** mit dem am 31.12. des Jahres niedrigst notierten Kurs zu bewerten, der dem Vermögensteuer-Veranlagungszeitpunkt vorausgeht (für Fondsanteile sind die entsprechenden Rücknahmepreise anzusetzen). Diese **Steuerkurswerte** werden vom Bundesfinanzministerium im Bundessteuerblatt veröffentlicht (§ 113 BewG) und sind in der Regel im Depotauszug per Jahresultimo aufgeführt. **Nicht notierte Anteile** sind mit dem **gemeinen Wert** anzusetzen (§ 11 Abs. 2 BewG). Sofern sich dieser nicht aus Verkäufen innerhalb der letzten 12 Monate ableiten läßt (Regelbewertung), ist er in einem komplizierten und betriebswirtschaftlich durchaus problematischen Verfahren "unter Berücksichtigung des Vermögens (Einheitswert, Anm. d. V.) und der Ertragsaussichten der Kapitalgesellschaft zu schätzen" (§ 11 Abs. 2 Satz 2 BewG).

Zum Zweck der Besteuerung wird die **Summe der vier Vermögensarten** gebildet (§ 114 BewG). Davon werden die **Schulden subtrahiert** (§ 118 Abs. 1 Nr. 1 BewG), soweit diese nicht bereits als Betriebsschulden bei dem

---

[35] Auf DM lautende Bank- und Sparguthaben sowie Zahlungsmittel gehören bei natürlichen Personen allerdings nur insoweit zum sonstigen Vermögen, als sie insgesamt 1.000 DM pro Person überschreiten.

Betriebsvermögen berücksichtigt wurden oder gemäß § 118 Abs. 2 und 3 BewG nicht abzugsfähig sind. Von dem verbleibenden Gesamtvermögen (§ 4 VStG) sind bei natürlichen Personen die **persönlichen Freibeträge** (§ 6 VStG) abzuziehen (für den Steuerpflichtigen 120.000 DM, bei zusammenveranlagten Ehegatten 240.000 DM, für jedes mit den Eltern zusammenveranlagte Kind weitere 120.000 DM). Darüberhinaus wird ein Alters- bzw. Schwerbehindertenfreibetrag von 50.000 DM gewährt. Der **Rest** ist das **zu versteuernde (bzw. steuerpflichtige) Vermögen** unbeschränkt Steuerpflichtiger (§ 9 Abs. 1a VStG). Im allgemeinen ist eine **Zusammenveranlagung** gemäß § 14 VStG in Verbindung mit § 119 BewG **vorteilhaft**, da der proportionale Tarif steuerneutral ist und bei getrennter Veranlagung ansonsten ungenutzte Freibeträge, z.B. von vermögenslosen Kindern, ausgeschöpft oder Schulden vermögensloser Beteiligter mitverrechnet werden können.

Unbeschränkt vermögensteuerpflichtige, die mit ihrem **Auslandsvermögen** zu einer der inländischen Vermögensteuer entsprechenden ausländischen Steuer herangezogen werden, können nach § 11 Abs. 1 VStG, sofern nicht die Vorschriften eines **Doppelbesteuerungsabkommens** anwendbar sind, die gezahlte und keinem Entschädigungsanspruch unterliegende **ausländische Steuer** auf den Teil der deutschen Vermögensteuer **anrechnen**, der auf das Auslandsvermögen entfällt. Die ausländische Vermögensteuer ist also, ähnlich wie bei Auslandsdividenden (vgl. Abschnitt 3251), maximal bis zur Höhe der deutschen Steuer anrechenbar, die auf die ausländischen Wertpapiere entfällt. Diese Höchstgrenze errechnet sich wie folgt:

$$\text{Anrechnungsgrenze} = \left(\begin{matrix}\text{deutsche Vermögensteuer}\\ \text{auf das Gesamtvermögen}\end{matrix}\right) \cdot \frac{\text{Auslandsvermögen}}{\text{Gesamtvermögen}}$$

wobei das Gesamtvermögen einschließlich des Auslandsvermögens anzusetzen ist.

Beschränkt Vermögensteuerpflichtige unterliegen mit ihrem **Inlandsvermögen** der deutschen Vermögensteuer (§ 4 Abs. 1 Nr. 2 VStG), soweit ihr steuerpflichtiges Vermögen mindestens 20.000 DM beträgt (§§ 8 Abs. 2 und 9 Nr. 2 VStG). Beschränkt steuerpflichtig sind nach § 2 Abs. 1 VStG:

1. Natürliche Personen, die im Inland weder einen Wohnsitz noch ihren gewöhnlichen Aufenthalt haben, und
2. Körperschaften, Personenvereinigungen und Vermögensmassen, die im Inland weder ihre Geschäftsleitung noch ihren Sitz haben.

Literatur

Albach, H.: Informationsgewinnung durch strukturierte Gruppenbefragungen. Die Delphi-Methode. In: Zeitschrift für Betriebswirtschaft, 40. Jg. (1970), Ergänzungsheft, S. 11-26.

Alexander, G. J. / J. C. Francis: Portfolio Analysis. Prentice Hall, Englewood Cliffs (N.J.) 1986.

Armin, R. von: Die Warenterminanlage. 1. Band: Grundlagen und Vorgehen. 2. Auflage, Hoppenstedt Verlag, Darmstadt u.a. 1981.

Armin, R. von: Die Warenterminanlage. 2. Band: Aktientermin-Analyse, Warenoptionen und Börsenrecht. Hoppenstedt Verlag, Darmstadt u.a. 1983.

Arnott, R. A. / F. J. Fabozzi (Hrsg.): Asset Allocation. A Handbook of Portfolio Policies, Strategies, and Tactics. Probus Publishing, Chicago 1988.

Arnott, R. A. / R. D. Henriksson: A Disciplined Approach to Global Asset Allocation. In: Financial Analysts Journal, March/April 1989, S. 17-27.

Assmann, H. D.: Prospekthaftung als Haftung für die Verletzung kapitalmarktbezogener Informationsverkehrspflichten nach deutschen und US-amerikanischen Recht. Heymann Verlag, Köln u.a. 1985.

Assmann, H.-D. / R. A. Schütze (Hrsg.): Handbuch des Kapitalanlagerechts. C.H. Beck Verlag, München 1990.

Association for Investment Management and Research AIMR (Hrsg.): Performance Reporting for Investment Managers. Applying the AIMR Performance Presentation Standards. Charlottsville (VA) 1991.

Association for Investment Management and Research AIMR (Hrsg.): Code of Ethics and Standards of Professional Conduct. Charlottsville (VA), Effective January 1990, Amended May 1992.

Bank für internationalen Zahlungsausgleich, Basel (BIZ): Jahresberichte Nr. 53 (1982/83) bis Nr. 61 (1990/91).

Banz, R. W.: The Relationship between Return and Market Value of Common Stocks. In: Journal of Financial Economics, Vol. 9 (1981), S. 3-18.

Beckermann, H.: Lehrbuch der Einkommensteuer. 5. Auflage, Verlag Neue Wirtschafts-Briefe, Herne 1987.

Beer, S.: Die wichtigsten Börsen Europas. Deutscher Sparkassenverlag, Stuttgart 1992.

Bender, A. / U. Hielscher / T. Johnsen / J. Mourtisen / L. C. Nunes / M. Theobald / A. van den Berg: EFFAS Accreditation Guide. Hrsg. von der Commission on Training and Qualification of the European Federation of Financial Analysts Societies. Paris 1992.

Berg, E. N.: A Study shakes Confidence in the Volatile-Stock-Theory. In: New York Times vom 18.2.1992, S. D 1-6.

Bernstein, J.: Facts on Futures. Insights and Strategies for Winning in the Future Markets. Probus Publishing, Chicago 1987.

Bhattacharya, S. / P. Pfleiderer: A Note on Performance. Technical Report 714, Stanford (CA.) 1983.

Bierwag, G. O. / G. G. Kaufmann / Ch. Khang: Duration and Bond Portfolio Analysis: An Overview. In: Journal of Financial and Quantitative Analysis, Vol. 13 (1978), S. 671-681.

Black, F.: Fact and Fantasy in the Use of Options. In: Financial Analysts Journal, July/August 1975, S. 36-41 und 61-72.

Black, F.: Universal Hedging: Optimizing Currency Risk and Reward in International Equity Portfolio. In: Financial Analysts Journal, July/August 1989, S. 16-22.

Black, F.: Estimating Expected Return. In: Financial Analysts Journal, September/October 1993, S. 36-38.

Black, F. / M. Scholes: The Valuation of Option Contracts and a Test of Market Efficiency. In: Journal of Finance, Jg. 27 (1972), S. 399-417.

Black, F. / M. Scholes: The Pricing of Options and Corporate Liabilities. In: Journal of Political Economy, Vol. 81 (1973), S. 637-654.

Blake, Ch. R. / E. J. Elton / M. J. Gruber: The Performance of Mutual Funds. In: Journal of Business, Vol. 66 (1993), S. 371-403.

Bleymüller, J. / G. Gehlert / H. Gülicher: Statistik für Wirtschaftswissenschaftler. 9. Auflage, Vahlen Verlag, München 1994.

Bodie, Z. / A. Kane / A. J. Marcus: Investments. Irwin, Burr Ridge (IL) u.a. 1989.

Bookstaber, R. M.: Option Pricing and Strategies in Investing. Addison-Wesley, London 1981.

Brealey, R. A. / St. C. Myers: Principles of Corporate Finance, 4th Edition, McGraw-Hill, New York u.a. 1991.

Breuer, R. E.: Ein innovatives Finanzierungspaket am Euromarkt, Multiple Instrument Financing Program. In: Die Bank, Februar 1987, S. 64-65.

Brockhoff, K.: Delphi-Prognosen im Computer-Dialog. J.C.B. Mohr (Paul Siebeck) Verlag, Tübingen 1979.

Bronstein, I. N. / K. A. Semendjajew: Taschenbuch der Mathematik. 19. Auflage, Verlag Harri Deutsch, Frankfurt/M. 1979.

Brown, B. / Ch. R. Geisst: Financial Futures Markets. Macmillan Publishers, London 1983.

Brunner, W. L. / J. Vollrath: Handbuch Finanzdienstleistungen. Schäffer-Poeschel Verlag, Stuttgart 1993.

Büning, H. / G. Haedrich / H. Kleinert: Operationale Verfahren der Markt- und Sozialforschung. Datenerhebung und Datenanalyse. Verlag de Gruyter, Berlin/New York 1981.

Burmeister, E. / Wall, K. D.: The Arbitrage Pricing Theory and Macroeconomic Factor Measures. In: Financial Review, Vol. 21 (1986), S. 1-20.

Büschgen, H. E.: Länderrisiken und ihre bankgeschäftspolitische Bedeutung. In: W. Gebauer (Hrsg.): Öffentliche Finanzen und monetäre Ökonomie, Festschrift für Karl Häuser zum 65. Geburtstag. Fritz Knapp Verlag, Frankfurt/M. 1979, S. 333-352.

Büschgen, H. E.: Finanzinnovationen. Neuerungen und Entwicklungen an nationalen und internationalen Finanzmärkten. In: Zeitschrift für Betriebswirtschaft, Jg. 56 (1986), Heft 4/5, S. 301-336.

Büschgen, H. E.: Zinstermingeschäfte. Fritz Knapp Verlag, Frankfurt/M. 1988.

Büschgen, H. E.: Bankbetriebslehre. Bankgeschäfte und Bankmanagement. 4. Auflage, Gabler Verlag, Wiesbaden 1993.

Busse v. Colbe, W. / K. Geiger / H. Haase / H. Reinhard / G. Schmitt: Ergebnis nach DVFA/SG. Schäffer Verlag, Stuttgart 1991.

Byrne, Th. B. jr.: The Stock Index Futures Market. A Traders Insights and Strategies. Probus Publishing, Chicago 1987.

Caires, B. de (Hrsg.): The Guide to International Capital Markets 1988. Euromoney Publications, London 1988.

Carl, D.: Neuregelung der Zinsbesteuerung durch das StMBG. In: Finanz-Rundschau, Jg. 76 (1994), S. 173-181.

Carstensen, M.: Finanzinnovationen in der praktischen Anwendung einer Geschäftsbank. In: Die Bank, Juli 1986, S. 352-356.

Cartledge, P. C.: Financial Arithmetic. Euromoney Books, London 1993.

CBOT / MIDAM (Hrsg.): Contract Specification 1994. Chicago 1994.

Celebuski, M.J. / J.M. Hill / J. J. Kilgannon: Managing Currency Exposures in International Portfolios. In: Financial Analysts Journal, January/February 1990, S. 16-23.

Chen, N.-F.: Some Empirical Tests of the Theory of Arbitrage Pricing. In: Journal of Finance, Vol. 38 (1983), S. 1393-1414.

Chen, N.-F. / R. Roll / S. A. Ross: Economic Forces and the Stock Market. In: Journal of Business, Vol. 59 (1986), S. 383-403.

Christians, F. W. (Hrsg.): Finanzierungshandbuch. 2. Auflage, Gabler Verlag, Wiesbaden 1988.

Clark, E. / M. Levasseur / P. Rousseau: International Finance. Chapman & Hall, London u.a. 1993.

Coenenberg, A. G. (Hrsg.): Jahresabschluß und Jahresabschlußanalyse. 14. Auflage, Verlag Moderne Industrie, Landsberg/Lech 1993.

Cohen, E.: A Serious Case for Treatment. In: The Banker, Vol. 137, Nr. 742, December 1987, S. 83-85.

Cohen, K. J. / J. A. Pogue: An Empirical Evaluation of Alternative Portfolio-Selection Models. In: Journal of Business, Vol. 40 (1967), S. 166-193.

Colby, R.W. / Meyers, Th. A.: The Encyclopedia of Technical Market Indicators. Dow Jones-Irwin, Homewood (IL) 1988.

Conrad, K. / D. J. Jüttner: Recent Behavior of Stock Market Prices in Germany and the Random Walk Hypothesis. In: Kyklos, Vol. 26 (1973), S. 576-599.

Cootner, P. H. (Hrsg.): The Random Character of Stock Market Prices. 1st Edition 1964, 3rd Paperback Edition, M.I.T. Press, Cambridge (Mass.) 1970.

Copeland, T. E. / J. F. Weston: Financial Theory and Corporate Policy. 3rd Edition, Addison-Wesley, Reading (Mass.) u.a. 1988.

Cordero, R.: Der Financial Futures Markt. 2. Auflage, Paul Haupt Verlag, Bern/Stuttgart 1987.

Cox, J. C. / M. Rubinstein: Options Markets. Prentice-Hall, Englewood Cliffs (N.J.) 1985.

Cramer, J.-E. / B. Rudolph (Hrsg.): Handbuch für Anlageberatung und Vermögensverwaltung. Fritz Knapp Verlag, Frankfurt/M. 1995.

Crezelius, G.: Steuerrecht II: Besonderes Steuerrecht. C.H. Beck Verlag, München 1991.

Deutsche Terminbörse DTB (Hrsg.): Bund Futures. Informationsschrift, 3. Auflage, Frankfurt/M. 1992.

Dhrymes, Ph. J. / I. Friend / N. B. Gultekin: A Critical Reexamination of the Empirical Evidence on the Arbitrage Pricing Theory. In: Journal of Finance, Vol. 39 (1984), S. 323-346.

Donner, O.: Die Kursbildung am Aktienmarkt. In: Vierteljahrhefte zur Konjunkturforschung. Sonderheft 36, Berlin 1934.

Dresdner Bank AG (Hrsg.): Zinsmanagement. Instrumente und Anwendungen. 5. Auflage, Selbstverlag, Frankfurt/M. 1991.

Drukarczyk, J.: Finanzierung. 6. Auflage, Gustav Fischer Verlag, Stuttgart/New York 1993.

Dziedzina, M.: Mathematisch-statistische Methoden zur Aktiendepot-Optimierung. Verlag Harri Deutsch, Frankfurt/M. 1987.

Eberts, M.: Das Berufsbild des Finanzanalysten in der Bundesrepublik Deutschland. S. Toeche-Mittler-Verlag, Darmstadt 1986.

Eckart, D. K.: Der zivil- und strafrechtliche Ordnungsrahmen bei der Empfehlung von Kapitalanlagen. In: Beiträge zur Wertpapieranalyse, Heft 26 (1989), S. 31-39.

Edwards, R. D. / J. Magee: Technical Analysis of Stock Trends. 5th Edition, Springfield (Mass.) 1966. Deutsche Übersetzung von W. Frühling: Technische Analyse von Aktientrends. Hoppenstedt Verlag, Darmstadt 1976.

Egerton, R. A. D.: The Holding of Assets: "Gambler Preference" or "Safety first". In: Oxford Economic Papers, Vol. 8 (1956), S. 51 ff.

Elton, E. J. / M. J. Gruber (Hrsg.): Security Evaluation and Portfolio Analysis. Prentice Hall, Englewood Cliffs (N.J.) 1972.

Elton, E. J. / M. J. Gruber: Modern Portfolio Theory and Investment Analysis. 4th Edition, John Wiley & Sons, New York u.a. 1991.

Ernst, D. P.: Aktienpreisverlaufshypothesen und Optionsscheinmodelle. Dissertation, Berlin 1973.

Evans, G.: How to Stop the Eurobond Market Committing Suicide. In: Euromoney, May 1988, S. 45-58.

Everling, O.: Rating gewinnt in globalen Märkten an Bedeutung. In: Börsen-Zeitung vom 21.7.1989, S. 5.

Everling, O.: Nutzenaspekte des Rating für Emittenten. In: Der langfristige Kredit, Jg. 42 (1991), S. 272-275.

Everling, O.: Ratingagenturen weltweit. In: Die Bank (1991), S. 151-156.

Everling, O.: Ratings im Recht nationaler Finanzmärkte. In: Zeitschrift für das gesamte Kreditwesen, Jg. 44 (1991), S. 349-354.

Fabozzi, F. J. / F. G. Zarb: Handbook of Financial Markets Securities, Options and Futures. 2nd Edition, Dow Jones-Irwing, Homewood (Ill.) 1986.

Fama, E. F.: Risk, Return, and Equilibrium: Some Clarifying Comments. In: Journal of Finance, Vol. 23 (1968), S. 29-40.

Fama, E. F.: Efficient Capital Markets: A Review of Theory and Empirical Work. In: Journal of Finance, Vol. 25 (1970), S. 383-417.

Fama, E. F.: Components of Investment Performance. In: Journal of Finance, Vol. 27 (1972), S. 551-567.

Fama, E. F. / K. R. French: The Cross-Section of Expected Stock Returns. In: Journal of Finance, Vol. 47 (1992), S. 427-465.

Fastrich, H. / S. Hepp: Währungsmanagement international tätiger Unternehmen. Poeschel Verlag, Stuttgart 1991.

Fiedler, C.: Einkunftsbesteuerung von Wertpapieroptionsgeschäften. In: Deutsche Steuer-Zeitung, Jg. 82 (1994), S. 581-583.

Finsterwalder, O. / M. Musulim: Internationale Kapitalmärkte. In: Obst / Hintner, a.a.O., 38. Auflage, Stuttgart 1988, S. 1103-1128.

Fischer-Erlach, P.: Handel und Kursbildung am Devisenmarkt. 2. Auflage, Kohlhammer Verlag, Stuttgart/Berlin/Köln/Mainz 1986.

Fitzgerald, M. D.: Financial Futures. 2nd Edition, Euromoney Books, London 1993.

Forst, H. von der: Neue Finanzierung und Anlage, Euro-Medium Term Notes. In: Die Bank, Dezember 1987, S. 679-681.

Francis, J. C.: Investments. Analysis and Management. 5th Edition, McGraw-Hill, New York u.a. 1991.

Franke, G. / H. Hax: Finanzwirtschaft des Unternehmens und Kapitalmarkt. 3. Auflage, Springer Verlag, Berlin/Heidelberg u.a. 1994.

Franks, J. R. / J. E. Broyles / W. T.Carleton: Corporate Finance. Concepts and Applications. Kent Publishing, Boston (Mass.) 1985.

Friedman, M.: Die optimale Geldmenge und andere Essays. Verlag Moderne Industrie, München 1970. (Amerikanische Erstauflage: The Optimum Quantity of Money and other Essays. Kent Publishing, Boston (Mass.) 1969).

Friedman, M.: Zeroing In in Zero-Inflation Policy. In: Wall Street Journal Europe, 6. Juli 1989, S. 6.

Friese, A. B.: Euro Commercial Paper gewinnt an Bedeutung. In: Die Bank, März 1988, S. 113-136.

Gäfgen, G.: Theorie der wirtschaftlichen Entscheidung. J.C.B. Mohr (Paul Siebeck) Verlag, Tübingen 1963.

Ganderath, P.: Das zweite Gesetz zur Bekämpfung der Wirtschaftskriminalität. In: Der Betrieb, Jg. 39 (1986), Beilage 18 zu Heft 32.

Gastineau, G. L.: The Options Manual. 3rd Edition, McGraw-Hill, New York 1988.

Gebhardt, G. / W. Gerke / M. Steiner (Hrsg.): Handbuch des Finanzmanagements. Instrumente und Märkte der Unternehmensfinanzierung. C.H. Beck, München 1993.

Gellert, W. / H. Küstner / M. Hellwich / H. Kästner: Kleine Enzyklopädie - Mathematik. 2. Auflage, VEB Verlag Enzyklopädie, Leipzig 1977.

Gerke, W. / M. Steiner (Hrsg.): Handwörterbuch des Finanz- und Bankwesens. 2. Auflage, Schäffer-Poeschel Verlag, Stuttgart 1995.

Giloy, J.: Zur Besteuerung von Kapitalerträgen nach dem Zinsabschlaggesetz. In: Finanz-Rundschau, Jg. 74 (1992), S. 605-614.

Gleske, L.: Finanzinnovationen aus Sicht der Notenbanken und der Bankenaufsichtsbehörden. In: Die Bank, Juni 1986, S. 280-285.

Glismann, H. H. / H. Rodemer / F. Wolter: Zur Natur der Wachstumsschwäche in der Bundesrepublik Deutschland. Eine empirische Analyse langer Zyklen wirtschaftlicher Entwicklung. Kieler Diskussionsbeiträge Nr. 55, Kiel, Juni 1978.

Goldfarb, D. / A. Idnani: A Numerically Stable Dual Method for Solving Strictly Convex Quadratic Programs. In: Mathematic Programming, Vol. 27 (1983), S. 1-33.

Goldman Sachs International (Hrsg.): Anatomy of World Markets. Selbstverlag, London Oktober 1990.

Graham, B. / D. L. Dodd: Security Analysis. Principles and Technique. McGraw-Hill, 1. Auflage 1934, 4. Auflage 1962, 5. Auflage hrsg. von S. Cottle, R. F. Murray und F. E. Block unter dem Titel "Graham and Dodd's Security Analysis", McGraw-Hill, NewYork u.a. 1988.

Granger, C. W. J. / M. Hatanaka: Spectral Analysis of Economic Time Series. University Press, Princeton (N.J.) 1964.

Granger, C. W. J. / O. Morgenstern: Spectral Analysis of New York Stock Market Prices. In: Kyklos, Vol. 16 (1963), S. 1-27.

Güttler, G. / U. Hielscher: Aktienoptionspreise und ihre Komponenten. In: Zeitschrift für betriebswirtschaftliche Forschung, Jg. 29 (1977), S. 128-145.

Haken, H.: Synergetik. Eine Einführung. 3. Auflage, Springer Verlag, Berlin/Heidelberg 1990.

Haken, H. / A. Wunderlin: Die Selbststrukturierung der Materie. Synergetik in der unbelebten Welt. Vieweg Verlag, Braunschweig 1991.

Hamacher, R.: Finanzinnovationen und Zinsabschlag. In: Steuerliche Vierteljahreszeitschrift, Jg. 5 (1993), S. 12-31.

Harrington, D. R.: Modern Portfolio Theory. The Capital Asset Pricing Model and Arbitrage Pricing Theory. A Users' Guide. 2nd Edition, Prentice Hall, Englewood Cliffs (N.J.) 1987.

Hartmann, N.: Das Problem des geistigen Seins. 2. Auflage, Verlag Walter de Gruyter, Berlin 1948.

Hauck, W.: Börsenmäßig gehandelte Finanzoptionen. In: Beiträge zur Wertpapieranalyse, Heft 26 (1989), S. 5-30.

Hauck, W.: Optionspreise. Gabler Verlag, Wiesbaden 1991.

Haugen, R. A.: Modern Investmenttheory. 3rd Edition, Prentice Hall, Englewood Cliffs (N.J.) 1992.

Häuselmann, H. / T. Wiesebart: Erträge aus Finanzinnovationen als steuerpflichtige Kapitaleinkünfte? In: Recht der Internationalen Wirtschaft, Jg. 39 (1993), S. 751-757.

Hayes, J. G.: Numerical Approximation to Functions and Data. Curve Fitting by Polynomials in one Variable. Athlone Press, London 1970.

Helmer, O. / N. Rescher: On the Epistemology of the Inexact Sciences. In: Management Science, Vol. 6 (1960), S. 25ff.

Heuer, H.: Ertragsbesteuerung aktienbezogener Einkünfte im Privatvermögen. In: Steuer und Wirtschaft, Jg. 69 (1992), S. 313-332.

Hielscher, U.: Das optimale Aktienportefeuille. 3. Auflage, Fritz Knapp Verlag, Frankfurt/M. 1969.

Hielscher, U.: Methoden der Portefeuilleoptimierung. In: Handbuch der Wertpapieranlage. Verlag Moderne Industrie, München 1974, S. 503-531.

Hielscher, U.: Technische Aktienanalyse versus Random-Walk-Hypothese. In: Zeitschrift für das gesamte Kreditwesen, Jg. 28 (1975), S. 1137-1140.

Hielscher, U.: Börsenkursbildung, Theorie der. In: Handwörterbuch der Finanzwirtschaft, hrsg. von H. E. Büschgen, Poeschel Verlag, Stuttgart 1976, Sp. 215-221.

Hielscher, U.: Vor der (unbedachten) Anwendung von Beta-Faktoren wird gewarnt. In: Zeitschrift für das gesamte Kreditwesen, Jg. 31 (1979), S. 138-144.

Hielscher, U.: Börsen. In: Obst / Hintner, a.a.O., 37. Auflage, Stuttgart 1980, S. 804-862 und 38. Auflage, Stuttgart 1988, S. 998-1053.

Hielscher, U.: Electronic Banking. In: Zeitschrift für Betriebswirtschaft, Jg. 55 (1985), S. 477-493.

Hielscher, U.: Risikomanagement mit Zinsterminkontrakten. In: Blick durch die Wirtschaft vom 8.3.1985, S. 3-4.

Hielscher, U.: Instrumente zur Begrenzung von Währungsrisiken. In: Betriebswirtschaftliche Forschung und Praxis, Jg. 37 (1985), S. 531-548.

Hielscher, U.: Finanzmathematische Grundkonzepte der modernen Investmentanalyse. In: Beiträge zur Wertpapieranalyse, Heft 25 (1988), S. 7-18.

Hielscher, U.: Ursprünge und Grundgedanken der modernen Portfolio Theorie. In: Beiträge zur Wertpapieranalyse, Heft 25 (1988), S. 19-43.

Hielscher, U: Waren- und Finanzterminbörsen (Futures Märkte). In: Obst / Hintner, a.a.O., 38. Auflage, Stuttgart 1988, S. 1129-1141.

Hielscher, U.: Warenterminbörsen. In: Handwörterbuch Export und Internationale Unternehmung, hrsg. von K. Macharzina und M. K. Welge, Poeschel Verlag, Stuttgart 1989, Sp. 2225-2231.

Hielscher, U.: Nationale und internationale Rentenmärkte. In: J. Jokisch / L. Raettig / G. Ringle (Hrsg.): Finanz-, Bank- und Kooperationsmanagement. Beiträge zur Betriebswirtschaftslehre nationaler und internationaler Unternehmungen. Festschrift zum 65. Geburtstag von Helmut Lipfert. Fritz Knapp Verlag, Frankfurt/M. 1989, S. 65-80.

Hielscher, U.: Probleme bei der Berechnung historischer (realisierter) Renditen. In: Beiträge zur Wertpapieranalyse, Heft 26 (1989), S. 41-45.

Hielscher, U.: Investmentanalyse. 1. Auflage, Oldenbourg Verlag, München/Wien 1990.

Hielscher, U.: Asset Allocation. In: Kredit und Kapital, Jg. 24 (1991), S. 254-270.

Hielscher, U.: Übungen zur Investmentanalyse. Band 1 der DVFA-Schriftenreihe: Theorie und Praxis der Investmentanalyse. Hoppenstedt Verlag, Darmstadt 1991.

Hielscher, U.: Fischer Börsenlexikon. Fischer Taschenbuch Verlag, Frankfurt/M. 1992.

Hielscher, U.: Börsen- und Börsengeschäfte. In: Handwörterbuch der Betriebswirtschaft. Band 1, 5. Auflage, hrsg. von W. Wittmann / W. Kern / R. Köhler / H.-U. Küpper / K. v. Wysocki. Schäffer-Poeschel Verlag, Stuttgart 1993, Sp. 569-577.

Hielscher, U.: Börsen- und Börsengeschäfte. In: Obst / Hintner, a.a.O., 39. Auflage, Stuttgart 1993, S. 1128-1188.

Hielscher, U.: Performanceauswertung im modernen Effekten-Portfoliomanagement. In: B. Schiemenz / H.-J. Wurl (Hrsg.): Internationales Management. Festschrift zum 70. Geburtstag von Eberhard Dülfer. Gabler Verlag, Wiesbaden 1994, S. 253-268.

Hielscher, U.: Wertpapieranalyse. In: H. Schierenbeck (Hrsg.): Lexikon Bank- und Versicherungswesen, Oldenbourg Verlag, München/Wien 1990, S. 690-696 und 2. Auflage, 1994, S. 721-729.

Hielscher, U.: Arbitrage. In: A. H. J. Siebers / M. M. Weigert (Hrsg.): Börsenlexikon, Oldenbourg Verlag, München/Wien 1995, Sp. 22-26.

Hielscher, U.: Fundamentale Aktienanalyse. In: J.-E. Cramer / B. Rudolph (Hrsg.): Handbuch für Anlageberatung und Vermögensverwaltung. Fritz Knapp Verlag, Frankfurt/M. 1995, S. 353-364.

Hielscher, U.: Technische Aktienanalyse. In: W. Gerke / M. Steiner (Hrsg.): Handwörterbuch des Finanz- und Bankwesens, 2. Auflage, Schäffer-Poeschel Verlag, Stuttgart 1995, Sp. 1817-1830.

Hielscher, U. / M. Eberts: Die Ausbildung zum Investmentanalysten in Deutschland. In: Die Bank, Mai 1987, S. 252-255.

Hielscher, U. / H. Heintzelmann: BETA Faktoren. In: Beiträge zur Aktienanalyse, Heft 14 (1975), S. 5-25.

Hielscher, U. / H.-D. Laubscher: Finanzierungskosten. Kostenbestandteile, Kostenvergleiche und Usancen der Industriefinanzierung. 2. Auflage, Fritz Knapp Verlag, Frankfurt/M. 1989.

Hielscher, U. / U. Lehner: Einsatzmöglichkeiten elektronischer Datenverarbeitungsanlagen bei der Vorbereitung von Anlageentscheidungen und der Vorselektion von Wertpapieren. In: Handbuch der Wertpapieranlage, Verlag Moderne Industrie, München 1974, S. 456-477.

Hielscher, U. / H.-P. Ohl: Asset-Backed Securities. In: Meilensteine im Management, Band IV: Finanzielle Führung, Finanzinnovationen & Financial Engineering, hrsg. von H. Siegwart / J. Mahari / M. Abresch. 2. Teilband. Schäffer-Poeschel Verlag, Stuttgart 1994, S. 685-708.

Hielscher, U. / H.-D. Schulz / E. Cluss: Gewinne bestimmen das Kursniveau. In: Der Volkswirt, Jg. 20 (1966), S. 1393-1395.

Hielscher, U.: s. auch unter A. Bender und G. Güttler.

Hoegen, D.: Einzelfragen zur Haftung bei Anlagevermittlung und Anlageberatung unter besonderer Berücksichtigung der Rechtsprechung des Bundesgerichtshofes. In: Festschrift für Walter Stimpel, hrsg. von M. Lutter, Walter de Gruyter, Berlin/New York 1985, S. 247-263.

Holmes G. / A. Sugden: Interpreting Company Reports and Accounts. 3rd Edition, Woodhead-Faulkner, Cambridge 1986.

Horat, M. B.: Financial Futures und Optionen für Anleger und Vermögensberater. Leitfaden für sämtliche internationale Börsen. Fortuna Finanz-Verlag, Zürich 1989.

Horgan, J.: Komplexität in der Krise. In: Spektrum der Wissenschaft, September 1995, S. 58-64.

Ibbotson, R.: Investment Markets. McGraw-Hill, New York u.a. 1987.

IBM (Hrsg.): Portfolio Selection Program No. 7090-FI-03X, Preliminary Manual 1962.

Institute of Chartered Financial Analysts (Hrsg.): The CFA Candidate Readings 1989, Volume I-III. Charlottsville (VA) 1988.

Institute of Chartered Financial Analysts (Hrsg.): The CFA Study Guide 1989, Volume I - III. Charlottsville (VA) 1988.

Jakob, W.: Steuern vom Einkommen 1. Kohlhammer Verlag, Stuttgart 1980.

Jansen, R.: § 23 EStG. In: C. Hermann / H. Heuer / A. Raupach (Hrsg.): Einkommensteuergesetz und Körperschaftsteuergesetz - Kommentar. 20. Auflage, Bd. 11, O. Schmidt Verlag, Köln 1993.

Jenkins, G. M. / D. G. Watts: Spectral Analysis and its Applications. Verlag Holden Day, San Francisco/Cambridge/London/Amsterdam 1968.

Jensen, M. C. (Hrsg.): Studies in the Theory of Capital Markets. Praeger, New York 1972.

Keppler, M.: "Beta"-Faktoren und CAPM - ein Nachruf. In: Die Bank, Mai 1992, S. 268-269.

Keßler, R.: Der Zinsabschlag. In: Betriebs-Berater, Jg. 48 (1993), S. 183-196.

Keynes, J. M.: Allgemeine Theorie der Beschäftigung, des Zinses und des Geldes. Duncker & Humblot, Berlin 1936. (Englische Erstauflage: The General Theory of Employment, Interest, and Money, 1936).

Kirsch, G. / J. Kohlas: Der Wert des Unvorhersehbaren. In: Frankfurter Allgemeine Zeitung vom 8.5.1993, S. 15.

Kleiner, W.: Kapitalmärkte und Börsen des Auslands. In: Obst / Hintner, 38. Auflage, a.a.O., Stuttgart 1988, S. 1054-1076.

Kobelt, H. / P. Schulte: Finanzmathematik. 5. Auflage, Verlag Neue Wirtschaftsbriefe, Herne/Berlin 1991.

Köhler, C.: Geldwirtschaft. 2. Band: Zahlungsbilanz und Wechselkurs. Duncker & Humblot Verlag, Berlin 1979.

Köhler, C.: Finanzplatz Deutschland national und international. In: Jahresbericht 1987 der Arbeitsgemeinschaft der deutschen Wertpapierbörsen, Frankfurt/M. 1988, S. 6-10.

Köhler, H.: Finanzmathematik. Carl Hanser Verlag, München/Wien 1981.

Kolb, R. W.: Investments. 3rd Edition, Blackwell, Miami 1992.

Kolb, R. W. / R. Hamada: Understanding Future Markets. 2nd Edition, Scott Foresman & Co, London 1988.

Kollar, A.: Internationale Finanzplätze. In: Zeitschrift für das gesamte Kreditwesen, 39. Jg. (1986), S. 1127-1132.

Konishi, A. / R. E. Dattatreya (Hrsg.): The Handbook of Derivate Instruments. McGraw-Hill, London u.a. 1991.

Köpf, G.: Ansätze zur Bewertung von Aktienoptionen. Eine kritische Analyse. Verlag V. Lorenz, München 1987.

Kosiol, E.: Finanzmathematik. 10. Auflage, Gabler Verlag, Wiesbaden 1984.

Kritzmann, M. P.: Asset Allocation for Institutional Portfolios. Richard D. Irwin, Homewood (Ill.) 1990.

Kruschwitz, L.: Finanzmathematik. 2. Auflage, Vahlen Verlag, München 1995.

Kruschwitz, L. / R. Schöbel: Duration - Grundlagen und Anwendungen eines einfachen Risikomaßes zur Beurteilung festverzinslicher Wertpapiere I und II. In: WISU, Nr. 11, 1986, S. 550-554 und Nr. 12, 1986, S. 603-608.

Kuntze, W.: Securitization. In: Zeitschrift für das gesamte Kreditwesen, Jg. 40 (1989), S. 336-338.

Kurm, M.: Auf lange Anlagefristen sind Aktien selbst unter Renditeaspekten überlegen. In: Handelsblatt Nr. 161 vom 22.8.1989, S. 28.

Küting, K. H. / C. P. Weber: Die Bilanzanalyse. Lehrbuch zur Beurteilung von Einzel- und Konzernabschlüssen. Schäffer-Poeschel Verlag, Stuttgart 1993.

Lachmann, H.-Chr.: Instrumente des Devisenmanagements. Ihre Anwendung bei Industrieunternehmungen. Toeche-Mittler Verlag, Darmstadt 1981.

Leberfinger, S.: Die Bedeutung von § 101 BGB für die Zurechnung von Einkünften. In: Deutsches Steuerrecht, Jg. 29 (1991), S. 1205-1208.

Lee, A.: International Asset and Currency Allocation. In: Arnott, R. A. / F. J. Fabozzi (Hrsg.): Asset Allocation. Probus Publishing, Chicago 1988, S. 405-424.

Leibowitz, M. L.: The Analysis of Value and Volatility in Financial Futures. Salomon Brothers Center for the Study of Financial Institutions, New York 1982.

Leiner, B.: Einführung in die Theorie und Praxis moderner Zeitreihenanalyse. Westdeutscher Verlag, Opladen 1976.

Lerbinger, P.: Swap-Transaktionen als Finanzierungsinstrumente. In: Die Bank, Mai 1985, S. 245-249.

Levine, S. N. (Hrsg.): The Investment Manager's Handbook. Dow Jones-Irwin, Homewood (Ill.) 1980.

Levine, S. N. (Hrsg.): Financial Analyst's Handbook. 2nd Edition. Irwin, Homewood (Ill.) 1988.

Levy H. / M. Sarnat: Portfolio and Investment Selection. Theory and Practice. Prentice Hall, Englewood Cliffs (N.J.) 1984.

Levy, H. / Z. Lerman: The Benefits of International Diversification in Bonds. In: Financial Analysts Journal, September/October 1988, S. 56-63.

Lindberg, K.: Das Zinsabschlaggesetz. C.H. Beck Verlag, München 1992.

Lintner, J.: Security Prices, Risk and Maximal Gains from Diversification. In: Journal of Finance, Vol. 20 (1965), S. 587-615.

Lintner, J.: The Valuation of Risky Assets and the Selection of Risky Investments in Stock Portfolios and Capital Budgets. In: Review of Economics and Statistics, Vol. 47 (1965), S. 13-37.

Lipfert, H.: Devisenhandel mit Devisenoptionshandel. 3. Auflage, Fritz Knapp Verlag, Frankfurt/M. 1988.

Loistl, O.: Computergestütztes Wertpapiermanagement. 4. Auflage, Oldenbourg Verlag, München/Wien 1992.

Lorenz, G.-W.: Nonlinear Economic Dynamics and Chaotic Motion. 2. Auflage, Springer Verlag, Berlin 1992.

Lorie, J. H. / R. A. Brealey (Hrsg.): Modern Developments in Investment Management. Praeger, New York 1972.

Lücke, K. P.: Kurs- und Renditenrechnung am deutschen Rentenmarkt. In: Beiträge zur Aktienanalyse, Nr. 20 (1982), S. 28-34.

Maginn, J. L. / D. L. Tuttle (Hrsg.): Managing Investment Portfolios: A Dynamic Process. 2nd Edition, Warren Gorham & Lamont, Boston/New York 1990.

Manaster, S. / G. Kochler: The Calculation of Implied Variances from the Black-Scholes Model: A Note. In: Journal of Finance, Jg. 37 (1982), S. 227-230.

Mandelbrot, B.: Die fraktale Geometrie der Natur. Birkhäuser Verlag, Basel 1987.

Manke, J.: Gremien im Entscheidungsprozeß. Gabler Verlag, Wiesbaden 1980.

Markowitz, H. M.: Portfolio Selection. In: Journal of Finance, Vol. 7 (1952), S. 77-91.

Markowitz, H. M.: The Utility of Wealth. In: Journal of Political Economy, Vol. 60 (1952), S. 151-158.

Markowitz, H. M.: Portfolio Selection. Efficient Diversification of Investments. Cowles Foundation Monograph 16, Yale University Press, New Haven 1959.

Markowitz, H. M.: Mean-Variance Analysis in Portfolio Choice and Capital Markets. Basil Blackwell, Oxford/New York 1987 (reprint 1989).

Markowitz, H. M.: Foundations of Portfolio Theory. In: Journal of Finance, Jg. 46 (1991), S. 469-477.

Mast, H. J.: Der 24-Stunden-Handel im Bankgeschäft. In: Zeitschrift für das gesamte Kreditwesen, Jg. 40 (1987), S. 276-280.

Matschke, M. J.: Finanzinnovationen. Theoretische und praktische Probleme. TU Clausthal-Zellerfeld 1987.

McElroy, M. B. / E. Burmeister: Arbitrage Pricing Theory as a Restricted Nonlinear Multivariate Regression Model. In: Journal of Business & Economic Statistics, Vol. 6 (1988), S. 29-42.

Merret, A. J. / A. Sykes: Return on Equities and Fixed Interest Securities 1919-1963. In: District Bank Review, No. 148, December 1963, S. 17ff.

Merton, R. C.: On Market Timing and Investment Performance I: An Equilibrium Theory of Value for Market Forecasts. In: Journal of Business, Vol. 54 (1981), S. 363-406.

Meyer, U.: Neue Makroökonomik. Ungleichgewichtsanalyse mit Hilfe der Methode des temporären Gleichgewichts. Springer Verlag, Berlin/Heidelberg/New York 1983.

Modigliani, F. / G. Pogue: An Introduction to Risk and Return: Concepts and Evidence. In: Financial Analysts Journal, March/April 1974, S. 68-80 und May/June 1974, S. 69-85.

Möller, H.-P.: Die Informationseffizienz des deutschen Aktienmarktes. In: Zeitschrift für betriebswirschaftliche Forschung, Jg. 37 (1985), S. 500-518.

Morawietz, M.: Rentabilität und Risiko deutscher Aktien- und Rentenanlagen seit 1870. Deutscher Universitätsverlag, Wiesbaden 1994.

Morgenstern, O.: Wirtschaftsprognose. J. Springer Verlag, Wien 1928.

Moses, E. A. / J. M. Cheyney / E. T. Veit: A New and More Complete Performance Measure. In: Journal of Portfolio Management, Summer 1987, S. 24-33.

Mossin, J.: Equilibrium in a Capital Asset Market. In: Econometrica, Vol. 34 (1966), S. 768-783.

Neufang, B.: Zinsabschlag und Beratungspraxis. In: Die Steuerberatung, Jg. 36 (1993), S. 21-24.

Nicolis, G. / I. Prigogine: Exploring Complexity. W. H. Freeman, New York 1989.

Nison, S.: Beyond Candlesticks. New Japanese Charting Techniques Revealed. John Wiley & Sons, New York u.a. 1994.

Obst / Hintner: Geld-, Bank- und Börsenwesen. Herausgegeben von N. Kloten und J. H. von Stein, Poeschel Verlag, 37. Auflage, Stuttgart 1980, 38. Auflage, Stuttgart 1988 und 39. Auflage, Stuttgart 1993.

OECD: National Accounts Main Aggregates, Vol. 1 (1990).

OECD: Financial Statistics Monthly, Nr. 1/1991 und Nr. 9/1991.

OECD: Wirtschaftsausblick, Nr. 50, Dezember 1991.

Palandt: Bürgerliches Gesetzbuch. Bearbeitet von P. Bassenge, U. Diederichsen, W. Edenhofer, H. Heinrichs, A. Heldrich, H. Putzo und H. Thomas. Beck'sche Kurz-Kommentare, Band 7, 48. Auflage, Verlag C.H. Beck, München 1989.

Perridon, L. / M. Steiner: Finanzwirtschaft der Unternehmung. 7. Auflage, Vahlen Verlag, München 1993.

Philipowski, R.: Verausgabte Stückzinsen und gezahlte Zwischengewinne. In: Deutsches Steuerrecht, Jg. 32 (1994), S. 1593-1598.

Pleitgen, H.-O. / H. Jürgens / D. Saupe: Chaos-Bausteine der Ordnung. Klett-Cotta/Springer Verlag, Berlin/Stuttgart 1994.

Plückebaum, R.: Einkommensteuer. 16. Auflage, Deutsche Steuergewerkschaft (Hrsg.), Fleischer Verlag, Bremen 1991.

Pöllath, R. / A. Rodin: Besteuerung niedrig verzinslicher Optionsanleihen. In: Der Betrieb, Jg. 39 (1986), S. 2094-2097.

Powers, M. J. / D. J. Vogel: Inside the Financial Futures Markets. John Wiley & Sons, New York 1981.

Puckler, G.: Die Errichtung einer deutschen Terminbörse vor dem Hintergrund amerikanischer Erfahrungen. Dissertation Darmstadt 1989.

Puckler, G.: Die Investmentanalysten als Ratgeber der Anleger I-III. In: Zeitschrift für das gesamte Kreditwesen, Jg. 42 (1989), S. 1158-1165, Jg. 43 (1990), S. 78-80 und S. 132-134.

Remsperger, H.: Folgen der Verbriefung für das Bankgeschäft. In: Die Bank, August 1987, S. 414-420.

Remsperger, H.: Wirtschaftspolitische Folgen der Securitization. In: Die Bank, September 1987, S. 475-479.

Roll, R.: A Critique of Asset Pricing Theory's Tests. In: Journal of Financial Economics, Vol. 4 (1977), S. 129-176.

Roll, R. / S. A. Ross: An Empirical Investigation of the Arbitrage Pricing Theory. In: Journal of Finance, Vol. 35 (1980), S. 1073-1103.

Roll, R. / S. A. Ross: Economic Forces and the Stock Market. In: Journal of Business, Vol. 59 (1986), S. 383-403.

Ross, S. A.: The Arbitrage Theory of Capital Asset Pricing. In: Journal of Economic Theory, Vol. 13 (1976), S. 341-360.

Ross, S. A.: A Simple Approach to the Valuation of Risky Streams. In: Journal of Business, Vol. 51 (1978), S. 453-475.

Ross, S. A.: The Current Status of the Capital Asset Pricing Model (CAPM). In: Journal of Finance, Vol. 33 (1978), S. 885-901.

Ross, S. A. / R. W. Westerfield / J. F. Jaffe: Corporate Finance. 3rd Edition, Irwin, Burr Ridge (IL) u.a. 1993.

Roßbach, P.: Methoden und Probleme der Performance-Messung von Aktienportefeulles. Knapp Verlag, Frankfurt/M. 1991.

Roy, A. D.: Safety First and the Holding of Assets. In: Econometrica, Vol. 20 (1952), S. 431-449.

Rudd, A. / H. K. Clasing: Modern Portfolio Theory. Dow Jones-Irwin, Homewood (Ill.) 1982.

Rudolph, B.: Zur Theorie des Kapitalmarktes. In: Zeitschrift für Betriebswirtschaft, Jg. 49 (1979), S. 1034-1067.

Rutterford, J.: Introduction to Stock Exchange Investment. MacMillan, Houndmills u.a. 1983, Reprint 1986.

Sack, R.: Das Rücktrittsrecht gem. § 13a UWG. In: Betriebs-Berater, Jg. 42 (1987), Beilage 2 zu Heft 5.

Samuelson, P. A. / W. D. Nordhaus: Volkswirtschaftslehre. Grundlagen der Makro- und Mikroökonomie (2 Bände). 8. Auflage, Bund-Verlag, Köln 1987.

Sarrazin, V.: Bekämpfung unerwünschter Steuergestaltungen. In: Deutsche Steuer-Zeitung, Jg. 82 (1994), S. 289-295.

Schäfer, F. / J. Zimmermann: Mißbrauchsbekämpfungs- und Steuerbereinigungsgesetz - Besteuerung von "Floatern" und "Reverse Floatern". In: Der Betrieb, Jg. 47 (1994), S. 2207-2209.

Scheurle, F.: Zinsabschlag: Abstandnahme vom Steuerabzug wegen Überbesteuerung (§ 44a Abs. 5 EStG). Der Betrieb, Jg. 46 (1993), S. 1594-1596.

Scheurle, F.: Mißbrauchsbekämpfungs- und Steuerbereinigungsgesetz: Änderungen der Besteuerung von Kapitaleinkünften (Teil 1 und 2). In: Der Betrieb, Jg. 47 (1994), S. 444-451 und S. 502-506.

Schierenbeck, H. (Hrsg.): Lexikon Bank- und Versicherungswesen. 2. Auflage, Oldenbourg Verlag, München/Wien 1994.

Schierenbeck, H.: Grundzüge der Betriebswirtschaftslehre. 12. Auflage, Oldenbourg Verlag, München/Wien 1995.

Schips, B. / W. Stier: Ergebnisse einer statistischen Analyse der zeitlichen Entwicklung von Aktienkursen. In: Kyklos, Vol. 25 (1972), S. 255-265.

Schlittgen, R. / B. J. H. Streitberg: Zeitreihenanalyse. Oldenbourg Verlag, München/Wien 1984.

Schmidt-Lademann, W.: Neuer Straftatbestand Kapitalanlagebetrug. In: Sparkasse, Jg. 104 (1987), Heft 3, S. 99-105.

Schnabel, H.: Theoreme der Erwartungsbildung. In: Wirtschaftswissenschaftliches Studium, Jg. 17 (1988), S. 620-624.

Schneider, D.: Investition, Finanzierung und Besteuerung. 7. Auflage, Gabler Verlag, Wiesbaden 1992.

Schneider, E.: Wirtschaftlichkeitsrechnung - Theorie der Investition. 8. Auflage, Polygraphischer Verlag, Zürich 1968.

Schöbel, R.: Zur Theorie der Rentenoptionen. Betriebswirtschaftliche Schriften, Nr. 124, Duncker & Humblot, Berlin 1987.

Scholtz, R.-D.: Neue Erkenntnisse zum Ausgabeabgeld und zu den Auf- und Abzinsungspapieren. In: Finanz-Rundschau, Jg. 70 (1988), S. 113-118.

Scholtz, R.-D.: Werden die Erträge aus Zerobonds richtig besteuert? In: Finanz-Rundschau, Jg. 70 (1988), S. 289-295.

Schulz, H.-D.: Analyse zyklischer Aktienkursbewegungen I - III. In: Zeitschrift für das gesamte Kreditwesen, Jg. 22 (1969), S. 522-526, 652-656 und 712-716.

Schumpeter, J. A.: Konjunkturzyklen. Eine theoretische, historische und statistische Analyse des kapitalistischen Prozesses. Band I, Verlag Vandenhock & Rupprecht, Göttingen 1961. (Amerikanische Erstauflage: Business Cycles 1939).

Schütt, K. P.: Wahrscheinlichkeitsschätzungen im Computer-Dialog. Poeschel Verlag, Stuttgart 1981.

Schwarz, E. W. / J. M. Hill / T. Schneeweis: Financial Futures. Fundamentals, Strategies, and Applications. Richard D. Irwin, Homewood (Ill.) 1986.

Schwarzecker, J.: Cash-flow, Gewinn und Eigenkapital. Analyse der Finanzkraft und Liquidität. FASB Statement No. 95. Ueberreuter Verlag, Wien 1992.

Seldner, H.: Einführung in die numerische Mathematik für Ingenieure. 2. Auflage, Hauser Verlag, München/Wien 1979.

Shackle, G. L. S.: Expectation in Economics. 2nd Edition, Cambridge 1952.

Shapiro, A. C.: Multinational Financial Management. 4th Edition, Allyn and Bacon, Boston/London u.a. 1991.

Sharpe, W. F.: A Simplified Model for Portfolio Analysis. In: Management Science, Vol. 9 (1963), S. 277-293.

Sharpe, W. F.: Capital Asset Prices: A Theory of Market Equilibrium under Conditions of Risk. In: Journal of Finance, Vol. 19 (1964), S. 425-442.

Sharpe, W. F.: Mutual Fund Performance. In: Journal of Business, Vol. 39 (1966), S. 119-138.

Sharpe, W. F.: Factor Models, CAPMs, and ABT. In: Journal of Portfolio Management, Fall 1984, S. 21-25.

Sharpe, W. F.: Asset Allocation Tools. 2nd Edition, Scientific Press, Redwood City (CA) 1987.

Sharpe, W. F. / G. J. Alexander: Investments. 4th Edition, Prentice Hall, Englewood Cliffs (N.J.) 1990.

Siebert, H.: Einführung in die Volkswirtschaftslehre. Markt- und Preistheorie. 9. Auflage, Kohlhammer Verlag, Stuttgart/Berlin 1989.

Smith, C. W.: Option Pricing. In: Journal of Financial Economics, Jg. 3 (1976), S. 22-25.

Smith, C. W.: Applications of Option Pricing Analysis. In: Handbook of Financial Economics, hrsg. von J. L. Bicksler, North-Holland Publishing Co., Amsterdam u.a. 1979, S. 79-121.

Spicer & Oppenheim Guide to Financial Statements Around the World. John Wiley & Sons, New York u.a. 1989.

Spremann, K.: Investition und Finanzierung. 4. Auflage, Oldenbourg Verlag, München/Wien 1991.

Statistisches Bundesamt: Entwicklung der Verbraucherpreise seit 1881 in Deutschland, VIA 3-30, Übersicht Gl 81.

Statistisches Bundesamt: Geld und Kredit, Fachserie 9, Reihe 2, Lange Reihen.

Statistisches Bundesamt: Statistisches Jahrbuch 1991 für das Ausland. Wiesbaden 1992.

Steiner, M. / Chr. Bruns: Wertpapiermanagement. 3. Auflage, Schäffer-Poeschel Verlag, Stuttgart 1994.

Stern, J. M. / D. H. Chew jr. (Hrsg.): The Revolution in Corporate Finance. 2nd Edition, Blackwell, Oxford/Cambridge (Mass.) 1992.

Steward, J. B: Den of Thieves. Simon & Schuster, New York 1991. Deutsch: Club der Diebe. Ullstein Verlag, Berlin 1992.

Stigum, M.: The Money Market. Revised Edition, Dow Jones-Irwin, Homewood (Ill.) 1983.

Stoakes, Ch. / A. Freeman (Hrsg.): Managing Global Portfolios. Euromoney Publications, London 1989.

Stone, B. K.: Risk, Return and Equilibrium. A General Single-Period Theory of Asset Selection and Capital-Market Equilibrium. Cambridge (Mass.)/London 1970.

Süchting, J.: Entwicklungslinien auf den internationalen Finanzmärkten. In: F. W. Christians (Hrsg.): Finanzierungshandbuch. 2. Auflage, Wiesbaden 1988, S. 145-158.

Süchting, J.: Finanzmanagement. Theorie und Politik der Unternehmensfinanzierung. 6. Auflage, Gabler Verlag, Wiesbaden 1995.

Tipke, K. / J. Lang: Steuerrecht. 14. Auflage, Verlag O. Schmidt, Köln 1994.

Treynor, J. L.: How to Rate Management of Investment-Funds. In: Harvard Business Review, Vol. 43 (1965), S. 63-75.

Uhlir, H. / P. Steiner: Wertpapieranalyse. 3. Auflage, Physica Verlag, Heidelberg/Wien 1994.

Ulmer, P.: Direktvertrieb Haustürwiderrufsgesetz. Zivil- und wettbewerbsrechtliche Probleme. In: Wettbewerb in Recht und Praxis, Jg. 32 (1986), S. 445-455.

US Department of Commerce: Historical Statistics. Bicentennial Edition, Part I, Series X 495, E 135.

US Department of Commerce: Survey of Current Business, Jahrgänge 1972-1988.

US Department of Labor Statistics: Handbook of Labor Statistics. Bulletin 2217, Washington D. C., June 1985.

Verleger, A.: Risikostrukturen am Aktienmarkt. Lit Verlag, Münster/ Hamburg 1993.

Wacker, J.: § 23 EStG. In: E. Littmann / H. Bitz / W. Hellwig (Hrsg.): Das Einkommensteuerrecht. 15. Auflage i.d. Fassung der 21. Ergänzung (September 1994), Band 3, Schäffer-Poeschel Verlag, Stuttgart 1988.

Waldrop, M. M.: Complexity: The Emerging Science at the Edge of Order and Chaos. Simon & Schuster, New York 1992.

Welcker, J.: Technische Aktienanalyse. 6. Auflage, Verlag Moderne Industrie, Zürich 1991.

Welcker, J. / J. W. Kloy / K. Schindler: Professionelles Optionsgeschäft. 3. Auflage, Verlag Moderne Industrie, Zürich 1992.

Wermuth, D. / W. Ochynsky: Strategien an den Devisenmärkten. Eine Anleitung für die Praxis. 3. Auflage, Gabler Verlag, Wiesbaden 1987.

Weston, J. F. / T. E. Copeland: Managerial Finance. 9th Edition, The Dryden Press, Fort Worth u.a. 1991.

Wilhelm, St.: Kapitalmarktmodelle. Lineare und nichtlineare Modelle und Methoden in der Kapitalmarkttheorie. Unveröffentlichtes Manuskript TH Darmstadt/Universität Leipzig 1995.

Williams, J. B.: The Theory of Investment Value. North-Holland Publishing, Amsterdam 1938.

Wilson, J. / C. Jones: A Comparison of Annual Common Stock Returns: 1871-1925 with 1926-85. In: Journal of Business, Vol. 60 (1987), S. 239-259.

Witt, C.: Spekulationsgeschäfte bei Wertpapieren in Girosammelverwahrung - Anmerkung zum BFH-Urteil vom 24.11.1993 XR 49/90. In: Der Betrieb, Jg. 47 (1994), S. 1644-1646.

Wöhe, G.: Einführung in die Allgemeine Betriebswirtschaftslehre. 18. Auflage, Vahlen Verlag, München 1993.

Woll, A.: Allgemeine Volkswirtschaftslehre. 11. Auflage, Vahlen Verlag, München 1993.

Worms, A.: Anlegerschutz durch Strafrecht. Eine kritische Analyse des neuen Tatbestandes "Kapitalanlagebetrug" (§ 264a StGB). Deubner Verlag, Köln 1987.

Wu, H.-K. / A. J. Zakon (Hrsg.): Elements of Investments. 2nd Edition, Holt/Rinehard/Winston, New York 1972.

Zeitler, F.-C.: Stand der parlamentarischen Beratungen des Standortsicherungsgesetzes. In: Deutsche Steuer-Zeitung, Jg. 81 (1993), S. 354-359.

Zurmühl, R.: Praktische Mathematik für Ingenieure und Physiker. 5. Auflage, Springer Verlag, Berlin/Heidelberg/New York 1965.

Stichwortverzeichnis